향토지식재산 교본

글로컬 지식문화 만들기 플랜

Global + Local
GLOCAL

Knowledge

Cluture

Plan

황종환 지음

도서출판 위

프롤로그

필자는 만 40세가 되던 1995년, 작지만 사비를 털고 당시 젊은 벤처기업가 조현정 비트컴퓨터대표와 윤창효 씨엠코대표, 김현 세창대표변호사와 함께 (재) 한국지식재산관리재단을 설립하였다. 필자는 당시 후원회장을 맡아 주셨던 문화예술분야의 큰 어른 표재순 총감독님(1937년생)을 최근 오랫만에 찾아뵙고 그동안의 지내온 삶에 대해 말씀드렸다. 한참을 들으시던 표총감독님은 정색을 하시며 "황박사! 지금까지 인생 서막을 지내온 것 같구먼. 이제부터 진짜 인생 1막을 시작해야 겠어"라는 말씀을 해주셨다. 난생처음 〈인생 서막〉이라는 말과 〈인생 1막〉이라는 말을 듣는 순간 필자는 말할 수 없는 깊은 충격에 빠졌었음을 고백한다.

그 만남이후 필자는 많은 생각을 하였고 본서를 필자가 젊은 날을 온통 쏟아부어 개척해온 향토지식재산전도사로서의 〈인생 서막〉을 정리하기로 하였다. 그리고 지금 70세가 되어 선진국대열에 진입한 대한민국을 다시 한번 대한민국만의 주체적 정체성, 즉 우리만의 차별적 향토지식재산 재발견-재창조를 통한 아름다운 글로컬 지식문화강국을 만드는 길에 필자의 지식과 경험을 꽃 피워보고자 한다. 또한 현재 어려움에 처해 있는 대한민국의 모든 베이비부머 신중년들과 청장년 그리고 미래세대에게 진정 세상은 넓고 할 일은 많으며, 지방소멸에 고민하는 지방자치단체들에게 정년없이 행복한 지역을 만들 수 있다는 〈인생 1막〉의 시작을 알리는 꿈꾸는 전문시니어 도전기가 되었으면 한다.

인생 서막을 정리하며

밀조주 사건

 필자를 지금의 향토지식재산이라는 생소한 분야로 연결시킨 먼 인연은 1980년말경 대학재학시절 고3학생의 가정교사를 하던 집에서 일어난 한 사건때문이었다.

 당시 학생의 부친은 안암동 개운사 부근에서 허가없이 막걸리를 제조판매하는 소위 밀조주제조업을 하고 계셨고, 고대앞 주점들이나 고대생사이에서는 맛과 가격으로 꽤 인기가 좋았던 것으로 기억된다. 당시에 팔리고 있던 서울탁주는 정말 맛이 없어 학생들에게 인기가 없었다.

 그러던 어느날 학교에서 돌아와보니 집안분위기가 매우 침울해 보여 학생에게 물었더니 갑자기 수사관들이 집에 들이닥쳐 아버지를 현장에서 수갑을 채워 잡아갔다고 하였다. 이제껏 한번도 이런 상황을 경험해 보지 못한 필자로서는 학생으로부터 아버지가 잡혀갔다는 침통한 대답에 대해 무어라 위로를 해야 할지 앞으로 어떻게 하여야 할지 몰라 한동안 난감하였다. 그러나 학생의 아버지에게 실제 벌어진 상황이고 비록 가정교사이지만 명색이 법대생인 필자로서는 도대체 무허가 막걸리제조행위가 얼마나 사회적으로 지탄받을 범죄행위이길래 현장에서 체포해 가는 것일까라는 진지한 관심을 갖고 법전을 찾아보았다.

 도대체 어떤 법에 위배되는 것일까 생각하며 식품위생법 등 관계가 있다고 생각되는 법을 찾아 보다가 막걸리제조행위는 뜻밖에도 국세청 관할인 주세법 위반사항이라는 사실을 발견하였다. 또한 무허가 막걸리제조행위는 다른 분야의 무허가 제조범죄시 벌금형이 아니라 구속과 벌금이 병합적용되는 특정범죄 가중처벌대상이 됨을 알게 되었다. 처음에는 막연히 사람이 직접 음용하는 기호물이니 건강을 고려하여 그렇게 무겁게 처벌하는가 보다 생각하였다. 그러다가 도대체 막걸리제조 허가조건이 무엇이길래 저렇게 엄하게 처벌되는대도 무허가로 제조하고 있는 것일까 궁금하여, 주세법상 허가조건을 찾아보았지만 그 용어나 서술내용을 이해하기가 어려웠다. 그래서 국세청담당자와 통화를 통해 최근 막걸리제조허가를 받은 사례를 알 수 있느냐고 물었더니 담당자의 답변은 자신도 이 부서에서 근무한 지 오래지 않아 정확하지 않으나 근래에 신규 전통주제조허가한 경우는 한 건도 없는 것으로 안다는 것이었다. 당시 담당공무원의 답변은 사실에 기한 정확한 것이었지만, 왜 신규제조허가가 되지않은 이유에 대해서는 전혀 알지 못한 것으로 판단되었다.

필자가 추후 조사한 바에 의하면 일제치하때 세금확보목적으로 제정된 주세법이 해방후에도 관행적으로 적용되다가 당시 주식인 국내 쌀부족현실에 따른 1963년 개정된 양곡관리법에 따라 쌀로 전통주 등 가공분야 사용을 금지시킨 것이 결정적인 요인이 된 것으로 판단되었다. 필자는 국세청 담당자를 통한 사실확인후 일제 강점기는 물론 해방 및 1980년 당시까지 신규 전통주제조허가는 원천봉쇄한 채 처벌은 일제 강점기 그대로 시행하여 현장의 수많은 전통주 제조종사자들을 악질적인 범죄자로 처벌하는 행위야말로 국가의 의무를 방기한 것으로 반드시 주세법과 같은 악법은 개정되어야 한다는 확신을 갖게 되었다. 이러한 확신절차를 거친 필자는 당시 주무관청인 성북검찰청에 직접 방문하여, 담당수사관과 면담중 마침 검사님이 대학선배이니 말씀드리고 가라하여 그런 취지의 필자의 의견을 제시하자 검사님은 말없이 내 말을 듣고난 후 일어서며 내 어깨를 두드렸다. 그 3일후에 학생아버지는 벌금형으로 방면되었다.

이 사건은 필자에게 하나의 해프닝같이 해결되었지만, 당시의 환경에서 이와같은 소위 밀조주 제조행위가 적발될 경우, 밀조주 제조행위에 연루된 사람들은 오랜 세월 그렇게 처분받는 것이 당연한 일이라 생각하고 있었기에 경찰이나 검찰에 처음부터 이의제기를 할 생각조차 하지 못하고 처분만 기다리고 있었다. 이런 현상은 경찰이나 검찰 역시 그들을 주세법상 특정범죄 처벌대상으로 처리하는 것에 대해 그누구도 그 사건의 제도적 발생배경이나 문제점을 생각할 필요가 없는 무심한 관행으로 처리해왔다. 누군가는 이러한 문제점들에 대해 진지하게 관심과 애정을 갖고 연구할 필요가 있겠다고 생각하게 된 계기가 되었다. 지금도 아쉬운 것은 오로지 세금확보를 위해 당시 우리의 가양주문화를 말살시키고 전통주발전을 왜곡시킨 시대에 맞지않는 주세법을 폐지하지 못하는 현실이다.

식량개발대학원 야간입학 및 변리사합격

83년 법대대학원 재학중이던 필자는 당시 국내 기업들의 해외 기술도입이나 해외 유명브랜드도입에 따른 프랜차이즈사업붐에 따른 과학기술처로부터 국내기업의 기술도입현황조사에 관한 연구용역에 참여하게 되었다. 필자는 그 연구용역과정에서 국내 기업들이 거의 예외없이 불공정계약을 체결하고 있다는 사실을 발견하였다. 그 당시는 해외유명기업으로부터 먼저 기술 또는 브랜드라이센스를 확보하는 것이 사업의 성공요인이라고 생각되던 시기였기 때문에 다소 불공정하더라도 일단 국내의 다른 경쟁업체보다 먼저 계약을 따는 것이 중요하였기 때문이다. 따라서 기술적 내지 법률용어나 지식재산권계약에 대한 문제점이 많이 발견되었다.

필자는 이러한 경험이 바탕이 되어 1985년 〈기술도입계약에 관한 연구〉라는 법학석사논문을 쓰게 되었고, 그것을 계기로 해외 기업의 지식재산권 등록대리와 기술이전업무를 전문으로 하는 을지로 소재 특허법률사무소에 입사를 하여 지식재산권 관련실무를 익히게 되었다. 동시에 야간에는 스스로 기술분야의 역량을 키우기 위해 적당한 이공계분야를 찾던 중 대학재학 중 겪었던 밀조주사건을 기억하며 당시 야간으로 운영되던 식량개발대학원 (현 생명과학원) 식품공학과에 입학하게 되었다. 처음에는 법대출신이 왜 농대공부를 하느냐며 다소 신기한 눈으로 바라보기도 하였다. 그러나 발효공학이나 식품공학 등의 공부를 하고 가끔씩 실험실에 참여하는 것이 재미있고 흥미로왔으나 실험실습을 전제로 해야 하는 논문제출에 마음부담이 컸다. 그러던 중 법률과 기술이 모두 필요한 전문가로서 변리사제도라는 것을 알게 되었고 운좋게 제23회 변리사시험에 합격하였다.

필자는 당시 드물게 기술도입계약에 관한 연구를 한 법학석사와 변리사로서 1987년 국내 최초의 지식재산권 교과서라고 평가받는 〈지적재산권법〉(공저, 육법사)를 비롯하여, 〈특허법〉(1988)등 다수의 저서를 집필하였다. 또한 국내 최초의 지식재산권 전문교육기관인 〈한빛지적소유권센터〉설립과 국내 최초의 지식재산전문월간지인 〈월간 공업소유권(후에 월간 지식재산)〉을 발간하며 지식재산 대중화에 매진하였다. 이런 가운데 모교인 고려대학교 법무대학원에 지식재산법학과를 개설하게 되면서 필자에게 교수제안이 있었으나 당시에는 무궁한 지식재산 현장을 경험해 보고자 하는 막연한 욕심에-가끔은 그때 학교를 선택하였더라면 하는 생각도 하면서- 젊은 날에 참으로 가지않는 많은 길에서 자충우돌의 시간을 보냈다.

(재) 한국지식재산관리재단설립

국내에서 최초의 지식재산전문 비영리재단은 필자가 만 40세 되던 1995년 2월 산업자원부로부터 설립인가된 (재) 한국지식재산관리재단이다. 또한 필자는 당시 산업자원부 산하 기관 중 제일 젊은 단체장이기도 하였다. 필자가 젊은 나이에 사비를 털어 비영리재단법인을 설립하게된 배경은 1995년 지방자치제도의 시행에 맞추어 그동안 꿈만 꾸어오던 지역의 향토지식재산을 발굴, 보호, 사업화를 본격적으로 꽃피워보자는 갈망에서 였다. 설립시 재단 이사장은 외부의 존경받는 어른을 모셔오자는 생각도 많이 하였지만 지식재산권이라는 특수한 전문분야와 초기의 작은 기금으로 외부 어른을 모셔오는 것이 큰 부담이 된다는 생각에 비용절감차원에서 젊은 필자가 맡게 되었다.

재단의 설립초기인 1995년 8월 북경에서 개최된 식품국제규격위원회

(CODEX)에 민간인 신분으로 참석했던 서도화학 대표 김 일환박사가 일본의 기무치가 김치국제규격으로 제안되었다는 사실을 국내에 공개하여 국민적 분노가 들끓던 시절이 있었다. 필자는 이 사건에 대해 일시적인 감정적인 분노가 아닌 역사적 관찰과 과학적 대처를 해야한다는 마음에 조선일보 이규태 주필, 남 승우 풀무원대표, 배중호 국순당대표에게 원고청탁을 하여 〈김치가 기무치를 이겼다〉라는 단행본을 재단이 직접 발간하였고 광고 한번 하지않았음에도 교보문고에서 베스트셀러에 선정되는 큰 국민적 관심을 받았다.

이와 함께 필자는 지방자치단체를 대상으로 하여 〈지방자치단체의 지역경제활성화를 위한 향토지식재산전략〉이라는 순회교육에 주력하였다. 그러다 1996년 강원도에서 외부인이 강릉의 〈초당순두부〉라는 지명특산물에 대한 선상표등록을 하여 강릉의 〈초당순두부〉마을과 업체에게 상표 사용금지 경고장을 보낸 것이 계기로 강원도가 국내 광역단체로는 최초로 지역민에 대한 향토지식재산교육과 〈강원도 향토지식재산 조사발굴용역사업〉을 시작하였다. 그후 이 사업은 경기도(1997)를 비롯하여 충북, 충남, 경북과 여러 기초지자체로 확산되었다.

그런 가운데 필자는 2000년 국립품질관리법상 지리적표시제도와 관련하여 국내 최초 보성녹차의 지리적표시 등록 심사위원장을 맡아 무려 7년간 서울서 보성까지 오가며 지리적표시등록과 국내외 기술이전연계 및 녹차밭 관광사업확산으로 실제적인 인구증가의 효과까지 경험하였다.

보성녹차의 가시적인 성과가 알려지면서 순창고추장, 고창복분자, 진도홍주 등 수많은 사업을 직접 수행하면서 사업진행중 또는 사업종료후에 나타

난 여러 가지 문제점과 아쉬움도 겪게 되었다. 2004년 특허청 지리적표시
단체표장제도도 필자가 제안했던 연구용역의 취지나 본질과는 달리 단순한
등록비용지원에만 집중되었고 등록후 지속가능한 사업관리운영에 대해서는
처음부터 고려대상에서 배제되었다. 어떤 현장운영지원정책도 없는 상황을
지켜보며 정작 제도제안자였던 필자 자신은 마치 죄진 사람처럼 마음고생하
던 시절도 겪었다. 필자는 국내에서는 처음으로 시행해보는 많은 현장경험
을 거치면서 2004년 〈전통지식보호에 관한 연구〉로 모교인 고려대학교에서
법학박사학위를 취득하였다. 그후 원주시의 옻산업 기본계획, 경주시의 금속
공예산업화 기본계획, 전주시의 천년전주 짜맞춤 브랜드사업, 영주시 콩세계
과학박물관설립기획 등 많은 사업에 참여하였다.

그러던 2008년 전주시로부터 한 IT 벤쳐사업가가 전주시의 현판 〈호남제
일문〉을 자신의 회사명으로 사용하고자 하는데 어떻하여야 하는지 질의가
왔고, 그것이 계기가 되어 국내에서는 최초로 〈전주시 공유지식재산 조사발
굴용역〉을 수행하였다. 짧은 기간이었지만 이와 같은 작업을 전국에 확산시
켜야겠다는 필요성을 절실하게 느끼게 되었다.

그러나 그러한 계획은 갑작스러운 행정안전부의 요청으로 〈전국 향토자원
조사 및 DB구축용역〉계획 수립과 용역수행(2010)에 참여하면서 중단되고
말았다. 행정안전부의 본 용역은 전국 모든 지방자치제가 참여하는 국가적 사
업으로서 필자로서는 난생 처음 맡는 대규모의 사업으로서 의미있고 쉽지않
은 작업이지만 도전해 볼 가치가 있다고 판단하였다. 그러나 연구용역 준비도
중 장관이 바뀌는 등 사유로 의해 시행시기가 2개월 늦어지고 전국 규모의 사

업을 6개월이라는 짧은 기간내에 전국에 걸친 참여인원 모집에서부터 그들에 대한 기본 교육과 현장조사 및 DB 구축작업은 수행기관인 재단의 한계가 드러나는 안타까운 결과를 초래하였다. 이 용역을 기점으로 생긴 후유증으로 재단의 실질적 책임자인 필자는 여러 가지 노력에도 불구하고 25년을 운영해오던 재단을 2019년말 타인에게 넘길 수 밖에 없는 결과를 초래하였다. 이 사건은 젊은 날 비교적 승승장구의 길을 구가해오던 필자에게 리더가 지혜롭지 못하면 결국 무너질 수 밖에 없다는 뼈아픈 교훈을 새겨 주었다.

지식공유상생 네트워크

필자가 재단을 넘기고 난 후 최초로 접하게 된 일은 2020년 국내 공무원시험의 메카로 불리는 서울시 동작구 노량진의 직업교육특구지정에 따른 동작구 자문위원으로서의 봉사일이 었다. 이를 수행하기 위해 중소벤처부로부터 국내 최초로 지식재산의 발굴-보호-사업화를 위한 지식공유상생네트워크 사회적 협동조합 설립허가를 받았다. 사실 우리나라 청년들이 공무원시험에 목을 매는 이유는 한마디로 평생 안정된 직업에 대한 보장때문이다. 몇년씩 시험에 떨어져 소위 고시낭인으로 불리는 그들에게 다양한 출구를 제공하는 일은 정말 어려운 일이다.

필자가 그들과 교류하며 찾은 방안은 시험이 끝난 이후거나 연휴 등 시간여유가 있을 때 그들이 쉽게 체험할 수 있는 정선된 취창업아이템을 미리 발굴하여 그들에게 제공하는 시스템을 구축하는 것이었다. 우리나라의 청년들에 대한 정부의 취창업지원시스템은 대부분 취창업아이템은 본인이 찾거나 개발하는 것을 전제로 공간이나 자금대출 및 컨설팅지원하는 지극히 소극적이며 형식적인 방식이다. 즉 취창업 희망 청년들은 자신들이 취창업 아이템을 개발하고 또한 개발된 아이템에 대한 양산시설를 갖추고 마켓팅에 들어서는 과정에서 거의 대부분 실패하는 것은 너무 당연한 현실이다.

이러한 현실은 청장년의 귀농귀촌정책에도 동일하다. 이러한 문제점을 해결할 수 있는 가장 효율적인 방법은 지방자치단체가 적극적으로 그 지역에만 존재하는 차별화된 향토지식재산에 대한 아이템을 미리 발굴조사하고 이를 보고 관심을 가진 국내외 도시 청장년들이 스스로 찾아오고 그들에게 지속가능한 생태계지원체계를 구축하는 것이라 생각한다. 이러한 필자의 생각은 2022년 경남 함양군의 자문위원으로 위촉되면서 〈폐교를 이용한 5개마을 스마트팜 융합사업〉 제안에 반영되었다. 이 사업은 제안전에 시장에서 요구되는 12개의 유력한 기능성작물에 대한 선행조사와 재배시 도시의 식품회사 및 어린이 화장품회사에 사전납품약속을 받았을 뿐아니라 도시에서 이주할 12명의 미혼모 모임도 비밀리에 연계해 두고 준비하였으나 정작 폐교의 안전성 검사 기준미달판정과 지방자치단체장의 변경 등으로 불발되고 말았다. 그러나 어떠한 지방자치단체라 할지라도 진정한 관심을 가진 경우라면 동일한 형태의 도농산업생태계구축을 실현시키고자 한다.

국가지식재산위원회와의 만남

2022년 11월 대통령 소속 국가지식재산위원회(국무총리, 민간 공동위원장)의 백 만기 공동위원장님으로부터 향토지식재산을 국가지식재산위원회의 주요 정책과제로 정했으니 이제 꽃을 피어보라는 전화가 왔다. 백 만기위원장님은 1995년 한국지식재산관리재단 설립시 산업자원부 담당국장이었고 지금까지 변리사업계의 선후배로서 특별한 인연을 맺고 있던 분으로, 필자의 상황을 가장 안타깝게 생각하시는 분 중에 한 분이다. 백 만기위원장님의 특별한 관심속에 2023년에 시작된 〈향토지식재산포럼〉은 서울, 전주, 울산 등 3차례 주요도시 순회형식으로 이루어졌다.

포럼행사는 과학기술부 산하 STEPI에서 맡아서 진행하였고 필자는 3차례 모두 기조발표자로 참여하였다. 필자로서는 매회 마다 발표시간이 부족한 것이 가장 애로사항이었고 필자가 추구하는 향토지식재산에 대한 방향과 다른 발표자나 초청토론자들과의 시각차이에 답답함을 숨길 수 없었다.

필자는 3차례의 포럼이 끝나는 대로 2018년에 출간한 〈향토지식재산 세계로 미래로〉의 개정판을 쓰리라 마음먹었지만 정작 포럼이 끝나자 단순한 개정판수준이 아니라 선진일류국가를 위한 혁신적인 내용으로 새롭게 다시 써야 한다는 가슴 깊은 곳에서부터 묵직한 울림이 왔다. 선진국에 들어선 지금 이 시점에서의 향토지식재산의 가치평가는 20-30년전 필자가 사용했던 개념과 가치와 크게 달라졌다는 필자 자신의 깊은 자각이 일어났기 때문이다. 물론 새롭게 혁신하는 시각에서 글을 써야 한다는 것이 비록 쉽지않은 작업이지만 향토지식재산전도사로서 피할 수 없는 사명이자 미래세대에 대한 소명이라는 판단 때문이다.

돌이켜보면 2023년 국가지식재산위원회 백위원장님의 적극적인 관심과 공식적인 3차례 〈향토지식재산포럼〉행사가 없었다면 필자는 지금과 같은 향토지식재산세계화라는 시대적 가치와 재평가를 확신하는 기회를 갖지 못하였을 것이다. 국가지식재산위원회는 제2차 포럼개최지인 전라북도를 2024년 향토지식재산시범사업지로 내정하였다. 필자는 젊은 날 수많은 정부나 지방자치단체들과 향토지식재산사업을 수행하였으나 갑작스런 정부정책변화나 지방자치단체장의 변경에 따른 사업중단 등의 치명적인 경험을 겪었다. 그래서 이번 향토지식재산포럼 역시 국가지식재산위원회의 위원장 변경이나 갑작스런 정책변경에 관계없이 지속가능한 민간전문기구설립을 위한 향토지식재산세계화추진위를 구성하기로 하였고, 2023년 11월 전주대학교와 전북향토지식재산세계화사업을 위한 MOU을 체결하였다. 뜻있는 많은 기업이나 단체들의 진심어린 참여와 관심을 기대한다.

인생 1막을 시작하며

아름다운 글로컬 지식문화강국 만들기

1947년 김 구선생은 〈백범일지〉를 통해 "내가 원하는 우리나라는 세상에서 가장 아름다운 문화강국"임을 밝혔다. 2024년 필자의 소원 역시 "대한민국이 세상에서 가장 아름다운 지식문화강국 만들기"이다. 그러기 위해서는 반드시 대한민국만의 주체적 지식문화를 구축하여야 하며, 그 해답은 우리만의 차별적인 정체성 즉 향토지식재산의 재발견, 재창조를 통한 세계화에 있다고 확신한다.

2024년 4월 21일은 필자에게 인생 1막을 시작하는 잊지 못할 날이다. 그날은 서울 여의도소재 63빌딩에서 공식적인 〈태권도 유네스코 등재 추진단〉이 발족되었고 필자는 고문단 위촉을 받았다. 마침 고문단 테이블에 앉은 필자에게 바로 옆자리에 앉으신 분이 자신의 명함을 주며 인사를 하였다. 필자는 그 명함 상단에 기재된 〈KIM GIN TAE 대한민국 브랜드 추진위원회〉라는 문구가 눈에 끌려 KIM GIN TAE는 무엇을 의미하나요하고 물었더니 대한민국 대표브랜드인 김치 인삼 태권도의 영문이니셜이라고 하였다. 순간 필자에게는 말할 수 없는 신박한 충격이 다가왔다. 필자가 평생을 떠들고 다니던 향토지식재산의 또다른 대표브랜드이기 때문이었다. 얼마나 신선하고 쉽게 전달되는 브랜드인가. 그분은 태권도맨으로서 전세계를 돌며 무역업에 종사하시는 분이었는데 세계속에서 바라보는 대한민국이 종주국인 김치 인삼 태권도의 브랜드가치는 무엇과도 바꿀 수 없는 소중한 국가적 보물이라는 것이었다. 그동안 단 한번도 만난 적 없는 분과의 20여분간의 만남이 필자에게 지금까지와는 전혀 다른 차원의 눈을 뜨게 하였다. 필자는 그동안 대한민국이 선진일류국가가 되기 위해서 차별적인 향토지식재산의 재창조를 통한 세계화 산업생태계구축전략이 필요하다는 입장을 설득하려는 데에만 노력하였다. 반면 이미 전세계인에게 대한민국이 종주국으로 인정되어있는 김치, 인삼, 태권도라는 세계적 브랜드를 통해 21세기 대한민국을 선진일류국가로 이끌어 내는 일은 상상조차 못하였다는 점에 깊은 자기 성찰의 순간을 맞이한 것이었다.

바로 그 순간, 전주대 박 진배 총장님으로부터 필자를 5월 1일자로 전주대 특임교수 겸 전북향토지식재산사업단장으로 결정하였다는 전화를 받았다. 필자는 여기서 태권도와 관련된 전북특별자치도와의 특별한 만남을 부연 설명하고자 한다. 2022년 가을, 필자는 〈문화유산 태권도〉라는 책을 기획 출판하는 자리에 초청받았고 그 때 비로소 태권도를 둘러싼 국내 및 남북간의 연혁에 대해 보다 깊게 살펴보게 되었다. 그 책은 캐나다 국적의 정 순천 태권도사범이 20여년이 넘는 긴 시간 남북을 오가며 태권도에 대한 구체적인 역사적 인물들의 사진이나 기록물을 정리한 것으로서 그러한 개인적 희생과 열정이 없었다면 도저히 탄생될 수 없는 귀중한 저작물이었다. 그렇게 탄생된 저작물이 존재하였기에 현재 추진하는 태권도 유네스코 남북 공동등재의 견고한 역사적 촉진제가 될 수 있었다고 확신한다.

필자는 향토지식재산전도사로서 태권도 유네스코 등재의 전제조건으로 국내 무형문화재 등록이 필수요건임을 알고 국내 문화재등록여부를 조사하였더니, 뜻밖에도 태권도에 관한 국내 공식적인 무형문화재 등록이 전라북도가 유일했음을 확인하였다. 이러한 연유로 필자가 전북특별자치도에서 펼치는 최초의 공식행사는 바로 2024년 6월 4일 전북일보주최 태권도 컨퍼런스 행사에서 〈태권도 유네스코 공동등재와 전북특별자치도의 역할〉이라는 주제발표를 하였다. 필자는 태권도 유네스코 남북공동 등재의 시대적 의의와 세계속의 문화산업적 가치는 돈으로 헤아릴 수 없는 엄청난 것으로 전북특별자치도의 바꿀수 없는 행운임을 강조하였다. 필자가 이러한 사실을 강력히 발표하기 전까지 솔직히 전북 관계자 중 그 존재여부와 그 진정한 가치를 아는 분은 거의 없었다. 따라서 필자는 전북특별자치도가 이번 태권도 유네스코 남북공동등재과정을 통해 진정한 세계속의 태권도의 성지로 거듭나기를 제안하였다. 나아가 전세계인을 대상으로한 태권도 성지 관광프로그램과 그를 통한 신한류메카와 남북공동등재를 통한 평화와 화해와 통일의 다리가 되어주기를 제안하였다.

필자는 평생을 지식재산전문가로서 또한 향토지식재산전도사로서 살아왔다. 돌이켜보니 젊은 날부터 지금까지 최초로 새로운 분야를 개척한 경우가 많았고 그러한 일을 행하던 전후에 미처 생각하지 못한 성취감과 아쉬움이 남았던 경험도 많았다. 또한 필자가 쌓아온 나름 가치있다고 생각하는 일도 본의 아니게 포기한 경험도 여러번 있었다. 그렇기에 본서는 가급적이면 단순 전문지식의 전달보다는 필자가 현장에서 직접 수행하면서 경험한 수많은 사례들을 중심으로 소개할 생각이다. 필자 역시 우리 조상들이 수많은 경험과 시행착오의 축적으로 남기신 귀중한 향토지식재산이란 거인의 어깨에 올라 미래세대들에게 귀한 지식유산으로 남겨지기 원하기 때문이다.

필자가 본서를 집필하면서 마지막까지 고민한 부분은 책부제로 〈KIM GIN TAE HAN〉에서 중간의 GIN(SENG)의 표기를 순수한국어인 IN(SAM)으로 표기할 것이냐 그대로 둘 것이냐 하는 문제였다. 대한민국 사람이면 누구나 본서의 집필취지를 알면 당연히 IN으로 표기하는 것에 이론이 없을 것이다. 그러나 필자는 많은 고민을 거쳐 최종 GIN으로 표기하기로 결정하였다. 역사를 모르는 민족에게 미래는 없으며, 권리위에서 잠자는 자는 보호받지 못한다는 역사적 교훈이 있다. 필자는 〈KIM GIN TAE HAN〉이라는 브랜드를 통해 대한민국의 모든 정부관계자나 관련학자, 일반시민 나아가 미래세대에게 그 브랜드가 품고있는 역사적 의미를 분명히 각인시키고자 함이다.

KIMCHI의 경우 북경국제식품규격위원회(CODEX)에 일본의 기무치가 제안되었던 사실을 서도화학의 김 일환 박사로부터 듣고 필자는 곧바로 〈김치가 기무치를 이겼다〉라는 책출간으로 국민적 관심을 얻었다. 결국 2001년 KIMCHI가 국제규격으로 확정되었다. 그러나, 인삼의 경우, 2015년 국제식품규격위원회에서는 대한민국 어느 누구하나 이의제기 한번없이 만장일치로 GINSENG으로 채택되었다. 필자는 비록 과거의 대한민국의 사려깊지 못한 처리였다고 하더라도 국제기구에서의 정당한 국제적인 합의는 마땅히 존중되어야한다고 확신한다, 그러나 대한민국 국민의 일원으로서 다시는 인삼과 같은 우리의 귀중한 향토지식재산을 값없이 내다버리고 후회하는 일이 일어나지 않기를 간절히 바라는 마음때문이다.

필자는 〈KIM GIN TAE HAN〉 브랜드가 대한민국의 주체적 국민적 각성을 깨우는 작은 계기가 될 수 있다면, 우리가 어쩔 수 없는 역사적 환경이나 능력의 한계로 오랫동안 묻혀두었거나 왜곡된 수많은 우리의 향토지식재산의 가치를 재발견, 재창조하는데 대한민국에겐 오히려 더 큰 기폭제가 될 수 있음을 확신한다.

5천년 향토지식재산
거인의 어깨에 올라 세상을 보라

대한민국의 청장년들이여!

우리의 수많은 앞세대가 이 땅의 자연생태환경속에서 오랜 시간 생존을 담보한 지식 탐색과 경험이라는 생태적 진화과정을 통해 5천년간 축적해 놓은 우리만의 귀중한 향토지식재산이라는 거인의 어깨에 올라 세상을 보라. 참으로 세상은 넓고 할 일이 많음을 발견하게 될 것이다. 향토지식재산은 열정을 가진 대한민국의 청장년들이라면 누구든지 언제든지 가져다 사용하여도 소멸되지도 않고 값을 요구하지도 않는 특별한 사회적 지식자본이다. 또한 전세계가 이미 대한민국이 종주국임을 인정한 〈KIM GIN TAE HAN〉은 아직 인생의 방향을 정하지 못한 대한민국의 청장년들이 그 브랜드의 진정한 가치를 인식하고 신속히 사회문화적 네트워크로 활용한다면 손쉽게 세계 속에 당당하게 나아가게 하는 초고속 지름길이자 미래세대에게도 물려줄 수 있는 자랑스런 미래지식유산이 될 것이다.

대한민국의 기업가들이여!

대한민국 기업은 그동안 해외선진기술의 도입과 질좋은 저임금노동력을 이용하여 좋은 완성품을 싸게 만들어 대기업주도로 수출하는 비즈니스모델이 일반적이었다. 그러나 글로벌 경제의 가속화에 따른 완성품에 적용되는 소재, 부품, 장치기술을 보유한 선진국가의 보호무역규제와 중국 등 신흥국 가로부터의 가파른 추격에 혼돈상황에 처해 있다. 또한 새로운 비즈니스의 주요변수로 떠오른 지구온난화, 플라스틱 쓰레기등 환경, 에너지문제와 인공지능을 비롯한 디지털 네트워크의 4차산업시대는 산업에 대한 근본적인 패러다임의 변화를 요구하고 있다. 그러나 대한민국은 아직 우리가 처한 산업구조의 한계에 대한 깊은 자각과 혁신적 패러다임의 변화에 대한 준비가 되어있지 않다.

다시말해 종전의 대기업중심의 폐쇄적 수직계열화구조의 탈피와 해외선진기술을 쫓아가던 Fast Follow전략이 아니라 우리만의 정체성과 원천기술 문화를 기반으로 한 Glocal Only One & First Mover전략으로 혁신적인 패러다임 전환을 하지않으면 안될 것이다. 그 핵심에 우리 기업들이 미쳐 진정한 지식산업적 가치를 깨닫지 못하여 잠자고 있던 수많은 향토지식재산이 있음을 철저히 인식하고, 이를 통한 우리 기업들의 주체적인 세계속 지식문화 고속도로가 개통되기를 고대한다.

대한민국의 지방정책담당자들이여!

이제는 지구촌 지방화시대이다. 지역은 더 이상 서울 등 수도권이나 대도시와의 경쟁이 아니라 지구촌 전체와 경쟁하는 시대가 된 것이다. 도시와 농촌과 해외, 다문화가족과 국내유학생과 해외교포, 청소년과 청장년과 시니어, 전통과 현대와 첨단 등 열린 융복합시대를 지향하여야 한다.

지구촌 지방화시대에 눈앞의 지방소멸을 막고 지역다운 발전을 위해서 지방자치단체가 가장 먼저 해야 할 일은 국내외 청년이나 기업들이 다양한 일거리나 사업아이템으로 활용할 수 있는 지역만의 차별화된 향토지식정보를 발굴조사하고, 이를 재창조할 수 있는 열린 산업생태계 환경을 지역에 조성하는 일이다. 그 지역이 아니면 존재하지 않거나 있더라도 차별성을 갖는 향토지식재산이야말로 지역사회가 가장 적은 비용과 시간으로 활용할 수 있으며 성공가능성이 가장 큰 사회적 지식자본이기 때문이다. 또한 세계가 하나로 모이는 디지털 지구촌 시대에는 지역마다의 차별적 지식문화적 자산의 교류야말로 주체적인 문화, 경제주도권을 가질 수 있기 때문이다.

따라서 차별적인 지역의 향토지식재산 세계화사업은 개인이나 개별기업들로서는 거의 추진이 불가능한 영역으로 지방자치단체가 중심이 된 기본적인 인프라구축이 이루어진다면 다양한 국내외 기술과 인재와 기업들을 흡수하는 블랙홀과 같은 기능을 할 것이다. 또한 지금의 이 경험이야말로 공무원 여러분을 정년없는 행복한 일거리로 이어줄 것이다.

대한민국의 베이비부머 신중년들이여!

필자는 최근 만난 80대 원로목사님께서 혈혈단신으로 국내에 있는 25여만명의 유학생 선교를 위한 조찬기도회에 참여하게 되었다. 비록 짧은 기간이지만 그 분과 함께 하면서 비로서 한 사람의 진정어린 기도와 노력이 전혀 허황되고 불가능할 것 같은 세상을 결국 바꾸어 낼 수 있다는 확신을 보게 되었다. 지금은 세계인 누구라도 대한민국이 종주국으로 인정하고 있는

〈KIM GIN TAE HAN〉 역시 우리는 도저히 알 수도 없는 수많은 이 땅 누군가의 도전과 땀의 결실임은 부인할 수 없다. 그 누군가가 바로 근현대 산업경험보유자인 베이비부머 신중년들이다. 신중년들이야말로 근현대 산업경험 지식보유자로서 전통지식문화와 첨단미래, 도시와 농촌과 세계를 이어주는 다리세대입니다. 그들의 도전과 땀의 결실 덕분에 지금 우리는 〈KIM GIN TAE HAN〉을 통한 세계속 사회문화적 네트워크와 가치있는 글로벌 브랜드로 아름다운 지식문화 강국을 만들어 갈 수 있을 것이다. 마찬가지로 이 땅의 베이비부머 신중년들만이 현재 대한민국에 유학중인 20여만명의 학생들과 이미 한 가족이 된 200여만명이 넘는 다문화 및 이주가정, 700만명의 해외동포, 해외입양된 전세계의 K-디아스포라들에게 가슴깊은 정체성과 구체적인 삶의 비젼을 심어주는 이웃이 될 수 있다. 이 시대 베이비부머 신중년들이야말로 대한민국이 처해있는 인구위기, 지방소멸방지를 넘어 진정한 가장 한국적인 것이 세계적이라는 글로컬 세상을 만드는 다리(Bridge)가 될 것임을 확신한다.

끝으로 사람이 마음으로 자기의 길을 계획할 지라도 그의 걸음을 인도하시는 이는 여호와시라는 말씀대로 부족한 필자를 철없던 젊은 날부터 여기까지 인도해 주신 그 분의 은혜에 감사드리며, 원고작성에 말없이 도움을 준 지식공유상생네트워크 정 철웅사무국장과 문화예술관광진흥연구소 이기우대표에게 특별히 감사드린다. 또한 이렇듯 인생 1막을 시작하기까지 수많은 세월을 말없이 지켜보며 가슴 조렸을 사랑하는 아내 유 서원과 스스로 잘 자라준 자경, 윤정이에게 이 자리를 빌어 아빠로서 미안함과 함께 진정 고마움을 표한다.

제**1**장

21세기 대한민국이 가야할 길

1 지구촌 지방화시대

가장 지역적인 것이 가장 세계적인 시대

음식은 맛으로 먹고 맛은 혀로 감지한다. 혀에는 특정한 맛을 감지하는 영역이 따로 발달해 있으며, 이를 맛의 영역, '미역(味域)'이라고 한다. 인체의 부위가 사용될수록 발달하고 사용하지 않을수록 퇴화하듯이, 미역도 마찬가지이다.

예를 들어, 매운 음식을 잘 먹는 말레이시아나 인도네시아 사람들의 혀에는 매운 맛을 감지하는 미역이 발달해 있고, 반면 매운 음식을 못 먹는 일본 사람들 혀에는 매운 맛을 감지하는 미역이 퇴화한다. 한국 사람의 혀에는 다른 나라 사람에게는 거의 퇴화하고 없는 특정한 맛을 감지하는 미역이 유별나게 발달해 있다. 바로 음식이 삭아서 나는 맛을 감지하는 '발효미역(醱酵味域)'이다. 이는 다섯 가지 기본 맛인 짜고, 맵고, 시고, 달고, 쓴맛의 감지 미역보다 몇 배 더 발달해 있다. 이는 우리 조상들이 수천 년 동안 먹어온 음식의 70~80%가 발효 음식이기 때문에 발달된 발효미역이 유전적으로 정착되었기 때문이다.

발효음식의 양대 기둥은 '장'과 '김치'이다. 장에는 간장, 된장, 고추장, 담북장, 쪽장, 집장 등 수많은 종류가 있으며, 한국인의 입맛을 총체적으로 지배하고 있다. 삭힌 맛으로 먹는 김치도 배추김치, 무김치, 깍두기, 물김치, 파김치 등 다양하며, 옛 어머니들은 36가지 김치를 담글 줄 모르면 시집을 못 갔다고 할 만큼 그 종류가 많다. 이외에도 많은 젓갈, 장아찌 등 한국은 발효음식의 왕국이다.

한국 사람이 외국에 나가면 그 나라 음식에 맛을 붙이지 못하고 바로 한국 음식으로 회귀하는 것은 잘 알려진 사실이다. 외국 음식은 발달된 발효미역을 충족시킬 수 없기 때문에 먹어도 만족스럽지 않아 한국 음식으로 돌아가는 것이다.

또한, 중국 음식을 먹을 때 간장을 찍어 먹는 민족은 한국 사람뿐이다. 이는 중국 음식이 싱거워서 간장을 찍어 먹는 것이 아니라, 기름 맛으로 먹을 수 있지만 발효미역을 충족시키지 못하기 때문에 간장을 찍어 먹음으로써 중국 요리의 기름 맛과 발효미역을 동시에 충족시키는 것이다.

한국적 여건에서 한국 문화의 영향 아래 수천 년 살아오면서 한국인에게만 있거나 외국인에게도 있지만 한국인에게 유별나게 발달한 자질이 모든 분야에서 형성된다. 이 자질을 문화인류학에서는 그 나라, 그 민족의 동일성(同一性) 또는 정체성(正體性)이라고 한다. 발효미역의 발달은 한국 사람의 생리구조에 있어 동일성이며, 그 동일성으로 발달된 발효 음식은 한국 음식의 동일성이라고 할 수 있다.

이제부터 우리 한국과 한국인에게 어떤 동일성들이 있는지를 찾아 개발하고 과학화하여 상품화한다는 것이 얼마나 중요한지를 살펴보아야 한다.

미국의 문화인류학자 마거릿 미드의 문화발전 3단계론에 따르면, 21세기를 동일성 문화의 시대로 정의하고 있다. 문화는 전통문화를 중시하는 종적(的) 문화의 시대로부터 시작하여, 외래문화를 중시하는 횡적(的) 문화의 시대로 발전하고, 마지막으로 외래문화를 동일성과 절충하여 창출하는 동일성 문화의 시대로 나아간다고 설명한다.

이 3단계론을 한국에 적용해보면, 19세기 개화기 이전의 문화는 전통문화의 시대에 해당되며, 개화기 이후 20세기는 외래문화의 시대하고 볼 수 있다. 현재 21세기는 외래문화 시대가 끝나고 동일성 문화와의 융합시대가 될 것으로 예상된다.

동일성 문화는 각국인 고유한 특성과 지질을 발굴하여 이를 바탕으로 국제사회에 진출하고, 그 과정에서 국제 문화 발전에 기여하며 경제적 이익을 창출하는 것을 의미한다. 동일성이 아닌 공통성, 즉 다른 나라들도 쉽게 접근할 수 있는 분야는 이미 상품화되어 선진국들이 독점하고 있기 때문에, 이러한 분야에 진입하는 것은 큰 이익을 기대하기 어렵다. 반면, 동일성 상품은 경쟁이 적거나 미약하여 소비자들의 호응을 얻을 경우, 큰 수익을 올릴 수 있는 기회를 제공한다. 이는 강대국들이 경제력을 독점하는 시대에서 현명한 전략이 될 수 있다.

1988년 서울올림픽 당시, 김치는 외국인들에게 내놓기 어려운 열등한 식품으로 여겨졌다. 그러나 지금은 김치의 위상이 크게 변화하여, 전 세계 많은 나라에서 사랑받는 음식으로 자리잡았다. 김치는 이제 무저항 음식으로 인식되며, 그 가공과 보급률도 높아졌다. 이는 한국의 숨은 문화적 동일성이 세계화될 수 있는 잠재력을 김치가 잘 대변하고 있음을 보여준다. 결국, 우리가 가진 다양한 문화적 자원들도 김치와 같은 세계화의 가능성을 지니고 있다고 할 수 있다.

문제는 1995년 이전, 김치의 세계 수요량의 85%를 일본이 공급하고 있었으나, 2024년 현재 중국이 한국 수입 김치의 100%를 공급하고 있다는 점은 우리에게 심각한 경각심을 불러일으킨다. 이는 우리가 우리의 정체성과 경제적 가치를 제대로 인식하지 못하고 있다는 것을 보여준다.

다행히도 일본에서도 한국의 김치 맛을 재현하기 어렵다는 사실이 있다. 재일 동포들이 일본 배추로 김치를 담그기 위해서는 부뚜막에 며칠간 쌓아두어 물기를 제거해야 하며, 그 과정에서도 습기 함량이 높아져 찌개 김치처럼 물러지기 쉽다. 일본에서 무로 무김치를 담글 수 없다는 점은 잘 알려져 있다. 이러한 이유로 2024년 현재 일본은 한국 김치의 최대 수출국이 되었다. 이는 김치가 한국의 기후와 토양에서 자란 무, 배추, 고추 등으로 만들어진 독특한 지식재산임을 의미한다.

그러나 우리가 이 천연적이고 차별화된 지식재산에 주목하지 않고 브랜드화하지 않는다면, 중국 김치나 일본 김치가 세계의 입맛을 선도하게 되어 우리의 진정한 김치가 경제적 가치를 잃을 수 있다는 점을 명심해야 한다.

한국의 전통 음식과 문화가 세계적으로 확산된 사례는 여러 가지가 있다. 예를 들어, 한국에서 전해진 된장은 일본에서 '미소'라는 이름으로, 두부는 '도후'라는 이름으로 세계화되었다. 또한, 한국의 담북장은 일본에서 '낫도'라는 이름으로 알려지게 되었다.

이와 함께 '온돌문화'도 중요한 사례로 들 수 있다. 온돌은 고구려 시대를 중심으로 한반도 남부에서만 사용되던 전통적인 난방 구조로, 현재는 유럽 알프스 지역의 고도 800m 이상의 주거 형태로 자리 잡았다. 한 한국 등산가가 1,200m 고지의 산장에 온돌을 도입하여 등산객을 맞이한 것이 이 문화의 확산에 기여했다.

온돌문화는 북유럽으로 확산되었고, 미국 북부와 캐나다에서도 스팀 파이프를 이용한 온돌이 일반화되었다. 이처럼 '김치'가 옥스퍼드 사전에 한국의 전통 음식으로 등재된 것처럼, '온돌'도 한국의 문화적 상징으로 인정받고 있다.

김치와 온돌은 한국 문화의 세계적 확산을 보여주는 여러 문화 상품 중 일부에 불과하다. 헌팅턴의 기후문명론에 따르면, 한국 문화의 세계화 가능성이 높다는 점을 시사한다. 연구에 따르면, 중위도 문화권(중국, 한국, 일본)과 고위도 문화권(유럽 선진국들) 간의 문명 교류는 6대 4의 비율로, 중위도 문화의 이동과 정착이 상대적으로 강한 것으로 나타났다.

한국은 중위도 문화권에 속하며, 동남아시아는 저위도 문화권에 속한다. 이 두 문화권 간의 이동 대비는 8 대 2로, 중위도 문화가 상대적으로 강한 모습을 보인다. 이러한 문명론은 한국 문화가 다양한 외국 문화 속에서 동화되고 공존하는 능력이 뛰어남을 보여준다. 이는 한국이 보유한 지식재산의 풍요로움과 그 경제적 가치의 막대함을 입증하는 요소이다.

20세기 전반까지는 무력이 세계를 지배했으며, 국력은 무력의 강도에 비례했다. 그러나 20세기 후반에 들어서면서 산업경제가 주도권을 잡게 되었고, 국력 역시 산업경제력에 따라 달라졌다. 21세기는 지식문화의 시대이며, 자국의 고유한 문화에서 창조된 지식재산을 소홀히 여기는 것은 국가에 대한 배신이자 스스로 가난의 길로 들어서는 행위임을 인식해야 한다.

IMF 체제에서 한국은 경제적 식민지화의 위기를 경험했다. IMF 터널을 벗어난 멕시코의 사회구조는 크게 변화했으며, 중산층이 사라지는 현상이 두드러졌다. 외국인과 소수의 재벌만이 상류층을 형성하고, 대다수 국민은 기업에 의존하는 하류층으로 전락했다. 이는 제국주의 식민지 시대의 피식민 상황과 유사하다. 경제적 어려움을 극복하더라도 자국의 지식문화에 대한 인식이 없다면 미래는 불투명할 것이다.

우루과이 라운드 이후, 한국은 국제 사회에서 경제적 혜택을 잃고 대등한 경쟁체제로 진입하게 되었다. 경제 전문가들은 경쟁력을 키워야 한다고 주장하지만, 이는 현실적으로 어려운 해결책이다. 막대한 자본과 자원, 뛰어난 인력을 보유한 선진국들과 경쟁하기란 쉽지 않다. 따라서 한국은 자국의 고유한 자산에 주목하고 이를 재발견하고 재창조해야 할 필요성이 커지고 있다. 이러한 고유한 자산 중에서 세계적으로 통용될 수 있는 것을 찾아 상품화하여 판매하는 것이 중요하다. 고유하고 독특한 특성을 지닌 제품은 과도한 경쟁이 없거나 경쟁이 약할 가능성이 높으며, 수요가 생기면 독점시장과 글로벌 확산이 가능하다는 장점이 있다.

한국의 오지단지와 오지그릇이 유럽과 미국의 고급 호텔에서 품위 있는 장식품으로 자리잡고 있는 것을 자주 보았다. 특히, 원색이 화려한 페르시아 도기에 비해 한국의 오지그릇이 투박하고 겸허한 매력을 지니고 있어 상류사회에서 인기를 끌고 있다. 또한, 오지그릇이 꽃병, 재떨이, 장식대와 같은 생활도구로 사용되며, 이러한 질박한 성향이 가정으로 확산될 것으로 예상하고 있다. 이로 인해 한국의 전통 도자기에 대한 수요가 급증할 것이라는 전망을 제시하고 있다. 마지막으로, 이러한 세계적 요소가 발견되고 확산될 기미가 보일 경우, 국가 차원에서 이를 선전하고 판촉해야 한다는 점을 강조하고 있다.

결국, 우리의 고유한 지식문화를 재창조하여 상품화하면 미국뿐만 아니라 세계적으로도 각광을 받을 것이다. 따라서 우리 것의 세계화란, 세계 속의 한국의 지식문화의 동일성을 소멸시키는 과정이 아니라 한국의 지식문화의 동일성을 재발견, 재창조하여 세계 지식문화 발전에 기여하는 것이다. 더 많은 한국의 차별적 지식문화를 해외에 알리고, 동시에 해외의 지식문화를 받아들여 경제적 이득과 사회적 네트워크를 구축하는 것이 바로 한국의 미래가치를 찾는 길이다.

우리 것에서 미래가치를 찾는 길

이제는 '우리 것'에서 경제적 가치와 미래 가치를 찾아야 할 때이다. 많은 우리의 자산이 상당한 경제적 가치와 경쟁력을 지니고 있기 때문이다. 이를 위해 가장 기본적이고 총체적이며 선행되어야 할 일은 한국인의 향토지식재산 및 지식문화산업에 대한 인식 개혁이다.

향토지식재산 및 지식문화산업에 대한 부정적인 인식이나 소극적인 태도를 가지고서는 아무리 그 중요성을 강조해도 효과가 없다. 따라서 가장 중요한 첫 번째 과제는 우리의 향토지식재산 및 지식문화산업이 발전하는 세계에 기여하는 촉진 요인이라는 인식을 국민, 기업, 정부가 확고히 하는 것이다.

이 이야기는 이솝우화의 '하얀 비둘기를 선망하던 까마귀'를 바탕으로 한 교훈적인 내용이다. 까마귀가 하얀 비둘기를 부러워하며 자신의 외모를 속이기 위해 흰 칠을 했지만, 결국 울음소리로 정체가 드러나 쫓겨나고, 다시 까마귀 떼에 돌아가려 해도 받아주지 않는 상황을 통해, 자신의 본질을 숨기고 남의 행세를 하다가 실패하는 모습을 보여준다.

이와 같은 맥락에서, 서양에서는 잘난 체하거나 아는 체하는 사람을 '까마귀'라고 부르며, 미국에서는 백인 행세를 하는 흑인을 '하얀까마귀'라고 지칭한다.

한국에서도 과거에 '바나나 인간'이라는 표현이 사용되었다. 이는 겉은 노란색(아시아인)인데 속은 하얗다(백인 사고방식)를 의미한다. 역사적으로 한국은 이 바나나족이 안주할 공간이 늘 보장되어 왔다. 삼국시대에는 당나라에, 고려 때에는 송나라와 원나라에, 조선조 때는 명나라와 청나라에 사대했고, 사대를 해야만 엘리트가 되고 상류사회에서 큰기침하고 행세할 수 있었다. 이러한 사대사상은 광복 이후에도 구미 선진국으로 대상을 바꾸어 지속되었다.

결국, 이 이야기는 외모나 겉모습으로 사람을 판단하거나, 자신의 정체성을 숨기고 남의 모습을 흉내 내는 것이 얼마나 위험한지를 경고하는 교훈을 담고 있다.

우리는 이제 세계가 필요로 하는 독창적인 문화 자원을 가지고 있다. 우리만의 정신문화와 물질문화는 그 어느 나라와도 비교할 수 없는 풍부함을 지니고 있다. 이러한 자원을 바탕으로 세계 문화 발전에 기여하는 것이 우리의 사명이다.

그러나 이를 위해서는 먼저 한국의 독특한 정체성을 세계 속에 확고히 자리잡아야 한다. 단순히 외형적인 모습만을 중시하는 '겉 노랗고 속이 흰 바나나 인간'에서 벗어나, 내면의 가치와 진정성을 갖춘 '겉도 노랗고 속도 노란 모과인간'으로 변신해야 한다.

한국적 정체성을 확립하기 위해서는 무엇이 한국적이라고 할 수 있는지를 명확히 제시해야 한다. 현재 가치관이 뚜렷하지 않은 젊은 세대에게 모과의 위상을 알리는 것은 그 중요성과 긴박성을 아무리 강조해도 지나치지 않는다. 우리는 현실과 역사 속에서 모과가 무엇인지, 즉 우리를 한국적이게 만드는 요인이 무엇인지 탐구하고, 이를 과학적으로 분석하며 재창조하여 인류의 문화 산업 발전에 기여해야 한다. 이는 21세기 우리 역사에서 부여된 의무이자 과제이다.

이러한 국민의 인식을 바탕으로 정부의 역할은 매우 중요하다. 현재의 벤처 산업보다 훨씬 더 높은 성공 가능성과 경제적 이익을 창출할 수 있는 미래 산업이 바로 향토지식문화산업이기 때문이다. 따라서 정부는 이 산업을 적극적으로 지원하고 육성하여 한국의 문화적 자산을 활용한 지속 가능한 발전을 도모해야 한다.

향토지식재산에 대한 일반적인 인식은 전통이나 지역자원의 유지에 국한되는 경향이 있다. 그러나 이러한 전근대적 사고에서 벗어나야 한다. 향토지식재산은 단순한 보존의 차원을 넘어, 좁아지는 지구촌에서 우리의 존재 가치를 높이고 국가의 발전을 이끄는 중요한 사업이다. 이는 세계 문화를 풍요롭게 하고, 지구촌 시대의 이익 산업으로 자리 잡을 수 있는 잠재력을 지니고 있다.

따라서 향토지식재산의 중요성을 인식하고 이를 적극적으로 활용하기 위해서는 국가 차원의 지원과 개입이 필수적이다. 이러한 사업은 개인이나 민간의 노력만으로는 한계가 있으며, 정부의 체계적인 지원이 뒷받침되어야만 성공적으로 추진될 수 있다. 향토지식재산을 국가적 자산으로 발전시키기 위해서는 정부의 적극적인 역할이 필요하다.

첫째, 한국의 향토지식재산, 특히 콩과 관련된 자원에 대한 홍보와 인식 제고가 절실하다. 김치와 같이 세계적으로 인지도가 높은 품목이 있다면, 기업이 이를 홍보할 수 있지만, 그 이전 단계에서는 정부의 주도적인 역할이 필요하다. 예를 들어, 콩의 원산지와 한반도가 콩 요리의 종주국이라는 사실을 아는 사람은 많지 않다. 한국인조차도 오랜 기간 미국에서 수입한 콩에 익숙해져 있어, 그 역사와 중요성을 간과하고 있다.

콩은 한반도의 기후와 토양에 가장 적합한 작물로, 그 재배 역사가 길다. 이로 인해 콩에서 파생된 다양한 향토지식재산은 독창적이고 우수하다. 실학자 이익(李瀷)은 한국인의 역사적 경험이 콩의 힘에 의해 형성되었다고 주장하며, 두부, 콩나물, 된장 등으로 널리 소비되는 콩의 중요성을 강조했다. 따라서, 콩을 원료로 하는 향토지식재산의 우수성을 세계에 알리는 것이 필수적이다.

이러한 홍보를 통해 얻어지는 경제적 이익은 막대하다. 콩과 관련된 향토지식재산이 지배하는 세계 시장은 매우 크지만, 현재 일본과 중국이 그 시장의 대부분을 차지하고 있다는 점은 주목할 필요가 있다. 한국은 이러한 자원을 활용하여 글로벌 시장에서의 입지를 강화해야 한다.

둘째, 향토지식재산의 국적을 탈환하는 것은 정부가 이 산업에 개입해야 하는 중요한 이유이다. 두부는 중국에서 처음 시작되었지만, 우리나라에 들어와 다양한 형태로 발전하였다. 15세기 초, 세종대왕은 명나라에 사신으로 갔던 박신생이 가져온 서신을 통해 조선 두부의 우월성을 확인할 수 있었다. 서신에는 "조선 왕이 보내 준 찬모들은 음식 만드는 것이 정갈하고 맛깔스러운데, 특히 두부 만드는 솜씨가 절묘하다"는 내용이 담겨 있었다. 이는 당시 조선의 두부 기술이 뛰어났음을 보여준다.

그러나 두부가 일본으로 전파된 경위는 여러 가지 설이 있다. 임진왜란 당시 군부의 병참 담당관인 '오카베'가 조선에서 배워 갔다는 주장과, 포로로 잡혀 간 경주 성장박호인이 일본에 두부를 전파했다는 이야기가 있다. 현재 세계적으로 인식되고 있는 두부는 일본의 '도후'라는 이름으로 자리 잡고 있으며, 중국 화이난 시에서는 두부의 종주권을 주장하는 '두부제'를 매년 성대하게 개최하고 있다. 이 행사에는 세계적인 식품학자와 기자들이 초청되어 두부의 기원을 논의한다.

청국장 또한 마찬가지로, 그 시장의 이권을 선점하기 위한 종주국 싸움이 치열하다. 『삼국사기』의 신문왕 3년 궁중 폐백 기록에 청국장이 등장하며, 고구려 유민인 대조영이 세운 발해의 변방 병사들의 군량에도 '책성지시(柵之豉)'라는 청국장이 존재했다. 진나라 때의 문헌에서는 '시(豉)'가 외국 음식으로 명기되어 있으며, 중국 문헌에서도 고구려 사람들이 장이나 청국장 같은 발효 음식을 잘 만든다는 기록이 있다. 이러한 사실들은 청국장이 고구려에서 기원했으며, 이후 진나라와 한나라로 전파되었을 가능성이 높다는 것을 시사한다.

결국, 두부와 청국장은 각국의 문화와 역사 속에서 중요한 위치를 차지하고 있으며, 이들에 대한 올바른 인식과 국적 회복이 필요하다. 정부의 개입은 이러한 향토지식재산을 보호하고, 세계 속에서 우리의 정체성을 확립하는 데 필수적이다.

한편, 일본 아키타시는 일본 청국장인 '낫도' 발상의 땅이라 하며, 국제 대회를 열고 종주국으로 선전하는 것을 비롯해, 청국장을 먹는 세계 여러 나라에서 마치 자국이 종주국이라며 국제 청국장 대제를 주최하는 등 그 보급에 열을 올리고 있다. 종주국인 우리나라에서는 그 같은 일이 벌어지는지 알지도 못하고, 그것을 체크할 아무런 기능도 없어 저항도 못 하고 향토지식재산을 야금야금 약탈당하고 있다.

뿐만 아니라, 두부, 청국장, 그리고 간장까지 세계 시장을 독점하고 있는 일본은 방 안에서 기르는 인스턴트 야채로 각광받고 있는 콩나물까지 잠식하고 있다. 한국 땅에서 나는 콩나물 콩이 아니면 콩나물이 길지 않기에, 이 세상에서 유일하게 콩나물을 먹는 한국만이 가질 수 있는 향토지식재산 품목이다. 야채에 굶주린 추운 고위도 지방에서 콩나물은 식품 혁명이라고 이를 만큼 각광받고 있는데, 이 역시 우리가 방관함으로써 가로채이고 있다. 일본에서는 콩나물 재벌이 탄생하여 미국에 현지 법인을 만들어 왕성하게 세계 진출을 하고 있다.

이와 같이 빼앗긴 향토지식재산은 신토불이라는 섭리와 그 변수 때문에 수복할 희망과 여지를 남겨 두고 있다. 바야흐로 세계는 향토지식재산의 전국시대가 도래하여 시장 점거 싸움이 치열한데도, 한국에는 그 같은 정보를 얻고 그에 대비하여 우리 것을 재발견하고 재창조하며 싸워 나갈 기능이 없다. 그 기능이 있다 하더라도 민간 차원에서는 엄두도 못 낼 일이다. 그래서 정부가 개입하지 않으면, 백주에 문을 열어 놓고 "우리의 향토지식재산을 도적질해 가시오." 하며 방임하고 있는 상태를 면치 못할 것이다.

셋째, 무섭게 달라지는 세상의 수요에 민감하게 대처하여 차별화된 향토지식재산을 재창조하는 일이 중요하다. 예를 들어, 김이나 미역 등 한국인이 주로 먹는 해조류가 방사능 피해에 대한 면역 작용을 한다는 사실이 세계적으로 주목받고 있다. 러시아의 체르노빌 원전 사고 이후, 오염 우려 지역인 러시아, 노르웨이, 독일, 이란 등에서는 이전에 먹지 않던 김과 미역을 구해 먹으면서 우리 해조류 시장에 호황을 가져왔다.

최근에는 해조류가 화장품 원료로 사용되면서 그 시장이 확산되고 있다.

더욱이 한국산 김에서 추출된 '포피린'이라는 성분은 침입한 병균에 대항하고 면역 기능을 높이며, 각종 종양 세포를 파괴하는 힘을 최대 5배까지 높여준다는 사실이 밝혀졌다.

세계의 중심인 뉴욕의 맨해튼에서는 한국 식당들의 고객 분포가 크게 달라지고 있다는 보도가 있었다. 이전에는 한국인이나 한국에서 살아본 외국인만 드나들던 이 식당들이 이제는 순수 미국인 손님으로 바뀌고 있으며, 미국인만을 위한 한국 식당도 다수 존재한다. 이 외국인들이 찾는 한국 음식은 된장찌개와 고추장찌개 같은 발효식품과 비빔밥이다.

고추장이 여객기 기내식으로 채택된 것은 1998년 초였다. 세계적 인기 가수 마이클 잭슨이 한국에 체재하는 동안 비빔밥만 시켜 먹었다는 사실이 화제가 되었다. 비빔밥은 1998년 3월 스페인에서 열린 국제 콘테스트에서 최우수 기내식으로 선정되기도 했다. 이렇게 비빔밥이 국제적 구미에 맞는 국제식품임이 입증되었음에도 불구하고, 그 향토지식재산이 외화벌이로 연결되지 못하고 일본이 즉석 가열 장치를 부착한 비빔밥을 한국에 역수출한 사례는 뼈아픈 현실이다. 차려 놓은 밥상도 제대로 찾지 못하는 한국의 상황이다. 앞으로 늘어날 향토지식재산의 재창조를 통한 세계화 과정에서 적절한 보호와 침해에 대한 대응이 정부에 의해 이루어지지 않으면, 번번이 가로채일 것은 두말할 나위가 없다.

넷째, 이미 외국에 건너가 정착하고 있는 향토지식재산의 현황과 문제점,

개선점을 연구하여 이를 확대시키는 일이 필요하다. 이러한 품목은 무수히 많으며, 그 한 예로 '고려잔디'를 들 수 있다. 미국 오클라호마의 털사(Tulsa)는 미국 항공 재벌들이 많이 사는 부촌으로, 이곳의 테니스 코트에 사용되는 잔디가 바로 고려잔디이다. 고려잔디는 미국에서 흔하지 않은 최고급 잔디로, 최상류 계급의 코트가 아니면 고려잔디를 깔 수 없는 것이 상식이 되었다.

고려잔디가 미국에 옮겨간 것은 100여 년 전의 일이다. 한말 개화기 때 미국인 헐버트가 편집했던 영문 잡지《The Korean Repository》1897년호에는 '미국의 고려잔디'라는 글이 실려 있다. 이 글에서는 놀랍도록 단단하고 생존력이 강하며 조밀한 잔디가 조선 땅에 있다는 사실이 서양 사람들에게 놀라움의 대상이 되고 있다고 언급되었다. 이 소식을 전해 들은 당시 미국 최대의 육종회사인 뉴욕의 피터 핸더슨 사는 당시 미국 공사였던 알렌 박사에게 그 씨앗을 수집해 보내 달라고 의뢰했다. 당시 시장에서 잔디 씨앗을 구할 수 없자 알렌 박사는 들판에 나가 씨앗을 수확하였고, 바구니에 담아 최초로 보낸 것은 1890년이었다. 이 씨앗들이 미국에 뿌려졌고, 이는 테니스 코트를 비롯한 각종 경기장, 그리고 가정의 정원과 산야의 경관을 변화시킨 혁명적인 성과로 평가받고 있다. 고려잔디의 생태와 생육을 연구하여 같은 생태대의 세계에 수출하고, 품질을 더욱 높여 '잔디' 하면 고려잔디를 연상하게 할 수 있을 것이다.

또한, 고려잔디와 같은 사례는 당시 우리의 향토지식재산에 대한 인식이 전혀 없던 시절에 일어난 일이다. 이를 통해 미국의 관련 육종회사나 고려잔디로 유명한 테니스 코트와 고려잔디의 종주국으로서 새로운 지식문화 교류의 재창조 가능성을 재발견하는 혁신적인 시각이 필요하다고 본다.

다섯째, 역사 속의 향토지식재산을 발굴하여 재창조하는 일이다. 우리 문헌에는 고을별로 생산물과 특산물을 정리한 기록이 적지 않은데, 이러한 생산물이나 제품이 그 지방에서 왜 유명한지를 과학적으로 분석하여 오늘날에 맞게 재발견하고 재창조하여 국제 시장에 내놓는 것이 필요하다.

조선시대와 청나라에 사신으로 가는 일행은 조선 종이와 청심환을 구해 들고 가는 것이 관례였다. 궁문을 통과할 때나 구경을 가는 데 뇌물을 요구할 때, 조선 종이 한 장이나 청심환 한 알이면 무사히 통과할 수 있었다. 이는 한지와 청심환이 그만큼 유명했음을 보여준다. 역대 중국에서 몸이 가장 약했던 미인으로 알려진 당나라의 설요영은 실바람만 불어도 병풍을 두르고 나들이를 할 정도였다. 이 미인이 온 천하를 다 뒤져 구해 입은 옷감이 신라의 '세모시'였다. 우리 솜씨를 따라가는 베는 없을 정도로 모시의 해외 수출량이 기하급수적으로 늘고 있는 것도 예사로운 일이 아니다. 따라서 지역과 전통 속에서 향토지식산업의 황금을 찾아내기 위해서는 체계적인 연구와 기구가 필요하며, 그 뒷받침을 정부가 하지 않으면 이루어질 수 없다.

그러나 업계 종사자의 대부분이 고령화되었고, 사고방식 또한 고착되어 있어 가내 수공업적인 형태를 벗어나지 못하는 것이 안타까운 현실이다. 일부에서는 향토지식재산 보호 운동이 일고 있지만, 그 범위가 보호 차원에 머무르는 경우가 많아 경쟁력 있는 상품으로 재창조하기에는 턱없이 부족한 상황이다. 이 점에서 향토지식재산에 대한 정책 방향이 어떻게 전환되어야 하는지를 깊이 고민해야 할 것이다.

또한, 닭이 먼저인지 달걀이 먼저인지 알 수 없을 정도로 문제의 원인과 결과가 뒤엉켜 있다. 애써 만든 물건을 제대로 팔 수 있는 유통망 확보가 어려워 물건이 적게 팔릴 수밖에 없고, 이로 인해 만드는 사람은 고가품만 만들어 내 또다시 수요가 줄어드는 악순환이 반복되고 있다. 결국 우리 상품은 문화적인 배경이 비슷한 일본, 중국에서 대량 또는 가격 경쟁에 밀려나고, 그로 인해 애쓰는 업계 종사자의 의욕마저 꺾이게 되는 큰 문제가 발생하고 있다.

지금까지 살펴본 바와 같이, 우리 향토지식재산은 지식공유와 협업 생태계 구축 여부에 따라 무한한 경제적 가치를 지니고 있다. 이를 인식하지 못한 결과, 일부는 이웃 나라에 알맹이를 빼앗기고, 또 다른 일부는 국내에서도 사이비 외국 제품에 밀려나는 수모를 겪고 있다. 외국과의 경쟁만이 문제는 아니다. 우리 주변의 수많은 향토지식재산산업도 변화하는 시장 환경에 적응한다면, 국내용으로 개발할 가능성이 충분히 있다. 앞서 여러 차례 언급했듯이, 우리 향토지식재산에 대한 권리 의식을 갖고 사물을 새로운 시각으로 바라보는 발상의 전환이 전제된다면, 향토지식재산에서 미래가치를 찾는 작업은 그 어느 분야보다도 부가가치가 높다고 확신한다.

세계화, 좁아지는 지구촌, 국경 없는 무역 전쟁을 이야기하는 시대에 살아남는 방법은 첨단 기술만이 아니다. 첨단 기술 분야에서도 남을 쫓아가는 전략으로는 빛 좋은 개살구 취급을 받게 된다. 이제는 미국이 자기 문화의 산물인 미키마우스로 수십 년간 막대한 수익을 올리고, 일본이 생선 초밥으로 전 세계 유명 식당을 점령하듯, 우리도 새로운 시각으로 우리 것의 부가 가치를 찾아 세계적 상품으로 만들어내야 한다. 왜냐하면 21세기는 단순한 지식재산 보존의 시대가 아닌 지식재산 활용의 시대이기 때문이다. 또한 국제 간의 경제 전쟁은 차별화된 지식재산의 전쟁이며, 이는 곧 자국만의, 또는 자기 지역만의 지식재산의 전쟁이기도 하다.

그동안 대한민국은 대기업 중심으로 해외에서 기술을 도입하여 Fast Follow(쫓아가기 전략)를 통해 현재의 성과를 이루었다. 그러나 21세기에 선진 일류국으로 살아남으려면, Glocal Only One, 특히 우리 고유의 것에서 비롯된 향토지식재산에서 미래가치를 찾아야 한다.

2 멀리 가려면 함께 가라

마법의 삼형제 공존법

'마법의 삼형제'는 탈무드에 나오는 유명한 이야기이다. 한 나라의 임금에게 불치병에 걸린 공주가 있었고, 임금은 공주의 병을 고쳐 주는 사람에게 공주를 아내로 주고 장차 왕의 후계자로 삼겠다는 내용의 포고문을 전국에 붙이도록 하였다. 이때 왕궁에서 멀리 떨어진 곳에 진기한 물건을 가지고 있는 삼형제가 살고 있었다. 첫째는 어떠한 멀리에 있는 것도 볼 수 있는 마법의 망원경을, 둘째는 어디든 날아갈 수 있는 마법의 양탄자를, 셋째는 어떠한 병이라도 낫게 할 수 있는 마법의 사과를 가지고 있었다.

어느 날, 첫째가 자신의 망원경을 통해 그 포고문을 보게 되었고, 삼형제는 함께 공주를 낫게 해 주자고 뜻을 모은 후, 지체 없이 둘째의 양탄자를 타고 신속하게 왕궁으로 갔다. 그리고 셋째가 가져간 사과를 공주에게 먹게 하여 드디어 공주의 병을 고쳤다는 이야기이다.

문제는 임금이 공주의 불치병을 고쳐 준 삼형제 중 누구를 선택하여 부마로 삼을 것인가 하는 것이었다. 삼형제 모두 자신이 공주의 병을 고치는 데 공헌하였다고 생각하였기 때문이다. 첫째는 "내가 망원경으로 포고문을 보지 못했다면 이런 사실을 도저히 알 수 없었을 것이니, 또한 내가 삼형제 중 가장 장자이니 당연히 나다."라고 말하였고, 둘째는 "마법의 양탄자가 없었다면 이렇게 먼 곳까지 빨리 올 수 없었을 뿐만 아니라, 시간이 너무 지체되어 공주의 생명을 구하지 못했을 것이다."라고 주장하였다. 셋째 역시 "만약 사과가 없었다면 병을 고칠 수가 없었을 것 아닌가."라고 말하였다.

삼형제의 이야기를 들은 임금은 공주의 부마이자 장차 자신의 후계자로 셋째를 선택하였다. 그 이유는 첫째와 둘째는 여전히 망원경과 양탄자를 가지고 있지만, 셋째는 자신이 가지고 있는 유일한 사과를 공주에게 제공했기 때문이다.

어떤 일이나 사업도 혼자서 할 수 없는 것이 일반적이다. 특히 사업의 영역에서 지식이나 정보 공유, 협업을 통한 업무 수행은 더욱 쉽지 않은 일이다. 그래서 사업을 시작할 때 구성원 간의 신뢰 관계 구축은 아무리 강조해도 부족함이 없다. 위 이야기의 삼형제는 일단 구성원 간의 신뢰 관계 구축에는 문제가 없는 가족 관계이기에 공주의 병을 고치기로 합의하는 데는 별 문제가 없었다. 문제는 사업 수행 후 어떻게 기여도에 대한 평가와 성과 분배를 하느냐에 있다.

현재로 눈을 돌려 삼형제의 입장을 살펴보겠다. 먼저 삼형제의 협업으로 공주를 구한 프로젝트에 있어 첫째와 둘째는 망원경이나 양탄자가 그대로 있다는 이유만으로 별도의 보상을 하지 못한다면 이는 바람직하지 않은 결론일 것이다. 왜냐하면 아무리 셋째의 사과가 유일한 것일지라도 두 형들의 도움이 없었다면 부마가 되는 결과는 일어날 수 없었기 때문이다. 다만 창업법인의 대표자의 경우, '셋째의 사과'처럼 자신의 모든 것을 걸고 사업을 수행한다고 하는 비장함을 연상케 하며, 마땅히 그에 상응하는 보상이 우선적으로 인정되어야 하겠지만, 공주 한 명에 대해 한 명의 부마를 선정하는 특수한 프레임만을 보고 부마에서 제외된 두 형제들의 보상이 배제되었다고 보는 사람은 없을 것이다. 왜냐하면 한 나라의 부마이자 장차 임금이 되는 자리에 자신의 동생이 된다는 것은 단순한 물질적인 보상과는 비교할 수 없는 엄청난 가문의 영예와 부를 누리는 확실한 길이기 때문이다.

다만, 삼형제 이야기를 오늘날의 성공적인 협업이나 지식 공유 사업에 비추어 살펴본다면, 제일 먼저 구성원 간의 신뢰 관계 구축, 구성원 각자의 실질적인 역할과 차별적인 기능의 조화, 성과 기여에 따른 적정한 보상 체계가 필요하다. 다시 말해, 삼형제 간의 깊은 신뢰 관계와 각자의 실질적인 기능과 역할, 즉 첫째의 '망원경'은 오늘날 시장과 수요를 발굴하는 일을 의미하고, 둘째의 '양탄자'는 발굴된 소비사와의 구체적인 상품 유통을 말하며, 셋째는 소비자에게 '사과'라는 구체적인 효용성을 지닌 상품으로 소비자의 필요를 충족시킨다. 따라서 구체적인 사업이나 프로젝트의 성과 기여에 따른 적정한 보상은 일률적으로 말하기 어려운 영역이지만, 이들에 대한 적정한 보상 체계의 확립이 지식 공유나 협업 사업의 3대 필수 요건이다.

토끼와 거북이의 글로컬 상생법

토끼와 거북이의 경주 이야기는 우리가 잘 알고 있는 이솝우화이다. 이 이야기의 내용은 토끼와 거북이가 산 정상까지 누가 더 빨리 달리느냐를 두고 벌이는 경주이다. 놀랍게도 이 경기에서 최후의 승자는 토끼가 아닌 거북이였다.

어릴 적 이 이야기를 들었을 때, '저런 천하의 느림보 거북이도 포기하지 않고 꾸준히 노력한다면, 천하의 날쌘돌이 토끼도 이길 수 있구나' 하고 느꼈던 짜릿한 통쾌감이 떠오른다. 또한, 천하의 날쌘돌이 토끼도 자만하고 나태하면 천하의 느림보 거북이에게 질 수 있다는 생각에 고소함을 느끼기도 했다.

그러나 이솝우화가 아닌 현실로 돌아오면 이러한 경기는 사실상 이루어지기 어려울 것이다. 육지에 있는 산 정상까지의 달리기 경주에서 거북이는 토끼의 경쟁 상대가 될 수 없기 때문이다. 그럼에도 불구하고 거북이가 토끼와 달리기 경주를 하기로 했다면, 거북이는 바보이거나 토끼의 감언이설에 속아 사기를 당했거나, 혹은 토끼의 갑질에 의해 어쩔 수 없이 경주에 참여하게 되었을 것이다. 만약 이 경기가 거북이가 후자의 경우처럼 감언이설에 속아 사기를 당했거나 토끼의 갑질로 이루어진 경우라면, 거북이는 자만한 토끼가 산 중턱 나무 아래에서 낮잠을 자고 있는 모습을 보았을 때, 절대로 토끼를 깨우지 않았을 것이며, 오히려 토끼가 더 깊이 잠에 빠지도록 조용히 그 자리를 피해 갔을 것이다.

이러한 토끼와 거북이의 경주 이야기는 오늘날 국내 대기업과 중소 하청업체의 모습과 대비된다. 이 경주 이야기가 현실에 적용된다면 끔찍한 결과로 이어질 수 있다. 예를 들어, 완성차 메이커인 대기업에 작은 부품인 안전벨트를 제공하는 중소 하청업체가 대기업의 불공정 계약으로 인해 안전벨트에 문제가 있는 채로 납품하거나, 안전벨트와 관련된 자동차 연결 부위에 문제가 있는 것을 우연히 발견했지만 완성차 메이커인 대기업에게 알리지 않아 결국 대규모 자동차 클레임으로 돌이킬 수 없는 엄청난 경제적 손실과 국제

시장에서의 이미지 손상을 초래한 사례가 있다. 이로 인해 부품 하청업체 역시 몰락하게 되었다.

다시 '토끼와 거북이의 경주 이야기'로 돌아가 보자. 뒤늦게 낮잠에서 깨어난 토끼는 깜짝 놀라 주위를 돌아보니, 이미 거북이가 승리한 경기가 끝났음을 깨닫고 당혹감에 휩싸인다. 명예 회복을 위해 거북이를 찾아가 재경기를 요청하지만, 거북이는 재경기를 거부할 것이 분명하다. 그는 종전의 경기가 처음부터 불공정했음을 깨닫고 있었기 때문이다. 그럼에도 불구하고 토끼가 자신의 낮잠으로 인한 어처구니없는 패배에 대해 집요하게 재경기를 요구하자, 거북이는 깊은 고민에 빠진다. 토끼의 집요한 요청을 현실적으로 마냥 거부하기도 어렵고, 잘못을 깨달은 토끼와 같은 방법으로 재경기를 해도 도저히 이길 수 없음을 잘 알고 있기 때문이다.

결국 거북이는 믿을 수 있는 지혜로운 주변 동료들과 상의한 끝에 경기 룰을 종전의 육지에서 육지와 강이 있는 경로로 바꾸는 것을 조건으로 재경기를 하기로 한다. 재경기에서 토끼는 단단한 각오를 하고 빠르게 출발하였으나, 강을 건널 수 없어 결국 이번에도 거북이가 이기게 된다. 이는 거북이가 자신의 핵심 역량을 파악하고 경기의 환경을 변화시켰기 때문이다.

반면, 토끼는 두 번의 심각한 패배를 거친 후에야 비로소 자신의 장점과 한계를 되돌아보게 되었고, 타인의 장점과 한계도 새롭게 깨닫게 되었다. 즉, 자신의 빠른 강점은 육지에서는 통용되지만 강이나 바다에서는 아무런 소용이 없음을 깨달았고, 느리고 느린 거북이가 강이나 바다에서 놀라운 능력을 가지고 있음을 인식하게 되었다. 이러한 깨달음의 과정 속에서 비로소 토끼는 육지에서의 자신의 강점과 강에서의 거북이의 강점을 함께한다면 어떠한 경주에서도 반드시 우승할 수 있음을 확신하게 된다. 그는 거북이에게 그동안의 잘못에 대해 화해를 제안하고, 국내를 넘어 국제적인 달리기 대회의 공동 참여를 제안하게 된다.

다시 말해, 육지에서는 토끼가 거북이와 손잡고 가고, 강에서는 거북이가 토끼를 업고 간다면, 둘은 함께 결승선을 통과할 수 있을 것이다. 즉, 육지에서는 토끼의 핵심 역량을, 강에서는 거북이의 핵심 역량을 발휘하는 협업을 통해 통상의 몇 배 속도로 경주할 뿐만 아니라, 협업을 통해 비로소 미처 깨닫지 못했던 상생의 효과, 즉 국내를 넘어 5대양 6대주 글로벌 정글이라는 새로운 상생의 세계에서 당당한 승자가 된다는 사실을 깨닫게 된다.

이 이야기는 우리 기업들이 해외에 진출하고자 할 때, 혼자의 역량이 아닌 또 다른 역량을 갖춘 관련 업체와의 협업 및 상생 전략이 필수적이라는 점을 일깨워준다.

소금장수, 우산장수 모자(母子)의 글로컬 사업 만들기

생각 바꾸기

우리는 어릴 적에 읽었던 '소금장사와 우산장사를 하는 두 아들을 둔 어머니'에 대한 동화를 기억하고 있다. 이 이야기의 내용은 이러하다. 큰아들은 소금장사, 둘째 아들은 우산장사를 하고 있는 어머니가 있었는데, 어머니는 비 오는 날에는 비 때문에 장사하기 어려운 소금장사하는 큰아들 걱정에 슬퍼하고, 해 뜨는 날에는 고객이 없어 공치고 있을 우산장사하는 둘째 아들 걱정에 슬퍼하면서 한시도 슬퍼하지 않는 날이 없었다. 그러던 어느 날, 어떤 지혜로운 이웃의 조언을 듣고 해 뜨는 날에는 소금장사하는 큰아들의 장사가 잘 되기에 기쁘고, 비 오는 날에는 우산장사하는 둘째 아들의 장사가 잘 될 것이기에 늘 기쁜 마음으로 살 수 있게 되었다는 이야기였다.

이 이야기는 필자가 어릴 적부터 들어왔던 것으로, 아무리 어려운 현실이라도 비관적으로만 보지 말고 생각을 긍정적으로 바꾸면 행복해질 수 있다는 교훈을 담고 있다. 다시 말해, 비록 우리를 둘러싼 환경은 바꿀 수 없다고 하더라도 '생각 바꾸기'를 통해 얼마든지 행복해질 수 있다는 긍정의 힘과 어머니의 사랑을 깨닫게 한다. 우리는 이 동화처럼 다른 사람의 충고나 지적을 받거나 타인의 눈으로 본 객관적 평가를 받기 전까지, 우리만의 깊은 동굴에 갇혀 부끄러워하거나 스스로 잘못된 편견에 사로잡혀 자신의 잠재력을 제대로 시도조차 못한 것은 없었는지 스스로를 다시 되돌아보아야 할 것이다.

사실 지금은 세계적인 5대 무저항식품으로 평가받는 우리나라의 대표적 향토지식재산인 〈김치〉에 대해서도 한때 우리 스스로 깊은 열등의식에 빠져 있었음을 숨길 수 없다. 또한 일제 강점기에 세수 확보 차원에서 만들어진 주세법에 의해 규제되어 오던 지역마다 존재해 온 가양주 문화는 해방 후 한참이 지난 '88올림픽이라는 세계적 행사를 앞두고 1987년 전통주에 대한 규제가 풀리기 전까지 정부와 법조계에서는 우리의 전통주를 소위 〈밀조주〉라고 하여 무조건 특가법 처벌 대상으로 처리해 온 가슴 아픈 과거를 가지고 있다. 위에서 인용하고 있는 〈소금〉 역시 일제 강점기부터 광물로 분류하여 우리 스스로 소금의 진정한 가치와 가능성을 막아오다 2007년에야 비로소 식품으로 분류하고 갑자기 우리의 천일염이 세계에서 최고 품질이라고 떠들어 대는 우리 사회의 무관심과 편향된 산업 정책을 이제는 냉정한 반성과 채찍으로 되돌아보아야 할 것이다. 흔히 말로는 삼천리 금수강산에 5000년 문화유산이라고 떠들어 대면서도 실제로는 수많은 편견과 무관심에 파묻혀 있는 우리의 귀중한 향토지식재산들이 우리의 진정 어린 반성과 애정의 손길을 기다리고 있지 않을까.

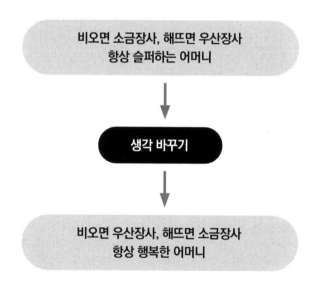

지식만들기

이 이야기는 마치 실타래처럼 무수한 생각의 꼬투리를 풀어내고 있다. 먼저 이야기 속의 소금장사와 우산장사를 하는 두 아들의 상황을 머릿속에 그려보았다.

비가 오면 장사를 망칠 수밖에 없는 소금장사 큰아들은 분명 시골에서 아주 영세하고 가내수공업적인 천일염전을 운영하고 있었을 것이다. 왜냐하면 소규모의 낙후된 천일염전이 아니라 일정 규모의 기계 설비를 갖추었거나 포장, 가공된 소금을 취급하는 장사라면 사실상 기후 조건에 직접적인 영향을 크게 받지 않을 것이기 때문이다.

그런 점에서 해가 뜨면 장사를 망칠 수밖에 없는 우산장사 둘째 아들은 필경 대도시에서 조그만 우산 가게 소매상이나 수리점을 운영하고 있을 것이다. 왜냐하면 구멍가게나 슈퍼마켓에 상시 비치되어 팔리는 우산이 아니고, 비 오는 날에만 우산장사로 먹고 살 만큼의 수요가 있으려면 당연히 농어촌이나 중소도시보다는 유동인구가 많은 70-80년대의 대도시여야 할 것이기 때문이다.

또한 걱정만 하고 계신 두 아들의 어머니는 일찍 과부가 되어 두 아들을 키우느라 한평생 말할 수 없는 고통을 혼자 묵묵히 견뎌오다 노년에 약간의 우울 증세까지 보이고 있는 것으로 보인다. 이러한 상황 판단을 기초로 할 때, 나는 다음과 같은 의문을 갖게 된다. 첫째, 왜 두 아들, 즉 큰아들은 소금장사만 해야 하고, 작은 아들은 우산장사만 해야 하는 것일까? 두 아들은 각자의 환경과 장점을 토대로 비 오는 날에는 함께 우산장사를 하고, 햇빛이 뜨는 날에는 함께 소금장사를 할 수는 없는 것일까? 만약 그렇게 할 수만 있다면 두 형제 모두 2배의 매출을 올릴 수 있을 것이다.

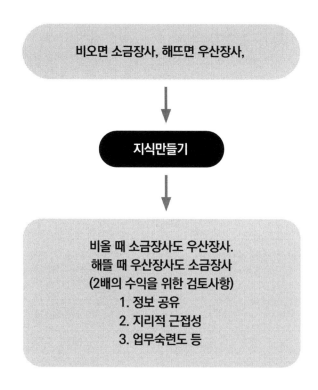

비오면 소금장사, 해뜨면 우산장사,

지식만들기

비올 때 소금장사도 우산장사.
해뜰 때 우산장사도 소금장사
(2배의 수익을 위한 검토사항)
1. 정보 공유
2. 지리적 근접성
3. 업무숙련도 등

만약 소금장사가 소금장사만 해야 하고, 우산장사가 우산장사만 해야 한다면, 여기에는 극단적인 운명주의나 무서운 흑백논리가 숨어 있다고 볼 수 있다. 물론 소금장사와 우산장사라는 전혀 어울리지 않을 것 같은 이질적인 사업 아이템이 상호 정보 교류하고 각기 상생 효과를 내기 위해서는 서로 간에 기상 정보 공유 시스템이나 교통수단 등의 지리적 근접성, 업무 분업 프로그램 및 업무 경험 지식 공유 등 몇 가지 기본 전제가 갖추어져야 하는 것은 당연하다.

두 형제는 지리 정보, 교통 환경 및 기상 정보를 활용하고 각각의 지식 공유와 협업을 통해 해가 뜨는 날에는 작은 아들이 시골집에 내려와 2배의 소금을 생산하고, 비 오는 날에는 큰 아들이 도시에 와서 작은 아들과 함께 2배의 우산을 팔아 두 형제 모두 평소의 2배 이상의 소득을 올리며 어머니에게 더욱 큰 웃음을 선사할 수 있을 것이다. 사실 두 형제의 협업 효과는 단순한 2배 이상의 상생 효과가 있는 것은 당연한 결과일 것이다.

지금은 지식 공유 시대이다. 더 이상 산업 간 경계도 없어지고 지역 간 한계도 제약이 되지 않는 시대이다. 지리 정보나 교통 환경 및 기상 정보의 첨단 지식 정보를 각자가 보유한 경험 지식에 적용하고 공유하며 협업할 수 있는 열린 창의적 사고만 키운다면 얼마든지 엄청난 부가 가치를 얻을 수 있을 것이다.

요즘은 "영원한 직업은 있어도 영원한 직장은 없다"는 직업 개념의 급속한 변화, 비정규직의 확산, 주 4일 유연 근무제 도입에 따른 사회 환경의 변화 등을 고려할 때, 정부, 교육 기관, 기업, 근로자 모두가 상기와 같은 새로운 직업 환경 개선을 위한 상생의 지혜를 모아야 할 시대라고 본다.

나아가 정말 소금장사와 우산장사가 어머니의 걱정처럼 천덕꾸러기 사업 아이템일까요? 두 사업 아이템은 국내외 환경에 비추어 볼 때 근본적으로 경쟁력이 없는 사업 또는 사양 사업이며, 나아가 경쟁력을 제고할 방법이나 가능성이 전혀 없는 것일까요?

우리는 소금장사와 우산장사 모자 이야기를 생각하다가 문득 그동안 우리나라의 압축 경제 성장 과정에서 빚어진 대기업 및 공산품 위주의 수출 드라이브 정책에 따라 일종의 보조 산업적 지위로 떨어진 농업 및 농산업 정책이 연상되었다. 다시 말해, 전년도 정부 주도의 한 추천 작목이 풍년이 되는 경우 가격 폭락으로 이어지고, 장마나 가뭄 등으로 흉년이 되는 경우 이미 입도선매한 중간 도매상이나 외국으로부터 싼 대체 작물의 수입으로 인해 결국 농촌의 빈곤의 악순환이 반복되는 구조적 현실처럼 말이다.

최근 농민, 농촌 및 농산업 정책에 신선한 변화가 일어나고 있어 그 과정과 효과를 관심 있게 지켜보고 있다. 그러나 본문과 관련하여, 근본적으로 경쟁력이 없는 사업 아이템에 대한 정부의 지원은 무익할 수 있으며, 사업 영위체가 내부적으로 구조조정을 하더라도 이는 고통을 잠시 감소시키거나 연장하는 임시방편에 불과할 뿐이다. 이러한 경우, 과감하게 사업 아이템을 포기하고 다른 아이템으로 전환하도록 유도하고 지원하는 것이 개인, 기업, 국가 모두에게 바람직하다고 생각한다.

이야기 속의 소금장사나 우산장사와 같은 사업 아이템은 첨단 산업 아이템에 비해 경쟁력 평가가 있을 수 있지만, 어떤 사업 아이템이 근본적으로 사업성이나 경쟁력이 없다고 단정할 수는 없다. 다시 말해, 이 세상에 사양산업이란 존재하지 않으며, 사양산업이라고 생각하는 사람만 있을 뿐이라는 말이 존재하는 이유이다.

이러한 측면에서 소금장사나 우산장사라는 사업 아이템이 근본적으로 경쟁력이 없는 사업 또는 사양산업에 해당하는지에 대한 의문과, 수익이나 부가가치를 높일 방안이 무엇인지에 대한 논의는 본 책에서 다루고자 하는 중요한 과제이다.

이 문제를 구체적으로 다루기 위해 소금과 우산과 관련된 사례를 간단히 소개하겠다.

먼저, 소금과 관련하여 최근 기업 상장까지 한 경남 함양 소재의 인산가(仁山家; 대표이사 김윤세)는 우리나라의 대표적인 죽염 사업을 영위하고 있는 기업으로, 전통 지식과 과학적 결합을 통해 부가가치가 높은 다양한 제품 개발이 가능하다는 것을 보여주었다. 이는 국내외에서 경쟁력 있는 산업으로 발전할 수 있음을 시사한다.

또한, 오래전 사례이지만 서울 공평 아트센터에서 개최된 청원스님(동국대학교 불교조각과 교수)의 불교조각전에서 전통 연꽃 문양이 새겨진 우산이 전시 기간 동안 약 2,000여 개가 판매된 사실이 있다. 이는 우리가 대상을 어떻게 재발견하고 재창조하느냐에 따라 차별적 향토지식재산의 가치와 상품성이 달라질 수 있음을 새삼 확인하게 해준다.

지역 공동체 만들기

현재 한국 사회는 IMF 이후 급속히 확산된 명예퇴직자 문제, 대량 청년 실업, 지역 불균형, 그리고 급속한 인구 감소로 인한 지방 소멸 위기 등으로 매우 우울한 상황에 처해 있다. 특히, 서울을 제외한 대부분의 지방에서는 인구 유출이 계속되고 있으며, 청년들이 대도시로 이동하는 현상은 오래된 문제이다. 저출산으로 인한 인구 감소는 지방의 존립 자체를 위협하고 있다. 이에 따라 각 지방자치단체는 지역민 유치를 위한 다양한 정책을 시행하고 있지만, 지역민을 지속적으로 붙잡아 둘 수 있는 정책이 더욱 중요하다.

이런 맥락에서, 현재의 지방화 시대에서 향토지식산업은 경제와 사회의 다양화, 개성화, 글로벌화 흐름 속에서 지역을 기반으로 한 중요한 요소로 주목받고 있다. 향토지식재산은 지역 공동체 산업의 기반이 되며, 지역 간 경쟁에서 생존을 위한 도구로 기능할 수 있다. 그러나 그동안 정부의 향토 산업 지원은 단순한 R&D 지원과 디자인 및 브랜드 지원에 집중되어 소비자 요구의 급속한 변화에 적절히 대응하지 못했다. 이로 인해 생산과 유통 과정에서의 고비용으로 경쟁력이 하락하고, 청년 인력의 부족으로 향토 산업의 존속에 대한 위기감이 커지고 있다.

반면, 최근의 향토지식산업은 지방화 시대의 순환 및 공동체형 경제 사회에 대한 국민적 관심을 불러일으키고 있으며, 지역의 사회적 지식 자본을 기반으로 대한민국의 사회적 침체와 심각한 고실업 문제를 해결하고 고용 촉진 및 지역 균형 발전을 위한 중요한 산업으로 주목받고 있다. 지역에 뿌리를 두고 있는 향토지식산업의 활성화는 자연, 지식, 공동체의 조화로운 관계를 통해 지속 가능한 공존의 가치를 추구하며, 지역 산업의 공동화를 막고 고용 악화 및 지역 사회 붕괴를 방지할 수 있는 확실한 미래지식산업으로 평가받고 있다.

하나의 향토지식재산이 지역의 문화와 산업의 공동체 사업으로 발전하기 위해서는 여러 가지 고려 사항이 복잡하게 얽혀 있다. 이러한 문제를 해결하기 위해, 소금장사와 우산장사를 예로 들어 바람직한 방안을 제시하고자 한다. 이를 위해 '무엇(객체)을, 누가(주체), 어떻게(방안) 해야 할 것인가?'라는 세 가지 측면으로 나누어 간단히 설명하겠다.

첫째, 무엇을 선택해야 하는가?

국가이건, 기업이건, 개인이건 유일한 조건과 정해진 능력 하에서는 필연적인 선택과 집중이 요구된다. 이야기 속의 어머니와 두 아들은 소위 '선택과 집중'이라는 측면에서 필연적으로 소금과 우산이라는 사업 아이템 중에 무엇인가를 선택하지 않을 수 없을 것이다. 이 경우 선택 기준은 여러 가지가 있을 수 있으나, 차별성, 성공 가능성, 산업적 연계 효과 등이 핵심 기준이 될 것이다. 이러한 측면에서 볼 때, 어디서나 누구든지 제조가 가능한 일반 소재(우산)보다는 지역의 특성(해안 인접 지역)으로 인해 특정 지역에서만 생산할 수 있는 차별성 있는 향토지식재산(천일염 소금)을 선택하지 않을 수 없을 것이다.

둘째, 누가, 어떻게 사업을 운영할 것인가?

이 사업의 최초 운영 주체는 당연히 이야기 속의 어머니와 두 아들이 되어야 할 것이다. 물론 소금 장사가 선택되었다면, 당연히 그동안 소금 장사를 해 오던 큰아들이 중심 주체가 되어야 하겠으나, 사업은 제조, 판매, 홍보, 마케팅, 영업 및 인력 관리, 자금 등 여러 가지 요소가 결합되어야 할 뿐 아니라, 소금 사업과 같은 특정 지역의 특색 있는 향토지식재산을 기초로 한 향토지식산업의 경우, 특히 전·후방의 융복합 네트워크 구축 가능성이 반드시 고려되어야 할 것이다. 그래야만 홍수, 가뭄 등의 자연재해, 타 경쟁 상품의 출현으로 인한 가격 폭락, 중국 등 외국으로부터의 제품 수입 등의 환경 변화에 능동적으로 대처할 수 있을 뿐 아니라, 지역 공동체의 사업별 경제 규모 단위를 영위할 수 있기 때문이다.

이를 위하여 가족 기업 형태로서 1차적인 가족 노동력의 활용과, 특히 1차 상품의 제조 경험이 풍부한 큰아들과 노령층(어머니)의 활용, 그리고 3차 상품의 체험, 서비스 등의 상대 우위성을 갖는 둘째 아들과 여성 노동력(경력 단절 여성, 부인)을 효율적으로 활용할 수 있을 것이다.

이러한 관점에서 1차 산업인 염전은 큰아들과 지역 공동체(지역노인 등)가 담당하고, 2차 가공, 제조 산업인 정제 소금 및 죽염 공장 소금 사업은 큰아들과 지역 창업기업이 맡고, 대도시에서 우산 장사를 하던 작은 아들이 영업을 맡는 분업 구조가 필요할 것이다. 1차 산업인 염전과 2차 가공, 제조품이 정제 소금 및 죽염 등을 이용한 염전체험 학습 및 정제 소금 구이 요리 등은 두 아들의 부인(여성)들이 주체가 된 지역 여성들이 담당하고 운영할 필요가 있다.

더 나아가 이러한 1차적인 가족 기업 형태의 단단한 내적 결속력과 2차적인 형태로는 소금이라는 향토지식재산을 바탕으로 자연스럽게 지역사회의 공동체 사업으로 확산되고, 3차적인 형태로 도시 출향민들의 자본유입을 통한 현대식 소금사우나탕 등 지역특화산업으로 발전이 가능할 것이다. 이를 기반으로 지역 공동체와 지방자치단체와 함께 염전 체험 학습이나 지역 축제 등 관광사업으로의 융복합 지역공동체사업으로 지속가능한 확산이 가능할 것이다.

물론 이러한 모든 것이 성공적으로 정착되기까지에는 지역 사회 구성원 간의 공동체 의식, 차별화된 향토지식재산의 타 산업 및 타 기술과의 융복합 연계, 이를 지원하는 전문 지원 단체와 도농 출향민 등과의 네트워크 구축, 중앙 정부, 지방자치단체 등의 정책적 지원 등이 필수적인 요건이 될 것이다.

지역 공동체 산업만들기

↓

- ■ 1차산업 : 염전 →큰아들, 어머니 (노인)
- ■ 2차산업 : 정제소금, 죽염공장 →큰아들(관리), 작은아들 (영업)
- ■ 3차산업 : 정제소금구이요리. 정제소금장류 →부인(여성)
  - 염전체험학습 →가족, 지역민
  - 소금사우나탕 →지방자치단체, 도시 출향민
- ■ 4차산업 : 융복합 관광,축제 →지방자치단체, 지역민

상기의 소금 사업에서 볼 수 있듯이, 지속적인 지역 경제 활성화를 도모하는 한편 노인, 젊은 청장년, 여성, 아이들이 함께 어울릴 수 있는 지역의 일자리 창출과 삶의 질을 높이기 위해서는 지역의 차별화된 향토지식재산과 이를 이용한 실질적인 소득 창출이 전제가 되는 소금 사업과 같은 지역 특화된 공동체 산업의 육성이 필요하다. 나아가 이러한 지속 가능한 지역 공동체 산업으로 성장하는 동안 필연적으로 도농 간의 네트워크, 국내 수요 한계를 넘는 1차 산업인 염전 산업이나 제조 가공 산업 및 다양한 서비스 산업에 필요한 외국인 근로자 유입이나 생산품의 수출을 위한 해외 현지화 전략을 통한 글로컬 네트워크 구축이 필요하다.

글로컬 네트워크 사업

　세모자로 시작된 가족 기업 형태의 소금 사업은 점차 소금을 기반으로 한 마을 공동체 사업과 지역 특화 산업으로 발전하였다. 전형적인 시골 마을에서의 가난의 상징이었던 〈소금〉이 그 지역만의 천일염이라는 지역 브랜드로 발전되고, 거기에 지역 사회의 다양한 경험 지식과 새로운 고부가가치 소금 정제 기술 등 다양한 외부의 첨단 지식을 융복합할 수 있는 열린 지식 공유 산업 생태계가 구축되어 갔다. 나아가 〈천연 소금〉이 주는 지역 공동체로서의 공동체 정신과 자연 친화 정신의 가치 전달 브랜드로서 여러 도시 소비처와 도농 연계하고, 다양한 나라에 고급 정제 소금으로서 해외 수출과 지역으로의 소금 체험 관광으로 이어지는 글로컬 네트워크 사업으로 확장될 것이다. 글로컬 네트워크 사업은 크게 두 가지 방식으로 전개할 필요가 있다.

　첫째는 해외 근로자, 유학생, 해외 공무원, 관련 기업인들을 체험 교육이나 관광, 취업 등으로 하여 국내 유입을 통한 관계 인구 육성 차원에서 접근하는 방법이다. 둘째는 국내에서 완성 제품이나 서비스 혹은 필요한 나라에 기술 이전 등을 위해 진출하고자 하는 나라의 환경에 맞게 현지화 작업을 통하는 방식이다. 이와 같이 지역의 향토지식재산에 대해 해외 인력의 국내 유입이나 해외로 그 적용 영역을 확장시키는 재창조 활동은 미래 청년 세대가 앞으로 해야 할 책무일 것이다.

　실제 전남 신안의 〈천일염〉 및 영광의 소금 등에서 유사한 발전 사례를 찾아볼 수 있는데, 그 결정적인 시점은 2007년 정부가 소금을 광물에서 식품으로 재분류하는 정책 변경 이후부터 이루어졌다고 한다. 본 사례로 돌아와 정리하면, 동생과 지식공유와 협업의 가치를 경험했던 큰아들은 도시에서 우산 장사하던 동생을 설득하여 1차적인 가족 기업 형태의 소규모 소금 사업을 기반으로 지역 주민들과 힘을 합쳐 보다 규모 있는 2차적인 지역 마을 공동체 사업으로 확장하게 되었다. 소위 초기의 소금 보따리 장사에서 규모와 체계를 갖추어 외부로부터 지식 공유된 소금 정제 기술과 포장 디자인 개발을 통한 고부가가치의 천일염 사업에 핵심 역할을 맡게 되었다. 작은 아들은 완전히 귀촌하여 도시에서의 우산 장사 경험을 살려 도농 간 소금 유통 판매 사업을 맡게 되었고, 어머니는 지역공동체와 함께 소금 찜질방 등 체험 관광 사업에 경험 많은 안내자로 참여하게 되었다.

다시 말해 세모자의 작은 소금 사업은 마을 공동체와 지방자치단체와 도시 출향민들의 지식공유, 자본과 협업을 통한 모범적인 도농 복합 형식의 생산·가공·서비스·글로컬 체험 관광을 결합한 지속 가능한 지역공동체 만들기 산업으로 발전하였다. "빨리 가려면 혼자 가고, 멀리 가려면 함께 가라"는 아프리카의 속담은 향토지식재산을 바탕으로 지역공동체 만들기 산업에서 자주 쓰인다. 지역공동체 내의 사회적 약자(고령자, 출향민 등)를 위해 내미는 손이 많아질수록 지역공동체 사업은 분명 더 멀리 앞서 나갈 수 있을 것이다. 이러한 지역공동체에 대한 배려는 사업이 예측할 수 없는 파고를 넘나들더라도 공동체 구성원 모두가 서로 촘촘한 그물이 되어 지켜줄 수 있는 든든한 울타리이자, 혼자 힘으로는 도저히 이겨낼 수 없는 어려운 위기도 함께 극복할 수 있는 지역공동체 사업을 만들어 가는 근본적인 힘이 된다. 이와 함께 지역공동체 사업을 성공적으로 이루기 위해서는 내부 구성원들의 역량 강화를 위한 인식 제고, 열정과 경험을 지닌 지식공유 산업생태계와 외부 전문 인력 네트워크 구축이 필요하다. 이와 같이 지역사회가 중심이 된 향토지식산업이야말로 지역 생태 환경을 해치지 않는 자연과 지식과 공동체 정신을 바탕으로 지속 가능한 미래가치 경영의 방향이자 미래지식유산으로 계승될 것이다.

3 대한민국이 넘어야 할 과제와 방향

대한민국의 과제

선진국 대한민국은 그동안 정부가 취해온 집중형 초고속 성장 정책과 그 이면에 나타난 여러 가지 문제점을 동시에 해결하지 않고는 아름다운 지식 문화 강국 만들기는 결코 이루어지지 않을 것이다. 따라서 이 두 가지 방향과 문제점을 어떻게 해결해 나갈 것인가에 대해 신중하고 세밀한 검토가 전제되어야 한다.

첫째, 한국 사회의 집중형 초고속 성장 정책(대기업/제조업/수출 중심)과 그에 따른 초고속 산업화 및 도시화 현상에 대해 살펴보자. 현재 한국의 산업 생태계는 크게 대기업 중심으로 형성되어 있으며, 수출 중심의 최종재를 생산하는 대기업 아래 1차, 2차 협력업체가 가치 사슬처럼 분포되는 구조를 취하고 있다. 또한 한국 산업에 있어 제조업의 비중이 타 선진국에 비해 상대적으로 높으나(2015년 국가별 GDP 중 제조업의 비중은 영국 10%, 미국 12%, 일본 18%, 독일 23%, 한국 29%) 부가가치율에 있어서는 타 선진국에 비해 낮은 편이다. 이는 국내 기업들이 자체 개발된 원천 기술보다는 선진 기술 도입에 의한 조립 생산에 따른 선진 기술 및 부품 소재의 재도입이라는 기술 종속 현상의 반영이라고 할 수 있다. 2008년 글로벌 금융위기 이후 침체된 세계 경제의 영향은 대기업의 수출 감소와 자연스러운 협력업체들의 생산 및 매출 저하로 이어질 뿐 아니라, 그러한 상황 속에서 부가가치가 높은 제품은 대기업의 계열사를 통해 조달하고 상대적으로 부가가치가 낮은 중간재만을 협력업체로부터 조달받는 구조가 정착되면서 2차, 3차 협력업체는 대기업의 그늘에서 벗어나 자생하기 어려운 불평등하고 폐쇄적인 수직 계열화 관계라는 심각한 문제점을 노출하고 있다.

그러나 앞으로의 글로벌 시장은 저성장, 저금리, 저물가, 고실업률 등의 뉴노멀 시대(2008. 새로운 부의 탄생, 모하메드 엘 에리언) 하에서 우리에게 지금까지와는 전혀 다른 새로운 패러다임의 변화에 대비할 것을 요구하고 있다. 따라서 한국 사회는 하루빨리 산업 구조에 대한 한계 및 문제점을 자각하고, 빠른 대처와 미래를 위한 대비가 필요하다. 이러한 한국 사회의 문제 해결 노력은 자연스럽게 대규모 이촌향도(移村向道)라는 민족 대이동을 야기한 초고속 산업화 및 도시 집중화라는 또 다른 문제를 해결하는 길이기도 할 것이다.

둘째, 집중형 초고속 성장에 따른 부정적 효과와 현재의 사회경제적 위기에 대해 살펴보자. 먼저, 한국인의 삶의 질에 대한 OECD의 국가별 순위는 30위로, 국내 조사기관에 의한 불행감, 자살률, 초저출산율 등은 참으로 암울한 결과를 보여주고 있다.

그동안 정부는 수도권과 비수도권 간의 격차 해소를 비롯한 국가 균형 발전을 위해 1980년대 초부터 수도권정비법, 지역균형개발 및 지방중소기업

육성에 관한 법률 등을 통한 수도권 억제 정책과 함께 세종특별자치시, 혁신도시 건설을 위한 국가균형발전 특별법에 이르기까지 수많은 법과 정책을 시도해왔다. 그러나 현실은 오히려 그 격차가 더 벌어지는 상황에 이르렀다. 전국토의 11.8%인 수도권에 인구의 50.5%, 지역총생산(GRDP)의 52.8%, 취업자의 50.6%가 집중되고 있다. 특히 2030세대가 매년 약 10만 명 정도 수도권으로 이동하고 있으며, 수도권 중심의 금융 거래(70%)와 수도권 수·발신 정보(90%)에 이르는 통계를 볼 때, 수도권에 인적 자원은 물론 금융 및 정보가 몰리고 일자리와 경제가 집중되어 다시 인구가 증가하는 불균형의 악순환이 지속되고 있다. 이러한 현실을 볼 때, 현재 지방 붕괴 위기를 겪고 있는 기초지자체(118곳)는 더욱 가속화될 것으로 보인다.

대한민국의 방향

대한민국의 현실적 문제를 극복하고 선진일류국가가 되기위해서는 지금과는 혁신적인 시각에서 대한민국만의 지식문화강국플랜을 위한 3가지 전략을 기획하고 절실히 시행하여야 할 것이다

첫째, 아름다운 자연 생태환경과 향토지식재산 재창조를 통한 Glocal Only One 전략

Glocal Only One 전략은 가장 지역적인 것을 세계화하는 차별화 전략을 의미한다. 이는 우리의 아름다운 자연 생태환경(산, 들, 갯벌, 바다, 뚜렷한 4계절)과 5000년간 축적된 향토지식재산의 재발견 및 재창조를 통해 차별화

를 이루는 것을 말한다. 기존의 성장 지상주의 하의 Number One 전략은 특정 기업이나 국가의 무한 경쟁을 통해 승자 독식의 결과를 초래하며, 경쟁에서 탈락한 99%는 패배와 자존감 상실의 고통을 겪게 된다. 반면, Glocal Only One 전략은 1등이나 등수에 연연하지 않는 선진 유럽 국가와 국민들이 취하고 있는 가치관으로, 자신에 대한 자존감과 개성을 발휘하며 행복을 추구하는 방향이다. 이는 남보다 잘하려고 고민하기보다는 현재의 나와 미래의 나 사이의 경쟁으로, 나의 성공과 행복이 다른 사람에게도 기쁨과 행복을 안겨줄 수 있다는 것을 강조한다. 이러한 차별화 전략은 초고속 집중 성장의 이면에서 초래된 국민들의 삶의 질 악화를 근본적으로 치유할 수 있는 길이자 바람직한 가치관으로 여겨진다.

둘째, 지속 가능한 글로컬 지역혁신 융복합 산업생태계 구축 전략

앞으로의 지역 혁신은 자연 생태환경과 인간(지식), 공동체와의 조화를 목표로 가치 공유와 협업, 글로컬 네트워크 속의 지속 가능한 발전이라는 가치 창출을 기반으로 해야 한다. 이는 21세기 선진국 대한민국이 취해야 할 동일성 문화 융합 시대의 방향이기도 하다. 이를 위해 지역 혁신의 주체는 특정 개인이나 기업 중심이 아닌 지자체와 지역 사회 등 열린 지역 공동체 중심이 되어야 한다. 지자체는 자연 생태환경, 향토지식재산, 공동체 유산이라는 지역의 기본 인프라를 구축하고, 중앙 정부와 함께 지역 혁신 융복합 산업 생태계(향토지식정보생태계, 열린 체험 교육 시스템, 도농/글로컬 네트워크 시스템)를 구축하기 위해 노력해야 한다.

이러한 지역 기본 인프라를 통해 지역이 보유한 차별적이고 다양한 향토지

식정보나 체험 교육 시스템 및 도농/글로컬 네트워크 시스템을 활용하여 관심과 열정이 있는 다양한 도시민과 세계인들의 자발적 유입을 기대할 수 있다. 이는 단순한 하드웨어 및 형식적인 지원 정책이 아닌, 자발적이고 다양한 가치 있는 일거리 또는 행복한 삶을 추구하는 도시 및 세계인을 유입하는 실효성 있는 연결고리가 될 것이다. 아무리 지원책과 인프라가 많더라도 이를 실효성 있게 현실화하기 위해서는 다양한 비전과 가치를 찾는 지식 정보 전문가(지식정보 서비스) 및 감성 창작 전문가(감성디자인 서비스)들이 지역공동체와 함께해야 한다. 따라서 그들의 입장에서 진정으로 원하는 행복한 삶, 비전과 가치 있는 일거리, 지속 성장 등에 대해 고민해야 한다. 그렇게 된다면 지자체의 기본 인프라를 기반으로 지역 내부의 1차, 2차, 3차 산업 종사자들과 지역 외부의 지식 정보/감성 창작자들이 융복합 산업 생태계를 구축할 수 있을 것이다.

지자체는 이러한 융복합 산업 생태계 구축이 지속될 수 있도록 장기적인 시각에서 민간 주도의 수평적인 방사형 내수시장 구축과 글로컬 지속 가능한 발전을 위한 제도 및 연구 지원을 해야 할 것이다.

셋째, 'The Third Korea' 전략 및 'Made in Korea' 전략

향토지식재산산업은 각 지역의 차별화된 소재, 기술, 디자인, 문화를 반영한 제품과 서비스 산업으로, 넓은 의미에서 대한민국의 국가적 정체성과 한국적 감성을 담고 있다. 이러한 향토지식재산산업은 대한민국의 선진 경제를 위한 새로운 대안 산업으로 자리 잡을 수 있다.

향토지식재산산업의 세계화 성공을 위해서는 대한민국에서 생산된 제품

과 서비스가 단순히 한국 기업의 제품이나 서비스에 그치지 않고, K-POP 등 한류의 본고장으로서의 정체성을 지니며, 세계 최단기 선진국의 산업화 경험이 녹아든 제품으로 인식되어야 한다. 또한, 지구촌의 지식 상생을 지향하는 아름다운 지식문화 강국의 제품으로 자리매김해야 한다.

따라서, 이러한 목표를 달성하기 위해 '국가 브랜드'인 'Made in Korea' 전략, 즉 'The Third Korea' 전략이 필요하다고 주장한다. 이 전략은 향토 지식재산산업의 글로벌 경쟁력을 강화하고, 한국의 독창성과 가치를 세계에 알리는 데 기여할 것이다.

제**2**장

향토지식재산

1 향토지식재산의 탄생

1. 관찰과 경험의 생태적 진화에 따른 탄생

사람들은 오랜 세월 생활에 필요한 모든 재료를 자연환경으로부터 얻었다. 우리나라는 흔히 지리적 규모가 작아 부존자원도 적다고 말한다. 그러나 봄, 여름, 가을, 겨울 등 사계절이 뚜렷한 기후적 환경과, 산과 들과 갯벌과 3면의 바다에 둘러쌓인 독특한 지리적 환경으로 인해 생태 및 생물자원에 있어서는 오히려 다양한 소재와 생태적 변화를 접할 수 있다는 점에서 시각을 달리하여야 할 것이다. 물론 계절에 따라 기후가 변하듯이 기후에 적응하며 자라는 풀과 나무와 어류가 다르고, 풀과 나무와 어류의 상황에 맞추어 사람들의 생활방식도 다르게 적응하지 않을 수 없었다.

사람들은 자연의 변화에 따라 필요한 것을 얻어내고 그것을 이용하는 방법을 오랜 관찰과 수많은 경험을 통해 찾아내지 않으면 안되었다. 다시 말해 가장 기본적인 먹을거리(食)는 봄부터 가을까지 자라는 식물들로부터 마련하고, 식물이 잘 자라지 못하는 추운 겨울을 대비해서는 다양한 저장방법을 만들어 내었다. 또한 추위와 더위로부터 몸을 보호할 옷(衣)을 만들어 입었고, 비바람으로부터 가족을 보호할 집(家)을 지어 의식주라는 생존의 필수문제를 해결하였다. 또한 시간과 환경의 변화에 대한 오랜 관찰과 경험을 거쳐 살아남기 위한 다양한 도구들이 만들어지고 이를 모두가 사용하며 생활하는 과정을 거쳐 비로서 공동체 생활문화로 정착된 것이다.

예를 들면, 우리나라가 원산지로서 '밭에서 나는 쇠고기'라고 부르는 '콩'은 사실 조직이 워낙 단단하여 어지간한 조리법이 아니고는 소화흡수가 어려운 치명적 단점을 가졌다. 조선시대 실학자 이 익의 〈성호사설, 1760년〉은 우리 한국 사람이 다난했던 역사를 살아낸 것은 콩의 힘이라면서 갈아서 두부로, 길러서 콩나물로, 삭혀서 된장으로 가장 널리 가장 친근하게 먹어 온 음식이라고 기록하고 있다. 이렇게 오랫동안 우리 조상들이 창출해 온 다양한 가공조리법은 콩을 식용한 역사가 짧은 유럽 등에는 쉽게 알 수 없는 우리만의 차별화된 식문화라고 할 수 있다. 콩은 이와같이 오랜 시간의 진화과정을 거쳐 두부, 콩나물, 된장, 간장 등의 다양한 식품으로 발전되었다. 또한 같은 두부라 할지라도 그 지역의 환경에 따라 강릉에는 바닷물을 정제하여 만든 〈초당두부〉문화로, 전주에는 서목태로 키운 잔뿌리없는 〈전주콩나물비빔밥〉 문화라는 독특한 식문화로 정착되었다.

혹자는 우리 조상들이 콩을 소재로 한 다양한 가공방법과 식문화를 누구나 간단하게 생각해 낼 수 있는 아이디어라고 생각되기 쉬우나, 당시로 돌아가 조금만 주의깊게 검토해 보면 그 안에는 소재가 갖고 있는 독성 등에 의해 자칫 목숨을 잃을 지도 모르는 위험속에서 수많은 시행착오와 경험의 축적에 의해 정립된 엄청난 과학적 사실과 기술이 숨겨져 있음을 발견하게 된다. 이러한 사람들의 노력으로 축적된 전통지식은 결국 과학과 기술의 발전으로 이어지고, 과학과 기술의 발전으로 인한 생활의 개선은 자연스럽게 또다른 문화발전으로 이루어 지게 된다. 우리의 5천년 역사가 하루아침에 만들어지지 않았듯이 우리만의 고유한 지식문화는 이땅의 자연생태환경속에서 살아내기 위한 우리 조상들의 오랜 지식과 경험이 축적된 지적 결과물이 생활문화로 정착되면서 이어진 것이다. 전통지식은 오래전에 존재하였다가 지금은 소멸된 단순한 지식이 아니라, 그 자체로 명품의 가치를 내재하고 있기에 현재의 우리 세대는 물론 인류의 미래세대까지 이어지는 귀중한 지식유산이다. 또한 전통지식은 단순한 지식이 아닌 이땅의 자연생태환경(자연자원)과, 그에 대한 오랜 생태적 지식체계(전통지식)와 지속적 생활문화(전통문화)로 이어졌다는 점에서 특별히 향토지식재산이라 부른다. 앞으로 우리가 살아가야 할 미래는 자연과 역사와 문화라는 공간과 시간속에서 지식자원을 가져오는 시대가 될 것이며, 그 지식자원이 바로 향토지식재산을 의미한다. 따라서 봄, 여름, 가을, 겨울이라는 기후적 특성과 산,들, 갯벌, 3면의 바다라는 지리적 환경이라는 자연생태환경속에서 오랜 관찰과 다양한 효율적 대응방법의 경험을 통해 탄생된 향토지식재산은 시각을 달리하여 보면 기후적 특성과 지리적 환경이 다른 세계의 어떠한 지역하고도 접목이 가능한 다양한 잠재력을 가진 글로컬 미래지식유산임을 깨닫게 된다.

인류역사상 가장 오래된 전통지식으로는 약 3만년전 인류의 조상이라고 하는 크로마뇽인들의 사례를 들 수 있다. 그들은 달의 운행이라는 자연현상에 대한 관찰과 경험으로 날짜(음력)의 경과를 배우고, 나아가 동물의 이동패턴과의 관계를 찾아내어 날짜의 경과와 야생의 들소, 붉은 사슴 등의 이동패턴을 연결시킬 수 있는 전통지식을 창출하였다. 따라서 고기가 먹고 싶을 때는 달의 운행에서 예측한 특정한 날짜를 기다려 동물들의 도강지점에 창이나 돌칼을 들고 기다리면 된다는 것을 알았다. 반면 네안데르탈인들은 자연

현상과 야생동물의 이동패턴에 대해 알지 못하여서 고기가 먹고 싶으면 부족들을 무한배치하는 비효율적인 낭비로 결국 지구상에서 소멸되고 만 사실은 우리에게 시사하는 바가 크다.

〈도표1〉

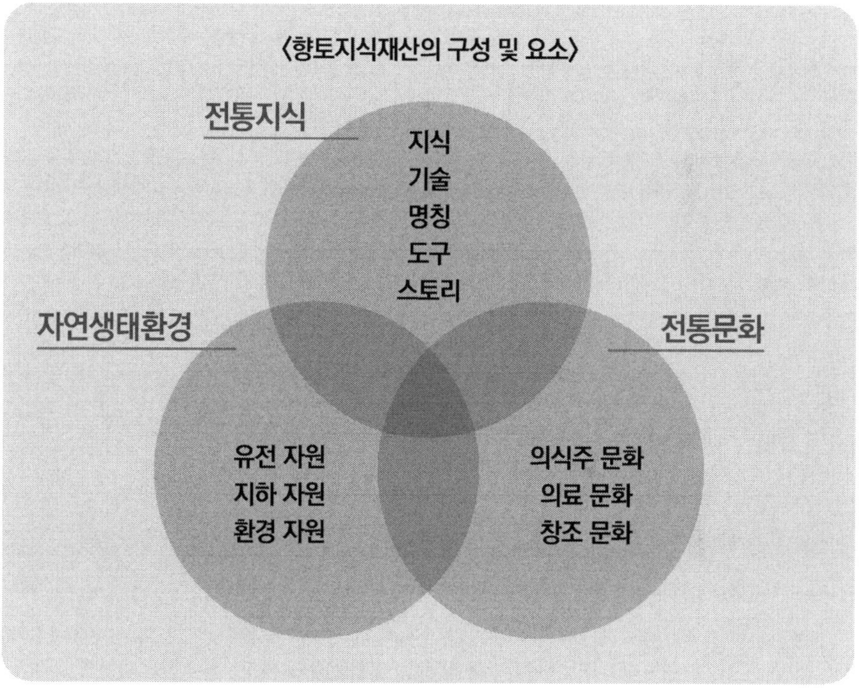

〈향토지식재산의 구성 및 요소〉

전통지식
지식
기술
명칭
도구
스토리

자연생태환경

전통문화

유전 자원
지하 자원
환경 자원

의식주 문화
의료 문화
창조 문화

2. 근현대 특수한 환경과 산업경험에 따른 탄생

향토지식재산은 일반적으로 특정지역의 독특한 자연생태환경에 대한 오랜 관찰과 경험을 바탕으로 의식주 등 필요한 문제를 해결하기 위한 수많은 지식의 생태적 진화과정을 통해 탄생된다. 그러나 1)우리나라와 같이 한일합방 36

년간 일본에 의해 우리의 전통지식문화가 강제적으로 단절, 왜곡된 경우나, 2) 특정지역이 대규모 댐건설이나 새만금과 같은 대규모 매립정책에 의해 자연 생태환경 자체가 변화된 경우, 3)6.25사변과 같은 극단적 특수상황에서 생존을 위한 정부주도의 산업화 정책 및 선진외국지식문화의 도입을 하지 않을 수 없는 경우가 존재한다. 즉 전통지식과 같이 자연속에서 오랜 시간 관찰과 경험의 축적으로 만들어지는 것이 아니라 급격한 자연생태환경의 변화나 외부의 특수상황속에 반응하며 일정기간 축적된 근현대 산업경험지식을 말한다. 다만 본서에서는 일제하의 전통지식문화의 왜곡, 단절은 생태적 진화라는 측면에서 부적절하기에 논외로 하고 1960년이후 산업화시대부터 우리나라가 선진국에 진입하기 전까지에 축적된 근현대 산업경험지식을 대상으로 한다.

예를 들면, 우리나라는 원조를 받던 최빈국에서 60년만에 원조를 하는 선진국이 되었다. 이와같은 사실은 전세계에서 대한민국만이 가지고 있는 유일한 귀중한 산업경험지식이다. 대표적으로 1962년 2월 3일 최초의 공업도시가 선포된 울산시는 대형선박의 정박에 유리한 지리적 환경하에 정부주도의 집중적인 공업도시정책이 수행되었다. 현대자동차의 첫 고유모델인 포니를 시작으로 지금까지 살아있는 산업현장이 다수 존재한다. 그러나 집중적인 공업도시를 구축하는 동안에 울산의 상징인 1급수 태화강이 공업용 폐수로 오염되는 환경문제가 발생되어 10여년이 넘는 기간동안 여러명의 지자체장이 바뀌었음에도 태화강의 정화문제에는 통일적인 정책을 견지하여 현재 태화강은 오염문제해결을 넘어 태화강 국가정원으로 재탄생하여 국내외 상징적인 산업관광명소로 평가받고 있다. 필자는 울산시 공업도시 선포 60주년을 기념하며 창립된 6223포럼에 운영위원으로 참여하게 된 자리에서 개인적인 제안을 한 바 있다. 울산시가 중심이 되어 전세계를 향하여 대한민국만의 귀중한 산업경험지식을 울산시의 귀중한 향토지식재산이라는 확고한 인식을 가지고 공식적인 울산시 국가유산화작업을 추진하는 한편 그런 과정을 통한 다양한 체험교육관광 프로그램화하여 전세계 개발도상국 공무원, 기업 및 유학생들을 유치하는 향토지식재산세계화사업 제안이었다.

공업도시 울산과는 또다른 사례로서 우리나라가 어려웠던 60-70년대부터 잘 살아보자는 구호하에 시작된 새마을운동 역시 당시 정부주도하의 획일화된 시도로 인한 지역의 다양성을 훼손하였다는 문제점이 지적되고 있으나, 초기 산업화 시기에 획기적인 농촌경제를 살리는 데 기여한 것은 분명하다. 지금도 국제 새마을운동의 형태로 코이카 등 국제기구 등을 통해 전세계 개발도상국들의 농촌경제부흥에 크게 기여하고 있다.

이와같은 대한민국의 최빈국에서 선진국이 된 세계에서 유일한 산업경험이나, 울산시 공업도시화 경험, 그리고 초기산업화 시대의 새마을운동과 그 진행과정에서 미쳐 생각하지 못했던 많은 문제점 등은 오히려 우리의 귀중한 근현대 산업경험지식으로 재창조되어야 할 것이다.

특히 대한민국이 가슴에 깊이 인식하고 깨달아야 하는 점은 이와 같은 근형대 산업경험지식 이야말로 전세계 개발도상국에게는 어떠한 선진국에서도 배울 수도 가르쳐 줄 수도 없는 대한만국만의 글로컬 향토지식재산이라는 점이다.

3. 동일성 지식문화융합에 따른 미래지식유산의 탄생

　필자는 대한민국이 선진화하는 과정에서 세계 석학들이 주장한 바 있는 '중진국의 늪'에 빠질 것이라는 주장을 가슴조리며 지켜보았고, 대한민국은 일단 그 늪을 넘어섰다고 확신한다. 대한민국이 중진국의 늪을 넘어설 수 있는 결정적인 요소는 무엇일까. 필자는 크게 3가지로 생각한다. 그것은 1990년이후 시작된 반도체산업과 K-드라마등 한류문화와 희생적 교육투자이다. 첫번째 국내의 대표적 대기업총수의 놀라운 결단의 산물인 반도체산업의 성공은 삼성이라는 기업의 행운일 뿐 아니라 대한민국에도 행운이었다. 두번째 K-드라마를 시작으로 시작된 K-POP, K-푸드등의 성공은 당시까지 산업에서 배제된 문화예술영역이 근현대 산업경험지식과 융복합으로 재탄생된 향토지식문화산업의 성공사례이다. 세 번째 우리 부모들의 희생적 교육투자로서 농촌에서 소를 팔아 자녀의 대학등록금을 내었다는 우골탑이라는 우리나라만의 교육문화이다. 이 3가지분야의 성공이야말로 대기업 제조업중심의 당시 산업경험으로는 더 이상 탈출구를 찾기 어려웠던 대한민국을 '중진국의 늪'에서 벗어나게 한 결정적인 요인이라고 단언한다. 이에대해서는 추후 상세히 설명하고자 한다.

<図표2>

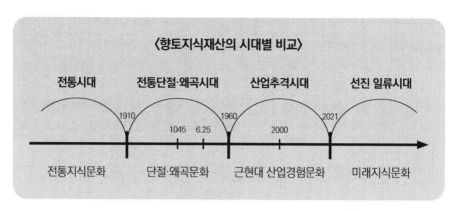

〈향토지식재산의 시대별 비교〉

전통시대	전통단절·왜곡시대	산업추격시대	선진 일류시대
전통지식문화	단절·왜곡문화	근현대 산업경험문화	미래지식문화

2 향토지식재산의 개념과 유형

1. 향토지식재산의 개념

향토지식재산이란 특정지역사회나 특정인이 그 지역의 자연생태환경에 대한 오랜 관찰과 경험의 축적으로 생성된 전통지식체계와, 급격한 자연생태환경이나 사회환경변화로 인한 지식과 경험의 축적으로 생성된 근현대 산업경험지식체계로서 산업상 이용가능성이나 문화발전에 이바지할 수 있는 것을 말한다.

여기서 '향토'라 함은 "사회공동체로서의 의식을 갖는 일정한 지역사회"를 의미하며, '지역사회'라 함은 '한 지역의 일정한 범위안에서 지연에 따라 자연적으로 이루어진 생활 공동체'를 의미한다. 따라서 "일정한 땅의 구역이나 땅의 경계"를 나타내는 단순한 지리적 행정구역을 의미하는 '지역'이 아니라 일정한 지역사회와 해당 지역의 역사적, 지리적 공간과의 관계에서 형성된 특별한 정서가 내포된 개념이다. 기존의 중앙부처에서 추진해 오던 지역발전 관계법에서는 단순한 지리적, 행정구역의 의미가 강조된 '지역'개념을 중심으로 수행되어진 경우가 많아 지역내의 내발적인 다양한 요소로 연결된 지역사회의 비공식관계라는 특별한 특성이 배제되는 문제점을 보완하기 위한 개념이다. 따라서 향토지식재산의 특성에 따라 시,군등의 기초단위를 넘어 남도 음식(전라남북도), 한국 김치(한국), 고려 인삼(한국) 등 유연하게 적용될 수 있다.

향토지식재산은 크게 특정지역의 자연생태환경이라는 지역성(공간)과 역사성(시간)으로 구분되며, 역사성은 전통지식과 근현대 산업경험지식 및 미래지식으로 구분한다. 또한 근현대 산업경험지식의 경우 소유 주체에 따라 정부나 공공기관이 보유한 공유(公有)지식과 민간기업이나 개인이 보유한 경험지식으로 나뉘기도 한다. 그러나 향토지식재산과 관련한 일반적인 국제적 논의 대상은 주로 전통지식과 전통지식과 관련된 자연생태환경중 유전자원만을 대상으로 하고 있다. 그 이유는 선진국들의 경우 개발도상국들이 보유한 전통지식이나 유전자원문제에 대해서 산업적 활용에 중심을 둔 특별법이나 통상의 지식재산권제도에 의해서만 제한적으로 취급하고자 하기 때문이다. 반면 대부분의 개발도상국의 경우 자국의 현실적인 제도적 미비, 산업화 능력의 부족으로 인해 전통지식이나 유전자원보호를 위한 특별법제정과 선진국들의 자국의 전통지식 및 유전자원 사용시 이익분배에 초점을 두고 있기 때문이다. 이러한 선후진국간의 대립적 이해관계구조가 향토지식재산에 대한 진정한 개념과 시대적 의미와 역할에 대한 제대로 된 논의가 이루어지지 않는 배경이 되었다.

그러나 선진국에 들어선 대한민국의 입장에서는 기존의 이분법적 대립구조가 아닌 향토지식재산의 본질적인 개념이나 시대적 역할에 대한 진지한 연구와 관심이 절실한 과제이다. 그런 차원에서 볼때 향토지식재산의 개념을 선후진국간의 오랫동안 진전없이 되풀이 되는 단순한 전통지식이나 유전자원보호문제로만 좁게 생각하는 학계나 정책관행은 매우 무책임하고 경계해야 할 일이라 생각한다. 대한민국은 그동안의 선진기술의 추격자로서의 입장에서 대한민국만의 유일한 선진지식문화전략이 절실히 요구되는 시점이다. 대한민국은 5천년이라는 오랜 역사와 다양한 자연생태환경(4계절, 농산어촌)을 가지고 있으며, 일제의 식민지체제하에 전통지식의 단절과 왜곡, 6.25전쟁 등 극단의 사회환경속에서도 서구의 선진기술과 문화를 쫓아가며 최빈국에서 최단기 선진국을 이룩한 나라이다. 그런 과정속에서 수많은 정책적 시행착오와 지식경험의 축적으로 대한민국만이 가지고 있는 수많은 귀중한 산업경험지식의 가치는 대한민국 뿐만이 아니라 인류지식문화를 위해서도 재창조되고 폭넓게 공유하는 것이 향토지식재산의 제도적 취지에도 바람직할 것이기 때문이다.

가. 향토자원과의 비교

향토자원은 일반적으로 지역사회에서 지역성 또는 전통성을 지니면서 경제적 이용가능성이 있는 유무형의 자원 자체를 의미하며 통일된 개념이 존재하고 있지 않다. 2003년 〈국가균형발전특별법〉제정 당시 논의되었으나 명문화되지 않았다. 국내에서 향토자원의 개념을 사용하게 된 배경은 전통지식에 관한 국제적 영향과 국내적으로 수도권중심의 불균형 발전에 따른 국토균형발전 및 지역경제활성화라는 정책적 산물로 이루어 진 것으로 판단된다. 다시말해 기존의 중앙부처에서 추진해 온 지역발전정책에서는 지리적, 행정구역의 의미가 강조된 '지역'개념으로 수행되어진 경우가 많아 지역내의 내발적인 다양한 요소로 연결된 지역사회의 비공식적 관계라는 특별한 특성이 배제되는 문제점을 보완하기 위한 개념이다.

반면 향토지식재산은 지역사회나 특정인의 자연생태환경에 대한 오랜 관찰과 경험의 축적과 그를 바탕으로 한 기술적 생태적 진화과정을 수반하는 지식체계라는 측면에서 단순한 공간(지역성)이나 시간(역사성) 또는 단순한 자원 그자체를 의미하는 향토자원과는 그 개념과 대상에서 구별된다.

나. 국가유산과의 비교

최근 개정된 국가유산기본법의 취지에서 보듯 그동안 국내의 문화재보호법상 문화재는 역사적 예술적 가치가 높거나 역사연구에 자료가 되는 유무형문화재를 의미한다. 이러한 유무형문화재는 크게 지정문화재와 비지정문화재로 나뉘어지며, 지정문화재는 국가지정문화재, 시도지정문화재로 나뉘어 진다. 그동안 문화재보호법상 문화재는 유형적 문화재등 구체적인 재화의 보존 및 보호측면이 강하였다는 비판을 받아왔다. 이에 2024년 5월7일 개정된 국가유산기본법은 그 대상에 있어 소유자가 없거나 불분명한 공공주체의 무형유산에 대한 중요성 부각과 기존의 보호를 넘어 미래세대를 위한 활용취지를 분명히 하고 있다. 국가유산법상의 국가유산은 유무형 유산 그 자체이자 공인된 '인증'이라는 점에서 향토지식재산이 무형지식의 생태적 진화과정의 지식체계를 의미한다는 점에서 그 대상이나 개념에서 구별된다.

다. 지식재산권과의 비교

향토지식재산은 지역사회나 특정인의 자연생태환경에 대한 오랜 관찰과 경험의 축적의 유무형 창작물과 그에 내재된 생태적 진화과정이 수반된 지식재산이다. 따라서 특정 소유주체와 법적요건을 전제로 특정기관에 일정한 등록

절차에 의해 인정되는 지식재산권과도 구별된다. 또한 지식재산권에는 특허기술, 디자인, 상표나 저작권등이 모두 별개의 보호대상으로 취급되는 반면에 향토지식재산은 하나의 향토지식재산속에 다양한 다수의 보호대상이 포함된다는 점에서 차이가 있으며, 넓은 의미의 신지식재산이라 할 수 있다.

〈도표3〉

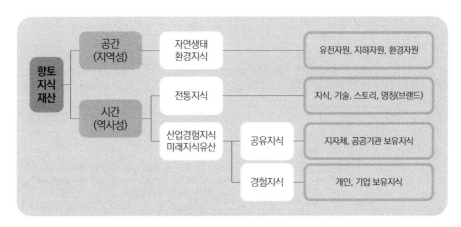

2. 향토지식재산의 유형

가. 자연생태환경지식

자연생태환경지식이란 특정지역의 자연생태 및 환경에 내포된 유전자원, 지하자원, 환경자원 등에 관한 차별적 특성이나 생태적 진화과정에 대한 지식 또는 정보로서 산업상 또는 문화발전에 이용가능성이 있는 것으로 국내는 물론 국제적 중요도가 커지고 있다. 자연생태환경의 차별적 특성이나 생태적 진화과정을 고려하지 않고 그저 자연생태환경중 자연자원, 유전자원,

어메니티자원 그 자체만을 의미하는 향토자원과는 구별된다.

그동안 대한민국은 이웃나라에 비해 지리적 규모가 작기에 흔히 부존자원이 없는 나라라고 단정적으로 이야기해왔다. 그러나 우리나라를 좀더 냉정하게 분석해보면 비록 지리적 규모로 인한 지하자원은 상대적으로 부족함이 인정되나, 뚜렷한 4계절과 산, 들, 갯벌, 3면의 바다에 둘러쌓인 생태환경은 오히려 다양한 생물다양성과 뛰어난 환경적응력을 보유하고 있다. 이러한 관점에서 보아야 진정한 의미의 생물다양성문제와 기후에너지문제에 대응할 수 있을 것이다.

과거 경제개발 5개년 계획이 실시되던 시절, 우리는 갯벌을 흙으로 메워 해안선을 바꾸고 벼를 심어 쌀을 생산해 내고, 간척지에 공장을 세우는 것만을 능사로 생각하던 때가 있었다. 이제는 갯벌에 대한 인식도 바뀌었다. 더 이상 갯벌은 '버려진 땅'이 아니다. '갯벌을 보호하자'는 말 뒤에는 갯벌 자체에서 새로운 자원을 발견하자는 뜻이 숨어 있다. 특히 우리나라 서해안의 갯벌이야말로 한국에만 존재하는 대체 불가 지형이라는 보고를 본 적이 있다. 그 귀한 갯벌에 간척사업을 하고 거기에 또 벼를 심어 쌀을 생산해 내는 일과 갯벌 진흙을 그대로 사용하여 상품화하는 것 중 어느 것이 합리적인 자원 이용인가?

뚜렷한 4계절과 농산어촌의 다양한 자연생태환경속에 대응하며 창출된 한국 문화는 날씨가 춥건 덥건 중동이건 하와이와 같은 이질적인 외국 문화 속에서 동화 공존하는 힘이 강하다는 증거이며, 우리가 보유하고 있는 향토지식재산의 풍요함과 그 경제적 가치의 막대한 잠재력을 입증해 주는 것이 된다. 그런 점에서 이제부터는 그동안의 대한민국이라는 울타리안에 잘못된 무관심에서 벗어나 세계를 보며 우리의 현실과 가능성에 새롭게 도전하여야 할 것이다.

생태유전자원	동물·식물·미생물 유전자 및 세포주 등
지하자원	석유, 옥, 천연가스, 석재, 기타광물 등
환경자원	기후, 어메니티, 환경, 경관, 산·강·호수·동굴·저수지, 도시 접근성 등

국내 대표적 사례로는 보령진흙(자연자원), 정선곤드레(자연자원), 파주 DMZ철조망(자연자원), 강릉커피거리(자연환경), 신안1004섬(자연환경), 춘천소양강댐(자연환경), 순천만국가정원(자연환경), 보성녹차밭(자연환경), 서울망우역사공원(근대 역사테마거리) 등이 있다.

나. 전통지식

전통지식이란 특정한 지역사회나 특정인이 자연생태계 또는 사회환경에 대한 오랜 관찰과 경험(확인,습득,창조)의 축적으로 생성된 기술 또는 창조물에 내재된 지식체계를 말한다. 전통지식은 기본적으로 전통지식의 창조와 용도가 특정지역사회의 사회문화적 전통의 일부이다. 여기서 전통이란 특정지역사회의 사회문화적 전통에 기초로 하였다는 의미이지 전통지식이 고전적이거나 기술적 가치가 없는 노후된 것을 의미하지 않는다. 그 이유는 전통지식은 단순한 기계적인 반복에 의하여 습득되고 세대간에 이어지는 것이 아니라 특정개인이나 사회공동체를 둘러싼 자연생태계 또는 사회현상에 대한 도전과 반응이라는 과정을 통해 끊임없는 확인, 습득, 창조의 과정과 변형, 변화를 포함하는 지식체계이기 때문이다. 따라서 전통지식은 전통적 방식에 의하여 생성되는 이상 현재는 물론 앞으로도 지속적으로 생성되어 갈 것이다. 전통지식은 오랜기간 주어진 환경변화에 대응하면서 축적된 특정사회 공동체의 집단적 경험과 시행착오의 축적의 결과이기 때문에 비체계적 특성을 지닌다. 따라서 방법론상 비과학적, 비객관적인 문제가 제기되기도 하지만 현존하는 전통지식의 문화적 실용적 가치를 부정하는 충분한 근거가 되지는 못한다. 왜냐하면 전통지식은 보편적, 과학적 기준에 의한 이해가 아니라 특정 사회공동체의 전체적인 문화의 맥락에서 이해되어야 하기 때문이다. 이 점에서 전통지식은 개별요소에 의해 판단되고 보호되는 지식재산권제도 또는 무형문화재등의 방법에 의한방식와 구별하여 취급되어야 한다. 따라서 특정 전통지식의 현장에서 평생을 살아온 장인 한분을 잃는다는 것은 커다란 도서관 하나를 잃는 것이라는 말은 결코 과장이 아니다.

이렇게 지역사회나 소수 특정인이 보유, 전승해 온 전통지식은 이미 오랜 기간에 걸쳐 그 안전성과 사업 적용 경험이 축적된 것으로 요즘 벤처 스타트 업체들의 미래 생존가능성과는 비교할 수 없는 성공잠재력을 가지고 있다. 정부의 새로운 시장 환경에 대한 효율적으로 반응할 수 있는 유연한 산업생 태계구축과 실질적 지원이 주어진다면 가장 단기간에 글로컬 사업진입에 성공할 가능성이 큰 장점이 있다.

전통지식은 크게 지식(정보), 기술, 명칭, 스토리, 문화로 구성된다.

구분	전통지식 기술	전통 명칭·지명, 스토리	전통문화
여수 돌산갓김치	갓김치 담그는 법, 저장법 등	돌삿갓김치, 여수 돌산갓김치 스토리	식문화 제도 등

국내 대표적 사례로는 한국김치(전통지식), 전통가양주(전통지식), 전주비빔밥(전통지식), 순창고추장(전통지식), 초당순두부(전통지식), 제주돌하루방(전통지식,공예), 홍길동(전통지식, 인물), 한산모시(전통지식), 나전칠기(전통지식, 공예), 강강수월래(전통지식, 문화) 등이 있다.

다. 근현대 산업경험지식

근현대 산업경험지식은 전통지식과는 달리 시간적 개념에서 근현대 시기에 생성되어 진화된 산업경험이나 지적 창작물을 말한다. 넓은 의미에서 보면 최근 서울시를 비롯한 일부 지방자치체에서 사용중인 미래유산제도나 중소벤처부에서 사용하고 있는 백년가게인증제도등도 포함될 수 있다. 현재 근현대 산업경험지식에 대해서는 명확한 개념과 범위가 확립되지는 않은 상태로서 필자가 최초로 정의한 개념이다.

최근 개정된 국가유산기본법에서는 창조된 기간이 50년미만이나 문화적 가치가 존재하는 대상에 대한 미래유산으로 인정하고 있다. 다만 서울시가 2013년부터 사용하고 있는 미래유산이라는 용어는 서울을 대표하는 문화유산 중 국가 또는 서울시 지정 등록문화재로 등재되지 않은 유무형의 자산, 역사적 사건 및 인물과 관련된 장소, 기념물을 비롯하여 지역의 문화를 이해하는 데 도움이 되는 것을 대상으로 지방자치단체차원의 인증형식으로 사용하고 있으며, 그 대상이 국가유산청지정에서 제외된 지역유산만을 대상으로 매우 제한되게 사용되고 있다. 그러나 근현대라는 시간적 범위와 지역사회에서 미래세대를 위하여 보존할 차별적인 문화적 가치가 있는 대상을 의미한다는 점에서 넓은 의미의 근현대 향토지식재산에 포함된다고 해석된다.

나아가 미래세대를 위한 지식유산이라는 측면에서 좁은 의미의 문화유산 범위나 특정지방자치단체를 넘어 국가차원에서 다양하고 과감하게 발굴, 재창조할 필요가 있다고 판단된다. 대표적인 근현대 산업경험지식으로 울산공업도시산업경험(1962.2.3), 대한민국 최단기 선진국산업경험, DMZ, 망우리 문화공원(1930-1970) 등 단순한 인증을 넘어 향토지식재산의 재창조를 통한 미래지식유산으로 승화시켜야 할 것이다.

근현대 산업경험지식은 단순히 시간의 장단에 의한 지방자치단체나 중앙정부부처의 편의적 접근보다 소유나 관리주체를 기준으로 보면 지방자치단체나 공공기관이 소유하거나 사실상 지배상태인 경우는 공유(公有)지식으로, 개인이나 특정 법인등이 보유하고 있는 경우에는 경험지식으로 분류하는 것이 바람직하다고 판단된다.

공유(公有)지식

공유지식이란 지방자치단체나 공공기관 등이 소유하고 있거나 사실상 지배상태에 있는 무형의 지식재산으로서 법적보호형태가 갖추어진 좁은 의미의 지식재산권과 법적보호형태가 갖추어지지 않은 넓은 의미의 연구용역결과물, 시설물, 이미지 산출물 등을 포함한다. 그런 점에서 누구든지 소유나 사용이 가능한 공유(共有)개념하고는 다른 개념이다.

각종 연구개발 용역 결과물	연구논문, 문화저작물, CI 및 BI용역물 소프트웨어 및 그 관련장비 등
각종 창작시설물	박물관, 과학관 및 그 소장품, 기념비, 현판, 사적, 각종상징물 등
각종 이미지 산출물	천년전주, 전주한옥, 전주한옥마을 등

국내 대표적 사례로는 전주한옥연구(공유지식), 함평나비축제(공유지식), 노고단향수(공유지식), 문경오미자(공유지식), 파주DMZ관광상품(공유지식), 신안퍼플섬(공유지식), 지리산세일문브랜드(공유지식), 호남제일문브랜드(공유지식), 서울해치캐릭터(공유지식), 울산 태화강 국가정원(공유지식), 새마을운동(공유지식)등이 있다.

경험지식

경험지식이란 특정인이나 기업, 특정사회가 실제 현장에 적용되었거나 반복된 경험을 통해 체화된 숙련도 및 기술적, 영업적 노하우, 기타 언어나 문장으로 표현하기 어려운 주관적이거나 개인적인 지식으로 산업이나 문화발전에 적용가능한 지식을 말한다. 경험지식은 언어나 문장으로 표현할 수 있는 것뿐만아니라 대체로 사람의 머릿속에, 그리고 일하는 방식에 의해 개인에게 체화된 사고력이나 스킬(숙련도 또는 자신만의 노하우)이 무시되는 경우가 많다. 최근 기업간 필요한 지식과 기술을 위하여 기업을 합병하는 경우에 경험지식을 축적한 인력을 필수적으로 포함시키는 경우가 그런 경우이다.

경험지식에는 1) 현행법상 보호가 가능하지만 노하우로 간직하고 있는 지식과 2) 현행법상 보호되지 않는 객관적인 경험지식, 3)언어나 문장으로 표현하기 어려운 주관적이고 개인적인 지식으로 포함하고 있다.

경험지식

유형	현행법상 보호되지만 노하우로 간직하고 있는 객관적인 경험지식	현행법상 보호되지 않는 객관적인 경험지식	현행법상 보호되지 않는 개인에게 체화된 주관적인 경험지식
예시	코카콜라 제조 비법	교통·운수·광고기법·의료기법·자연법칙 그 자체의 발견	개인적 지식 손맛 실패의 경험 숙련도

국내 대표적 사례로는 안동버버리찰떡(경험지식), 신당동 떡볶이(경험지식), 마산아구찜(경험지식), 성심당 제빵(경험지식), 백년가게(경험지식) 등이 있다.

3 향토지식재산의 글로컬 시대적 의의

1. 선진일류국가를 위한 우리만의 지식문화 필요성

20세기 전반까지는 무력이 세상을 지배했고, 국력의 강약은 바로 무력의 강약과 비례했다. 그런데 21세기는 경제와 지식문화가 세상을 지배하고 있으며, 국력의 강약은 경제력과 지식문화적 교류의 강약과 비례하고 있다.

현재 주요 선진국들의 공통된 특성을 살펴보면 지금의 대한민국에게 시사하는 바가 크다. 선진국들은 자신들이 보유한 자연생태환경, 자원, 문화적 유산과 국민적 특성을 적극적으로 활용하였고, 그런 전통적 토양속에 축적된 창조적 노력은 결국 차별화된 지식문화창조와 그를 통한 세계 최고의 산업 및 독점시장을 구축하였다. 예를들어, 미국의 소프트웨어 산업은 그들의 '개척정신'에 기초를 둔 창조이고, 일본의 전자산업은 '철저한 모방'을 통한 창조이며, 독일의 기계공업은 도제사상에 발판을 둔 '장인정신'의 창조이며, 이탈리아의 패션산업은 '문화적 자부심'에서 출발한 예술적 창조이다.

그동안 산업기반이 거의 없었던 우리 산업계는 미국이나 일본등 선진국으로부터 낙후된 기술도입이나 장비를 이전받아 값싼 노동력으로 경쟁력을 유지하였다. 이는 우리나라뿐만이 아닌 경제개발을 원하는 개발도상국들의 일반적인 패턴이다. 그러나 중공업분야이거나 첨단분야로 갈수록 선진국으로부터의 기술이전 조건이 까다로와 질 뿐아니라 그에 따른 소재, 부품, 장치 등에 대한 수입조건 등 선진경쟁국들의 기술패권주의에 종속되는 패턴이 일반적이었다. 또한 70-80년대이후 산업계를 살펴보면, 대부분 국내기업들은 해외기업들의 기술도입이나 해외유명브랜드의 프랜차이즈계약에 따른 종속관계를 수십년이 지난 현재까지도 벗어나지 못하는 현실이다. 이런 이유로 아무리 좋은 국내 소재나 부품으로 대체하려고 하여도 원천권리자의 동의없이는 사실상 불가능한 상황이다.

우리나라는 위와 같은 선진경쟁국의 기술패권주의에 의한 산업적 식민지와 같은 상황과 문제속에서도 선진국반열에 올라섰다. 그러나 이제는 그러한 정책을 답습할 수도 없고 하여서도 안될 것이다. 중국을 비롯한 신흥공업국의 추격이 이미 수준을 넘었고, 선진경쟁국들의 기술보호정책 또한 종전과는 차원이 다르기 때문이다. 그러면 어떻게 하여야 할 것인가.

2. 글로컬 사회문화적 네트워크 필요성

최단기간에 선진국에 오른 대한민국만의 산업저력을 기반으로 이제부터는 5천년 문화역사속에 우리의 시공에 깔려 있는 그 많은 '우리 것' 즉 향토지식재산에 눈을 돌려야만 한다. 주체적인 지식문화없이 선진일류가 된 사례는 없기 때문이다. 그 우리 것 가운데 세계성이 있는 차별화된 무엇인가를 찾아내서 이를 세계적 감각에 맞추어 재창조하고 사회적 문화적 글로컬 네트워크화 하여야 한다. 향토지식재산은 지역사회에 고유하고 특유한 것이기에 여타 기존 상품처럼 과당한 경쟁이 없거나 있더라도 약할 것이며, 수요만 생기면 수월하게 큰 경제적 가치를 창출하여 강대국들의 경제력 독점시대를 살아가는 현명한 지혜의 수단이 되지 않을 수 없다. 뿐만아니라 우리도 미쳐 깨닫지 못한 순간에 우리의 향토지식재산은 〈KIM GIN TAE HAN〉을 넘어 K-POP, K-푸드 등 수도 없이 많은 이미 세계화된 향토지식재산들이 우리를 부르고 있다.

향토지식재산은 다른 선진국들에서 살펴보듯 각지역의 자연생태환경, 전통지식문화, 근현대 산업경험지식 등 차별되고 유일한 향토지식재산에 눈을 돌려 재발견, 재창조하는 Glocal Only One 전략으로서 시대적 의의를 갖는다. 〈가장 지역적인 것이 가장 세계적인 것〉이라는 말처럼 향토지식재산은 글로컬 지방화시대에 지방화와 세계화를 연결시키는 고리이다. 특히 지역간, 국가간 차별성이 약화되는 시대에 지역만이 가질 수 있는 고유한 매력과 가치를 지닌 향토지식재산은 세계속에 지역을 빛낼 수 있는 가장 확실한 기초자산이자 차별적인 사회적 지식자본이다.

3. 지속가능한 글로컬 지식문화자본

향토지식재산산업은 지구위기, 지방소멸, 부의 양극화, 대기업 중심의 수출주도사업이 아닌 자연생태환경과 지식과 공동체가 관계형 조화를 지향하는 융복합지식문화산업이다. 그런 점에서 단순한 특정인이나 기업의 사적이익만을 그 성취 목적으로 하는 일반 산업하고는 구별된다. 따라서 끊임없이 변하는 자연생태환경과 지식과 공동체와의 공유와 협업, 글로컬 네트워크 속에 지속적으로 발전 확산되는 산업적 특성이 드러날 때 비로소 향토지식재산산업은 그 진정한 의미가 부여되는 것이다. 이러한 자연생태환경과 지식과 공동체와 공존하는 관계적 조화 추구야말로 인류가 지향해야할 미래 방향이며, 지속가능성이라고 할 수 있다.

자연과 공동체에 대한 배려와 조화를 바탕으로 형성된 향토지식재산은 결국 지역의 사회적 지식자본으로써 사회의 신뢰를 높여 결국 총 요소 생산성을 높이는 결과로 이어질 뿐 아니라, 산업적 인프라로서 지역산업 및 경제 발전에 있어서 중요한 의미를 갖는다. 그런 점에서 향토지식재산에 내재된 사회적 지식자본으로서의 특성은 지역사회의 자발적 공동체를 조직하고 유지할 수 있는 능력과 산업적 인프라 기능을 가진다는 점에서 민주주의와 경제 발전에 필수적 요소라 할 수 있다. 왜냐하면 사회적 지식자본이야말로 집단 행위의 딜레마를 해결해 줌으로써 사회 구성원들이 배타적 이익만을 추구하지 않고 서로 협력하여 사회 전체의 이익 실현에 이바지할 수 있는 강력한 동인이기 때문이다.

따라서 사회적 지식자본인 향토지식재산은 다른 자본과는 달리 공동체를 근간으로 하여 공동체 구성원들의 우호적 신뢰 관계 속에서 형성되는 것으로, 향토지식재산이야말로 자연과 공동체정신과 미래세대로의 발전적 계승을 지향하는 미래성장동력으로 작동할 것이다.

4 특히 주목하여야 할 향토지식재산 사례

1. 다시 한번 김치

김치는 우리나라를 대표하고 각 지역마다 차별성을 갖고 있는 고유식품이자, 동시에 한국의 음식문화를 상징한다. '김치'는 한국의 지역성과 대표성을 모두 포함하고 있다. 그런 이유로 2011년 '김치산업진흥법'을 제정하였고, 2021년에는 11월 22일은 김치의 날로 정하였고, 서울시는 매년 11월 '김치축제'를 열고 있다.

김치는 성인병을 예방하는 건강식품

우리 민족은 언제부터 김치를 담가 먹었을까? 『삼국지』의 「위지 동이전」에 "고구려에서 채소를 먹고 있었으며, 그들은 소금을 사용하였고, 식품의 발효 기술이 뛰어났다."라고 기록된 것으로 보아, 삼국시대에도 김치의 원형 식품을 만들어 먹은 것으로 추정된다. 1592년, 남방에서 고추가 전래된 이후, 젓갈과 채소와 고추가 잘 어울려 현대의 김치와 같은 시원하고도 맛깔스런 향미와 아삭아삭 씹히는 신선한 김치로 발전, 정착했다.

김치는 맛이 일품일 뿐만 아니라 건강상의 효능도 뛰어나다. 김치에는 풍부한 영양소가 듬뿍 들어 있을 뿐 아니라 혈중 콜레스테롤 농도를 낮춰 동맥경화 예방에 큰 몫을 하고, 항암 효과까지 가지고 있다. 또한 김치에 들어가는 고추, 마늘, 부추 등 부재료가 노화를 막는다.

젓갈의 풍부한 아미노산이 어우러져 김치의 감칠맛을 내는가 하면, 마늘의 시스테인과 메티오닌은 해독작용을, 마늘의 아닐린은 항암작용을 하며, 마늘과 고추의 캡사이신이 성인병을 일으키는 콜레스테롤이나 중성지질을 효과적으로 억제한다. 이 밖에도 김치는 활성산소의 생성을 막고 과산화지질의 생성도 방지하여 노화를 억제할 가능성이 높은 장수식품이다. 또 멸치액젓을 첨가한 배추김치가 고혈압을 유발하는 주요 인자를 억제하는 효과가 크다는 논문도 발표되었다.

그러나 젓갈을 사용하지 않는 일본의 기무치는 김치의 효능을 다 갖고 있다고 볼 수 없다. 건강식품으로서의 제 구실을 못함은 물론, 젓갈의 감칠맛과 마늘 생강 고춧가루 등의 향신료가 어우러져 조화될 때 비로소 살아나는 김치의 맛과 향을 제대로 살리지 못하기 때문이다.

우리나라 김치 수출의 역사는 비교적 길다. 1960년대 후반 월남전 당시 주월 한국군에게 김치 통조림 납품으로 시작한 수출이 1970년대에는 중동에 근무하던 한국인 근로자들에게 공급하기 위한 수출로 바뀌었지만, 주로 해외 체류 한국인 대상의 수출이었다. 외국인을 상대로 한 본격적인 수출은 1980년에 이르러 시작되었다. 그때도 주 수출 대상국은 일본이었다.

김치는 통상 마찰의 우려도 없고, 우리 문화까지 함께 수출하는 상품이어서 어려운 경제 속에서도 효자상품 노릇을 톡톡히 해 왔다.

그러나 수출은 지난 1995년을 정점으로 내리막길을 걷고 있고, 일본의 경우 한국식 김치의 자체 생산력을 강화하고 그 품질도 향상되어 우리 김치의 수출을 늘리는 데는 한계가 있었다. 이제는 김치의 매운맛을 수출 대상국에 맞게 조정하고 각 나라에서 재배되는 채소류에 우리 김치 담그는 법을 접목시켜 그들 재료와 입맛에 맞는 김치를 개발할 필요가 있다. 나아가 김치소스, 김치잼, 김치 스파게티 등 서구인의 입맛에 맞는, 김치를 이용한 각종 가공식품의 개발과 보급에도 힘을 기울여야 한다.

그러나 현재 대한민국은 대표적인 K-Food인 김치산업의 문제점 파악과 실효적인 활성화 정책을 못 펼치고 있다. 현재 김치를 생산하는 세계 최대 김치공장이 있는 곳이자 수출하고 있는 곳은 한국이 아닌 중국이며, 최근 풀무원, CJ, 대상 등의 국내 식품 대기업들은 미국 및 유럽 등에 대규모 김치 가공공장을 설립하고 있는 사실을 깊이 음미해 볼 필요가 있다.

이러한 배경에는 2001년 전까지 김치산업을 단순히 국내 대기업에 대한 중소기업 고유업종으로만 묶어둔 정부의 근시안적 정책도 한몫하였다. 또한 김치의 세계화 가능성에 대한 인식부족에 따른 국제식품규격(CODEX) 절차에 대한 우리의 무관심, 무방비가 결국 한국의 'kimchi'와 함께 일본의 'kimuchi', 중국의 '파오차이'가 모두 합법적인 김치의 국제식품규격의 하나로 인정되도록 방치하였다. 뿐만 아니라 현재 전세계 고급 김치는 일본의 전세계 스시집(和食) 네트워크를 중심으로 빼앗기고, 대중 김치는 중국산 저가 김치로 인해 대한민국은 최대 김치 수입국이 되었고 급기야 김치 무역 수지 적자가 사상 최대에 이르게 되었다. 2023년 농림축산식품부 김치산업실태조사를 보면, 국내 유통되는 김치 전체 70만t중 수입김치가 37%를 차지하는 절망적인 상황이다.

이제는 김치라는 제품 판매만으로는 국내외에서 경쟁하기 어려운 것이 현실이다. 따라서 단순한 김치상품이나 특정명인중심의 고급화 정책의 한계를 넘어 다양한 특정지역들과 결합한 김장문화와 융복합하는 새로운 전략이 절실하다. 김장문화는 지역과 세대를 초월해 광범위하게 전승되고, 한국인들이 이웃과 나눔의 정을 실천하며 결속을 촉진하고, 한국인들에게 정체성과 소속감을 준다. 그러한 무형유산으로서의 가시성을 인정받아 김장문화는 2013년 12월 5일 유네스코 인류무형문화유산에 만장일치로 등재되었다.

따라서 저가공세를 무기로 한 중국산 배추김치에 대해서는 한국의 김치산업은 한국의 김치 문화의 강점인 지역마다 계절마다 차별화된 김치-순천 고들빼기, 여수 돌산갓김치, 여름엔 열무김치, 가을엔 총각김치 등-300여 종이 넘는 차별적 다양성에 눈을 돌려 중국의 단순한 개념상품이나 기업으로는 흉내 낼 수 없는 지역 마다의 재료, 양념, 조리법에 따른 다양한 지역향토지식재산산업으로의 노력과 재창조작업이 절실히 필요하다

또한 출향민인 도시인들의 김치 수요와 그들의 소비자로서의 건강하고 품질좋은 차별화된 김치를 제공하기 위한 김치에 대한 호감을 수요로 이어가는 노력이 필요할 것이다. 이러한 사례로서 충북 괴산군에서는 도시수요자들이 김치를 담그는데 가장 큰 애로사항인 김치에 쓰이는 배추의 큰 부피와 다듬는 시간과 일손 부족인 점에 착안하여, 미리 배추재배지인 지역 현장에서 절임 배추 작업을 지역공동체 작업으로 하여 도시소비자 역시 선 주문제도를 적용하거나 도시 지자체나 아파트연합회 등을 통한 적정가격으로 직접 공동구매 방식을 취함으로써 도시민과 농민이 모두 상생하는 시도를 하였

다. 서울시 구로구의 경우는 충북 괴산군과 자매결연을 하고 지역민들의 김치 구입비를 예산으로 지원하고 있다. 나아가 지금은 전남 해남지역을 중심으로 절임 배추의 직접 공동구매 예약시스템을 활성화하고 있다.

다시 한국김치브랜드전략으로 승화해야

한국의 김치산업은 이제 한국의 대표적인 K-Food 문화를 기반으로 한 산업으로서 대량생산 중심의 산업 정책보다는 지역마다 차별화된 지역공동체의 김장문화와 융합사업으로의 획기적 사업전환이 요구된다. 이를 위한 가장 시급한 조치로서 지역김치산업공동체중심의 사단법인 또는 협동조합등의 법인격을 갖추어 지리적표시 단체표장 등 권리 및 관리주체를 위한 준비가 필수적으로 요구된다. 나아가 아무리 향토지식재산산업이라도 수요자의 입장에서의 가격, 품질, 저장, 운송, 사회적 가치 등을 세심히 반영하는 시각이 중요하다. 나아가 김치산업의 영역을 고급화 및 다양화하고, 절임, 숙성, 포장 등 여러 영역에 최근 4차산업에 맞추어 사물인터넷 기술 등을 융합한 스마트시설 장비개발로까지 넓혀 가야 할 것이다. 또한 개별 기업으로의 시도보다는 지역공동체 사업의 특성을 살린 도·농상생과 그를 통한 지자체 단위의 지원정책의 활용도 적극 활용하는 것이 필요하다는 점이다.

따라서 국내김치산업계는 단순한 개별상품을 강조하는 단순 메시지 전달 판매전략에서 벗어나 한국 김치가 가지고 있는 김치 산업과 김장 문화가 통합된 한국 김치 브랜드전략으로 승화시키는 글로컬지식공유산업생태계를 구축하고, 정부는 한국 김장 문화가 타 문화권과의 대화와 교류 정신을 심어주는 다양한 국내외 김치테마축제 등을 통해 개별김치산업계가 할 수 없는 가치전달전략에 동참하는 전략이 필요하다. 다시말해 김치산업만의 접근에서 김장문화를 통한 타문화권과의 대화와 교류정신을 심어주는 김치산업 및 김장문화가 통합된 한국 김치브랜드전략으로 승화시켜야 할 것이다.

참고로 청소년들의 김치소비와 김치에 대한 취향이 급격히 떨어졌다고 한다. 이에 대한 김치의 변모는 아래와 같이 예상치 않은 곳에서 나타나기도 한다.

어린이 김치 : 경기도 연천의 청산 농협이 개발한 어린이 김치는 고유의 김치 맛을 살리면서도 어린이들이 싫어하는 맵고 강한 맛을 없앤 것이 특징이다. 회원 농가에서 맵지 않은 고추를 수매하여 사용하고, 파인애플 등 과일즙을 넣어 매운맛을 없앴다. 또, 화학조미료 대신 천연조미료인 다시마 분말을 넣었고, 각종 미네랄과 아미노산 성분을 강화하였다. 부드럽고 새콤달콤한 맛이 어린이들 입맛에 맞아 인기가 있다. 한편, 부산대 김치연구소도 향토 별미 김치 등 다른 9종의 김치와 함께 어린이용 김치를 선보였다. 김치연구소의 어린이용 김치는 사과즙을 첨가, 단맛을 보강했고 칼슘이 많은 멸칫가루를 넣어 영양도 보완했을 뿐 아니라, 어린이의 입 크기에 맞게 잘게 썬 것이 특징이다.

학생용 김치 활용 메뉴 개발 : 부산 교육청 산하 학교급식운영위원회는 부산 지역 급식 학교 영양사를 대상으로 연수회를 갖고, 전통 김치와 김치를 이용한 표준 조리법을 마련, 전시회를 가졌다. 이때 전시된 김치 종류는 가지김치, 고구마김치, 과일동치미, 굴깍두기, 깻잎김치, 오이소박이, 오징어 무말랭이 김치 등 전통 김치 19가지이며, 김치어묵국, 백김치, 참치샐러드,꽁치

김치조림, 김치 야채튀김, 김치 오믈렛 등 12가지 응용 음식도 선보였다.

장박사 김치 : 우리나라 최초의 김치박사 장상근씨가 만든 김치로, 장 박사는 서울 올림픽 때의 포장김치 선풍과 1995년 김치의 ISO 9002 인증에 큰 역할을 했던 김치 이론가이다. 김치의 고급화를 위해 직접 생산에 나섰다. 장박사의 김치공장은 첨단 과학으로 김치의 품질과 위생을 철저히 관리하고 있으며, 정수시설·살균기·분석기·저장 기기를 갖추고 있다. 식물 뿌리, 해초 등 천연물을 배합한 '발효 지연제'를 첨가해 시간이 지나도 처음 담갔을 때처럼 사각사각 씹히는 맛을 유지하도록 한 것이 특징이다.

김치 양념소 표준 배합비 개발 : 농촌진흥청의 한귀정 박사가 개발한 것. 한꺼번에 많은 양념소를 만들어 냉장 보관하였다가 필요할 때 꺼내서 사용하면 기존의 방법에 비해 30~40% 조리 시간을 단축할 수 있을 뿐 아니라, 일정한 김치 맛을 즐길 수 있다. 한귀정 박사는 김치의 표준화를 위해 배추김치, 열무김치, 깍두기, 깻잎김치 등 5종의 종합 양념소를 개발하여 특허를 받았다. 김치 양념소를 상품화할 경우 김치를 담그기 위해 고춧가루·마늘·젓갈 등 양념을 따로 살 필요가 없으며, 김치 담그기에 자신이 없는 주부들도 양념의 적정 배합에 대한 고민을 덜 수 있게 된다. 또, 미리 만들어 놓은 양념소로 필요한 양의 김치를 수시로 담그면 늘 신선한 김치를 먹을 수 있게 된다.

2. 인삼에서 JINSENG을 넘어

우리나라에서 인삼하면 고려인삼이 떠오른다. 한국, 중국, 일본 등 동양 3국의 고의서에 '신통한 영약'으로 소개될 정도로 유명하다. 17세기 한국, 중국, 일본사이에 고려인삼을 매개로 일본의 은과 중국의 비단이 활발히 교류되었다. 이때 고려인삼의 품질과 효능이 최고로 평가되었고 그때부터 고려인삼이라는 명칭이 생겨난 것으로 전해진다. 말그대로 고려인삼은 1500년의 유구한 재배역사와 대표적 약용작물로서 조선조까지 무역의 제1품목을 점한 세계 최고의 인삼이었다. 특히 산삼인 야생삼이 조선왕실에 조공예물로 해마다 바쳐지며 점차 멸종위기에 처했으나 조선시대 삼관련 종사자들의 피땀어린 노력으로 야생삼의 인공재배법과 홍삼제조가공법을 발명하여지금까지 대한민국의 10대 브랜드인 대표적 향토지식재산으로 이어져 온것이다. 그런데 오늘날 고려인삼의 현실은 어떠한가. 손님은 없고 재고만 2조에 달해 국내 인삼산업자체가 흔들리고 있다. 국가별 인삼수출물량에 대한 2022년 UN통계를 보면, 대한민국은 캐나다(45.5%), 중국(28.4%), 홍콩(8.9%), 미국(7.4%) 다음의 세계 5위(3.2%)를 기록하고 있다. 세계 인삼시장의 규모는 꾸준히 상승하고 있는 반면 국내 인삼 생산량은 지속적인 감소세를 유지하고 있다.

필자는 우리의 고려인삼의 현실을 보며 '역사를 잊은 민족에게 미래는 없다'(A nation that forgets its past has no future)는 윈스턴 처칠의 말이 떠올랐다. 이 말은 자국의 잘못된 과거를 잊거나 되풀이 하지 말자. 타국이 저지른 것 뿐만 아니라 자국의 과거 잘못에 대한 반성과 경계의 뜻도 함께 담은 것으로 이해된다. 우리의 고려인삼이 언제부터 '정관장'이라는 이름으로 불리게 된 것을 생각해 본 적이 있는가. 그것은 일제하에 조선총독부가 내국인들의 세금징수를 위해 '주세법'을 만들었듯이 당시 유일한 무역 제1 품목인 고려인삼을 국가 전매제도로 만들면서 고려인삼이라는 이름대신 '정관장'으로 바꾸어 사용하게 된 것이다. 그러다 보니 홍콩, 상하이등 여러도시에서 고려인삼을 거래해 오던 소위 고려인삼유한회사들은 지금도 고려인삼이라는 브랜드를 지금까지도 사용하고 있지만 우리만 우리의 뜻과 무관하게 '정관장'이라는 브랜드를 사용하여 온 것이다. 또한 고려인삼의 전매제도로 인해 당시 인삼을 재배하고 홍삼등을 가공품을 만들어 사업을 하던 국내의 민간업체들은 자연히 소멸되게 되었고, 오로지 우리 조상들이 구축한 고려인삼의 명성에만 매달려 특별히 일본시장과 기존의 중국시장에 수출하게 된 것이다. 그러다보니 당연히 새로운 기능에 대한 연구개발이나 품종개발, 신시장개척은 없고 우리의 고려인삼은 암흑기에 접어든 것이라 생각한다.

반면 그러는 사이에 현재 세계 최대인삼시장이 된 홍콩을 비롯한 중국등에서 고려인삼브랜드의 도용이 기승을 부렸고, 자신들의 저가 유사품의 마켓팅 차원에서 고려인삼을 먹으면 열을 올리는 반면 화기삼(서양삼)을 먹으면 열을 내린다는 소문을 퍼트리기도 하였다. 나아가 다소 지나친 추측이라는 비판도 가능하나 국가 전매제로 운영되던 한국인삼공사가 IMF후인 1998년 민영화 조치가 이루어 질 때 대한민국의 대부분은 관심조차 갖지 못한 상태에서 주식의 60%가 일본기업으로 넘어갔다고 알고있다. 민영화당시 정부당국에서는 한국인삼공사라는 대한민국의 대표적 국영기업의 사명까지 그대로 넘겨야만 했는지 개인적으로는 안타까울 따름이다. 이와 함께 2015년 국제식품규격(CODEX)회의에서 인삼의 영문표기를 GINSENG로 하는데 있어 대한민국의 정부 담당 공무원이나 학자나 기업체 관련자중 누구 하나 이의를 제기하지 않은 것도 참으로 통탄할 일이라 생각한다. 최근 인삼의 영어표기와 관련하여 의견을 나누어 보면 당연히 INSAM으로 해야 한다고 하지만 이미 국제회의에서 정당한 절차를 거쳐 합의된 것을 이제와서 잘못만 지적하는 것은 옳지 않다고 본다. 이제부터라도 우리 고려인삼과 관련한 우리의 잘못에 대한 반성과 경계의 시간이 되기 바란다. 이러한 우리 역사에 대한 객관적인 재발견의 토대하에서 우리 모두가 함께 할 때 진정한 우리 고려인삼의 세계적 명성과 브랜드가치를 찾을 수 있을 것이다.

다시 한번 1500년 고려인삼의 세계적 브랜드로

2018년 인삼을 세계중요농업유산등재를 하였고, 고려인삼과 농업문화에 대한 유네스코 인류무형유산 등재준비도 진행중인 것으로 안다. 물론 고려인삼이 유네스코 인류무형유산 등재되는 것도 나름 큰 의미가 있으나 유네스코등재라는 것은 국제적 인정제도일 뿐이다. 따라서 고려인삼이 실질적인 세계적 브랜드로서 자리잡고 그로 인한 산업경제나 문화적 가치를 창출하는 것은 또다른 차원의 문제이다.

인삼의 종주국 대한민국이라 하지만 세계 시장에서 알짜 수익을 내는 곳은 정작 스위스 유명 제약회사 PHAMATON사(GINSANA 브랜드)이다. 인삼은 세계 천연 제약원료로써 세계 대부분의 나라에서 R&D가 진행 중이다. 세계 유수 제약사들의 제약의 큰 트렌드가 화학베이스 제약에서 '천연' 제약 베이스로 제약 트랜드가 이동 중이기 때문이다. 천연 제약의 원료로써 가장 많이 알려지고, 세계적으로 연구가 진행 중인 인삼의 브랜드와 가치를 우리가 먼저 확보하여야 할 것이다.

그럼에도 불구하고 인삼 종주국인 대한민국은 뿌리가공제품 위주로 주로 국내시장 및 수출의 경우는 교민 시장을 위주로 25년째 수출실적은 거의 제자리 걸음 중이다. 국내 인삼산업 종사자들은 인삼의 세계화를 외치고는 있으나 현실은 오로지 인삼 세계 1위 브랜드인 KT&G의 6년근 홍삼인 정관장이라는 우물안 개구리 시장을 벗어나지 못하고 있다.

따라서 고려인삼의 종주지인 금산을 거점으로 세계인삼대학교 설립, 세계인삼연구소 설립, 세계인삼거래의 메카육성, 세계인삼과학상제도 확대, 글로벌 온라인 인삼거래소개설, 세계인삼 AI대회개최, 약용만이 아닌 다양한 인삼식품, 음식세계화, 한류를 통한 청년층 공략 등 다양한 정부 및 지방자치단체차원의 시도가 필요할 것이다.

3. 세계를 잇는 태권도

태권도의 종주국 대한민국.

태권도는 전세계인들에게 가장 친숙하고 호감을 가지고 있는 무도로써, 무도 이외에 담아내는 예법 및 정신문화 보급의 첨병이다. 지난 2000년 시드니올림픽 정식종목으로 채택된 이후 태권도는 단기간에 글로벌 스포츠로 급부상하기도 하였다.

현재 세계태권도연맹(WTF)에 가입한 국가는 214개국에 달한다. 이는 유엔 회원국(193개국)보다, 대한민국 교류체결국(191개국)보다 많고, 국제축구연맹(FIFA)회원국(211개국)수와 비슷하다. 한류의 대표 주자로 자리매김한 태권도 수련인은 세계 2억명에 달한다.

그러나 우리는 이미 전세계 214개국에 거점을 확고히 가지고 있는 태권도 네트워크를 너무 단순히 바라보며 각자도생의 길을 걷고 있다

태권도 213개 국가 네트워크는 '대한민국 세계 초일류 국가 도약'을 위한 고속도로이다.

따라서 현재 태권도 진출국 213개 국가에 OECD국가를 초기목표로, 각 국가에 위치한 현지 대한민국 대사관, KOTRA, 태권도 기관을 중심으로 현지 초등학교, Secondary School에 태권도를 정규 과목으로 설치를 유도한다. 이를 위한 태권도 교사를 해외 취업에 진출시킨다. 예를 들어 초기 1년 급여를 대한민국 정부 부담 70%, 현지 부담 30%로, 이후에 현지 학교와 정식 계약. 청년실업 문제 해결,방식으로 현재 해외취업 국가지원책과 동일한 수준이다. 민간외교기관인 반크는 '세계 1억명 태권도인을 한국 홍보대사로'라는 캠페인 전개하는 한편 "태권도가 전 세계 초중고교의 정식 교육과정 교과목으로 반영되도록 국가의 정책적 지원이 필요하다"는 글로벌 청원(bridgeasia.net)도 병행하고 있다.

궁극적으로 세계 모든 국가의 초, 중, 고 학교의 심신 수련을 위한 정규과목 채택화함으로 심신수련과 함께 예절교육등을 통한 청소년 탈선 문제방지에도 도움이 된다.

뿐만 아니라 국내의 한체대, 용인대, 경희대, 우석대 등 수 많은 태권도인들이 현재는 태권도학원 등에 제한적 취업이 이루어 지고 있으나 이러한 환경조성으로 고급 일자리 창출이 가능할 것이다.

이와 함께 올림픽 등 국제경기에 전자호구 개선 등 태권도 용품 R&D 및 생산 보급을 체계화하고, 각 국가별 공적 외교업무 담당인 재외공관 업무와 별도로, 태권도를 바탕으로 민간외교를 펼칠 국가별 '태권도 대사' 제도를 실시하고 태권도 대사를 통해 현지 초중고 태권도 정규과목 설치를 위한 컨트롤타워 역할과 각국 대사관, KOTRA 등과 긴밀협조, 외교부, 문체부 와의 협력도 진행할 수 있을 것이다.

4. 전통 한과에서 약과로

약과나 강정이 중국 과자인가, 우리 과자인가? 요즘의 어린이들에게 물어보면 딱부러지게 "우리 과자"라고 대답하는 아이의 수가 그리 많지 않을 것 같다. 한과는 그 정도로 우리 민족과 멀어졌다. 실제로 국내 유통되고 있는 한과의 재료인 잣이나 깨·콩 등은 거의 중국산이고, 중국제 완제품 한과도 다량 수입되고 있다. 이러한 상황에서 '전통 한과'란 과연 무엇을 의미하는가.

한과는 이름 그대로 한민족의 과자다. 그러나 우리나라 사람이면 밥과 찌개, 느끼하지 않은 반찬을 먹고 산다는 말은 당연한데, 왠지 우리의 고유 과자, 즉 한과는 우리 한국인의 일상생활과 너무도 멀리 떨어져 버린 듯하다.

이제 한과는 직접 만들어 먹는 집도 거의 없으며, '한과'라 하면 그저 선물용으로나 생각될 정도로 우리와 멀어지게 되었다. 제과점 숫자에 비해 한과 전문점의 수는 터무니없이 적고, 학교 교과 과정에 서양 과자 만들기는 있어도 한과 만들기는 거의 없다.

우리는 한과에 대해 얼마나 알고 있는가? '김치', '된장', '두부' 하면 최소한 어떤 재료로 만들고 어떻게 생긴 것이라는 정도는 알고 있지만, 한과는 그 이름과 모양을 서로 연결 짓지 못할 만큼 우리로부터 멀어져 갔다. 우선 한과에 대한 이해를 해야만 다음 이야기를 풀어가기가 수월할 것 같다.

한과는 김치, 식혜와 같은 발효식품이다. 우리 고유의 발효제인 엿기름을 따뜻한 물에 하루정도 담가두면 엿기름이 당화(糖化)하여 단맛이 난다. 한과는 설탕을 사용하지 않고 엿기름을 사용해 단맛을 내야 제격이다. 그 은은한 단맛 덕분에 많이 먹어도 싫증이 나지 않는 것이다.

한과는 성인병 예방 효능을 지닌 발효식품

한과는 본래 불교가 국가적으로 번성하여 육식을 금지하였던 고려시대에 만들어져 널리 퍼진 것이라 한다. 밥상이나 술상을 물린 후 차와 함께 곁들여 먹던 일종의 후식이었다. 발효식품으로서의 한과는 육식을 많이 하는 사람들에게 체내 영양 균형을 맞추어 비만과 같은 성인병 예방에도 효과를 보인다고 한다. 그 종류는 만드는 법과 쓰이는 재료에 따라 크게 강정(羌飣)유밀과(油蜜果),숙실과(熟實果), 과편(果片), 다식(茶食), 정과(正果), 엿강정 등 일곱 가지로 나누어진다.

한과가 대중화되지 못하는 가장 큰 요인은 만들기가 까다롭다는 점이다. 한과의 제 맛을 내려면 대량기계 생산은 어렵고 일일이 수작업을 해야 한다. 그럼에도 불구하고 한과의 활발한 보급을 위해서는 기계화를 통한 대량생산을 꾀해야 한다는 진퇴양난의 어려움이 한과의 대중화 앞에 놓여 있다. 그런 이유에서인지 한과에 대한 연구는 기계화해도 제 맛을 낼 수 있는 방법을 찾는 데 집중되어 있다.

우선, 압출성형기에 원료인 찹쌀가루를 넣어 중간재에 해당하는 반죽 덩어리(반대기)를 대량으로 뽑아내는 압출성형법을 생산 공정에 접목시켰다. 찹쌀가루를 찌고, 반죽하고, 모양 만드는 과정을 고온 고압의 압출성형기에서 해결해 공정과 시간을 단축한 것이다. 유과 특유의 바삭바삭하면서 부드러운 조직감은 액화 이산화탄소 주입법으로 전통 방식과 거의 똑같은 기포를 만들어 냄으로써 살릴 수 있다. 이 밖에도 반대기 건조 시간 단축, 인공 발효를 통해 찹쌀을 물에 불리는 '골마지' 과정 시간 단축 등 단계 단계의 문제를 극복해 나가고 있다.

한과를 제대로 만들려면 계약 재배한 국내산 원료를 사용하고, 원료의 껍질을 벗기고 잡티를 제거하는 등 고도의 수작업이 필요한데, 판매 기한은 짧고 수요는 적어 값이 비싸질 수밖에 없다. 대중화를 위해 값을 내리려면 부득이 원료를 질 낮은 중국산에 의존해야 하는데, 그러면 맛이 제대로 안 나는 악순환을 되풀이하게 된다. 또한, 한과가 세계시장에 본격적으로 나아가는 데 가장 큰 걸림돌은 대부분 기름에 튀기고 방부제를 거의 쓰지 않는 한과 제조상의 특성이다. 이 때문에 유통기간이 짧아지고 온도가 맞지 않으면 과자가 산패해 버린다. 따라서 거리가 멀어 유통기간이 길 수밖에 없는 유럽 수출은 어려워진다. 물론 냉장 운반을 하면 변질 없이 납품이 가능하나, 한과는 부피가 커 냉장비용·물류비용 증가에 따른 원가 상승을 무시할 수 없다.

한과가 국내에서는 대표적인 과자로, 외국에서 인기 있는 과자로 그 자리를 잡으려면 다음의 몇 가지 문제가 해결되어야 한다.

첫째, 현대인, 세계인의 입맛에 맞는 제품의 개발이다. 전통 입맛만 고집해서는 안 된다. 세계인은 고사하고 한국인의 입맛마저 변하고 있다는 사실을 잊어서는 안 된다. 이미 초콜릿을 입힌 한과가 나오고 있다.

둘째, 새로운 용도의 개발이다. 소비자들이 명절에 차례상에나 올리는 음식으로 인식하게 만들어서는 안 된다. 세제(洗劑)를 집들이 선물로, 식칼 세트를 결혼 선물용으로 자리 잡게 하듯, 현대인의 라이프스타일에 맞는 용도를 개발해 소비자의 구매 욕구를 불러일으켜야 한다.

셋째, 고품질 저가 공급이 가능한 대량 및 맞춤식 생산, 기계화를 위한 연구는 필수 사항이다.

넷째, 장기간의 보관, 유통도 반드시 필요한 요건이다. 그래야만 유럽, 미국 등 동양의 문화를 늘 동경하는 사람들, 동양의 자극적인 음식에 익숙지 못한 서양인들에게 우리의 한과를 수출할 수 있기 때문이다. 또한 지금처럼 대부분 세트로만 판매할 일이 아니라, 낱개 포장 판매등 고급화 전략도 더욱 활성화하여 소비자가 더욱 손쉽게 한과를 접할 수 있도록 작지만 절실한 시도가 꾸준히 이루어져야 한다.

모양만 약과나 강정처럼 보인다고 국산 한과려니 하는 생각은 큰 착오다. 시장에 나와 있는 명절 차례상용 한과의 대부분이 중국산 완제품 한과이기 때문이다. 우리 재료로 만들어야 제맛이 나는 한과, 손으로 만들어야 제 맛이 나는 한과. 모두 어려운 일이라고 여기고 외면하는 이 순간에도 우리 재료를 이용하여 제 맛을 살리면서도 대량 및 맞춤 생산, 기계화를 도모하고 적정가격으로 대중화하려는 연구를 계속하는 사람들이 있다. 다행히 최근 MZ세대를 중심으로 다양한 약과의 수요가 일어나고 있다.

5. 이 시대 최고의 영양식품, 두부

콩을 일컬어 오래전부터 '밭에서 나는 쇠고기'라고 했다. 이 가운데 '밭에서'라는 말은 비교적 손쉽게 얻을 수 있음을 말하는 것이고, '쇠고기'라 하면 양질의 신진 대사원인 단백질을 말하는 것이다. 전해 오는 이 말로 미루어 보면 쇠고기가 단연 윗길로, 더 좋은 음식으로 여겨진 것이 틀림없다.

그러나 쇠고기가 고혈압과 비만 등 성인병을 가져다주는 콜레스테롤이 많이 든 음식으로 점차밀려나는 지금 식물성 단백질인 콩이 '콩' 그 자체로 최고의 식품의 자리를 차지하고 있다. 더구나 최근 항암 효과가 알려져 콩은 갈수록 많은 사람의 관심을 끌고, 콩에 대한 연구 또한 날이 갈수록 더 활발해지고 있다.

우리나라에서 전통적으로 콩을 요리해 먹는 방법은 다양했다. 우선 콩을 밥에 두어 먹는 콩밥이 있는데, 이는 콩에 담긴 영양분을 많이 섭취할 수 있는 손쉬운 방법이다. 콩을 깍지 그대로 쪄서 먹기도 하고, 콩가루를 만들어 떡고물로 쓰기도 했다. 콩나물을 길러 먹기도 하고 두부, 두유, 비지 등으로 요리를 해 먹기도 했다. 콩을 발효시킨 식품으로는 간장·된장·고추장·청국장 등이 있는데, 이들 장류는 우리나라의 음식을 만드는 데 없어서는 안 되는 기본 조미료들이다.

콩으로 된 식품 가운데서도 가장 신비스러운 것은 역시 두부다. 두부는 고

단백 저칼로리 음식으로 고혈압, 당뇨병 등 각종 성인병 예방에도 탁월한 효과가 있으면서 그 맛 또한 뛰어나다. 그뿐만 아니라 다양한 요리를 만들어 먹을 수 있다. 전래의 의약서인 『본초강목(本草綱目)』에도 두부가 급성 장염의 회복에 도움이 될 뿐 아니라, 고혈압 등에도 효험이 있다고 적혀 있다.

두부 요리는 우리나라, 중국, 일본에서 주로 발달해 왔다. 두부를 만들려면 우선 콩의 선택이 중요한데, 햇콩이라야 더 고소함은 말할 것도 없다. 콩을 잘 씻어 물에 불렸다가 맷돌에 곱게 간다. 베보자기로 싸서 두유를 짜내 응고제를 첨가하여 굳힌 것이 두부이고, 여기서 남은 것이 비지다. 두부가 충분히 굳으면 두부를 잠시 물에 담가 두어 여분의 응고제를 모두 빼내야 두부 맛이 좋아진다. 연두부는 물을 완전히 빼지 않고 굳힌 것으로, 매우 부드럽다.

선물용 배달 두부 '초당두부'

강릉 '초당두부'는 강릉시 초당동에서 100여 년 동안 그 맥을 이어 내려오는 두부로, 강원도 동해안의 청정 해수로 만들어 담백한 맛을 자랑한다. 초당두부는 두부가 원래 쉽게 상하기 때문에 강원도에서 생산한 두부를 널리 보급하지 못하는 점을 개선하기 위해, 이른바 선물용 두부를 개발했다. 강원도에 찾아와서 사 먹고 가는 것에 그치지 말고, 사 들고 가서 먹기도 하고, 다른 사람들에게도 선물하라는 것이다. 선물용 두부는 공장에서 갓 생산해 낸 두부를 급랭시킨 다음, 비닐 포장해서 아이스박스에 담았기 때문에 장거리 수송이 가능하다.

이 초당두부가 수도권에서는 배달 두부로 소비자의 호응을 얻고 있다. 매일 오후 5시쯤 본사에서 생산된 제품을 서울과 인근 지역의 총판 및 영업소로 싣고 와 다음 날 새벽에 각 가정에 배달해 준다. 새벽마다 배달되는 신선한 두부라는 점에서 확실한 차별성을 가지고 있다.

포장 두부 '풀무원'

포장 두부 업계의 선두주자는 단연 '풀무원'이다. 풀무원은 맛과 위생 상태를 보존하는 급속 냉각방식으로 두부를 만든 후, 냉장 상태로 유통시킨다. 두부 배송 차량의 뒷부분이 창고의 제품 적재 통로와 같은 크기로 꼭 들어맞기 때문에 공장에서 막 빠져 나온 두부는 냉장 창고, 배송 차량, 판매점에 이르는 동안 외부 공기에 거의 노출되지 않는다. 섭씨 30℃를 웃도는 한여름에도 주부들의 장바구니에 들어가기 전까지는 5℃ 이하의 냉장 상태를 유지하기 위해, 냉장 판매대를 갖추지 않은 매장에는 아예 제품을 공급하지 않는다.

두부를 한모 한모 포장해 상품명과 제조원을 밝히고, 유통기한을 표시하는 '이름 붙여 파는' 브랜드전략을 구사했다. 풀무원의 이름을 단 제품이 신선하고 순수 토종 원료로 만든 식품이라는 사실이 알려지기까지는 오랜 시간이 걸리지 않았다.

풀무원은 두부류와 면류에 대해 ISO 9002 인증을 획득했다. ISO 9002는 제품의 생산 및 품질 보증 체제 전체를 평가, 구매자에게 품질에 대한 신뢰감을 확인해 주는 일종의 '품질보증서'이다.

즉석 두부 전문점 '두부애비' '두부마을'

말 그대로 즉석에서 두부를 만들어 파는 곳이다. 물론 제조 과정을 눈으로 직접 확인할 수 있다. 즉석에서 만드니 맛과 영양이 살아 있음 또한 분명하다.

'두부애비'는 즉석 두부 전문점의 체인 사업을 벌이는 업체다. 또 '두부마을'은 100% 강원도산 콩과 화학 응고제가 아닌 자체 개발한 순수 간수를 이용하여 만든 40여 가지의 두부 요리만을 전문적으로 취급한다. 이곳에서 개발한 메뉴는 두부 정식, 맷돌 두부, 두부 버섯전골, 두부 철판구이, 두부 두루치기, 두부 보쌈 등 다양하다. 특히 다른 음식점에서는 볼 수 없는 쑥두부와 약두부, 약초두부도 선보이고 있다. 약두부는 시력이나 간 기능 강화에 좋은 약콩을 원료로 했고, 약초두부에는 결명자·오미자·천화분 등 각종 한약재를 넣었다. '즉석'과 '신선'을 강조하는 의미에서 주방의 모습이 고객에게 공개되어 있다.

고급화한 두부

가공 두부 업체인 '나미식품'은 두부에 햄, 명태 고깃살, 야채 등을 첨가한 '햄두부'와 '어육두부' 등 3종의 가공 두부를 선보였다. 또, '동양식품'은 섭씨 120℃에서도 파괴되지 않는 특수 비타민 C를 첨가한 '비타민 C 두부', 알칼리 이온수를 사용한 '알칼리 이온 두부'를 개발하였다.

'풀무원'도 고농도 두유를 젤리 상태로 압축, 탈수하여 만든 '급랭 생연두부', 연두부에 생달걀을 혼합한 '계란 연두부', 두부를 튀겨 만든 '튀김 두부', 당근과 감자 등을 첨가해 완자 형태로 튀긴 '두부 완자' 등 다양한 두부 제품을 만들어 시장에 내놓기도 했다.

'도후'에 빼앗긴 '두부'의 자리

두부를 먹지 않던 서양인들이 두부에 관심을 갖고 '동양의 치즈'라며 즐겨 찾고 있다. 미국의 초등학교에서 두부 급식이 실시되고 있고, 클린턴 대통령도 두부를 간식으로 먹는다는 사실이 알려져 화제가 되었었다. 두부가 세계인으로부터 고단백, 저칼로리의 건강식품으로 인정받은 것이다. 이에 우리나라의 두부 회사가 외국 수출에 눈을 돌리게 됨은 당연한 일이다.

그러나 세계시장에서는 이미 일본 두부인 '도후'가 두부의 원조 노릇을 하며 잘 팔리고 있었다. 물론 '도후'가 두부라는 한자어의 일본식 발음임은 더 말할 나위가 없다.

두부가 만들어지기 시작한 때와 장소가 기원전의 중국이라는 것에는 동양 3국이 모두 의견을 같이한다. 그러나 그 요리법이 발달한 것은 한반도에 건너와서라는 설이 지배적이다. 또, 일본에서는 임진왜란 후에나 우리나라에서 전래된 요리법으로 두부 요리를 즐기기 시작했다고 한다. 특히 두부의 원료인 대두(콩)의 원산지가 동북아시아, 곧 고구려의 옛 영토라는 것을 봐도 일본은 두부의 종주국 싸움에서는 할 말이 없는 것이다.

그런데도 세계시장은 한국의 '두부'보다는 일본의 '도후'에게 그 선두주자 자리를 내주었다.

미국 로스앤젤레스에 일본의 히노이치 도후가 진출하여 한국 교민도 울며 겨자 먹기로 도후를 사 먹었다. 그런데 1995년 무렵 한국의 풀무원이 L.A.에 두부공장을 세워, 현지에서 포장 두부를 생산, 판매하기 시작한 후로부터는 판도가 달라졌다. 풀무원 두부는 이미 L.A. 교민 시장에서 높은 점유율을 보이며 이제 미국시장에서 선두의 자리를 굳히고 있다.

오래전부터 흔하게 먹어 온 두부, 그러나 생산에서 유통에 이르는 전 과정을 차별화하면 국내에서든 국외에서든 성공의 길은 얼마든지 열리게 마련임을 풀무원은 여실히 보여 준다.

6. 전통문화와 함께 발전하는 전통주

『삼국지』의 「위지 동이전」 등의 옛 문헌을 따르면 우리나라에서는 삼국시대부터 본격적인 술 문화가 형성된 것으로 보인다. 고려·조선시대에 이르러서는 300여 종의 술이 전래되었다. 우리는 어느 민족 못지않게 다양하고 맛깔스런 고유의 전통주를 가진 민족이다. 그러나 기록과 기술 이전에 인색했던 우리 주가(酒家)의 특성과 주류 제조를 천시했던 사회 풍조, 거기에 각종 규제로 탄압했던 정책으로 전통주는 보존, 유지될 수 없는 지경에 이르렀다.

그러다 일제가 세수확보를 목적으로 1909년 '주세법'을 시행해 제조를 금지하거나 제한하였다. 해방후 서양 술이 들어오면서 우리의 술은 대부분 사라지거나 일부 집에서 담가 먹는 정도로만 그 명맥을 유지해 왔다. 그나마도 1963년 '양곡관리법' 시행 등 각종 통제로 민속주가 설 땅은 아예 사라져 버렸다. 고사 위기에 섰던 민속주의 운명이 다시 바뀐 것은 1987년 쌀이 남고 올림픽 등 국제 행사가 열리면서 상황과 인식이 바뀌고, 이에 민관이 힘을 합쳐 전통술을 살려 내어 오늘에 이르고 있다. 다만 필자가 아쉬워하는 것은 일제시대의 주세법제정취지가 세수목적이었다면 지금의 대한민국은 술보다 훨씬 세수확보가 유효한 다양한 산업분야가 많을 뿐아니라 주세법이 무너뜨린 우리의 가양주문화를 되살리는 것이 비교할 수 없는 산업문화경제측면에서 효과적이라는 혁신적 사고가 절실하다는 점이다.

일제강점기 이후 끊긴 전통주의 명맥

우리나라 전통주는 크게 탁주, 약주, 소주의 세 가지로 나눌 수 있다. 쌀농사 문화권인 우리나라의 술은 거의 쌀을 이용한 술로, 쌀과 누룩으로 발효시켰다. 술밑을 맑게 여과한 것을 '약주'라 하고, 술밑을 증류한 것을 '소주', 약주를 거르고 난 찌꺼기를 물에 섞어 거른 것을 '탁주'라 한다.

조선시대 금주령이 내려진 가운데서도 질병을 치료하기 위한 약용주의 제조는 예외적으로 허용했으므로 멀쩡한 사람이 술을 마시기 위한 편법으로 술을 '약주'라고 부르기 시작한 것에서 유래하여, 오늘날에는 여과한 술을 '약주'라 하고, 또 모든 술을 '약주'라고 부르게 되었다. 여기서 말하는 약주는 술 담그는 과정에서 제일 먼저 걸러지는 맑은 술을 일컫는 것이다.

일제강점기 이후에는 전통주의 명맥이 거의 끊기다시피 하였으므로 현재 남아 있는 우리의 전통주는 거의 조선시대의 술이라 할 수 있다.

술은 문화상품이라는 인식 필요

현재 전통 민속주를 만들어 내고 있는 업체는 수없이 많다. 그 가운데 대량생산의 기반을 마련하고 제조법과 술 문화에 대한 깊은 연구를 거듭하여 산업화하고 수출까지 한 업체의 사례를 소개해 본다.

㈜문배술 양조원

문배주는 원래 평양 지방의 전래 민속주로, 분단 이후 그 명맥이 끊어졌으나 평양에서 양조원을 운영하다 월남한 고 이경찬 옹이 제조법을 되살려 중요무형문화재로 지정받았다.

김포군 양촌면 마산리에 소재한 '㈜문배술 양조원'은 문배주 제조업체다. 인간문화재인 이기춘 사장은 고 이경찬 옹의 아들이다. 그가 1994년 김포에 정착한 이유는 좋은 술의 필수 요건인 '좋은 물'을 찾아 전국을 헤매다가 좋은 물, 즉 지하 300m의 암반수를 발견했기 때문이다.

김포의 물과 강원도 영월의 찰옥수수 및 메좁쌀로 빚은 문배주는 첨가물을 사용하지 않은 순곡 증류주로, 알코올 도수가 40도다. 조금 높은 도수이지만 희석식 소주와 달리 숙취가 없는 것이 특징이다.

문배주가 한국의 대표적인 술이자 외교(外交)술로 데뷔한 것은 1990년 북한 방문단이 서울에 왔을 때이다. 강영훈 당시 국무총리와 북한의 연형묵 총리의 만찬 테이블에서 문배주가 동이 나 북한 방문단이 묵은 호텔 숙소 냉장고에 문배주를 채워 준 것이 계기가 되어 우리 정부의 의전주(儀典酒)로 채택되었다. 이후 남북 교류가 있을 때마다 문배주는 1,000병 이상씩 판문점을 넘나들었고, 대통령이 해외 순방할 때는 태극기와 방문국 국기를 새겨 특수 제작한 문배주가 따라다녔다.

이로부터 문배주는 '한국의 술'로 뿐만 아니라 '세계의 술'로 알려지기 시작했다. 고르바초프, 옐친 러시아 대통령이나 미야자와 전 일본 총리도 문배주의 맛을 극찬했다고 한다. 이렇게 외교의 술로 자리를 잡은 덕택에 문배주는 별다른 홍보 없이 미국으로, 일본으로, 중국으로 속속 수출되고 있다.

국내 일부 백화점의 매출 기록에서는 민속주 가운데 판매 1위를 차지하고 있으나, 전체 판매량을 볼 때 명절의 제수용이나 선물용으로만 주로 구매될 뿐 일반 소비로까지 이어지려면 아직은 그 길이 먼 듯하다.

국순당

　국순당이 만들어 화제를 모으고 있는 술은 '백세주'라는 약주다. 구기자, 인삼, 오미자, 감초, 육계, 황기 등 10가지 한약재와 찹쌀을 넣어 '약주(藥酒)'로서 손색이 없다. 또 재료의 열 변화 과정에서 생기는 두통과 숙취 유발 물질을 없애는 데 성공했는데, 이 약주의 제조 신기술은 '생쌀 발효법'이다. 술을 빚을 때 밑밥을 쪄서 고두밥을 만들고, 여기에 효소를 넣어 발효시키는 경우가 대부분인데, 이 제조법은 밑밥을 찌지 않고 생쌀을 가루 내어 물에 담가 발효시킨다.

　국순당은 고려·조선시대의 명주 백하주가 생쌀 발효법으로 제조되었다는 옛 문헌의 기록을 보고 1986년 기술 재현에 성공, 1993년에 백세주를 만들어 냈고, 1994년에는 이 기술로 국내 식음료업체로는 처음으로 국산 신기술 인증(KT) 마크를 획득했다.

　이는 누룩 공장을 운영하던 배상면 회장이 오랜 동안의 실험을 통해 얻어 낸 국순당만의 노하우 덕분이다. 국순당은 백세주 외에도 생쌀 발효법으로 만든 캔 막걸리 '바이오탁' 역시 맛이 부드럽고 숙취가 없어 찾는 사람들이 계속 늘고 있다.

김천 민속주

　경상북도 김천 지방의 민속주인 '과하주'는 본래 알코올 도수 16도의 술이었다. 그러나 찹쌀로 빚은 순수 곡주로서 장기 보관이 어려워 지금까지 주문 생산에만 의존해 왔다. 그런데 경상북도 금릉군에 소재한 기업 김천 민속주는 최근 과하주를 증류시켜 도수 30도의 소주로 생산, 시판하고 있다. 투명한 황갈색을 띠며, 옛날 궁중에 진상했던 술인 과하주는 경상북도 무형문화재이기도 하다. 김천 민속주는 1994년부터 과하주를 일본에 수출해 왔다.

배상면주가(酒家)

술을 팔기보다는 전통술 문화를 연구하고 상품화하는 기업이다. 배영호 사장은 국순당을 창업한 배상면 회장의 차남으로, '더욱 분발하라.'는 부친의 채근으로 분가해서 새로운 회사를 차렸다. 현재 배상면주가 심혈을 기울이는 분야는 흑미주, 천대홍주 등 5대 상시주(常時酒)와 계절마다 빚는 세시주(歲時酒)의 재현이다. 일반인을 대상으로 전통술에 대한 올바른 이해를 돕기 위해 '술 음식 축제' 등 행사도 개최한다.

또, 배상면주가에는 술 박물관도 있다. 고객이 찾아오면 우선 국내 유일의 술 박물관에 안내하여 전통술에 관련된 고문헌·유물 등을 보여 주고, 술 빚는 과정을 직접 견학할 수 있게 한다. 시음도 가능하며, 식당에서 술지게미를 이용한 음식과 '백하주', '청감주', '흑미주' 등 전통술을 함께 마실 수도 있다.

배상면주가의 배영호 사장은 전통술 확산을 방해하는 각종 규제의 철폐에도 힘을 기울이고 있다. 올바른 술 문화, 건전한 음주 문화 정착에 함께 노력한다면 술을 만드는 회사도 문화 기업이 될 수 있음을 보여 주는 사례다.

술 만드는 회사도 벤처상장기업

현재 국내에서 전통주 산업에 가장 큰 걸림돌이 되는 것은 각종 규제라고 많은 사람들이 입을 모은다. 도수의 규제, 판매 지역의 규제, 우편 판매에 대한 규제, 신규 면허 허가의 규제, 판매 업소의 규제 등 그 규제의 종류는 그 어느 음식보다 다양하다. 더구나 다른 품목에 없는 세금(주세)이 더 부가돼 소비자와는 점점 멀어질 수밖에 없는 현실이다. 또 대부분의 업체가 엄청난 홍보비용을 부담할 수 없어 좋은 술을 만들어 놓고도 그 소식을 소비자 대중에게는 입에서 입으로 전파하는 데서 그치는 실정이다.

전통술의 제조와 유통에 대한 정부의 규제는 하나씩 풀려 현실화하고 있는 중이다. 앞으로의 업계 발전을 위해서는 전통술 제조업자들 간의 기술 및 정보 교류와 협동 체제가 반드시 필요하다.

국순당은 독특한 전통주 제조기술로 벤처기업 인증을 받았다. 술을 만드는 회사도 신기술로 벤처기업이 되었을 뿐아니라 상장기업까지 되었다는 사실이 신선한 충격으로 받아들여지고 있다. 그러나 혼자만 뛰어서는 안 된다. 각각의 전통주를 더욱 독특하고 순도높게 제조하기 위한 분석 및 측정법과 연구 과정에 최신 과학기법을 동원하기 위한 공동 연구소나 정보교류센터의 설립도 시급하다.

7. 없어서는 안 되는 조미료, 간장·된장·고추장

옛말에 "집안이 망하려면 장맛부터 변한다."라는 말이 있다. 그만큼 장은 우리 조상들의 식생활을 지탱하는 뿌리와도 같은 식품이었다. 또 가난하여 반찬이 없으면 간장에 보리밥을 비벼 먹기도 하고, 그도 없으면 맹물에 간장을 타서 마셨다는 걸 보면, 아무리 가난해도 간장은 담가 먹고 살았음을 알 수 있다.

간장이 없으면 국은 물론, 나물이고 무침이고 간에 제대로 해 먹을 수 있는 반찬이 없으니 당연한 일이다. 간장을 담그면 그 하나로 간 맞추기에, 조미료에, 색깔 내기에 두루두루 쓰였고, 그 부산물로 맛깔스러운 된장까지 나왔으니, 간장 담그기란 가난해도 해 볼 만한 1년의 농사나 다름없었다.

된장, 간장은 콩으로 만든 우리나라의 대표적 발효식품이다. 콩의 우수성은 고단백 저칼로리 식품이며, 성인병 예방에 효능이 있다는 사실 하나만으로도 충분히 입증된다. 특히 된장에는 항암 물질과 항체 생성을 증가시키는 물질까지 들어 있고, 간 기능 회복과 해독 작용에 탁월한 효과를 보인다 하니, 이제 된장·간장은 더 이상 단순한 조미료가 아닌 셈이다.

장독대는 없어져도 장 없이는 못 산다

1980년도 전만 해도 우리 고유의 국간장과 된장, 고추장 등 장류는 반드시 집에서 담가야 하는 것으로 알고 있었다. 그러기에 집안 살림의 솜씨가 장맛에서 비롯된다는 말도 나올 정도였다. 그러나 언제부터인가 간장과 된장, 고추장은 직접 담그기 거추장스럽고 복잡한, 그래서 사 먹어야 하는 식품으로 바뀌어 버렸다. 주부들이 가사 외의 일로 바빠졌을 뿐 아니라 주거 형태가 아파트 등 공동주택으로 바뀌면서, 메주를 띄우거나 항아리에 간장을 담그는 등의 작업은 현실적으로도 어려운 일이 되고 말았다.

한때 일본산 장류의 수입이 증가하여 우리 입맛의 변화에 대한 우려의 소리가 높아진 일이 있었다. 그러나 냄새가 구린 듯하면서도 음식에 넣으면 고기국물보다 더 훌륭한 맛을 내는 우리의 국간장을 들큰한 기코망 간장이 어찌 흉내 낼 수 있을 것이며, 텁텁한 된장찌개를 끓이는 데 밍밍한 일본 된장이 대신할 수는 없었다.

간장

한국인의 간장 총 소비량 가운데 절반 가까운 양이 공장 생산 간장으로 채워진다. 간장은 국간장과 양조간장·산분해간장·혼합 간장으로 분류되는데, 우리 전통의 간장인 국간장은 아직도 가정에서 많이 담그며, 공장에서는 나머지 세 가지 형태의 간장이 주로 생산된다.

양조간장은 곰팡이를 이용해 6개월간 숙성시킨 것으로, 향과 맛이 뛰어나다. 산분해간장은 2~3일 만에 숙성이 가능하고 단맛, 구수한 맛은 강하지만 향과 맛이 떨어진다. 혼합 간장은 양조와 산분해 간장을 일정 비율로 섞은 간장이다.

이미 풀무원, 대상 등 대형 장류 업체는 재래 메주를 발효시켜 만드는 전통 국간장을 상품화하였다. 한편, 기능성 간장과 가미 간장들도 속속 시장에 출현하여 식염 함유율이 8~12%인 '저염 간장'과 '반염 간장'이 나왔고, 메밀국수나 튀김장용 '국시장국'이 선을 보였다. 다시마와 올리고당, 효모 엑기스 등을 가미한 '햇살 담은 조림간장'(대상), 마늘 엑기스를 첨가한 '삼화 마늘 간장'(삼화간장)이 나왔고, 조림·구이 등 요리별로 특화한 간장도 선보이고 있다.

된장

된장은 장류 가운데 가장 으뜸가는 건강 유지 식품으로 사랑을 받는다. 속이 더부룩하니 소화가 안 되다가도 멀건 된장국물에 밥을 말아 먹으면 속이 편해진다고 한 우리 옛 어른들의 말씀을 빌리지 않더라도, 요즘 들어 된장이 몸에 좋다는 속설들이 과학적으로 속속 증명되고 있다. 알칼리 식품으로 콜레스테롤을 저하시키고, 미네랄이 풍부하여 노화 방지에 효능이 있다는 분석이다.

그러나 된장의 상품화는 다른 장류에 비해 소비자들을 만족시키지 못하고 있는 것 같다. 공장에서 나오는 제품이 재래의 된장 맛을 제대로 살리지 못한 다는 것이다. 지금은 CJ, 풀무원, 동원식품, 사조물산, 삼호물산 등 종합식품 회사들이 앞다퉈 된장을 만들어 내고 있으나, 된장에 한해서는 개인 농원에 서 만들어 내는 제품이 더 화제와 인기를 모으고 있는 실정이다.

이른바 손으로 메주를 만들고 재래의 커다란 항아리에 담아 햇볕 아래서 숙성을 시켜야 제맛이 난다는 믿음 때문이 아닐까? 어떤 요인이 소규모 농원 의 된장을 이야깃거리로 만드는지 살펴보자.

양평 장독 된장 : 경기도 양평군 지제 농협이 직접 만들어 시판한다. '양평 장 독 된장', '양평 장독 간장'이다. 메주는 한강 주변에서 재배한 햇콩만을 엄선, 용문산 지하 150m에서 나오는 맑은 물로 빚는다. 이 메주를 전통 제조 방법 에 따라 1,800여 개의 옹기 독에서 자연 상태로 6개월 이상 숙성 발효시킨 뒤, 간장·된장·청국장을 만든다.

황씨네 된장 : 충청남도 홍성군 홍동면 운월리의 장연구가 황연하 씨가 만드 는 된장. 고등학교에서 화학을 가르치다 오랫동안 장맛을 연구해 왔다. 화학 조미료에 밀려 고유의 맛이 사라지는 것을 안타깝게 여겼기 때문이다. 황씨 네 장류는 인근 농가와 계약을 맺어 재배한 유기농 콩만을 원료로 사용한다. 황씨네 장의 맛은 재래 메주의 단점을 보완한 데 그 비결이 있는 것 같다. 메 주 덩어리가 크면 공기와 접촉이 안 되는 안쪽은 썩게 마련인데, 썩은 부분 이 함께 들어간 메주는 아플라톡신이라는 유해 성분을 가지고 있다. 황씨네 메주는 콩 한 알 한 알을 종균 배양시켜 썩지 않은 상태로 단백질이 분해된

다. 황씨네는 메주를 섭씨 37℃의 온도, 80~90%의 습도를 유지해 3~4일 동안 띄운다. 바람이 잘 드는 곳에서 말린 메주와 120m 깊이에서 끌어올린 무공해 암반수로 장을 담근다. 1,000여 개의 전통 옹기 항아리에서 1년간 자연 분해돼 숙성된다. 제품 이름은 '늘푸른 소나무'다.

고추장

전북특별자치도 순창에는 '고추장연구회'라는 모임이 있다. 고추장연구회는 『옥천골 순창의 자랑』이라는 책자를 통해 고추가 고려 때 중국으로부터 건너와 임진왜란 때 일본으로 전해졌다고 주장했다. 일본으로부터 우리에게 건너왔다는 종래의 주장을 뒤엎은 새로운 주장이다. 고추장연구회는 "조선시대 학자 이재위의 저서인 『몽유』에 고추가 북호(北胡)에서 전래되었다는 기록이 있고, 일본의 문헌에도 임진왜란 때 조선으로부터 고추가 전래되었고, 당시 전쟁에서 무기로 쓰였다는 기록이 있다."라고 밝혔다.

고추장에 대한 학술적 체계를 세워 나가기 위해 고추장연구회까지 만들었다는 순창 사람들. 고추장에 대한 그 애정에 힘입어 고추장의 상품화는 순창 지방이 단연 독보적이다.

순창의 처녀가 다른 지역으로 시집을 가서 친정과 똑같은 재료와 방법으로 고추장을 담가도 제맛이 나지 않는다고 하는데, 그 이유를 두고 순창 사람들은 기후와 물이 좋기 때문이라고 말한다. 순창고추장은 조선의 이태조가 스승인 무학대사가 있는 순창군 구림면의 '만일사(萬日寺)'에 가던 중 어느 농가에 들러 고추장에 밥을 비벼 점심을 맛있게 먹은 후, 그 맛을 잊지 못해 해마다 왕실에 진상하도록 하면서 유명해진 것으로 전해진다.

순창에서는 다른 지역보다 빠른 8~9월(음력 7월경)에 메주를 쑤고, 음력 섣달 이후 고추장을 담가 6개월간 숙성시킨다. 햇볕에 말린 태양초만을 쓸 뿐만 아니라 순창 지역에서 생산되는 순 곡물만을 그 원료로 사용한다. 전북 보건환경연구원의 분석 결과, 순창고추장은 다른 지역의 고추장보다 감칠맛을 내는 아미노산인 글루타민산과 이스타닉산이 많은 대신 쓴맛을 내는 이소류신, 류신 등이 적은 것으로 나타났다.

순창고추장 외에도 고추장 맛의 차별화를 통해 시장을 개척하고자 하는 노력은 계속 이루어지고 있다. 맵지 않은 고추장의 개발, 한국식품개발연구원이 개발하고 청풍농협이 판매하는 '생홍고추장', 재영물산의 '사과고추장', 키토산을 전통 순창고추장에 첨가하여 독특한 맛과 기능을 살린 '키토산 고추장'의 개발 등이 그 예다.

장류와 함께 수출할 전통 음식이 개발되어야

우리의 전통 장류를 수출하는 일에는 우선 선결 과제가 있다. 장류 자체가 요리된 음식이 아니기 때문에 장류를 이용해 만들 수 있는, 그래서 장류의 진수를 맛볼 수 있는 전통 음식의 전파가 바로 그것이다. 된장만 수출할 것이 아니라 된장찌개가 수출되어야 하고, 고추장 수출과 함께 매운탕·비빔밥 등도 외국인의 입맛에 맞게 개발, 수출할 방법을 모색해야 한다. 좀처럼 수출 품목에 끼이기 어려울 것 같던 전통 장류, 가장 한국적인 맛인 장류를 수출하고 있는 사례는 다음과 같다.

순창고추장은 1994년부터 외국에 수출되고 있는데, 그해 미국의 국제식품박람회와 일본의 농산물전시회, 오스트레일리아의 국제식품박람회 등에서 좋은 반응과 계약 성과를 올린 바 있다. 고추장뿐만 아니라 된장, 쌈장, 청국장, 장아찌 등의 거래 상담도 꾸준히 이어지고 있다.

또한 순창고추장을 넣은 음식 중 대표적인 메뉴로 비빔밥을 개발하여 일본에 수출한다. 순창군은 일본에서 열리는 한국물산전에서 순창고추장을 넣은 비빔밥의 시식회를 갖고 일본인의 식성을 조사한 후, 고추장과 뽕잎절임, 매실, 싹기름채소, 검정참깨기름, 고급 한우고기 등 비빔밥 재료의 본격 수출에 나서고 있다.

우리나라에서 장류산업이 활성화하려면 대량생산 제품에 대한 소비자의 신뢰를 얻어내는 것이 첫째 과제다. 이는 변화하는 소비자의 욕구를 충족시킬 제품 개발과 끊임없는 연구로 가능하리라 본다. 맛과 향을 결정하는 우수 미생물의 개발부터 생산 시설의 자동화, 과학화에 이르기까지 다양함과 고급화를 이루어야 한다는 것이다. 또, 수출의 활성화를 위해서는 용기의 차별화, 포장의 고급화로 소비자의 수준을 맞춰 나가야 한다.

전통을 전통 그 자체로 지켜 나가는 작업과 동시에 다른 한편에서는 전통을 재창조하는 과정을 통해 전통의 산출품을 널리 퍼뜨리는 작업이 이루어져야 한다. 된장찌개는 뚝배기에 담겨야 제맛이지만 "뚝배기보다는 장맛"이라는 말이 있듯이, 장맛을 더욱 많은 사람이 즐기게 하려면 뚝배기는 과감히 포기해야 하는 것처럼 말이다.

8. 여름을 이기는 보신 음식, 삼계탕

예로부터 사위가 처가에 찾아가면 장모님이 씨암탉을 잡아 준다고 했다. '백년손님'이라는 사위에게 줄 씨암탉을 이용한 요리는 무엇이었을까? 흔히 말하는 닭볶음탕이나 통닭구이이기보다는 아마도 가마솥에 넣고 푹 고은 백숙이 아니었을까? 여기에 가세가 조금 넉넉한 처가에서는 찹쌀을 넣어 찰기도 보충하고, 좀 더 여력이 있다면 인삼이라도 몇 뿌리 넣었을 것이다. 삼계탕, 본래는 어린 닭으로 만드는 '영계백숙'이지만 사위를 위하는 마음에 씨암탉이라도 아끼지 않고 내놓는다는 장모님의 정성이 드러나는 이야기다.

왜 하필이면 닭이었을까? 옛날에는 잔치 때 아니면 쇠고기나 돼지고기를 풍성하게 먹을 수가 없었기 때문에 비교적 구하기 쉬운 단백질 보충원이 닭이었을 것이다. 그런데 왜 백숙을 먹어야 하는 대상이 '아들'이 아니라 '사위'였을까? 두말할 것 없이 '사위의 원기가 딸의 행복을 좌우한다.'고 생각했기 때문이다. 그만큼 삼계탕은 보양, 보신 음식으로서 그 효과는 예로부터 인정되고 있다.

삼계탕을 만들려면 우선 내장을 꺼낸 닭의 배 속에 깨끗한 헝겊으로 싼 찹쌀, 마늘, 대추 등을 넣고 물을 넉넉히 부은 후 솥에 푹 삶는다. 고기가 충분히 익은 후 닭을 건져 내고, 그 국물에 인삼을 넣고 푹 고아 인삼 성분이 우러나면 소금으로 간을 맞춰 먹는다. 즉, 고기 따로 국물 따로 먹어 고기 맛은 따로 즐기고, 보양은 보양대로 한다는 것이다. 이때 닭 삶은 국물의 비릿하고 역한 냄새는 인삼의 쌉쌀한 맛이 없애 주니, 삼계탕에서의 인삼은 보약인 동시에 맛의 원천이 되는 셈이다.

인스턴트 삼계탕으로 대량 수요 창출

국내에 삼계탕을 전문으로 파는 음식점은 부지기수로 많다. 이 음식점들에 닭을 공급해 주는 전문업체도 있다. 전국에서 소비되는 삼계탕용 신선육(일명 삼계)의 대부분을 공급하는 중견 육가공업체, 한 업체에서 나가는 닭의 수만도 성수기에는 하루 10만 마리에 육박한다. 내장을 뺀 무게 400~500g 크기의 삼계들은 인근 농가에서 30~40일을 키운 영계다. 이 업체는 농가들과 계약을 맺고 사육하고 있다.

그러나 삼계 생산 전문 업체들은 국내 삼계탕집에 원료격인 닭만 공급해 주는 데서 만족하지 않는다. 더 많은 삼계탕의 판매를 위하여, 더 많은 닭의 판매를 위하여 그들이 끊임없이 추구하는 분야는 삼계탕의 인스턴트 식품화이다. 그래야만 소비자들은 식당을 찾지 않고 간편하게 삼계탕을 먹을 수 있으니 그 수요가 늘어날 것이고, 특히 수출을 통한 대량 판매가 가능하기 때문이다.

실제로 통조림, 레토르트 파우치 등 즉석 삼계탕을 비롯하여 쉬운 구매, 간편하고도 빠르게 조리할 수 있는 음식을 찾는 현대인의 기호를 겨냥한 인스턴트 삼계탕의 종류는 통조림과 냉동품을 비롯해 레토르트 파우치와 레토르트 트레이, 즉석 볶음탕 등 8종이나 된다.

가공 삼계탕은 주문 사육한 삼계에 3년근 인삼과 찹쌀, 대추, 마늘, 밤, 양파 등 정선된 원료를 쓰는 데다 기름기를 제거해 맛이 담백하다. 특히 최근 개발된 레토르트 트레이는 즉석 어묵과 같이 전자레인지로 5분 정도 데우면 따로 그릇에 옮기지 않아도 삼계탕을 즐길 수 있는 제품이다.

이들 삼계탕 제조업체들은 내수에만 만족하지는 않는다. 현재 삼계탕의 수출 대상 국가는 일본, 홍콩, 타이완, 싱가포르, 오스트레일리아, 바레인, 사우

디아라비아, 네덜란드 등 수십 개 나라에 이르고 있다. 외국인용 삼계탕은 깡통에 담겨 수출된다. 45일 정도 된 영계를 공장의 대형 솥에서 인삼과 대추, 마늘, 찹쌀과 함께 넣어 푹 삶은 뒤 지름 10cm, 높이 15cm 정도의 깡통에 넣어 진공 포장한다. 이 깡통채로 뜨거운 물에 넣어 몇 분 동안 데우면 바로 먹을 수 있다.

그러나 삼계탕의 수출 역시 다른 음식과 마찬가지로 수많은 장벽을 넘어야 했다. 특히 유럽 국가들은 세계적으로 독특한 상품이고, 유럽 내 수입 통관 실적이 없으며, 제품의 가공 방법, 성분, 효능 등에 대한 자료가 없다는 이유로 수입 통관을 막았다. 이에 농수산물유통공사가 삼계탕에 대한 가공 절차와 성분 분석 등 검역에 필요한 요구 자료를 제공하고, 해당 국가의 검역관을 우리나라에 초청, 가공 공장을 직접 둘러보게 하는 등 다양한 노력을 펼친 결과 수입 검역 규제 해제의 개가를 올리기도 하였다.

삼계탕은 세계가 인정한 보신 식품

농수산물유통공사는 수출하는 삼계탕을 현지인의 입맛에 맞도록 성분 변경하고, 거리가 먼 유럽의 경우 현지 생산을 추진하고 있다. 유럽과 동남아 시장에 삼계탕을 정착시킨 후 미국 등지에도 수출의 길을 열었다.

포장 문제, 위생 문제, 유통기한 문제, 계절 제한 문제 등 여러 가지 장벽을 극복하고 수출에 일단 성공한 대표적인 경우로 다음 네 업체를 들 수 있다.

㈜하림

1994년 오스트레일리아로부터, 1997년 네덜란드와 싱가포르로부터 위생

검사를 면제받는 삼계탕 수출업체로 승인받아 일본 등에 이어 유럽과 오세아니아에도 삼계탕을 수출하게 되었다. 육류 수입을 규제해 온 네덜란드가 우리나라 삼계탕에 문을 연 때는 1997년. 전라북도가 주최한 주한 외교사절 초청행사 이후이다. 도지사의 요청에 따라 하림의 공장을 방문한 네덜란드 농무부 관계자는 도계장과 삼계탕 공장의 생산 공정 및 위생 상태를 점검한 후, 이 업체를 수출 작업장으로 인정했다. 하림은 닭을 부화에서부터 가공에 이르기까지 처리하는 동양 최대의 닭 가공공장으로, 국내 닭고기 수요의 80%이상을 공급하는 업체다.

림스치킨

튀김 닭 전문점 '림스치킨'을 운영해 온 업체. 림스치킨은 인삼, 마늘, 생강을 비롯한 12가지 재료를 사용한 삼계탕 '림스진생치킨'을 개발해 'LGC(Lim's Ginseng Chicken)'란 브랜드로 수출을 도모하고 있다. 림스치킨은 1997년 말레이시아 쿠알라룸푸르의 개인사업자와 매출액의 3%의 로열티를 받는 것을 조건으로 국내 최초로 해외대리점 개설 계약을 맺기도 하였다. 또, 독일에서 열린 식품박람회에 참가해 여러 나라 바이어들의 관심을 끌기도 했다.

금산식품㈜

인삼으로 유명한 충청남도 금산군 진산면 파초리 소재. 1996년 4월부터 삶아서 포장한 인스턴트 삼계탕 '인삼골 삼계탕'을 개발해 일본·타이완 등에 수출한다. 4년근 30g짜리 인삼과 삼뿌리로 우려낸 국물이 특징이며, 끓는 물에 통째로 넣어 10~15분 정도 끓이거나 전자레인지에 데워 간편히 먹을 수 있게 만들었다. 전통 삼계탕의 맛을 재현한 것으로 평가되어 농림축산식품부로부터 전통 식품으로 지정받았다.

9. 천년이 지나도 변치 않는 종이, 한지

우리나라 전통 한지의 우수성은 종이로 가공하는 기술뿐만 아니라 원료인 닥나무에서도 찾아볼 수 있다. 종이를 만드는 기술은 610년경 중국에서 들어와 삼국시대인 775년경에 우리 나름대로의 제지기술로 발전하였다. 이 제지기술은 지금까지 이어 내려왔는데, 20세기에 이르러 양지(洋紙)가 들어오면서 한지는 사양화하여 현재는 창호지, 화선지 등을 한정적으로 생산하는 데 그치고 있다.

전통 한지는 주로 닥(저피), 삼지닥(삼아피), 산닥(안피) 등의 수피(樹皮)에 해당하는 인피(靭皮) 섬유를 펄프화하여 사람 손으로 한 장 한 장 뜨는데, 목재의 목질부를 기계적·화학적 방법으로 펄프화하여 연속적으로 생산하는 양지와 구별된다. 전통 한지와 양지는 다음과 같은 차이점을 갖고 있다.

첫째, 닥나무의 인피 섬유는 길이가 보통 20~30mm이고, 목재 펄프는 침엽수인 경우 3.5~4.0mm, 활엽수의 경우 0.5~2.3mm로 매우 짧다. 인피 섬유는 조직 자체 강도도 뛰어나고 섬유 간 결합도 강해 월등히 질긴 종이를 만들 수 있다.

둘째, 목재 펄프로 만드는 종이는 방습성을 높이기 위해 로진과 황산알루미늄을 첨가하여 산성 종이가 되고, 100년이 지나면 사용하기 어려울 정도로 분해되고 만다. 반면 한지는 알칼리성인 잿물 등 천연 자숙제(원료를 끓일 때 쓰는 약품)를 사용하여, 종이의 강도도 높이고 내구성과 보존성이 높은 종이를 만들 수 있다. 양지의 최대 보존 기간이 200년 정도인데 비해, 한지가 1,000년 이상이 되어도 그 품질을 유지할 수 있는 것도 이 때문이다.

우리의 전통 한지는 양지뿐만 아니라 당지(唐紙) 등의 중국 전통 종이나 일본의 화지(和紙)에 비해서도 그 품질이 뛰어나다. 그 우수성은 닥나무와 종이를 뜨는 기술에서 차이가 나는데, 특히 닥나무는 일교차가 큰 우리나라의 기후에서 더 좋은 종이의 원료로 성장하기 때문이다.

우리나라에서는 닥나무를 고려시대 이후부터 최근까지도 집약적으로 재배해 왔지만, 현재는 집약적 재배가 거의 없어졌다. 뿐만 아니라 국내 인피 섬유가 세계적으로 찾아보기 드물 만큼 우수한데도 닥나무 재배가 거의 되지 않아 외국산 인피 섬유를 수입하여 한지를 만들고 있는 실정이다. 수입 인피 섬유는 당연히 국산보다 품질이 떨어지고, 이는 다시 한지 자체의 품질도 떨어뜨리며, 국내 닥나무 농가의 소득을 떨어뜨리는 악순환을 불러오고 있다.

한지산업의 어려움과 극복

원료인 닥나무도 우리나라 것이 가장 우수하고, 가공기술 또한 과학적이고 합리적인 데다가 한지 또한 세계 어느 종이와 비교해도 뒤지지 않을 정도로 뛰어난 제품이다. 한지산업, 순수 우리 원료를 가지고 우리 기술로 세계 수준의 상품을 만들 수 있는 완벽한 우리 산업. 그러한 고부가가치를 지닌 한지. 그러나 우리나라에서 한지 분야의 산업화가 활발히 이루어지지 않는 이유는 무엇일까?

한지산업이 사양화하는 가장 큰 이유는 수요가 거의 없다는 사실이다. 현재 국내에서 종이가 가장 많이 사용되는 분야는 역시 여러 가지 책과 신문 등 인쇄물의 제작이다. 그러나 그 많은 인쇄물은 거의 모두 양지로 만든다. 한지는 다만 흔치 않은 한옥의 창호지, 붓글씨를 쓰기 위한 화선지, 포장지 등으로 극히 일부에서만 쓰이고 있다.

수요가 없어지니 생산을 하겠다는 기업이 사라지고, 종이 생산자가 없어지니 원료를 재배하겠다는 사람이 줄어드는 것은 당연한 일이다. 또, 원료를 구하기 힘드니까 원료의 값이 올라가고, 원료 값이 올라가니 가공 생산하는 사람은 대중적인 가격으로는 많은 이윤을 내지 못해 당연히 공장 가동을 피할 수밖에 없다. 따라서 한지산업 활성화의 열쇠는 다양하고도 새로운 수요를 창출해 내는 일이다.

현재 한지의 개발·생산이 가장 활발히 이루어지고, 한지에 대한 다양한 연구와 관심을 아끼지 않는 고장은 단연 전북특별자치도 전주이다. 전주는 예로부터 한지를 만드는 전통 기술이 전승되는 고장일 뿐 아니라 닥나무의 집산지이기도 하여, 1990년 무렵까지만 해도 전국 한지의 70% 이상을 공급해 온 고장이다. 그러나 외국산 닥나무와 질 낮은 중국산 한지의 수입으로 현재는 전국 공급량의 30% 정도로 시장이 줄어들었다.

이에 전주와 전북특별자치도는 이 지역의 중요한 향토지식재산인 전주 한지의 명성을 되살리기 위해 다양한 사업과 연구 활동을 하여 왔다. 한지의 원료인 전주 닥나무 묘목을 채취해 도 내 각 지역에 닥나무 재배 지역을 넓히는 일부터 시작하였다. 원광대학교 제지학연구센터와 한지 활성화에 대한 협약을 맺어 재배 기술의 개량 및 작업의 기계화 등 기술을 개발, 생산성을 향상시키고, 원가를 절감해 수익성을 높이는 방안도 강구하였다.

전주시 덕진구 팔복동 전주 1공단에 '전주한지협동화단지'를 조성하여 전주시 주변에 흩어져 있던 공장들을 통폐합했다. 이 단지에는 개별 작업장 말고도 폐수 처리 시설·전기 시설·용수 시설 등 공동 이용 시설을 갖췄으며, 초지기등 기계 설비를 현대화하였다. 이에 따라 원료 구입부터 제품 판매 등이 모두 공동으로 이루어지고, 사무 인력 등이 일원화하여 생산 원가를 크게 줄임으로써 한지 생산 활동의 활성화를 기대하였다.

또한 한지 생산업자, 대학 교수, 서예가 등 한지 관련 전문가로 구성된 '한지문화연구회'를 발족하고, 이를 통해 한지의 우수성을 국내외에 적극 홍보하는 등 판로 개척에도 많은 노력을 하였다. 그러나 오늘날 전주 한지는 한지 생산과정에서 발생한 폐수 처리 문제로 인한 협동화단지로의 이주와 그 과정에서 발생한 이해관계자들의 분열 등으로 정부의 다양한 지원에도 불구하고 스스로 한지의 정체성과는 멀어진 많은 문제점을 노출시키고 있다.

한지에 대한 새로운 자각 필요

국내 종이 시장은 이미 양지가 자리를 거의 다 차지하고 있다. 한지로는 무엇을 만들어야 할 것인가? 한지산업을 보호한다고 현재 대량생산 시설도 못 갖추었는데 느닷없이 그 많은 책을 한지로 만들자고 할 수도 없다. 그렇다고 한지의 사양화를 그대로 보고만 있을 수도 없다. 어찌 되었든 수요는 만들어 내야 한다. 수요가 폭발하면 생산 공장도 부리나케 기계화, 현대화하여 대량생산의 채비를 차릴 것이다.

일본의 경우 오랫동안 보호해야 하는 도서에 한해서는 한지와 같은 종이를 쓴다고 한다. 우리나라에서도 도배에 사용하는 벽지나 장판지로 한지를 쓰기 위한 다양한 상품이 개발되고 있다. 한지의 뛰어난 통기성·유연성·방음성·단열성·습도 조절 기능 등을 이용하여 고성능 스피커폰 용지, 특수 방음 패널, 전자파 장애 차폐지 등 공업용 용도로도 사용하고자 연구 중이다.

한지산업의 발전을 위해 한지공예를 활성화시키자는 움직임도 일고 있다. 한지 공예품은 외국인에게도 인기가 높으니 일석이조 아닌가! 국내에서 포장지·편지지·부채 등 한지 특유의 질감과 빛깔을 살린 상품을 만들어 팔고 있는데, 이들을 세계적인 상품으로 만들어 보자는 이야기도 나오고 있다.

다른 상품과 마찬가지로 한지 자체나 그 관련 상품을 세계적 문화상품으로 만들기 위해서는 과학적인 연구와 정책지원이 필요하다. 물론 기업의 소신과 신념 있는 투자, 학계의 특별한 노력도 필요하다.

그러나 한지가 우리나라의 향토지식재산으로 제 구실을 하기 위해서는 일반 소비자들의 애정과 관심이 특별히 더 필요한 것 같다. 한지의 경우만 더욱 특별한 이유는, 한지산업은 기술의 수준이나 제품의 품질이 이미 뛰어난 경지에 이르러 있으므로 수요 창출에 의한 기계화, 자동화, 대량생산만 이루어진다면 산업의 활성화는 곧 달성될 수 있기 때문이다.

우리의 종이 한지가 사용하기 좋은 종이이고, 창호지가 아니더라도 펜이 필요로 하는 종이로서 양지 못지않은 구실을 할 수 있다는 인식, 더구나 한지의 보존을 위한 수요는 우리가 만들어 내야 하며, 그런 이유로 웬만하면 우리가 먼저 한지를 즐겨 써야 한다는, 바로 우리나라 사람의 인식이 한지산업을 살리기 위한 가장 시급하고도 확실한 처방이다.

10. 은근과 끈기를 상징하는 온돌

우리나라 전통 난방 형태인 온돌은 불을 때기 시작한 후 금세 더워지지는 않지만, 한 번 달궈지면 그 온기가 오래간다 해서 우리 민족의 특성인 '은근과 끈기'에 자주 비유된다. 그러나 우리의 기질과도 같던 온돌은 서양식 가옥 구조와 편리함을 찾는 생활풍조 탓에 일상생활에서는 거의 잊혀지고 있다.

몇몇 뜻있는 사람들을 제외하고는 웬만해서는 온돌이 사라져 가는 것을 아쉬워하는 사람은 없다. '구들학회'나 '온돌을 사랑하는 사람들의 모임'과 같은 연구 모임을 발족하고, 전통 온돌을 학문적으로 체계 있게 연구하여 온돌 종주국으로서 자리를 지켜 나가자고 외칠 만큼 온돌에 대해 남다른 애착과 관심을 가진 사람들도 있다.

그러나 구들을 이용한 전통 온돌은 현대에는 사용하기 불가능한 '구시대의 유물' 정도로나 여겨지는 게 보통이다. 심지어는 '은근과 끈기'의 상징 온돌이 점차 자취를 감춰감과 동시에 우리 민족의 특성도 점차 '조급과 안달'로 바뀌어 가는 것이 아닌가 하는 아쉬운 생각마저 들게 한다.

그렇지만 아무리 서구 문명이 우리 생활 대부분을 지배하고 있다고 해도 어김없이 검은색 머리에 노란 피부를 가진 아이들이 태어나듯이, 우리 민족의 몸속에 흐르는 기본적인 신체 조건은 변함이 없는 듯하다. 아무리 호화로운 침대를 가지고 있어도 가끔은 방바닥에서 다리를 쭉 뻗고 눕고 싶어지고, 심지어 '설설 끓는 아랫목에 허리를 지져야 몸이 개운하다.'는 생각에 '찜질방' 같은 업소를 일부러 찾는 것은 온돌문화권에 살아온 우리 민족 고유의 정서이며, 시대가 바뀌어도 변치 않는 기본 욕구인 것 같다.

그런 이유로 최근 들어 부쩍 온돌에 대한 사람들의 열망이 커졌고, 그에 따라 제품 개발도 많이 되고 있다. 우리 민족의 신체적·정서적 욕구를 만족시켜 주는 난방 형태 온돌, 그 원형은 물론 건강에 대한 효능으로까지 연결되는 과학적 원리 등 전래 기술은 글로컬 향토지식재산으로서 적극적으로 보호되고 재창조되어야 할 가치가 충분한 분야다.

병 치료 효과와 정서적 장점까지 지닌 '구운 돌'

온돌은 본래 '구운 돌'에서 온 '구들'의 한자식 말이다. 따라서 온돌의 핵심 요소는 구들과, 더운 기운이 고루 퍼져 구들장을 달구는 '고래'의 구조다.

우리의 전통 온돌은 방바닥을 덥힘으로써 방 전체에 온기가 퍼지게 되므로, 바닥은 따뜻하고 위 공기는 시원하게 유지되어 방 안의 공기를 쾌적하게 해 준다. 하나의 불구멍으로 취사와 난방을 겸할 수 있고, 위생과 병 치료 효과 등 여러 가지 장점을 가지고 있다. 또, 방 안에서도 아랫목·윗목의 온도 차이가 있어 가족 간의 서열 관계도 엄격하게 지킬 수 있었고, 노약자와 연장자에 대한 보호나 예우를 생활화하는 데 도움이 되었다는 정서적 장점까지 찾을 수 있다.

전통 온돌이 하나씩 자취를 감추기 시작한 가장 큰 이유는 연료의 부족과 '연탄'이라는 대체 연료의 보급 때문이었다. 1950년대 이후 연탄을 주 연료로 사용하다가 우리는 연탄가스 중독이라는 재앙과 맞닥뜨리게 되었다. 정부와 민간 모두 한동안 연탄가스 중독으로부터 벗어날 방도 찾기에 힘을 쏟았고, 그 결과 대부분의 난방 시스템이 불구멍과 사람이 잠자는 방을 멀리 떼어 놓는 '보일러'라 불리는 온수 온돌로 바뀌었다. 그 후 난방 시스템은 눈에 띄게 달라졌고, 아파트 등 고층 주거 지역이 늘어나면서 불기운이 바로 구들 장을 덥히는 전통 온돌은 더욱 더 우리와 멀어졌다.

우리가 아무리 온돌에서 살고 싶어 하고 우리 몸이 온돌을 원해도, 이제 는 현재 집에 함부로 온돌을 놓을 수 없는 현실적인 이유가 몇 가지 있다. 우 선 2층 이상의 집에는 온돌을 설치하기 어렵다는 사실이다. 그 밖에도 여름 에 난방을 하지 않을 경우 바닥에 습기가 찬다거나 아궁이가 있어야 하기 때 문에 화재의 위험성이 있다는 것도 난점이다. 또, 연료로 나무를 사용할 경우 연기 때문에 도시에서는 사용할 수 없고, 구들이 규격화하지 않아 설치도 어 렵다.

그러나 정작 전통 온돌 분야가 산업화하는 데 어려운 점은 더 근본적인 데 있다.

첫째는 수요가 거의 없다는 사실이다. 아파트를 비롯해 주거 양식의 집단 화나 난방 에너지의 변화에 따라 급속히 수요가 줄고, 경제성이 없어졌다. 현 재 전통 온돌에 쓰이는 구들장을 생산하는 곳은 전국에 서너 군데밖에 없다. 그나마 주문에 의해서만 생산을 한다. 그도 그럴 것이 전통 온돌은 문화재를 복원하는 경우나 전통 보존 가옥, 사찰 외에는 거의 사용되지 않기 때문이다.

둘째는 전수 및 전래 기술이 뜻있는 단체에 의한 전수 활동외에는 사실상 개발이 중단되었다는 점이다. 따라서 특히 전통 기술의 전승과 재창조를 위 한 인식제고가 절실하다.

셋째, 전통 온돌에 필요한 자원 및 소재의 공급과 생산이 잘 안되고 있는 점이다. 수요의 쇠퇴에 따라 구들을 이루는 점판암 석재를 비롯한 거의 모든 주요 소재의 개발과 생산이 중단된 실정이다. 따라서 온돌 기술의 산업화 추진 방향의 골자는 몇 가지로 요약할 수 있다. 우선, 일반 홍보를 통한 수요의 창출이다. 그리고 전통 온돌 소재 및 재료의 표준화·규격화·정량화 등을 통한 현대 기술로의 정착, 전통 온돌 소재의 첨단 신소재 및 새로운 시공 기술개발을 통한 신기술화 및 세계화전략이다.

온돌방에 눕고 싶은 욕구를 해결하기 위하여

현대 기술과 접목하여 오늘의 소비자 상황에 걸맞은 온돌 제품을 개발해 낸 기업도 아래와 같이 여럿 있다. 전통 온돌의 구들장이나 고래의 원리와 바로 맞닿아 발전한 결과는 아니지만, 아파트 층마다 고래를 놓고 불을 땔 수는 없는 현실에서 온돌방에 누워 자고 싶은 요구를 해결하려는 어쩔 수 없는 선택이기는 하다. 그나마 온돌문화를 잃지 않으려는 우리 민족 고유의 정서를 살리는 실낱같은 희망인 듯도 하다.

발열 콘크리트 온돌

에너지기술연구소와 벽산건설기술연구소가 공동으로 개발한 온돌판용 전기 전도성 콘크리트. 시멘트와 흑연 및 특수 재료를 첨가해서 만든 것으로, 전기 저항을 금속 수준으로 낮춰서 판의 양 끝에서 전기를 가하면 열을 발생하는 원리로 작동한다. 이 콘크리트 온돌은 보일러나 배관이 필요 없고, 심야 전력이나 축열 방식을 통하면 기존 가스보일러보다 난방비는 3분의 1 수준으로, 설치비도 절반 이하로 절약할 수 있다. 전기를 넣으면 50~60초 사이에 표면 온도가 섭씨 10~40℃로 순식간에 올라간다. 콘크리트 판 안에 전선을 내장하지 않았기 때문에 감전의 위험도 없고, 난방을 중단하려면 양 끝에 부착된 콘센트에서 전기 코드만 뽑으면 된다.

맥반석 함유 건식 온돌

진솔에너지는 시멘트를 전혀 사용하지 않은 맥반석 함유 건식 온돌 '맥반석 룸스톤'을 개발하여 시판하고 있다. 기존 시멘트 온돌에 비해 무게는 10%에 지나지 않으며, 강도는 7배 이상 증가된 제품이다. 맥반석 룸스톤은 규사, 맥반석 등을 열처리해 압축한 온돌 상판, 방열 배관재인 열 유도관, 축열 유도관, 습기 차단 및 단열 기능의 바닥 반사 단열재 등으로 구성되었다. 물을 사용하지 않는 공기층 단열 방식, 복사 난방 방식을 채택, 불을 때지 않을 때의 냉기, 습기, 곰팡이가 생기는 일반 온돌의 단점을 해소했다. 또 규격화한 자재를 사용하고 경량화, 표준화로 시공 공정을 단순화한 것도 특징이다.

황토 온돌

월인하이테크는 우리 고유의 흙구들 온돌을 첨단 기법으로 현대화한 '룸테크 온돌'을 개발했다. 이 제품은 황토 또는 세라사이트(백토)로 마감하여 전통 흙구들의 장점을 그대로 살린 것으로, 자재가 가볍고 시공도 간편하며, 수명이 반영구적이다. 바이오 세라믹 제품이라 난방뿐만 아니라 인체의 피로를 풀어 주고 신진대사를 촉진시켜 준다. 내장된 축열 유도판은 난방이 정지되어도 6시간 이상 온도를 유지한다.

온돌은 청동기시대부터 우리 민족이 사용해 온 난방 형태다. 그만큼 우리 민족에게 여러 가지로 꼭 들어맞는 난방 시스템이라는 증거다. 우리 몸과 땅이 둘로 나눠질 수 없듯이 우리 몸과 전래의 온돌도 떼어서 생각할 수가 없다. 우리나라의 기후로부터 비롯된 온돌이고, 우리 몸의 생태로부터 비롯된 온돌이며, '은근과 끈기'라는 우리 민족의 근성으로부터 만들어진 온돌이기 때문이다. 이러한 온돌문화는 한반도 기후 환경에 지혜롭게 적응하고 대처해 온 창의적 문화유산으로서 중국 만주지방의 바닥 난방과 구별되는 주거생활상을 담고 한국인들에게 폭넓게 공유되는 관습적인 생활문화임을 감안해 '온돌문화'는 국가무형문화재로 지정되었다.

이제부터는 우리의 대표적인 난방 관련 과학기술인 향토지식재산 온돌이 진정한 그 가치를 발휘하려면 우리 몸으로부터 떼어 놓고 객관화하는 작업이 필요하다. 발전을 위해, 세계화를 위해서는 객관적인 시각으로 우선 먼저 장단점과 실태를 파악하는 것이 선결 과제이기 때문이다.

11. 환경 친화성 옷감, 안동포와 한산 모시

전통 섬유인 삼베와 모시는 모두 마(麻)섬유다. 삼베는 대마를, 모시는 모시줄이라고도 불리는 저마를 그 원료로 쓴다. 우리나라의 대표적인 전통 섬유들로 안동포·한산 모시·영변 무명. 덕천 항라·공석의 돌실나이 등이 있는데, 그 이름들은 대개 산지의 지명을 붙인 것들이다.

안동포와 한산 모시가 우리나라에서 만들어지기 시작한 것은 아주 오랜 옛날이다. 안동포가 처음 등장한 문헌은 『삼국사기』로, 신라 선덕여왕 시대 전국적인 길쌈대회 때 안동포의 우수성이 알려져 궁중 진상품으로 선정되기도 했고, 화랑들의 군복으로 활용하기 위해 '마전'이라는 마직물 생산 장려 및 기술개발 기관을 두었다는 기록이 있다. 또, 그 당시 생산된 마직물은 중국이 흉내 내지 못하는 매우 뛰어난 기술이었다는 기록도 나와 있다.

모시가 역사에 등장한 것도 삼국시대다. 모시풀 재배와 모시 짜기는 고려·조선시대의 중요한 농가 부업이었고, 조선 후기에는 모시가 부족해 중국에서 수입해 올 정도로 그 인기가 아주 높았다.

안동포나 한산 모시 둘 다 땀의 흡수가 빠르고 빨리 건조되며, 통풍이 잘될 뿐만 아니라 열전도성이 커서 시원하고, 천연섬유라 인체에 전혀 해를 주지 않는 장점을 가지고 있다. 또, 안동포는 마찰에 대한 내구성이 커서 질기고 수명이 길며, 물에 대한 강도 또한 커서 세탁시 손상이 적다. 옷의 모양이나 자태가 우아한 느낌도 준다.

특히 한산 모시는 잠자리 날개와 같이 섬세하며, 빨아 입을수록 빛이 바래지 않고, 백옥 같이 윤기가 돌아 항상 새 옷 같은 느낌을 주는 고급 옷감이다. 그러나 안동포나 한산 모시 모두 대표적인 단점은 신축성이 적어 잘 구겨지고, 세탁 후 손질하기가 불편하다는 것이다. 또, 염색이 까다로워 색상이 단조롭고, 기계에 의한 대량생산에는 한계가 있다는 점도 단점이다.

중국 베는 대마 생육 조건부터 다르다

삼베나 모시는 이웃 중국에서도 생산은 되고 있다. 그러나 우리나라의 제품과 중국의 제품은 그 질의 차이가 크다. 대마 생육의 조건이 달라 삼베 원료부터 품질 차이가 크다. 중국 삼베는 날염이나 염색 가공도 활발하나 품질 및 내구성에 여러 가지 문제점을 지니고 있다.

안동포는 직조가 고밀도로 형태 변화가 거의 없으며, 바닥이 까칠까칠하고 힘이 있다. 그런데 중국 삼베는 조직이 일정하지 않고 성글어 형태 변화가 심하며, 바닥이 얇아 힘이 없고 처질 뿐만 아니라 쉽게 헤어진다. 또, 한산 모시도 바닥이 고르고 섬세하며 까칠까칠하고 깔끔한 반면, 중국 모시는 거칠고 매듭이 많다. 한산 모시는 입을수록 윤기가 나고 내구성이 강한데, 중국 모시는 풀이 죽고 연하며 윤기도 없고, 한 번 입고 나면 옷감이 축 처진다.

그러나 아무리 우리 제품의 질이 우수하다 해도 필당 가격이 우리 것의 10분의 1도 안 되는 중국산과 경쟁하려면 기계화를 통한 대량생산을 반드시 이루어야 한다. 한 농가가 수작업으로 안동포 한 필을 짜는 데 1주일 이상 걸리므로 현재와 같은 방법으로는 도저히 생산비를 줄일 수가 없다. 더구나 농사 자체에도 일손이 부족한 요즘에는 농가들이 베나 모시 짜기를 꺼리고, 수요가 많지 않아 원료 재배 농가도 급속히 줄어들고 있다.

전통의 천연섬유의 위상을 지키려면 기계화를 이룰 수 있는 방안을 하루속히 강구해야 하는 것이다. 안동포와 한산 모시 등 전통 천연섬유 생산의 기계화, 산업화가 빠르게 이뤄지지 못하는 이유는 여러 가지다.

첫째, 마를 재배하고 가공하는 원료 작업 및 옷감을 짜는 제직 등 생산 공정을 아직까지도 대부분 수작업에 의존하므로 생산 비용이 많이 든다.

둘째, 상품으로서의 가장 큰 약점인 세탁 후 손질의 불편함이 제품가공 기술개발 등에 대한 연구 부족으로 옛날 제품에서 조금도 나아지지 않았다. 따라서 편리함을 추구하는 현대에는 수요가 늘어나기 어렵다.

셋째, 가공, 직조기술 자체를 길쌈이라 하여 산업보다는 부녀자들의 가사 중 하나로 여기는 의식이 첨단 기술로 발전시키는 데 걸림돌이 되고 있다. 길쌈류의 전통 기술 보유자가 있으나 그들의 기술을 현대 기술로 연결시키지 못하는 것이 하나의 예이다.

그 밖에도 농가 부업 형태로 재배되는 원료 생산의 영세성, 지방 5일장 등을 통해서 판매되는 유통 구조의 낙후, 홍보 부족, 중국산 저가 저품질 제품 수입 등의 이유로 전통 섬유 분야는 산업화로 치닫기는커녕 그 생산 기반이 급속히 무너지는 실정이었다.

옷감보다는 옷으로 세계화 추구

안동포와 한산 모시가 손질하기 불편하다는, 바쁜 현대에 있어서의 치명적인 단점을 지녔음에도 불구하고 특유의 깔끔함과 탁월한 통풍성으로 사람들에게 개운함과 시원함을 선사하기 때문에 그 수요는 꾸준히 이어지고 있다. 더구나 안동포는 대마섬유 가운데 세계에서 유일하게 의복으로 만드는 데 성공한 제품이고, 한산 모시 역시 세계 최고의 품질과 우아한 자태를 자랑하는 고급 여름 옷감이기 때문이다.

이런 안동포와 한산 모시가 뛰어난 우리의 향토지식재산임은 의심할 여지가 없다. 안동포의 원료인 대마와 한산 모시의 원료인 저마는 각각 우리나라만의 독특한 종자와 재배 조건, 제직 기술 등 고유의 특징을 가지고 있어 그 원료부터 다르다. 따라서 상품의 세계화를 했을 때 무한한 시장 점유가 가능하다.

또한 인류의 건강에 대한 욕구가 커지는 추세에 따라 무공해 자연 섬유의 선호도가 높아지는 반면, 자연 섬유의 소재는 희귀하고 한정되어 있어 천연섬유인 마직물을 잘 개발하면 고부가가치를 올릴 수 있다. 안동포나 한산 모시는 세계 유일의 마직물로 국제시장에서 반덤핑 제소를 당할 일이 없고, 무공해 산업이라 세계 어디에 가공공장을 세워도 수질 오염 등 환경 문제를 일으킬 염려가 없는 철저한 자연 친화성 산업으로, 세계인의 인기를 끌 수 있다.

그러나 안동포나 한산 모시의 세계화가 더욱 철저히 이루어지려면 단순하게 '동양의 멋'이나 호기심의 대상으로 여겨지는 데서 그쳐서는 안 된다. 또, 안동포나 한산 모시 연구자라 해서 직조 기술의 개발에만 관심을 기울여서도 안 된다. 즉, 이 섬유들에 적합한 염색 기술의 개발과 옷감 특유의 질감을 충분히 살릴 수 있는 디자인의 개발도 함께 활발히 이루어져야 한다.

이 분야의 산업화에서도 진정으로 성공하려면 원료 재배, 가공, 직조의 기계화라는 좁은 틀에 한정할 일이 아니라, 관련 분야와 함께 공동의 목표를 지향해 나가는 지식공유와 협력 네트워크 체제를 갖춰야 한다. 다른 제품도 다 마찬가지겠지만 원료인 '옷감'으로서보다는 완성된 제품인 '옷'으로서가 훨씬 더 높은 부가가치를 올릴 수 있기 때문이다. 또 아름다움에 실용성이 더해진다면 세계 어느 누구든 몸에도, 환경에도 해가 없는 천연섬유를 선택하지 않을 이유가 없기 때문이다.

12. 공예품에서 잠수함 바닥까지, 옻칠

'Japan'이라는 단어를 영어 사전에서 찾아보면 '일본'이라는 뜻 이외에 놀랍게도 '옻칠'이라는 뜻도 가지고 있음을 알 수 있다. 도자기가 영어로

'China'인 것이나 다를 바 없이 세계인들은 '칠기' 하면 곧바로 일본이 떠오르고, '일본은 곧 칠기'로 세계인에게 알려졌기 때문이다.

과연 '옻칠'이 일본의 고유 기술이고 일본이 칠기의 종주국일까? 그건 아니다. 단지 일본인들의 칠기에 대한 유난스러운 애착 덕분에 세계인들에게 옻칠과 일본이 동일시되고 있을 뿐이다.

그럼 과연 일본의 옻칠은 어디서 온 것일까? 두말할 것도 없이 옻칠은 우리나라에서 일본으로 건너간 기술이다. 우리나라 칠기사는 낙랑 칠기로부터 시작한다. 1931년에 발굴된 낙랑 고분에서 칠반명문이 출토되었고, 신라 35대 경덕왕 이전에 '칠전(漆典)'이라는 기관을 두어 각종 기물을 생산하게 하였으며, 신라 칠은 중국으로 가는 인기 수출품이었다. 고려 초, 국가적인 옻나무 심기 권장으로 고려의 '나전칠기'가 부흥을 했고, 이 나전칠기가 일본에 건너가 오늘에 이르게 된 것이다.

일본의 옻칠에 대한 애정은 나가노 동계올림픽에서 옻칠 메달을 사용한 것만 봐도 알 수 있다. 나가노 동계올림픽 조직위원회(NAOC)는 올림픽에서 수여된 500여 개의 금·은·동메달을 지름 7cm의 놋쇠 몸체를 바탕으로 24단계의 복잡한 공정을 거치는 옻칠 메달로 만들었다. 또 600년 전부터 가구 제작에 사용해 온 옻나무의 천연 원액으로 옻칠을 하고, 올림픽 엠블럼과 로고를 새겼으며, 여기에 다시 유약을 덧칠한 뒤 260g의 금·은·동을 표면에 칠한 것이다.

NAOC는, "옻칠 메달은 방수 기능을 갖고 있음은 물론 변색이 안 되며, 100년 이상 부식이 안 되는 반영구적 수명을 유지하고, 기계로 메달을 찍어 낸 과거 대회와 달리 전부 수작업을 거쳐 만들어 낸 가장 일본적인 예술품"이라고 입에 침이 마르게 자랑하였다. 이들은 나무 그릇뿐만 아니라 유리, 도자기 등에도 옻칠을 입히기 시작했고, 심지어는 공중전화부스, 변기 등에도 옻칠을 할 정도로 옻칠을 좋아한다.

옻의 진가는 땅 속에 묻혀 있었다

옻은 티베트 고원지대가 원산지로 알려진 난엽 교목 껍질에서 상처를 내면 흘러나오는 수액인 생옻으로부터 만들어진다. 옻나무 수액을 물건에 칠해서 말리면 반투명의 검붉은 색깔이 난다.

나전칠기, 목칠기, 가구 공예 등 전통 공예품에 많이 이용되어 온 옻이 부패 방지와 향균 효과가 뛰어나다는 점은 팔만대장경이 증명하고 있다. 700년의 세월 동안 대장경의 표면이 보호될 수 있었던 것이 옻칠 덕택이었다는 사실은 칠이 벗겨진 부분만 유독 훼손이 심하다는 점에서 확인된다.

옻은 산이나 알칼리, 그리고 높은 열에도 변하지 않는 데다 높은 전기 저항성과 내열성으로 전기 절연용 도료로 쓰이며, 잠수함 밑바닥에도 옻으로 칠해야 굴 등이 달라붙지 않는다. 실제로 국립중앙과학관 과학기술사연구실이 실시한 전통 과학기술 조사연구에 따르면 옻칠은 화학 도료인 페인트·에나멜 등과 달리 산이나 알칼리에 녹지 않으며, 내열·내염성과 방부·방충 효과가 컸다.

또, 봄에 어린 싹을 '칠순채'라 하여 데쳐서 나물로도 먹었고, 강장·위장 어혈·부인병 통경·구충 등 민간약으로 중히 쓰였다. 아직도 머리 염색에 옻을 쓰고 있고, 위장이 약한 사람들은 옻나무 껍질을 물에 넣고 끓여 옻 성분을 우려낸 물에 고은 옻닭을 먹는다.

옻 액에서 항암물질을 뽑아내 화제를 모으기도 했다. 산림청 임목육종연구소에서는 옻 액의 주성분인 우루시올에서 항암 효과가 뛰어난 MU2 성분을 분리하는 데 성공, 우루시올과 MU2의 분리 방법과 약리 작용에 대한 특허를 획득한 바 있다.

연구진은 이 물질이 기존 항암제 테트라플라틴보다 동물 혈액암세포, 인체 폐암세포 및 위암세포 등의 생장을 억제하는 효과가 훨씬 우수한 것으로 확인되었다고 밝혔다. MU2는 테트라플라틴보다 훨씬 적은 양을 투여해도 똑같이 암세포 생장 억제 효과를 발휘한다는 것이다. 그 밖에도 MU2는 부패 방지와 숙취 해소 기능을 갖고 있는 것으로 밝혀졌다.

이처럼 많은 용도와 재질로서의 우수성이 있음에도 불구하고 화학 도료가 등장하고부터는 수천 년 내려오던 옻칠이 퇴색해 버렸다. 1970년대까지만 해도 국내에서는 제기(祭器) 등 각종 생활용품으로 칠기가 많이 쓰였으나 값이 비싸고 화학 도료에 밀려 주변에서 자취를 감췄다.

또, 생옻의 판매량도 1994년 이후에 현격히 줄어들었다. 주 수출국이던 일본이 값싼 중국산으로 구입처를 바꾸었기 때문이다. 아직도 국내 옻 생산량의 대부분은 일본에 수출되고 있고, 일부는 가구 업자에게, 나머지는 한약상에 팔리고 있을 뿐 더 이상의 대량 구매의 기회는 마련되지 않고 있는 실정이다.

현재의 옻칠 분야가 산업으로 정착되기까지는 여러 가지 문제점이 있다.

첫째, 가장 시급한 문제는 역시 국내의 수요가 줄면서 생산이 줄고, 생산

감소로 값이 오르며, 국산에 대한 기피가 다시 생산 위축으로 이어지는 악순환을 되풀이한다는 점이다.

둘째로, 그나마 있는 생칠의 수요는 중국산 수입 생칠로, 정제 옻의 수요는 일본산 혹은 일본에서 정제한 중국산으로 바뀌고 있다는 점이다.

셋째, 국내 칠기 생산업체가 소규모 가내공업의 수준에서 벗어나지 못하는 점도 들 수 있다.

넷째, 국내에서는 옻칠을 칠기 생산 이외의 용도로는 사용하고 있지 않다는 점이다.

우리 옻을 살리기 위해

현재 우리나라에서 옻 산업이 가장 활발한 지역은 원주다. 원주 지역에서는 조선시대부터 옻을 재배해 왔다. 1939년 일본이 원주시 판부면에 옻나무 시험 재배를 한 후 대량생산에 성공해, 이를 계기로 옻 채취자 30명이 기술을 전수하여 오늘에 이르고 있다.

원주 지역은 치악산과 태백산이 남북으로 놓인, 대륙성 기후와 해안성 기후의 교차 지점이다. 여름에 단시간 동안 비가 자주 오고, 겨울에는 분지의 특성에 따라 기온이 낮다. 여름철에는 분산적 강우가 많아 지표면에 온기를 적기에 공급해 주는 등 기후적 특성과 지리적 특성이 옻나무의 생육에 알맞은 것으로 나타났다.

이러한 전통적인 이유와 최근 옻 산업에 대한 지방자치단체의 새로운 인식에 힘입어 원주시는 옻 산업을 지역 특산품으로 가꿔나가고 있다. 옻나무는 묘목을 심고 5~6년이 지난 다음부터 매년 3,000그루에서 38kg의 옻 진을 채취할 수 있어 높은 소득이 기대되는 작물이다.

또한 원주시는 칠기공예관을 건립, 고유 기능전승자 발굴육성지원, 옻 상품 품질 인증제도 도입, 옻 연구소를 운영하고 있다.

칠기공예관은 구룡산 진입로변에 칠기 전시장·칠기 제작공방·시연장·전시판매장을 갖추었고, 채칠과 정제 기술·도료·건강식품 등 옻 관련 제품을 개발하는 연구소 운영에도 중점을 두고 있다. 또, 원주시는 옻 산업을 관광 상품으로 발전시키고자 노력하고 있다.

옻칠 기술은 우리 민족 전통 공예의 정수이며, 대표적인 향토지식재산이다. 그러나 현대에 있어서 생활 칠기 생산에만 힘을 기울여서는 옻칠 기술 발전과 시장 확대에 한계가 있다. 우선 옻칠산업은 분명히 칠기산업과 구분해 생각해야 한다. 금속과의 부착력이 뛰어나 옻칠은 환경 조건의 변화에 크게 영향을 받지 않는다. 따라서 알맞은 도포(塗布) 조건만 찾으면 무공해 천연도료로 개발할 수 있다. 독일, 일본에서는 옻칠을 도료로 응용하기 위한 연구를 활발히 하는데, 옻칠에 관한 유물이나 문헌이 많은 우리는 마음만 먹는다면 그들보다 훨씬 앞선 기술을 개발해 낼 수 있을 것이다. 옻을 더욱 체계적으로 연구하여 용도를 찾아내고 고부가가치의 상품을 개발해야 한다는 것이다.

또한, 정제 옻의 대량생산을 위해 전통 정제기술을 발굴하여 대량생산에 적합한 신기술로 개발해야 하며, 이 기술개발을 통해 기계화한 정제공장을 건립하고 정제 옻의 대량생산이 이루어져야 한다.

물론 옻칠산업의 육성을 위해서는 역시 옻나무 심는 면적을 지속적으로 넓히는 일도 빼놓을 수 없다. 모든 산업의 기초는 풍부한 원료 공급에서부터 시작하기 때문이다. 우리나라가 옻나무 재배에 적합한 토질과 기후를 가졌다는 사실 하나만으로도 옻 산업은 우리에게 커다란 향토지식산업의 절대 유리한 프리미엄을 얻고 들어간 것이라 할 수 있다.

13. 자연의 색깔을 재현하는 천연염료

화학 염료가 없던 시절 우리 조상들은 어떻게 색깔 옷을 만들어 입었을까? 일반 서민들은 염색하기 어려워 주로 흰 옷을 입고 살았지만 궁중이나 양반 집에서는 화려한 색깔의 옷을 만들어 입었는데, 그 염색은 어떤 방법으로 누가 했으며, 그 기술은 오늘날 어찌 변했을까?

우리 선조가 사용해 온 천연염료의 제조 원리가 과학적으로 매우 우수할 뿐더러 개발의 여지가 많음이 최근 밝혀졌다. 국립중앙과학관 과학기술사연구실이 쪽·치자·홍화 등 식물 천연염료를 분석한 결과, 이들의 색소는 제조 과정에서 지하수에 녹아 있는 미량의 금속 등과 결합하여 화학 염료가 흉내 낼 수 없는 청아함과 아름다움을 표현하는 것으로 나타났다. 또 매염제 역할을 했던 석회(굴, 조개를 태운 가루), 잿물 등은 고온에서 화학반응을 일으켜 자연 색상이 잘 나타나도록 그 역할을 충실히 했음도 밝혀졌다.

우리의 전통 염료는 주로 자연 원료에서 추출하였기 때문에 그 색 자체도 자연과 어울리는 고운 때깔을 가진 것이 특징이다. 은은한 느낌의 색조는 화려한 색깔보다 옷의 아름다움을 돋보이게 한다.

우리 민족 특유의 품격 있는 색상으로 국제 경쟁력을 발휘할 수도 있지만, 천연염료의 가장 돋보이는 장점은 그 원료 자체가 자연의 일부인 천연물이므로 화학 염료와는 달리 무공해 염색이 가능하다는 점이다. 더구나 세계가 환경 보호를 위해 자연 친화적 상품에 훨씬 큰 점수를 주는 오늘날에는 천연 염료 산업이 미래 산업으로 각광을 받게 되리라는 사실은 자명하다.

그러나 천연염료 제조가 이렇게 확실한 기술 산업인데도 불구하고, 정작 우리나라에서는 천연염료에 대해 관심도 크지 않고 산업화도 활발하지 않은 실정이다.

천연염료의 재료 가운데 우리나라 문헌에 나타난 식물의 종류는 50여 종이지만, 매염제와 염색 방법에 따라 100여 가지의 색깔을 낼 수 있다고 한다. 식물 염료의 원료로는 식물의 꽃과 잎·열매·뿌리 등이 이용되는데, 오늘날에는 쪽·홍화·치자·감·석류 피 등이 많이 쓰인다. 같은 원료로도 여러 가지 색을 내게 하는 매염제로는 잿물, 석회, 명반, 백반, 막걸리, 식초, 술, 아교 등이 주로 사용된다.

일반적으로 식물 염색은 원료 수급·염액 제조·염색·후처리의 공정을 거치는데, 그 기술은 주로 기능 보유자들 사이에 구전되어 내려오는 전통 기술을 중심으로 계승해 왔다. 최근에는 대학의 의류학과나 공예학과를 중심으로 염색이 연구되고 있으나 주로 미적·예술적 차원에서의 접근이며, 천연염료의 화학적 구조 및 염착 메커니즘 등 과학적 연구는 미진한 편이다. 염료 제조와 염색의 산업화가 어려웠던 가장 큰 이유는 인적 자원의 부족이었다. 전통 기술을 가진 산업화 인력도 부족하고 연구에 종사하는 인력도 부족했다. 심지어 근로 조건이 열악한 노동 집약적인 산업이어서 노동 인력을 구하기도 힘든 상황이었다.

또, 무엇보다 해결이 안 되는 난점으로 기술 부족을 들 수 있다. 공정 표준화가 안 돼 색상 재현성이나 생산성이 낮고, 색소 성분의 화학적 규명이나 염착 및 퇴색의 메커니즘이 규명되지 않아 색상도 불안정하다. 염료 조제 및 매염제가 단순하고 염색 방법을 침염(浸染)에만 의존하므로 색상 및 디자인이 단순해질 수밖에 없고, 이는 또 부가가치 향상에 걸림돌이 된다. 이렇게 낮은 생산성, 낮은 부가가치, 낮은 경제성 때문에 전통 염료와 염색법은 산업화 대중화를 하지 못하고 그 기술은 여전히 개인에 의해 전승·발전되고 있다. 홍보는 주로 작품 발표회를 통해 이루어지고, 판매는 주문 생산 판매 등에 의존하고 있다. 따라서 전통 염색 옷은 비싸질 수밖에 없고, 대중화 역시 어려운 실정이다.

물론 염색 예술가의 연구로 전통 원료 외에도 차 찌꺼기, 양파 껍질, 도토리 깍지, 밤 껍질 등 새로운 원료를 찾아 낸 경우도 많다. 그러나 환경 친화성 염색이라는 대단한 강점을 충분히 발휘하여 세계시장에 당당히 서기 위해서는, 작품을 만들어 내는 것만으로는 아직 가야 할 길이 멀다 할 것이다.

선명한 색상을 얻기 위해 불순물이 섞여 있는 천연염료보다 순수한 염료 물질을 추출해 내야하고, 염료가 옷감에 잘 붙도록 하는 화학기술도 개발해야 한다. 또, 결국은 옷을 만드는 '옷감'의 염색이므로 천연 염색한 옷감의 질감이 충분히 살아나는 디자인의 개발에도 이 산업의 성패가 이어져 있는 것이다.

과학적이고 합리적인 전통 염색 기술

어떤 분야나 다 마찬가지겠지만 특히 천연염료 제조와 염색 기술개발을 위해서는 원료 수급 단계부터 조직적이고도 계획적인 준비를 갖추지 않고는 그 발전의 열매를 기대할 수 없다. 산업기술정책연구소가 내놓은 산업화 방안의 대략적인 내용을 보면 원료 재배부터 홍보까지 전 과정에서의 과제를 담고 있다.

1) 염료 원료의 집단 재배 단지 조성

2) 쌀 수매와 비슷한 형식의 염료 원료의 일괄 정부 수매

3) 전통 염색 시범공장 및 전문공장 설치

4) 고유 기술 상품 인증제 및 유사품에 대한 제도적 보호

5) 무형문화재 개념을 도입한 기능장 제정

6) 직업훈련소, 농업고등학교 등에서 천연 염색 분야 교육

7) 전문대학 내 관련 학과 설치

8) 천연 염색 전문연구소 설립

9) 생산자 및 판매조합 형성

10) 특정 상품으로 지정한 적극적인 홍보

우리 조상들도 무작정 옷감을 염료에 담가 염색을 한 것은 아니다. 옛날 조상들이 꽃잎 등에서 염료를 뽑아낼 때 사용한 잿물과 지하수는 강력한 염료 추출 기능을 갖추고 있었다. 지하수나 잿물에 녹아 있는 금속 이온은 흡착력이 높아 꽃잎의 색소와 반응하면서 염료를 뽑아내는 것이다. 또, 염색하기 전에 염료에 섞는 오미자물과 식초는 강산성을 띠어 염료를 옷감에 고착시키는 기능을 한다. 우리 조상들도 충분한 과학적 근거를 가지고 재료를 사용했음을 알 수 있다.

이미 기술개발의 과제는 던져진 셈이다. 조상들이 사용했던 기술을 과학적

으로 규명해 균질화하기만 하면 1차적인 기술개발을 이룰 수 있다고 본다. 기술의 균질화가 이루어진다면 무공해 염색 기술이라는 매력적인 향토지식 재산으로 세계시장에 대거 진출할 수 있는 것이다.

14. 한국의 정신이 담긴 그릇, 도자기와 옹기

우리나라는 세계 도자기의 종주국

일본은 물론 18세기 유럽 도자기의 시조인 독일 마이센 도자기도 거슬러 올라가면 조선시대 도자기 기술에 그 뿌리를 두고 있다. 임진왜란 당시 조선 의 도자기 기술자들이 일본에 끌려가 이룩한 '아리타 도자기' 제작 기술을 독 일인 비트커가 배워 만든 것이 '마이센 도자기'이기 때문이다.

그러나 지금 우리나라에서는 일본이나 타이완에 비해 도자기를 생활 용기 로 잘 쓰지 않는다. 갑작스런 근대화를 겪으면서 우리나라 사람들이 너무도 쉽게 우리 것을 포기하고 서양 것을 받아들인 데도 이유가 있겠지만, 도자기 를 생활 자기로서 시대에 맞게 실용화시키는 속도가 다른 나라에 비해 떨어 졌기 때문에 나타난 현상이라고 본다.

현재 도자기 생산은 전국 1,700여 업체를 중심으로 이루어지고 있다. 그러 나 거의 영세 수공업의 수준에 머물러 있는 실정이다. 청자와 백자 등 전래 기술은 최고 수준이었으나 이 기술을 이어 받아 대를 잇는 도공이 부족하고, 원재료 배합 기술과 잉크 및 자동화 기술은 오히려 일본에 의존하고 있다. 심 지어는 우리나라에서 배워간 기술로 만든 도자기 그릇세트가 역수입되어 5

배 이상의 비싼 값에 팔리는 기현상까지 일어나고 있다.

전통 도자기 제작 분야가 산업으로서 활성화하려면 도자기를 생활 자기로 실용화하여 우선 일상생활에서 많이 쓰도록 수요를 유도하는 일이 필요하다. 그 다음에는 생활 자기의 대량생산, 대중화를 위해 전통 기술을 현대화해야 한다. 전통 기술의 현대화를 위해서는 다음의 몇 가지 문제를 고려해야 한다.

첫째, 원료 정제기술의 개발이다. 천연원료는 대개 불순물이 함유되어 있는데, 이 불순물을 제거해야만 양질의 도자기 원료가 될 수 있다. 대량생산의 가장 기본이 되는 원료 품질의 균질화는 원료 정제기술에 의해서 이룰 수 있는 것이다.

둘째, 현대 채색료의 활용을 통한 다양한 색의 발현이다. 전통 도자기는 색깔을 내기 위해 철과 그 화합물, 코발트 등의 광물을 이용하는 데서 그쳤다. 다양하고도 현대 감각에 맞는 색을 발현하려면 새로 나온 안료들을 도자기 제작에 활용하는 방법을 연구해 보아야 한다.

셋째, 자기의 형태는 고전적 멋을 감안하되 인체공학 등을 감안한 현실 감각에 맞는 디자인으로 개발해야 한다. 또, 너무 투박하지 않게 만들면서 잘 깨지지 않게 강도를 유지하도록 하는 연구도 필요하다.

넷째, 모란 무늬, 연화(蓮花) 무늬, 초화(草花) 무늬 등 전통 도자기에 자주 쓰였던 우리나라 고유의 무늬를 현대 감각과 융화하여 재현해 낸다면, 더욱 고품위의 도자기를 만들 수 있을 것이다.

다섯째, 상감기법 등 도자기에 무늬를 새겨 넣은 전통 기법을 전승하여 현대 도자기에 접목, 발전시켜야 한다.

일본 도자기의 공격을 막기 위한 기술개발이 급선무

현재 우리나라에도 현대 생활 도자기 생산으로 국제 경쟁력을 갖춘 업체가 여러 군데 있다. 국내시장 확산을 위해, 그리고 세계시장 석권을 위해 그들이 무엇에 중점을 두고 있는지 살펴보자.

한국도자기

도자기 단일 업체로는 세계 최대 규모의 기업이다. 한국도자기는 십장생 무늬, 단청 등 전통문양을 활용하여 도자기를 디자인하고 있다. 품질의 경우 그동안 해외 수출을 통해 한국도자기가 축적해 온 본차이나(쇠뼈 가루를 함유시킨 제품) 기술을 최대한 발휘하여 외제에 비해 강도와 투명도가 뛰어난 제품을 만들어 내고 있다.

또, 1996년 도자기 업체로는 최초로 한국품질인증센터로부터 ISO 9001 인증을 획득했다. ISO 9001 인증은 한국도자기가 생산하는 본차이나와 고향 도자기 제품에 대한 설계, 개발, 제조 방법 등이 국제품질보증표준으로 인정되어 얻게 된 것이다.

청주시에 본사와 공장이 있는 한국도자기는 이미 세계 50여 개 나라에 수출하고 있는데, 1992년 인도네시아에 현지 공장도 세워 동남아 지역에 대한 본격적인 진출에 나섰다. 뿐만 아니라 인도네시아에서 인기가 높아 가장 큰 백화점인 메트로백화점과 고소백화점에서 최고 매출 기록을 세우기도 했다. 한국도자기는 수출뿐만 아니라 수입 일본 도자기로부터 내수시장을 지키기 위한 기술개발에 특별히 더 힘쓰고 있다.

행남자기

행남자기 역시 일본 도자기가 밀려들어 올 것에 대비하여 디자인 개발과 수출 증대에 주력하기로 새로운 경영 전략을 수립하였다. 또, 품질 향상을 위해서는 디자인의 차별화가 중요하다고 판단, 디자인 개발 전산화에 많은 투자를 하고 있다. 또한 전통 디자인, 전사지, 색분해, 필름인화 및 현상, 인쇄에 대한 자동화 작업을 이루어 전체 개발 기간이 이전보다 크게 단축하였다. 행남자기는 미국, 영국, 이탈리아 외에도 유럽, 동구권, 타이완 등지에 적극 진출하고 있다.

광주요(廣州窯)

광주요는 생활 실용자기를 청자, 분청, 청화백자의 맛을 살려 만들고 있다. 때로는 수출 상대의 기호에 맞는 그릇을 만들기도 하지만, 한국 전통 도자기의 맛을 살리기 위해 문양기법으로 상감, 음양각 등 전통 기법을 사용하고 있다. 따라서 기계화 작업을 통한 대량생산은 못 하고 있지만 '핸드 메이드'의 소량 고급품으로 스스로 자리를 매기는 데 성공했다. 또, 민간 전통 도자기 연구소로는 국내 최대 규모인 '재단법인 광주요 도자문화연구소'를 설립했다. 경기도 이천시에 건립한 이 연구소는 전통도자기연구실, 공방 등 연구시설과 전시장 등을 갖추고 있으며, 연구 결과를 사업화로 연결할 수 있는 실험 공장도 함께 있다.

고유미와 정신이 살아 있어야 진짜 우리 도자기

도자기는 단순한 생활용품으로서가 아니라 한국인의 정신으로 여겨져 왔다. 또, 도자기가 원래 우리나라에서 비롯된 그릇이기 때문에 생활 자기에는 반드시 한국적 세련미가 담겨 있어야 한다.

고령토로 빚고 유약을 발라 구워 낸다 해서 바로 도자기가 되는 것이 아니다. 그릇의 선이나 색, 문양에서 우리의 전통을 찾아볼 수 있어야 한다. 고령토를 이기고, 그릇을 빚어 구워 내는 기술은 현대화·기계화하되, 문양이나 선·색은 우리 고유의 전통을 살려 그릇 속에 한국의 정신이 살아 있어야 세계로부터 인정받을 수 있고, 세계로부터 인정받으면 우리의 자기 문화도 더욱 향상될 수 있을 것이다.

살아 숨 쉬는 그릇, 옹기

오랜 세월 동안 우리의 먹을거리를 보관하는 데 쓰여 왔던 옹기, 그러나 우리의 살림살이 가운데서 사라졌던 옹기가 최근 그 위생상, 건강상 장점이 부각되면서 다시 부엌으로 들어오고 있다.

전통 옹기는 납 성분의 유약을 쓰는 요즘의 다른 용기와 달리 잿물을 사용하며, 섭씨 1,200℃에서 구워냄으로 빛깔은 어둡지만 단단하고 인체에 해가 없다. 또, 옹기를 구워 낼 때 화학반응으로 결정수가 빠져 나가면서 틈을 만들어 통기성과 정화 능력이 뛰어나다. 이를 오늘날의 용어로 다시 정리하면 옹기가 '바이오 그릇', 즉 '숨 쉬는 그릇'이라는 것이다. 옹기는 김치, 간장, 된장, 고추장 등 발효식품을 제맛대로 오랫동안 저장 보존해 주는 특성을 가지고 있고, 물을 담아 두어도 썩지 않을 뿐만 아니라 불순물도 정화하는 '첨단 용기'인 셈이다.

이런 강점에도 불구하고 옹기가 쉽게 신세대의 부엌에 들어오지 못하는 이유는 겉모양이 투박하고 냉장고 등 저장 공간에 맞지 않는다는 점이다. 따라서 옹기의 경우, 특히 현대 감각과 생활환경에 맞는 새로운 형태의 제품 개발이 대중화의 필수 요건이다. 예를 들면 이런 것들이다.

가마촌 옹기 뚜껑 구이판

옹기 전문 '명진도예'가 제작한 구이판. 장독 뚜껑을 뒤집어 놓은 듯한 그릇을 구이판으로 개발한 것. 소나무밭에서 나온 부엽토에 소나무나 참나무 재를 물에 섞은 천연 유약으로 만들었다. 바이오 세라믹 효능과 함께 고기를 구울 때 연기도 나지 않는다.

숨 쉬는 항아리

'승원그린'이 개발한 김칫독. 밀폐가 어렵고 무거운 데다 공간까지 많이 차지하는 장독의 단점을 보완한 제품. 고령토를 써서 항아리를 만들고, 뚜껑으로 완전 밀폐가 가능하며, 가벼운 플라스틱 제품을 사용하였다. 냉장고 보관이 가능하도록 모양을 사각형으로 만든 것도 실용성을 더해 준다.

15. 생태 질서와 전통 정서를 지켜주는 토종 동식물

향토지식재산 가운데 가장 중요하고도 기본이 되는 요소는 바로 토종 동식물이다. 된장, 간장을 담가도 순수 토종 콩으로 된 메주로 담가야만 제맛이 나고, 한과도 수입 견과류로는 절대로 고유의 맛을 재현할 수 없다. 또, 김치도 재래종 배추나 무로 담가야 조직이 부드럽고 양념과 잘 어울려서 더 깊은 맛을 내게 된다.

그런데 토종이란 과연 무엇을 말하는가? 우리나라에서 자라고 우리나라 땅에서 재배되면 바로 토종이라 할 수 있는가? 그렇지는 않을 것이다. 얼룩빼기 젖소가 원산지관련법과 다른 차원에서 우리나라에서 태어나고 죽었다 해서 한우가 될 수 없음은 당연한 일이다.

우리나라에 살고 있는 생물은 2만 8,462종. 이 가운데 자연환경보전법으로 보호하는 토종 동식물은 모두 4,935종인데, 200여 종은 이미 멸종이 시간문제인 상태에 이르러 있다. 전래동화에 단골로 등장하는 호랑이, 따오기, 여우, 자라, 구렁이, 창포, 소쩍새 등도 이미 사라졌거나 사라지고 있다는 이야기다.

토종 동식물은 정서적인 이유뿐만 아니라 환경적인 이유, 경제적 가치로도 매우 중요하다. 그 흔하디 흔한 은행잎이 1960대에는 독일의 제약회사로 수출되어 모두 달러로 변한다는 사실만으로도 경제적 가치가 증명된다. 특히 1992년 세계생물다양성협약이 발효된 이후 전 세계가 토종 동식물을 경제적 자산이라는 인식을 하게 되었고, 각 나라가 자국의 토종을 적극 보호하게 되었다.

현재 국제간에는 '씨앗 전쟁', 즉 우수 종자 전쟁이 벌어지고 있다. 각 나라가 자기 나라의 농업을 살리기 위해 정부 차원에서 좋은 품종의 씨앗(유전자원)을 확보하기 위해 혈안이 되어 있다. 옛날 문익점 선생이 붓두껍에 목화씨를 숨겨 들여오던 때와는 상황이 달라진 것이다. 지금은 식물신품종보호협약동맹기구(UPOV)에 등록된 신품종을 로열티를 지불하지 않고 확보, 번식시켰다가는 '씨앗 도둑'으로 낙인찍히는 실정이다. 그러나 우리는 씨앗 확보는 고사하고, '씨앗 지키기'나 '토종 보호하기'에도 소홀한 편이다.

토종 보호는 이 땅에서 살아남기 위한 노력

토종이 더욱 더 중요한 이유는 그것이 우수한 신품종을 만들어 내기 위한 기초 자원이기 때문이다. 1970년, 많은 사람을 기아로부터 해방시킨 공로로 노벨평화상을 받은 미국의 농학자 볼로그 박사. 그의 공로의 구체적인 내용은 키가 작아 잘 쓰러지지 않으면서 수확량이 매우 높은 밀 품종을 육성, 인도나 파키스탄·멕시코 등지에 보급함으로써 인류의 배고픔을 덜어 준 것이다.

그가 개발한 신품종 밀이 우리나라 토종 밀인 '앉은뱅이 밀'로부터 추출한 유전자로 만들었다는 것을 생각하면, 아직도 우리 주변에 지천으로 흩어져 있는 토종 동식물을 무심하게 지나칠 일이 아니다. 토종의 실태를 파악하고 토종의 과학적 활용법을 연구하는 것이 우리의 자원이 살고, 우리 민족이 오래도록 이 땅에서 풍요롭게 살 수 있는 길이다.

현재도 돈이 되는 토종 동식물은 여러 종류가 있다. 한라산의 구상나무는 크리스마스트리용으로 세계적으로 가장 많이 팔리는 나무고, 우리의 토종 고려인삼·영지버섯·은행잎은 세계 어느 나라 것보다 약효가 좋다고 인정받은 바 있다. 또 진돗개나 풍산개 등의 우수성도 검증되고 있는 중이다.

토종 동식물에서 활용 가치를 찾아낸다면 우리 것을 세계적으로 자랑할 수 있는 계기가 됨은 물론이고, 원료도 거의 무한정으로 조달할 수 있어 그 경제성은 높을 수밖에 없다. 또, 토종을 지킴으로써 우리의 생태 질서를 지키고, 전통 정서도 후손에게 물려 줄 수 있다. 이런 이유로 토종에 대한 연구는 향토지식재산의 개발 노력 가운데 그 어떤 분야보다 활발하게 이루어져야 할

부분이라고 본다.

그러나 토종 동식물의 연구는 개인은 물론 몇몇 기업의 힘으로 이루어 낼 수 있는 일이 아니다. 우리 땅에 사는 사람들의 먹을거리와 환경 등 총체적 미래를 보장하는 일이니만치 그 무엇보다도 심도 깊게 전문적으로 이루어져야 함은 말할 것도 없다. 정부의 지원과 학계의 연구, 기업의 투자가 어우러져야 하고, 거기에 민간의 관심과 애정까지 곁들여져야 하는 광범위하고도 중요한 문제인 것이다.

토종이 살아야 먹을거리도, 환경 문제도 해결

앞으로 토종 생물 연구와 활용은 1997년 창립된 한국토종연구회를 중심으로 한국야생식물·식량작물·원예작물·육상동물 어류·곤충·균류·세균 탐사위원회 등이 이루어지고 있다.

현재 우리나라에서 재배되고 있는 식물의 종자는 대개 생산량을 늘리기 위한 개량종자들이지만 토종에 관해서는 우리가 눈을 돌려야 할 분야가 많고도 넓다. 다시 말해 토종 현황의 지속적 조사, 국내외 토종 관련 법령 조사와 검토, 경제성 있는 토종의 발굴, 멸종 위기종의 서식지 보존, 국외 반출 토종 되찾기, 토종 탐사 및 교육 지도 등의 사업이 그러하다.

우리 민족의 형제와도 같은 토종 동식물

토종 동식물들은 그 이름조차 생소한 것들이 대부분이다. 그러나 우리의 땅에서 함께 자라난 우리의 형제와도 같은 동식물들이다. 각계각층 뜻있는 사람들의 부단한 연구의 결과로 이미 토종 동식물 가운데서 새로운 가치들이 속속 나타나고 있다. 그러나 여기 실은 내용은 아주 작은 부분임을 미리 밝혀 둔다.

붉나무의 열매 오배자

산림청 임업연구원은 1997년 토종 식물인 옻나무과의 붉나무의 열매 '오배자'에서 폐암, 난소암, 피부암 등의 암세포 성장을 억제해 주는 메틸 갈레이트 등 항암물질 추출에 성공했다. 붉나무 추출물 메틸 갈레이트는 쥐, 토끼 등의 암세포 성장을 50% 이하로 떨어뜨리는 등 동물 임상실험에 성공한 상태. 또 인체 노화 방지에도 효과가 뛰어난 것으로 나타났다. 임업연구원은 붉나무를 약용 수종으로 지정해 약재화 연구도 추진하였다.

쥐눈이콩

강원도 정선 지역에서 주로 나는 토종 콩인 쥐눈이콩(서목태)은 콩과의 다년생 넝쿨풀이다. '쥐눈이콩'이란, 검은 콩이 쥐눈처럼 반짝반짝 윤이 난다고 해서 붙은 이름이다. 열병과 고혈압 등에 특효가 있는 것으로 알려져 '약콩'이라고도 불렸지만, 몇 년 전까지만 해도 농민들로부터 천대받던 품종이었다. 그러나 1995년 이 지역 영농조합법인이 간장 제조용으로 계약 재배를 하면서 서서히 사람들의 관심을 끌기 시작했다. 이 지역에서 나는 쥐눈이콩으로 바로 이 지역에서 간장, 된장을 만들어 파는 것이다. 콩으로 파는 것보다 높은 부가가치를 올릴 수 있을 뿐더러, 토종 콩으로 담근 장류는 수입 콩으로 담근 것보다 훨씬 더 인기가 있어 농가는 높은 수익을 올릴 수 있다. 또한 관광객을 유치하기 위해 장류는 물론 국수와 두부, 막걸리 등 쥐눈이콩으로 만드는 전통 음식 전시 판매장과 콩나물공장도 지어 이른바 쥐눈이콩을 이용한 종합 마케팅을 펼치고 있다.

칡소

강원도 축산기술연구센터는 토종 가축을 원형 상태로 복원해 우리 고유의 맛을 지닌 고급육으로 개발하기로 했다. 농가 소득을 높이기 위한 아이디어지만 덕분에 칡소, 재래 돼지, 토종닭의 고기를 다시 맛볼 수 있게 되었다. 이 밖에도 재래 돼지, 토종닭의 종돈, 종란을 농가에 보급 분양하고 전문적으로 사육케 함으로써 지역특화 산업화도 꾀하고 있다.

개구린

서울대 유전공학과 이병재 교수팀은 토종 옴개구리 피부에서 기능성이 뛰어난 항생 물질을 분리해 내는 데 성공했다. 이 항생 물질의 이름은 '개구린'. 개구리가 지저분한 환경에서도 끄떡없이 살아가는 데서 착안하여 연구를 시작한 결과다. 이 항생 물질은 세균, 곰팡이는 물론 암세포를 퇴치하는 효능까지 가지고 있다.

제3장

향토지식재산의
재창조 유형 및 사례

1. 자연생태지식의 재발견, 재창조

천연물신약

"자세히 보아야 아름답다. 오래 보아야 사랑스럽다. 너도 그렇다." 나태주 시인의 〈풀꽃〉이란 시의 내용이다. 토종의 재발견을 풀어서 말한다면 '토종의 가치 재발견'이라 할 수 있다. 우리나라 생태계 안에 살고 있는 각종 식물의 가치를 새롭게 재발견해 상품화하는 것이다.

뒷동산에 아무렇게나 지천으로 피어 있는 할미꽃으로 항암제를 만들고, 홍게 껍데기로 고칼슘, 스쿠알렌의 효능을 능가하는 건강 보조 식품을 만들어 전 세계에 수출할 수 있다면, 이 토종 생물들은 우리의 소중한 천연자원이며, 훌륭한 향토지식재산이다. 지하자원은 넉넉하지 않으나 풍부한 생태자원을 지니고 있는 우리나라에서는 심도깊고 다양하게 연구해 볼 분야다.

〈토끼전〉은 매우 유명한 우리의 이야기이지만 토끼가 자라를 속이고 용궁을 탈출한 후의 이야기를 아는 사람은 별로 많지 않다. 그 후의 이야기는 이렇다. 토끼와 헤어진 자라가 용왕을 볼 낯이 없어 바위에 머리를 부딪쳐 자결하려고 할 때, 신선이 나타나 자라의 충성심에 감복했다며 산삼 한 뿌리를 주었다. 자라는 용궁에 돌아가 산삼을 바쳐 용왕의 병도 고치고 출세도 했더라는 이야기다.

또, 진시황제는 선남선녀들을 보내 불로초를 구해 오라고 했다는데, 목적지는 남쪽도 서쪽도 아닌 동북쪽으로, 바로 우리 한반도가 있는 곳이다. 이야기 속이든 역사 속이든 예로부터 우리 산하 곳곳에 영약이 되는 식물이 묻혀 있다는 추측은 여러 문헌에서 나타나고 있다.

실제로 우리나라에서 자생하는 순수 토종식물 가운데는 생약 성분을 함유하고 있는 식물이 상당히 많이 있다. 특히 암이나 당뇨, 간질환 등 난치 불치 질환을 예방하고 치료하는 성분을 갖고 있어 세계적으로도 이야깃거리가 되고 있다. 아직까지도 그 이름조차 알려지지 않은 토종식물들 중에도 생약 성분을 함유하고 있는 식물이 많을 것으로 기대된다. 이에 대한 지속적이면서도 심도깊은 연구가 계속된다면 토종에 대한 재발견이 거듭될 것이고, 우리 땅에서 더욱 가치 있는 향토지식재산을 키울 수 있게 될 것이다.

이제까지 효과가 입증된 식물의 대표적인 예를 몇 가지 들어본다

할미꽃 : 얼마 전에는 할미꽃에서 추출한 생약 성분의 항암제가 폐암과 대장암에 탁월한 효과를 보인다는 기사가 언론에 보도된 적이 있다. 이 항암제를 개발한 당시한보제약 연구팀에 의하면, 할미꽃에서 추출한 생약 성분에 인삼과 감초를 혼합한 항암제 SB32를 개발하여 쥐를 대상으로 한 실험 결과 탁월한 효능을 보였다고 하는데, 이는 최고 효능의 항암제로 꼽히는 아드레마이신에 필적할 만한 약효라고 한다. 특히, 기존 항암제를 투여하면 나타나는 대표적인 증세인 탈모, 신장 손상 등의 부작용이 나타나지 않았다.

섬오갈피 : 제2의 인삼으로 불리기도 하며, 제주에 자생하는 섬오갈피는 인삼과 달리 오갈피과에 속하는 다년생 활엽관목으로, '아카톤산'이라는 물질

을 함유하고 있다. 섬오갈피를 통해서만 얻어지는 아카톤산은 간질환에 특효를 보이고, 또 섬오갈피에 다량 함유된 엘로드로사이드는 성인병을 예방, 신진대사를 촉진하는 물질로 알려졌다. 제주도 농촌진흥청은 충남대 약대, 한국과학기술원 생명공학 연구소와 섬오갈피를 이용한 건강식품 개발 연구를 공동으로 수행, 약용주 차 등을 개발하여 민간기업에 기술이전한 바 있다.

현대 의학으로 정복되지 않은 질병은 아직도 많다. 누군가 이런 말을 했다. 신(神)은 병과 함께 그 치료 방법도 함께 이 세상에 보냈노라고. 이 말은 인류가 건강을 위해 끊임없이 노력하면 반드시 질병 정복의 길이 열린다는 희망을 주기 위한 말인 것도 같다.

어쨌든 우리 땅에서 자생하는 식물에서 생약 성분을 찾아내는 노력은 신이 내려 준 치료제를 자연에서 찾는 시도라고도 할 수 있다. 가능성에 대한 신념을 가지고 연구를 거듭한다면 우리 토종식물이 인류를 구원할 수도 있으며, 그렇게 되면 토종식물이 우리에게 정신적·물질적으로 귀중한 향토지식재산이 되어 줄 것임은 의심할 바가 없다.

특히 우리나라의 경우 식약동원(食藥同源)의 문화가 있어 식품과 의약품을 엄격하게 구분하여 발전시킬 수 있는 첨단기술과 인허가 시스템이 비교적 발전되지 못한 문제점을 가지고 있다. 그러나 앞으로는 그러한 문제점을 직시하고 오히려 무심코 지내왔거나 발견되지 않았던 우리의 수많은 천연식물 등에서 함유된 생약성분들의 재창조를통해 세계속의 천연물 신약시장등 부가가치 높은 신시장으로 진출하여야 할 것이다.

황토 흙침대

  향토지식재산의 재창조란, 각 지역에 존재하는 유·무형의 향토지식재산에 새로운 기술이나 디자인을 활용, 융합하여 산업적인 경쟁력을 지닌 제품을 재창조해 내는 것을 의미한다. 따라서 이제껏 없었던 제품, 있더라도 남이 생각하지 못했던 새로운 개념의 제품을 만들어 내는 창조적 아이디어가 중요하다.

  향토지식재산을 통한 재창조를 하려면 무엇보다 우리 것에 대한 애정 어린 시선을 가져야 한다. 흙 한 덩어리, 시커먼 갯벌, 들꽃, 들풀 한 포기도 그냥 지나치지 않는 관심도 필요하다. 우리 생활과 너무나 밀접해서 평소 잊고 있던 사람들의 욕구를 집어내는 일도 중요하다. "뜨거운 구들장에 허리를 지지고 싶다.", "손이 많이 가는 우리 음식을 손쉽게 만들고 싶다."는 일반인들의 필요와 욕구를 흘려버리지 말고 그 속에서 창의적인 아이디어를 찾아내어, 함께 지식문화 창조에 뛰어들어야 할 것이다.

  알렉스 헤일리 원작의 유명한 영화 〈뿌리〉에는 전 세계인을 감동시킨 유명한 장면이 있다. 그것은 바로 주인공이 노예상인에게 잡혀 자신의 고향 아프리카를 떠나기 직전 "다시는 이곳에 돌아오지 못하리." 하고 외치며 엎어져 흙을 한입 물어 삼키는 장면이다. '흙'이란 이렇게 '고향', '뿌리'를 나타내는 대표적인 언어로, 우리 마음속에 자리 잡고 있다.

  또, 우리의 옛 조상들은 '땅 힘', '흙 기운'이란 것을 대단히 중요하게 여겼다. 그런데 3층 이상으로만 올라가면 땅 힘이나 땅 기운이 채 닿지 못한다 하니, 고층 아파트에서 사는 것을 노인들이 싫어할 수밖에 없다.

땅 힘, 곧 흙의 힘이 '인체에 유익한 원적외선을 방출하고 몸 안의 노폐물 배설을 촉진하는 기능'을 가졌다는 과학적인 논증을 빌기도 전에 "뜨끈뜨끈한 구들장에 허리를 지져야 몸이 풀린다."는 우리 민족 전통의 기본 욕구에서 착안한 것이 바로 '흙침대'이다. 이 흙침대는 '땅 힘'을 고층 아파트 위까지 옮길 수 있는 유일한 방법이기도 하여, 특히 중년 이후의 소비자들에게 인기를 끌고 있다.

흔한 재료로 만든 향토지식재산일수록 가치가 크다. 신토불이의 개념을 '먹을거리'에서 주거 공간을 확산시키는 데 한몫을 했다는 흙침대의 상품화 이후, 주거용품 시장에 황토바람이 불기 시작했다. 흙 가운데서도 특히 황토를 이용한 각종 아이디어 상품은 이미 많이 쏟아져 나왔고, 순수 황토만을 이용하던 것에서 황토에 여러 가지 특성을 더욱 융복합해 여러 형태로 만든 제품들이 많이 있다. 황토가 이처럼 각광을 받는 이유는 황토에서 나오는 원적외선(적외선 중에서도 가장 긴 파장인 3.0~1,000미크론 사이의 전자파)이 신체 내부에 전달될 때 생체의 에너지 순환과 생리활성화에 직접적인 영향을 미친다는 설과 함께 단열·보온성, 항습성 등이 입증되고 있기 때문이다.

황토 흙침대 이외의 대표적인 상품으로는 황토 페인트, 황토팩, 황토방, 황토 벽돌, 황토 온수 온돌 등이 있다. 이 밖에도 세분하면 황토 관련 제품은 무수히 많다. 황토가 가지고 있는 장점과 세계 최고라는 우리나라 황토의 품질, 그리고 이를 상품화하는 다양한 기술이 한데 어울려 국내용 상품 개발은 물론 수출까지도 가능하게 하고 있는데, 그 종류와 수요는 계속될 것이다. 주변에 흔하게 널려 있는 흙이라도 애정 어린 눈으로 돌아보면 그 누구든지 가치를 톡톡히 해 준다는 사실을 여실히 증명하는 예이다.

머드축제 및 머드 화장품

갯벌에는 많은 생명이 살고 있고, 그 지역 어민들에게는 갯벌이 무한하면서도 소중한 자원을 제공하는 보고이다. 대부분의 도시인들은 갯벌을 그냥 시커멓고, 마냥 바닷물이 들락날락해서 땅은 땅이되 농사도 지을 수 없는 땅 정도로 생각할 수 있다. 진흙을 원료로 한 머드 팩은 이미 화장품 시장에 나왔지만 오랫동안 우리의 시커먼 갯벌 흙과 연관 짓지는 못했다. 그래서 연간 350억 원어치의 갯벌 흙을 미국, 이스라엘 등지에서 수입해 화장품 원료로 쓰던 시절도 있었다. 화장품 원료인 갯벌 흙이 우리 주변에도 지천이라는 사실을 충청남도의 보령시가 가장 먼저 깨달았다.

우리나라의 서해안·남해안은 조수간만의 차가 크고, 많은 섬들로 해안선이 복잡해 갯벌이 유난히도 드넓게 펼쳐져 있다는 것은 이미 잘 알려진 사실이다. 보령시는 대천 해수욕장 부근 갯벌을 파내 화장품 기업과 제휴하여 머드 팩 등 다수의 화장품을 개발했고, 이제 '보령 머드 축제'는 우리나라뿐만 아니라 세계적으로도 유명한 여름철 국제관광상품으로 성장하였다.

태안갯벌체험, 무안황토갯벌축제, 대부도갯벌하우스

전라남도 신안군은 바닷가에 무한대로 깔려있는 많고도 많은 갯벌 흙을 조금 떠다가 한국자원연구소, 기초과학연구소 등에 성분 분석을 요청했다. 결과는 미네랄, 게르마늄, 알긴산 등 미용에 좋다는 성분이 다량 함유되어 있다는 것이다. 그것도 게르마늄 함유율이 미국 캘리포니아산의 2배 이상 높고, 평균 입도도 다른 갯벌 흙보다 3배 정도 미세하여, 이미 개발되고 있는 이스라엘 등 다른 지역 갯벌 흙보다 비교할 수 없을 정도로 우수한 것으로 판명되었다. 특히 화장품의 주성분인 베토나이트, 산화규소 등 인체에 유익한 성분이 다량 함유되어 있다는 사실도 밝혀졌다.

신안군은 화장품 전문회사와 제휴하여 머드 팩을 비롯하여 머드 샴푸, 머드 비누, 머드 바디 클렌저 등 노화 방지 및 혈액순환 촉진에 효과가 높다는 화장품을 개발했다. 신안군은 갯벌 흙을 원료로서 화장품 회사에 파는 것이 아니다. 화장품 전문회사와 생산 계약을 체결하고 이른바 OEM 방식으로 화장품을 생산하여 '신안 머드 화장품'이라는 이름으로 판매한다. 즉, 화장품 회사의 생산시설만 이용할 뿐 신안군이 원료를 가공·포장하여 전국 새마을 부녀회를 통해 판매도 직접 한다는 것이다. 기본 원료비가 거의 들지 않는 만큼 가격 경쟁력이 클 것으로 보인다.

이와 더불어 신안군 우전해수욕장에는 갯벌 썰매장과 피부 마사지 시설을 갖춘 갯벌 마사지 하우스를 열었다. 불순물을 제거한 갯벌을 제공하는 갯벌 마사지 하우스는 갯벌의 홍보는 물론 관광객 유치로 지역경제 활성화에 크게 기여할 것으로 기대된다.

아름다워지고 싶은 인간의 욕망은 영원하다. → 갯벌 흙으로 아름다워질 수 있다. → 갯벌이 가진 재산가치도 무궁무진하다. → 진흙 화장품은 '살아 있는 갯벌'이 지닌 향토지식재산 가치의 아주 작은 부분일 뿐이다.

2. 전통지식문화의 재발견

TV중계탑과 봉수대

대학시절 은사님이신 홍 일식 고려대 총장님을 찾아 뵌 적이 있었다. 그 때 홍총장님께서 내게 증정해 주신 책이 홍총장님의 저서인 '한국인에게 무엇이 있는가'(1966. 정신세계사)라는 책이었다. 나는 그 책을 읽다가 크게 감동을 받아 지금도 지워지지않는 내용이 바로 'TV중계탑과 봉수대'였다. 그 내용은 우리나라에 국영텔레비전 방송이 시작되던 1961년도의 전국 방송 중계망 건설과 관련된 에피소드였다.

당시 우리나라는 방송 기술 자체도 초보 수준의 미흡한 상황이었지만, 방송 중계탑 건설과 관련된 기술적 축적은 전혀 되어 있지 않았다. 중계탑 그 자체의 건설이야 그다지 어려운 문제가 아니라 할지라도, 정작 중요한 것은 중계탑을 대한민국 어이어디에 세우느냐인데 우선 거기에서부터 난관에 부딪히게 되었다. 그 방면의 전문가가 전무한 실정이 었기 때문이다. 그래서 전국을 종횡으로 연결짓는 이 대규모 사업을 어디서부터 어떻게 시작해야 할지 엄두를 내지 못하고 있었다. 관계자들은 하는 수 없이 방송분야에서 우리보다 월등히 앞서 가고 있던 일본의 기술을 빌리자는 결정을 내리고, 일본 NHK방송의 중계망을 건설한 회사를 상대로 어마어마한 예산이 투입되는 대규모 국책사업의 하청계약을 맺게 되었다. 그래서 일본의 실무진이 김포 공항에 도착하는 날 그들을 배웅나간 우리의 관계자들은 그들의 모습에 어리둥절하였다. 왜냐하면 일본측 방문자는 7, 8명이나 되는데 실무와 관련된 짐이라고는 작은 서류가방 하나가 전부였기 때문이었다. 우리 측에서는 당연히 측량을 위한 거대한 장비라든지 대단한 첨단기구가 함께 도착할 것이라고 예상했기 때문이었다. 그후 양측 실무회의에서 중계탑 건설 위치문제가 거론되었을 때, 일본의 전문가들은 그 문제는 이미 결론이 나 있다면서 한 서류가방에서 꺼낸 것이 뜻밖의 조선시대의 봉수대(烽燧臺)지도였던 것이다. 물론 그 지도는 우리나라 사람이 그린 것이다.

흔히 봉화대라고도 하는 봉수대는 낮에는 연기로, 밤에는 불로 외적의 침입이나 긴급한 상황을 조정이 있는 서울까지 순식간에 전달할 수 있는 통신수단으로, 지금으로 치면 일종의 송신탑이다. 봉수대는 다른 봉수대에서 보낸 시각 신호가 막힘없이 도달할 수 있도록 시야가 탁 트여 있는 높은 곳에 위치하여 한다. 또 봉수대 간의 거리는 신호를 육안으로 식별할 수 있을 정도가 되어야 하지만, '신속한 전달'이라는 통신의 목적에 맞추어 '가시거리 이내에서 최대한 멀리, 그리고 최소한의 숫자'라는 원칙이 적용되어야 한다. 이 땅에서 수천년 살아 온 우리 선조들은 우리 땅의 형세를 훤히 알고 있기에 이미 경험적으로 가장 경제적인 위치를 선정해 놓았고 그것이 실제 봉수대의 위치로 표현되어 있었다. 봉수대들은 이미 전국을 효율적으로 연결하는 '최상의 네트워크'를 구성하고 있었던 것이다. 따라서 그 지도에서 몇 군데만 고쳐 잡으면 중계탑의 위치선정 작업은 간단히 끝나는 것이었다. 텔레비전 방송에 쓰이는 초단파의 성질에 대한 간단한 상식만 있으면 누구라도 방송 중계탑과 봉수대의 입지 선정 요건은 그대로 맞아떨어진다는 것을 알 수 있다. 일본 사람은 여기에 착안하여 한국의 고지도에 눈을 돌린 반면, 우리는 그 단순한 발상을 하지 못해 막대한 재정을 일본 사람의 손에 쥐어 주어야 하는 서글픈 상황이 벌어지게 된 것이다. 더구나 그 봉수대 지도는 특별히 희귀한 것도 아니었고 마음만 먹으면 국내에서 얼마든지 구할 수 있는 것이었다. 문제는 일본사람들은 할 수 있었던 발상은 우리는 왜 할 수 없었던 것일까하는 점이다. 결코 우리가 일본사람보다 재능이나 창의성이 없어서가 아니다. 그것은 바로 전통지식문화와 자진해서 담을 쌓아 버린 단절된 우리의 의식 때문이다. 지난 날의 우리 전통지식문화는 무조건 낡고 쓸모없는 것이라고 여기고 이미 우리의 의식속에서 전통지식문화를 폐기해 버렸기 때문이다. 나아가 그 '낡은' 것속에서 어떻게 새로운 것이 나오겠느냐고 아예 발상의 통로를 막아 두고 있었기 때문이다.

홍 일식총장님은 이러한 '전통지식문화와 단절된 의식'은 '식민지 지식인'시대와 '신식민지 지식인'시대를 거치는 동안 광범위하게 진행된 '자기 부정'의 결과라고 분석하였다. 아무리 최첨단 신지식문화라 할지라도 그것은 아무것도 없는 곳에서 불쑥 솟아나는 것이 아니라 어제와 오늘의 바탕위에서 탄생하는 것이다. 그것을 무시하고 모든 것을 황무지에서 다시 시작하려고 하니 매사가 힘겹게 느껴지고 비약적 발전은 언제나 요원해 보일 수 밖에 없다.

3. 전통지식의 첨단 재창조

김치냉장고 딤채

대한민국의 대표적 전통발효식품 김치가 세계10대 건강음식으로 선정되고, 세종대왕이 만드신 한글이 유네스코에 세계문화 유산으로 선정될 뿐 아니라 한류(韓流)라고 하여 동남아시아를 비롯한 세계속에서 우리 전통에 대한 재평가가 이루어지고 있는 것은 매우 기분좋은 일이다.

그러한 움직임은 참으로 바람직한 현상이나 지나치게 전통보존이나 답습수준에 머무르거나 일부 연예계스타중심으로 치우쳐 그 지속적 생명력이나 창조적 계승발전에 이르지 못하는 것은 유감스러운 일이라 하겠다.

아직도 우리 사회 곳곳에서는 가장 한국적인 것이 세계적이라는 공허한 구호만이 난무할 뿐 이를 객관적으로 또한 범국민적 책무로써 새로운 지식과의 접목을 통한 끊임없는 전통의 재창조작업이 부족해 보인다.

여기서는 그동안의 우리 정부의 실책이나 문제점 지적보다는 전통지식의 재창조 작업의 대표적 성공사례를 소개하고자 한다.

딤채

딤채는 야채를 물에 담근다는 의미의 침채(沈菜)에서 나온 김치의 옛 고어를 브랜드로 한 김치냉장고의 상품명이다. 자동차 기계 부품 전문 업체였던 만도공조는 사업다각화의 일환으로 1991년 김치냉장고 개발에 착수하여 1995년 양산을 시작한 이래 매년 놀라운 성장을 거듭나게 한 히트 가전제품이다. 현재 국내 전체가구의 70-80%이상이 김치냉장고를 보유하게 되었고 기존의 냉장고 시장을 추월할 정도로 일반화 되었다.

이처럼 김치냉장고가 단 기간에 시장을 키울 수 있었던 것은 우리의 김치라는 전통 문화와 저장과학 기술의 창조적 작업에서 해답을 찾을 수 있다. 기존의 냉장고는 서양의 음식문화인 건조한 음식을 저장하는데 유용한 서양기술이 만들어 낸 산물이지만, 숙성과 발효를 기본 메커니즘으로 하는 김치 등 한국음식은 한계를 드러내고 있다.

김치냉장고는 여기에 착안해 김칫독을 땅속에 묻어두는 원리를 기초로 겨울철 땅속 온도를 찾아 김장김치 맛(ph4.2)을 과학적으로 재현해냈다. 그 과정에서 식품 종류별 최적온도에 대한 노하우가 쌓였고, 저장실 내의 온도 편차를 1도 이내로 유지하는 기술이 완성됐다. 저장실 내 온도 편차가 10도에 이르는 기존 냉장고와는 경쟁에서 주부들이 김치냉장고의 손을 들어준 것은 전통문화와 과학기술을 접목한 결과이다.

만도공조의 김치 냉장고 딤채는 자동차 공조기술만으로는 완성차 협력업체에 머무를 수밖에 없었던 아이템의 한계를 극복하기 위한 새로운 분야의 자체브랜드 구축의 성공적인 사례이다. 딤채의 급작스런 가전분야의 진출과 동시에 기존의 선두업체인 삼성전자는 딤채를 OEM으로 납품해 줄 것을 제안하였고, 만도의 자체브랜드 고수정책은 결국 만조공조를 성공적인 가전업체로서 가능케 하였으며, 결국 딤채에 이어 에어콘 시장으로도 진출할 수 있게 된 기틀을 마련한 것으로 평가된다.

이와같이 전통지식에 기반을 두어 그것을 기술로 구현한 상품은 탄탄한 내수시장을 창출하고 해외에서도 기술경쟁력을 확보해 글로벌 스탠더드로 잡은 사례는 많이 있다. 정부의 지원이 없어도 강인한 자생력을 갖추게 된다. '기무치'에서 맞서서 '김치'라는 이름 지키기로 끝나지 않고, 김치라는 문화에 뿌리내린 전후방 연계산업이 세계로 뻗어 나가야 하는 이유가 여기에 있다.

4. 전통지식의 첨단 융복합 사업

한옥 짜맞춤 기술

전주시는 2007년 필자가 설립멤버인 (사) 천년전주명품사업단을 설립하였다. 필자는 평소 전통한옥 중 소위 소목장들이 주로 다루는 대표적 적용기술의 하나인 못을 쓰지 않는 소위 짜맞춤기술에 관심을 가져왔다. 따라서 사단법인의 최초사업으로 짜맞춤기술의 자동화 및 표준화, 그를 통한 교육용 교구등 사업화연구개발을 위해 문화체육부공모사업을 3년간 수행한 바있다.

우리 전통 한옥의 대표적 적용 기술의 하나인 '짜맞춤 기술'은 두 부재 이상이 서로 직교하거나 경사지게 짜여질 때 맞추어지는 자리나 방법을 말한다. 맞춤에서도 이음과 같이 두 부재가 맞주어지는 자리나 맞춤 상태를 '맞춤새'라고 지칭한다.

그리고 맞춤에는 끼움기법과 맞춤기법으로 나누어진다. '끼움기법'은 수직재에 수평재나 사경재, 또는 수평재에 수직재나 사경재를 끼울 때 모재의 옆면에 다른 재의 장부 또는 촉 등의 내민 끝을 끼워 고정하는 방법이나 연결자리를 말하며, '맞춤기법'은 연결되는 부재의 단부나 중간 부분에서 서로 직각이 되거나 경사지게 맞추어지는 방법이나 연결 자리를 말한다.

맞춤은 의장성이나 목조건축물과 가구 자체의 기본 구조인 연학성·견고성·하중성 등을 겸한 결구 방법을 말하며, 이음기법에 비해 육안으로의 관찰이 어렵다. 짜맞춤의 견고성은 이미 실험으로도 검증되었는데, 나사못을 사용한맞춤보다 3배 이상 견고하다고 한다.

전주의 짜맞춤 기술연구개발은 처음부터 사업적 경쟁력 확보를 위해 차별화된 전략으로 기술에 현대적 디자인적 요소, 교육적 요소, SW 프로그램을 이용하였다. 따라서 짜맞춤 기술에 디자인적 요소를 더해 가구로써 안정감과 심미감을 더하고, 어린이 두뇌 발달에 좋다는 교육적 요소를 앞세워 교구나 전문가 교재로 출판하여 활용하며, SW 프로그램을 제작하여 기계화와 IT 기술로 사용성과 접근성을 확보한 산업용 설계 프로그램을 목표로 하였다.

그러나 전주시 산하 공공기관이 중심이 된 향토지식재산인 공유지식 창조사업이었던 짜맞춤기술개발사업은 전주시 차원의 정책적 판단에 의해 3년 연구용역이 끝난 이듬해 전주문화재단으로 흡수통합되고 그 이상의 활용사업화는 이루어지지 못한 안타까운 현실로 끝나고 말았다. 이러한 현상은 지방자치제를 비롯한 공공기관에서 자주 일어나는 문제점으로 이러한 문제를 근본적으로 해소하고 귀중한 향토지식재산인 공유지식재산들이 지역사회를 비롯한 지역공동체가 활용할 수 있는 제도적 시스템구축이 절실하다고 본다.

5. 전통 음식문화의 브랜드사업

놀부

브랜드에 대한 권리, 즉 상표권은 특허권, 저작권과 더불어 지식재산권의 꽃이라 해도 지나친 말이 아닐 정도로 고부가가치를 지닌 권리이다. 경기가 침체되면 부동산 매각을 통한 현금화가 어려운 반면, 상표권은 제3자에게 팔기 용이하다는 점도 상표권의 가치를 올려 주고 있다. 같은 물건이라도 브랜드가 붙어 있는 상품과 무명의 상품에 대한 소비자의 신뢰도는 사뭇 다르다.

똑같은 공장에서 생산된 청바지도 유통 과정에서 유명 상표가 붙느냐 마느냐에 따라 값이 몇 배까지도 차이가 날 수 있다.

이런 현상은 향토지식재산에서도 마찬가지다. 이제 소비자는 같은 값이면 상표 붙은 수박, 상표 붙은 참외를 사려고 한다. 아니 조금은 비싼 값을 주더라도 상표 붙은 두부를 사려고 한다. 상표를 붙인다는 것은 종이 레이블을 붙이는 것에서 끝나는 것이 아니라 그 상품의 품질에 대해서 책임을 진다는 뜻이기 때문이다.

운동화 생산 공장 하나도 없는 '나이키'가 상표 하나로 전 세계를 석권하듯, 앞으로의 세계시장은 상표 가치, 즉 브랜드의 힘으로 판가름이 날 전망이다. 이러한 긴박한 상황에서 우리의 농특산물이나 전통 음식 등 향토지식재산에 당당히 브랜드를 붙이고 이를 일류로 만들려는 노력은 미래의 경쟁에 대비하는 가장 중요한 투자가 될 것이다. 외환 위기의 한파로 가장 된서리를 맞은 업종은 우리나라에 들어와 호황을 누리던 외국 브랜드의 외식업체였다고 한다. 가족이 외식할 때 수입 외식 체인점을 선택한 사람은 주로 어린 자녀들이었는데, 각급 학교에서 국산품 이용을 철저히 교육시켜 아이들 입에서도 "로열티 내지 않는 상품을 쓰자."라는 말이 일상적으로 오고 갔고, 급기야 "우리는 로열티를 내지 않는 업소입니다."라는 간판을 내건 음식점이 여러 곳 등장하게 되었다. 그러나 '외국에 로열티를 지불하는 식당에는 절대 가서는 안 된다.'는 식으로 무조건적 애국심에 호소하는 논리보다는, 외국 업체의 체인점에 즐겨 가던 가족들이 한식점으로 자연스럽게 발길을 돌리게 하는 노력이 더욱 더 정당한 승부의 방법이 아닐까?

외국 음식의 공세에 대한 한식업계의 변모는 브랜드 개발 및 등록, 체인점 확보, 메뉴 현대화 등의 방법으로 나타나고 있다. 물론 브랜드의 개발과 체인점의 확보가 같은 이야기는 아니다. 그러나 메뉴가 현대화하고 특장점을 갖춰야 이름 있는 브랜드가 될 수 있고, 또 그 브랜드로 체인점을 확보해야, 혹은 최소한 상표 사용 로열티라도 받을 수 있어야 비로소 향토지식재산이 그 가치를 활짝 꽃피우게 된다.

향토지식재산의 대표적 음식 브랜드 개발로는 앞서 언급한 바 있는 봉평 막국수와 전주비빔밥 등을 들 수 있다. 전주비빔밥의 경우 특성 고증과 성분, 영양 및 조리기법의 분석, 표준화 및 품질 인증 등이 완료되어 독자 상표와 특허를 얻게 되면, 전주시나 전주비빔밥 생산자 단체 등이 상표 사용을 허용하는 음식점 말고는 '전주비빔밥'이라는 명칭을 사용할 수 없게 된다.

메뉴와 브랜드 개발에 있어 이미 여러 업체가 그 꽃을 피우고 열매를 거둬들이고 있다. 이들 업체가 내걸고 있는 주요 전략은 건강, 향수, 애향심, 우리 입맛 등이다.

우리나라에서 외식산업화는 국내 대기업중심으로 해외유명 브랜드드와의 독점계약으로부터 시작되었으며, 향토음식의 외식 산업화는 ㈜놀부가 브랜드를 개발하고 체인화하여 그 가능성을 보여준 데서 출발하였다. ㈜놀부는 보쌈, 삼겹살, 부대찌개 등 조리 매뉴얼화에 성공하여 충청북도 음성에 센트럴 키친, 즉 중앙 공급식 주방 건립을 통해 식자재 전국 배송 시스템 및 패스트푸드화에 성공하였다. 이때부터 족발, 해물탕, 닭갈비 등 여러 우리 음식이

브랜드화, 체인화의 개화기를 맞았다. 최근에는 우리 음식과 건강, 향수, 우리 입맛 등을 연결하여 메뉴를 현대화·표준화하는 형태로 바뀌었고, 북한 음식 등도 새로운 사업 분야로 등장하였다.

한식 체인점 업계의 앞으로의 과제는 외국으로 체인점을 더욱 확산시키는 일, 너무도 당연한 논리인 동시에 또 꿈같은 이야기인 듯도 여겨진다. 그러나 아닌 듯한 것에서, 없는 듯한 곳에서 가치를 만들어 내는 것이 향토지식재산을 선점하는 사람들의 특징임을 상기한다면 불가능한 일도 아닐 듯싶다. 이미 이 분야에서도 활발히 움직이는 여러 업체가 있다는 사실이 이러한 가능성을 보여 주고 있다.

6. 지역명칭의 브랜드사업

지역농특산물, 지역명소

프랑스산 브랜디 가운데 '코냑'이니 '아르마냑'이니 하는 종류가 있다. 브랜디는 본래 포도주의 증류주 형태로서 코냑은 프랑스의 코냑 지방에서, 아르마냑은 아르마냑 지방에서 나는 포도를 그 원료로 삼고 있다. 포도는 수확을 한 후에는 더 이상 익지 않는 과일로서 수확기까지의 기후가 포도주의 맛을 결정적으로 좌우한다. 지중해 연안의 그 어느 지방보다도 코냑 지방과 아르마냑 지방이 맛있는 포도주를 위한 포도 가꾸기에 좋은 조건을 갖춘 지방인 모양이다. 지방 이름 자체가 그 지방에서 원료를 제공하는 제품(포도주)의 품질을 보증해 주고 심지어 전 세계적인 브랜드로 여겨지고 있다.

우리나라에도 지방 이름을 붙여 세계적인 상품화를 할 만한 농산물은 얼마든지 있다고 본다. '나주 배'나 '영광 굴비', '음성 고추' 등 품질 면에서 다른 어떤 농산물보다 뒤지지 않는 우수한 농산물이 과일가게에 낱개로 나와 있거나, 새끼줄에 두름으로 엮여 있으면 다른 지역의 상품과 구별할 수 없다. 그래서 상인은 모든 배를 '나주 배'로 팔고, 소비자는 어떤 배도 진짜 '나주 배'가 아니라고 생각한다. 최근 소비자의 취향이 까다로워지고 물건을 고를 때 양보다는 질을 더 중시하는 풍조에 맞춰 농산물의 브랜드화가 빠른 속도로 진행되고 있다. 전에는 사과를 무작위로 수레 한가득 실어 놓으면 그 사과의 산지가 어디든지 상관없이 같은 값에 한 개라도 더 받아가려고 했는데, 지금은 어느 지방에서 나는 어느 상표의 사과가 더 맛있다더라며, 가능하면 그 사과를 다시 찾게 된다는 것이다.

이러한 경향에 발맞춰 지방자치단체들은 지역 특산물에 고유 상표를 붙여 타 지역 농산물과 차별화하고, 제품에 대한 신뢰도를 높여 경쟁력을 제고하고자 지역색을 나타내는 고유 상표를 개발, 출원하고 있다. 일반적으로 출원되고 있는 상표에는 문자가 주요부를 이루는 것과 달리 지방자치단체에서 출원하고 있는 상표들은 대부분 그 지역을 대표하는 산이나 계곡, 지역 명소, 나무 등을 도형화 하고 있다. 따라서 농특산물에 이 상표를 붙일 경우 어느 지역 산물인지 한눈에 알아볼 수 있다. 농특산물의 홍보와 품질보증을 통해 신뢰도를 높임으로써 지역 내 농가 소득을 증대시키기 위함이다. 지역의 특성 및 상징물을 도형화하여 지역의 심벌로 만든 경우를 예로 들어보면 영동군의 물한계곡, 청원군의 초정약수, 김해군의 김해비행장, 제천군의 박달재,

통영군의 바다갈매기 등이 있다.

그러나 현재 상표로 많이 쓰이고 있는 지역 내의 산, 강 등 유명한 지리적 명칭은 어느 특정인이나 기업에 독점권을 주는 현행 상표 등록에는 어려움이 있으나, 실제 농산물의 95% 이상이 지리적 명칭을 단순 상표로 사용하고 있다. 따라서 지방자치단체는 농산물의 브랜드가 현행 상표법상 등록이 가능한 '상표'로 되게 하기위해 다양한 관심을 가질 필요가 있다.

첫째, 우수한 농산물에 대한 소비자의 이미지를 높이고 구매 욕구를 유발, 농산물의 소비 촉진을 위해 제대로 된 우리 농산물 이름갖기 운동을 적극적으로 전개하고 있다.

둘째, 시·군 단위로 공동 사용 브랜드를 개발하고, 포장 디자인을 통합해 사용하는 '1군 1공동 브랜드 개발'을 장려하고 있다. 이들 공동 브랜드는 '소양강 내 고향 고추', '소양강 처녀 토마토' 등과 같이 그 지역에서 생산되는 우수 농산물에만 붙일 수 있게 된다.

셋째, 문자와 도형을 결합시켜 형상화한 지역 농특산물 브랜드를 개발, 상표 등록을 통해 상표권을 확보한다는 계획도 세우고 있다. 이미 만들어진 시·군 단위 공동 브랜드로는 영광군의 '굴비골', 강진군의 '청자골 강진', 전북 농산물의 '헬로 전북', 안성군의 '안성마춤', 함평군의 '함평천지', 순천시의 '남도미락' 등이 있다.

또한, 최근 들어 순수한 우리말 상표가 소비자에게 신선함과 친근감을 주고 있다. 농수산물인 경우, 특히 우리말 상표를 붙이는 것이 향토성 강조에 도움이 되기 때문에 고향의 느낌을 주는 어휘들이 주로 선택되고 있다. 순수한 우리말 상표 등록 사례로 '허수아비 쌀', '생글생글 밀감', '금싸라기 수박·참외', '바보네 토마토', '풀초롱 율무가루', '수랏상 당면' 등이 있다. 그러나 농수산물의 수많은 브랜드 가운데 특허청에 등록된 상표는 불과 10% 정도로서 안동의 '풍산김치', 문경의 '새재 청결미', 성주의 '대가 참외', 경산의 '압량 대추' 등이 그 예다. 현재 수출되고 있는 농산물도 단지 '한국산'으로만 표기될 뿐 지역 고유 상표는 없는 경우가 대부분이다. 농촌에서도 이제 농사를 지어 소출량을 늘리는 데만 관심을 두어서는 안 된다. 썬키스트 오렌지, 켈로스 쌀 등이 다른 공산품 못지않은 세계적인 상표로 알려진 것을 볼 때, 농수산물에 상표를 붙이고 그 상표를 홍보하는 작업도 농사 못지않게 중요한 일인 것이다.

7. 고전 인물 캐릭터사업

강릉과 장성 홍길동

전 세계적으로 캐릭터를 팔아 장사를 잘하고 있는 회사를 하나 말해 보라면 거의 모든 사람이 미국의 월트 디즈니사의 이름을 말할 것이다. 디즈니사의 캐릭터는 전 세계의 어린 아이들도 다 알 정도로 유명하기도 하고, 또 로열티를 거둬들이는 방법 또한 철저하고 확실하다.

우리나라에서도 지방자치단체들을 중심으로 한 캐릭터 사업이 진행되었고, 그중 최초의 본격적인 시도는 홍길동 캐릭터다. 그러나 캐릭터 홍길동은 세상에 나오자마자 그 실력을 발휘해 보지도 못한 채 소유권 시비에 휘말렸다. 전라남도 장성군과 한국디자인진흥원은 홍길동이 500년 전 장성군에서 실제 살았다는 연구 결과에 따라 지역 특산물과 관광문화상품에도 활용하고 한국과 장성을 대표하는 캐릭터로 만들어 보고자 개발에 착수했다. 개발을 마치고 장성군청은 1998년초 캐릭터 응용 동작 10종과 각종 엠블럼을 가지고 '홍길동 캐릭터 사업 설명회'를 가졌다. 그런데 그 직후, 강원도 강릉시가 특허청에 홍길동 상표 등록을 출원했다. 강릉시는 이미 1997년 발주한 이미지 통합 작업 중 홍길동 관련 캐릭터 제작 분야가 일부 마무리됨에 따라 홍길동 완구 및 인형에 대한 상표 등록과 업무표장 등록을 완료하였다. 강릉시는 〈홍길동전〉의 저자인 허균의 고향이 강릉시 초당동인 점을 들어 연고권을 주장하게 된 것이다.

문제는 홍길동 캐릭터 사업에 장성군이 한발 먼저 뛰어들었으나 상표 출원은 강릉시가 먼저 함으로써 발생하였다. 상표가 등록되면 홍길동 마스코트 인형, 목재 완구, 플라스틱 완구, 가면, 티셔츠, 가방 제작 등등 여러 가지 분야에서 독점적 우선권을 갖게 된다. 이러한 분쟁은 우여곡절 끝에 장성군이 강릉시가 상표 선등록을 하였음에도 불구하고 실제 사업에 사용하지 못한 이유로 인해 상표취소심판에서 승리함으로서 일단락되었다. 강릉시는 결국 그동안 홍길동 캐릭터 관련 수많은 사업과 투자를 접어야 했다. 이러한 홍길동 캐릭터 분쟁을 보면서 장성군과 강릉시가 서로 수많은 시간과 투자를 한 상태에서 극단적인 대립을 하지 말고 모두 상생할 수 있는 길-예를 들어 강릉에서는 홍길동의 어린시절을 중심으로 운영하고, 장성은 장년시절을 중심으로 하여 소비자들에게 다양한 볼거리를 제공하는 등-으로 상생을 제안할 전문가 집단은 없었는가 하는 짙은 아쉬움이 남는다.

굴뚝 없는 수출 상품 캐릭터. 이왕 고전 인물 캐릭터로 세계시장에 진출하기로 마음먹었다면 내 것 네 것을 따지기보다 어떻게 더 잘 팔수 있는가를 따져 양보와 협조 체제를 이뤄나가는 것이 국가 이익에 공헌하는 길임은 너무도 자명한 사실이다.

8. 지명스토리 해외사업

태국 서빙고

지금과 같은 냉장고와 같은 전자기술이 발전되지 못하던 조선시대에는 겨울철에 단단하게 언 한강의 얼음을 잘라내어 지하창고에 저장하고 이를 여름철까지 보존하여 임금님께 진상하는 저장장소가 있었다. 이와 같이 계절을 넘어 오랜 시간 얼음을 보존할 수 있던 창고의 이름이 바로 한강이라는 자연환경을 활용하여 탄생된 〈서빙고〉이다. 서빙고는 그 후 지역과 도로의 이름이 되고 현재는 서빙고동과 서빙고로로 지금까지 사용되고 있는데, 이 오래된 상징적 스토리를 지닌 '서빙고'라는 지명이 빙수가게의 이름으로 국내를 넘어 태국 방콕의 수도인 시암스케어 거리에 탄생하게 되었다.

한강 주변에서만 운반이 가능하던 서빙고의 얼음을 잊지 않고 오늘날 바다를 건너 태국까지 정착시킨 젊은 이가 바로 황동명 씨(1982년생)이다. 그는 태국에서 사업아이템을 구상하던 중 태국의 무더운 기후에 착안하여 현지에 맞는 빙수 아이템을 선정하였다. 이때 그는 단순한 상품을 주고받는 무역이 아니라 그동안 소호무역을 하며 얻은 자신의 경험이 기반이 된 문화와 콘텐츠를 수출 전략을 세웠다.

타지역 특히 해외에서 창업을 하기 위해서는 현지인들의 경험과 지식이 중요했다. 이러한 황동명 씨의 경험지식은 현지 태국인을 한국의 빙수시장으로 직접 데려와 그들의 체험과 아이디어를 융합해 완성한 것이 바로 현지 과일을 이용한 '망고빙수'라는 새로운 아이템이었다.

우리가 중요하게 생각해야 할 포인트는 해외에 수출된 것은 그저 단순한 완성된 상품인 빙수가 아니라는 점이다. 수출을 위해서는 최소한 국내에서는 어떠한 상품을 발굴을 해야 하고, 현지화를 위한 과정까지 충분한 노력과 검토가 필요하다. 그는 처음 일본에서 소위 소호 수입 무역을 시작하며 직접 부딪히면서 쌓인 경험지식을 토대로 중국과 태국에 진출할 수 있었으며, 그러한 해외 무역 경험이 개인에게 체화된 경험지식 노하우로 창업 성공까지 이어진 것이다. 많은 청년들의 경우 창업이건 해외 수출이건 해당 아이템이나 사업부분에 내재된 보이지 않고 그래서 사소하게 생각하기 쉬운 현장에서의 차별화된 경험지식에 주목하여야 한다고 본다. 그런 측면에서 특정 부분에 경험지식을 가진 시니어들이나 현지인과의 협업도 충분히 고려하여야 할 것이다. 이러한 태국에서의 빙수 창업이 태국내의 규모있는 규모로 성장하고, 나아가 〈서빙고〉라는 한국의 문화역사적인 스토리를 가진 브랜드의 차별성을 살려 한국에 역수입되는 것은 물론 글로벌 브랜드로 성장시키는 것은 또다른 차원의 숙제이다. 이 서빙고의 빙수사업은 초기 엄청난 현지의 관심을 끌어 곧바로 2호점까지 내었다. 그러나 곧바로 유사경쟁업소가 우후죽순처럼 생겨나면서 1년도 못넘기고 서빙고사업은 현지인에게 넘기고 철수하게 되었다. 참으로 안타까운 경험이지만 해외 진출을 노리는 젊은 청년들은 최대한 향토지식재산이 보유한 특성을 사업에 반영하여 혼자가 아닌 협업이나 패기지 진출도 고려하였으면 한다.

9. 지자체 명칭 캐릭터사업

고양 고양이 캐릭터

한때 일본 지지체의 유명한 캐릭터열풍으로 우리나라 지자체에도 캐릭터 열풍이 있었던 시기가 있었다.

대표적인 사례로 고양시의 '고양 고양이'캐릭터는 지역 축제에 나서 사인회도 하는 스타였다. 일산 신도시에 비해 상대적으로 덜 알려진 '고양시'를 알리기 위해 만든 캐릭터가 한때 대박을 쳐서 매스컴에 회자되기도 하였는데 언제부터인지 슬그머니 사라져 버린 사례가 있다. 우리나라의 경우 광역 지자체는 물론 시군에 이르기까지 거의 캐릭터를 가지고 있으며, 지자체장이 바뀔 때마다 계속하여 새로운 캐릭터가 탄생되는 것이 일반적이다. 대표적으로 돌하르방과 해녀 하면 떠오르는 제주, 고래 축제가 유명한 울산, 강원도 반달곰, 보신각종이 유명한 서울 종로, 고인돌이 많은 인천 강화, 홍길동전의 배경인 전남 장성의 홍길동 등 지역에 맞는 캐릭터들이다.

남원시는 지역을 대표하는 캐릭터로 '흥부와 놀부', 그리고 '성춘향'을 개발하였고, 연놀부 형제가 남원에서 살았던 실존 인물이라는 역사적 고증이 발견됐다며 연고권을 주장하였다. 또, '흥부와 놀부' 생가도 복원해 관광사업을 벌이고, 캐릭터를 이용한 각종 상품 디자인 개발을 추진하고 있다.

그러나 캐릭터에 대한 개성도, 홍보도, 마케팅 전략이 부족한 곳이 대부분이다. 지난 88올림픽 마스코트 호돌이의 아들 왕범이를 서울시가 캐릭터로 삼아 10년 넘게 활용하였으나 큰 인기를 얻지 못하고 2009년 전설의 동물인 해치로 교체되었다. 그러한 해치마저도 애니메이션까지 만들면서 50억 원이 넘는 돈을 홍보에 쏟아 부었으나 지금 남은 건 서울 택시의 문짝뿐이란 얘기까지 듣는 실정이다. 지역을 알리고 돈까지 벌어들이는 캐릭터, 그 힘은 지역 주민들의 공감에서 나온다는 교훈을 지방자치단체나 지역사회는 명심하여야 할 것이다.

캐릭터 사업에서 중요한 점은 캐릭터를 통해 어떻게 지역주민들의 공감을 끌어낼 것인가라는 본질적인 문제와 어떻게 상품화하고 홍보할 것이냐의 마케팅 문제이다. 마케팅 계획이 확실하지 않은 사람이 캐릭터의 소유권자가 되면, 그 귀중한 캐릭터가 사장되거나 널리 퍼지지 못할 것임이 분명하다. 디즈니사가 비슷비슷한 캐릭터를 가지고 마치 매번 새로운 상품인 양 팔고 또 팔아 장사에 성공한 비결이 세계적인 마케팅 조직력 덕분이라는 사실을 새삼 인식하면, 캐릭터의 포인트는 디자인이 아니라 마케팅이라는 사실도 금세 깨달을 수 있다.

이런 점에서 지자체에서 보유하고 있는 캐릭터 뿐만아니라 수많은 축제 콘텐츠, 연구용역 결과물, 지자체가 사실상 관리주체가 되는 지명이나 유명 인물, 지역유산 등 수많은 지역공동체유산에 대한 발굴-보호 관리하고 나아가 재창조하려는 분명한 자각이 필요할 것이다.

10. 향토지식재산의 연계도구 재창조 사업

불고기구이판 크린로스터

여기서 말하는 연계 상품이란 향토지식재산이 될 만한 품목을 더 편리하게, 더 쾌적하게 접할 수 있도록 보조해 주는 상품을 뜻한다. 다시 말해 대표적인 우리 향토지식재산인 불고기 요리의 수출을 위해 개발한 불고기 구이판, 영양 많고 맛 좋은 청국장의 대중화를 위해 만든 청국장 제조기, 각종 전통 요리를 집에서 간편하게 해먹을 수 있도록 돕는 식품 DIY 제조기 등이 그것이다. 연계 상품의 개발은 향토지식재산을 더욱 많은 사람이, 더욱 편리하게, 더욱 쉽게 접할 수 있도록 도와 그 활용도를 높여 줌으로써 향토지식재산 그 자체 못지않게 중요한 의미를 갖는다.

불고기는 김치, 태권도 등과 같이 '한국' 하면 생각나는 것 중 하나로 꼽히는 소중한 우리 향토지식재산이다. 그러나 불고기는 외국인들이 직접 요리를 해 먹기에는 여러 가지 불편한 점이 있다. 여러 가지 재료와 양념이 필요하고, 균일화한 조리법도 없는 데다 구울 때 냄새와 연기가 많이 나는 것도 불고기 보급의 장애가 되고 있다.

특히, 들여다보지 않으면 옆 테이블에서 무슨 음식을 먹는지조차 알지 못할 정도로 여간해서는 냄새도, 연기도 피우지 않는 서양 음식점 문화의 한가운데 불고기를 뿌리내리기는 무척 힘이 들었다. 그러나 수출 증대를 위해서는 '서양'으로 뭉뚱그려지는 미국, 유럽을 무시할 수 없었다. 그래서 나온 아이디어가 냄새 안 내고, 연기 안 내는 불고기 구이판의 개발이었다.

전라남도 함평군에 있는 ㈜유일금속(현 유일크린로스터) 대표 김길현 씨의 소망은 불고기를 미국의 햄버거나 일본의 샤브샤브처럼 전 세계인이 즐겨 먹는 요리로 만드는 일이었다. 그가 연구한 바로도 불고기가 세계인의 요리가 되지 못하는 이유로 쉽게 타 버리고, 연기가 많이 나며, 냄새를 진동시킨다는 점이 꼽혔다. 이런 문제점을 해결하기 위해 그는 2년간 연구 끝에 섭씨 260℃라는 의미 깊은 온도를 찾아내었다. 고기가 타기 시작하는 온도는 바로 260℃, 그러나 얄궂게도 고기는 이 탈 듯 말 듯 한 온도에서 구워야 제맛이 난다는 사실도 함께 알게 되었다.

맛의 문제는 해결했으나 이 온도에서 고기를 구우면 연기가 난다는 점은 피할 수 없었다. 이번에는 이 문제 해결에 매달려 결국 온도 제어 장치를 달고 촉매를 통해 연기를 분해시켜 다시 연료로 사용할 수 있게 한 구이판을 만들어 냈다.김길현 사장은 이 기막힌 상품을 들고 미래의 불고기 시장인 미국으로 달려갔다. 시카고에 있는 교포가 경영하는 식당 두 곳에 납품했고, 금세 그 성능에 대한 소문이 나서 샌프란시스코와 로스엔젤레스에서 대리점 개설 요청까지 들어왔다. 이름하여 '크린 로스터'. 그러나 크린 로스터는 미국 시장에서 의외의 문제에 부딪혔다. 상품 주문을 한 고급 호텔 식당과 대형 업소로부터 미국 측 품질인증서가 없다는 이유로 납품을 거절당한 것이다. 미국에서는 식당이 각종 보험에 가입할 때 품질인증이 없는 가스 기기를 사용하면 10배 이상의 보험료를 내야 하기 때문이었다.

이번에는 AGA(미국가스협회) 인증을 받기 위한 연구를 시작했다. 목표는 식당 옆자리의 사람에게도 냄새가 번지지 않을 만한 기술을 개발하는 것이었다. 한 해 동안의 고생 끝에 세라믹 필터를 개발했고, 국내 기업 최초로 AGA 인증서를 획득해 수출의 걸림돌을 완전히 제거했다. 국내 기업으로는 최초였다. 미국에서 유명해진 불고기 구이판 '크린 로스터'는 한국으로 건너와 주문이 밀리기 시작했다. 드디어 불고기가 세계인의 요리가 되고 있는 것이다.

식품DIY제조기

경제 용어의 하나로 '엥겔 계수'라는 것이 있다. 전체 생활비 가운데 식비가 차지하는 비율로, 이 계수가 높을수록 빈곤한 가정임을 알 수 있다는 것이다. 그러나 생활수준이 높아지면서 이 엥겔 계수와 빈곤과의 상관관계는 점차 의미 없는 것으로 여겨지기 시작했다. 가계 수입은 같아도 이른바 식도락을 즐기는 가정은 엥겔 계수가 높을 것이고, 먹는 것을 별반 중시하지 않는 가정은 엥겔 계수가 낮을 테니 말이다. 심지어 한때 아이들 간에는 가족의 외식이 부의 척도로 얘기된 적도 있었을 정도다.

그러나 세태가 또다시 변해 이젠 외식도 별로 자랑거리가 아니다. 대부분이 맞벌이 부부에, 가족 구성원 모두가 바빠지면서 자연 매식이 많아지고, 그에 따라 매식을 위한 산업도 여러 가지로 발달했다. 그러면서 가족들은 다시 가정 안에서 만드는 음식을 그리워하게 되었다.

"집 밖에 나가 인공 조미료 많이 들어가고 불결한 음식을 먹는 것보다는 집에서 내 가족을 위해 정성껏 만든 음식을 먹고 싶다. 또 농약을 뿌린 채소가 아니라 직접 가꾼 무공해 채소를 먹고 싶다. 그러나 시간이 없고 솜씨도 부족하다."

이러한 욕구와 현상을 해결하는 것이 식품 DIY(Do It Youtself) 제조기들이다. 옛날 재래식으로 음식을 만들어 내던 우리 조상들이 보면 어설프기 짝이 없는 기계들이지만, 이들의 대부분이 우리 고유의 입맛을 지키기 위해 전래 음식 제조기임을 생각하면, 오히려 보급과 확산이 고마울 지경이다. 현재 시중에 나와 있는 식품 DIY 제조기는 두부, 누룽지, 콩나물, 청국장 등의 제조기와 참기름 채유기, 과실주 제조기 등 아주 다양하다. ㈜대두식품의 두부 제조기 '두부촌'은 콩가루를 끓여 20분만 보온하면 연두부, 단단한 일반 두부는 물론 우유 두부, 대추 두부 등 새로운 형태의 두부도 만들어 준다.

㈜엘리온이 개발해 특허 등록한 '누룽지 제조기'는 찬밥을 넣은 다음 3분만 지나면 한번에 6cm 크기의 누룽지 6개를 만들어 낸다. 10여 개의 중소기업들이 경쟁적으로 시판 중인 나물 제조기로는 콩나물을 비롯하여 숙주나물, 배추순, 무순, 보리순, 케일순 등을 한꺼번에 재배할 수 있다. 나물 제조기는 채소를 재배해 수확한다는 의미 외에도 실내 공기의 습도를 조절하고, 생물의 성장 과정을 보여 줌으로써 자녀 교육에도 도움이 되는 등 다양한 장점이 있다. 특히 도시농업 붐에 따라 적용 가능성이 커지고 있다.

㈜부일가전이 내놓은 '채유기'에서는 참깨만 넣으면 필요한 양의 진짜 참기름이 흘러나온다. 이들 식품 DIY 제조기 개발의 숙제는 제품의 경제성을 높이는 것이다. 상당수의 사람들이 비싼 기계를 사는 것보다 소량의 식품을

사 먹는 편이 낫다고 생각하기 때문이다. 식품의 안전성이 보장되고 정성어린 음식을 직접 해 먹을 수 있는 기계가 값도 싸다면, 더욱 많은 가정에서 더 많은 관심을 가지고 찾을 테니 말이다.

11.향토지식재산 명품화사업

강진 맥우

이미 시장이 형성되어 있는 상품을 팔아 남보다 높은 소득을 올리려면 일단 '튀어야 한다'는 것은 누구나 다 알고 있는 사실이다. 물론 같은 제품을 가지고 마케팅 측면에서 튀는 방법도 있겠다. 그러나 가장 확실히 튀는 방법은 품질 면에서 차별성을 띠는 것이다. 남과는 뭔가 다르고 또 다른 바로 그 점이 소비자가 바라는 바라면, 앞서 시장을 차지하고 있는 경쟁자를 제치고 그 앞으로 나서는 것은 시간문제가 된다.

품질 차별화의 문제는 우리나라에서 생산되는 모든 산물에 다 해당한다. 인공 부화기로 깐 노란 병아리 한 마리가 1,000원이라면 병아리에 분홍 물감을 들여 1,500원에 파는 세상이다. 이미 팔리고 있는 그 어떤 상품이라도 순수 국산이고 남과 다른 획기적인 장점을 갖게 된다면 향토지식재산으로 손색이 없게 된다.

옛날 어른들께서는 "여름 소는 맛이 없다."는 말씀을 하시곤 했다. 여름 쇠고기와 겨울 쇠고기의 맛이 다르다는 것이다. 그때는 냉동, 냉장이 시원찮아 여름에 잡은 쇠고기는 여름에 먹어 치워야 했으니 '여름 소', '겨울 소' 얘기가 나올 수밖에 없던 시절이다. 여름 소는 죽기 직전에 생풀을 먹고 지냈기 때문에 건초를 먹는 겨울 소에 비해 맛이 없다고 했는데, 그 이유는 정확히 알 수가 없다. 어쨌든 지금은 '여름 소', '겨울 소'가 따로 없다. 여름에 잡아서 냉동 보관을 하기 때문이다. 또, 무엇보다 요즘 소들은 봄, 여름, 가을, 겨울을 막론하고 사료만 먹기 때문이다.

그런데 요즘엔 특수 사료를 먹여 남의 집 소와 다른 소로 키우는 예가 많아졌다. 이른바 '기능성 사육'이다. 사료에는 별별 것이 다 있다. 술이며 양파며 해초며, 심지어는 한약을 먹고 자라는 소나 닭도 있다. 이들이 추구하는 기능이란 주로 부드러운 맛과 고혈압, 비만 등 성인병 예방이다. 다른 축산 농가 생산품과 품질에서 다른 점이 눈에 띄니, 소득 면에서도 차별화가 가능한 것은 당연한 이야기다.

전라남도 강진군의 강진맥우작목반은 특수 사료를 개발한 한우에 먹이고 있다. 특수 사료란 맥주보리와 밀가루로 만든 막걸리에 두충, 감초, 갈근 등 10여 종의 한약재를 첨가한 '알코올 액상 사료'로, 이 사료를 먹고 자란 소는 육질이 부드럽고 쇠고기 특유의 냄새가 나지 않는다. 강진맥우작목반은 사육기술 면에서도 차별화를 시도했다. 먼저 한우 개량 단지에서 순수한 혈통의 송아지를 구입해서 질 좋은 건초를 먹여 위와 뼈대를 키운다. 한약재가 들어간 액상 사료는 보통 시장에 내보내기 200여 일을 앞두고 물에 풀어 매일 먹인다. 일반 볏짚 사료를 먹이면 쇠고기가 잔류 농약으로 오염될 염려가 있으므로 직접 재배한 양질의 건초를 먹이고 있다.

전라남도 무안군 무안 축협이 개발한 쇠고기. 비타민 덩어리인 양파와 우리밀기울(소맥피)을 섞어 만든 '양파 여물'을 먹여 키운 소의 고기다. 시장 출하 6개월 전부터 한우에게 하루 3.6kg씩 이 여물을 먹인다. 양파 한우에는 성인병 예방 효과가 있는 불포화지방산이 일반 한우보다 많이 들어 있고, 지방산 함유율도 5배 이상 높아 고기가 부드럽고 맛이 좋다. 원래 무안군은 양파 산지로 유명한 곳. 전국 생산량의 25%를 차지하던 무안군의 양파가 파동으로 인해 땅에 묻혀 버릴 위기에 처했을 때 축협과 군청, 농업기술센터가 함께 머리를 맞대고 연구하여 얻어 낸 결실이다. 위기를 기회로 바꾼 대표적인 예라 할 수 있겠다.

12. 외래문화상품과 우리 원료와의 융합

음식에도 궁합이 있다고 한다. 궁합이 잘 맞으면 곁들여 먹었을 때 보약이 되고 궁합이 맞지 않는 음식을 함께 먹으면 안 먹느니만 못할 수도 있다는 것이다. 그래서 가끔은 같이 먹어 좋은 식품끼리, 즉 궁합이 맞는 식품끼리 하나의 상품으로 만들어졌으면 하는 생각이 들기도 한다. 비단 식품에서만의 이야기는 아니다. 어떤 제품이든 간에 궁합이 잘 맞는 제품을 서로 결합시켜 하나의 상품으로 만들어 낸다면, 그 가치와 편의를 몇 배로 상승시킬 것이다. 외래 식품에 우리 원료를 접목해 성공을 거둔 경우 주목할 만한 향토지식재산으로 될 수 있다.

양산박요리

우리나라의 박 이야기 중 가장 유명한 것은 역시 〈흥부전〉이다. 원래 흥부내외는 제비가 주고 간 박씨를 심어 박이 열리면 곱게 타서 박속으로 아이들의 허기진 배를 불려 볼 심산이었다. 그런데 그 탐스런 박에서 금은보화가 쏟아져 나오는 바람에 '박속'은 곧 잊혀지고 말았다. 박속은 산모의 부기 내리기용 식품으로 잘 알려져 있고, 일본에서는 다이어트 식품으로 선풍적인 인기를 끌고 있는 영양 식품이다. 그런데 박 요리의 원조인 우리나라에서는 박 요리가 여러 형태로 개발되고 대중화하지 못한 실정을 간파하고, 경북 양산에서 '양산박'이라는 기업의 대표 한경수 씨가 박 요리 개발, 보급에 착수했다. 본래 한경수 씨는 박공예가인데, 공예품 제작 후 버려지는 박속을 먹을거리로 만드는 방법을 연구하기 시작한 것이다.

첫 제품인 '양산박 햄버거'는 박고지를 넣어 만든 햄버거로, 1993년 독일 베를린식품박람회에서 호평을 받았다. 이후 '양산박 버거', '양산박 샌드위치' 등으로 제품을 개발해 일본과 독일에 수출도 했다. 양산박은 박 가공 식품의 가치를 세계적으로 인정받은 뒤 국내에 박 요리 가족점 사업도 벌여 박 요리 보급에 힘쓰고 있다. 양산박 박 요리 가족점에서는 박수제비, 박국수, 박냉면, 박장아찌, 박낙지전골 등 박을 이용한 각종 요리를 선보이고 있다

녹차 아이스크림

녹차와 아이스크림, 언뜻 보면 궁합이 잘 맞지 않을 것 같다. 그러나 일본에서는 미국 아이스크림 업체인 하겐다즈의 신상품 녹차향 아이스크림이 선풍적인 인기를 끌고 있다. 하겐다즈가 녹차의 본고장 일본에서 녹차 아이스크림으로 성공하고 있는 이유는, 녹차 향 중에서도 수백 년 동안 일본의 전통의식

등에 상용되어 온 고급 녹차인 '마차'의 맛이 나도록 만들었기 때문이다. 선진 아이스크림 기술과 일본인의 입맛이 잘 조화된 데서 오는 성공이었다.

우리나라에서도 전통 원료를 이용한 식품 개발에 주목하고 있다. 그 이유는 불황을 잘 타지 않기 때문에 업계에서는 전통 원료를 접목한 새 제품을 만드는 데 힘을 기울이고 있는 것이다. 녹차아이스크림은 실제 필자가 2000년대 보성녹차 지리적 표시사업중 미국의 아이스크림업체에 녹차를 수출하면서 관심을 갖게 된 일이기도 하다.

고려당은 차잎을 그대로 섞어 만든 '차 카스테라'를 개발했다. 제과업계는 녹차 성분을 함유한 각종 껌 제품을 내놓고 시장 쟁탈전을 벌이고 있고, 우유업체와 청량음료 업체들도 차를 이용한 '녹차우유', '차사이다', '차냉커피' 등의 개발 연구에 돌입했다. 녹차든 죽염이든 솔의 싹이든, 이 첨가물들의 공통점은 '몸에 좋은 식품'이라는 점이다. 이런 종류의 첨가물이 든 식품을 즐겨 찾는 사람들은 건강에 대한 기본 욕구를 가지고 있을 것이라 추측된다. 또, 전통의 맛을 원하거나 색다른 맛을 찾는 사람들일 가능성도 높다. 사람들이 가지고 있는 심리나 기본 욕구를 이리저리 잘 조합하면, 서로 다른 식품을 결합하여 새로운 향토지식재산으로 만들어 낼 만한 여지는 얼마든지 있다.

김치스파게티

서양 음식과 김치를 결합하면 어떤 맛이 날까? 김치는 이제 우리나라뿐 아니라 세계인의 식품이 되었다. 따라서 김치의 소비량을 늘리고 다양한 방법으로 김치를 먹을 수 있게 하기 위한 각종 식품의 개발은 식품 업계의 필수

과제가 되었다고도 할 수 있다.

롯데호텔 이탈리아 식당 '베네치아'에서 근무하는 김송기 씨는 '김치스파게티'를 개발했다. 스파게티의 주 원료가 마늘·고추·올리브유로, 김치와 색깔과 재료가 비슷하다는 점에서 착안했다. 다진 양파와 마늘, 베이컨을 올리브유에 볶다가 어느 정도 익으면 주사위 모양으로 썬 김치를 넣고 양송이 토마토 소스, 바지락 국물을 넣어 맛을 낸다. 바지락 국물이 느끼하지 않으면서 스파게티 특유의 진미를 그대로 전해 주는 비결이라 한다.

김치아이스크림도 있다. 정말 안 어울릴 것 같은데 의외로 김치의 새콤한 맛과 아이스크림의 달콤한 맛이 잘 어울린다고 한다. 제주 홀리데이인 레스토랑 '바카렛'에서 충분히 발효된 신 김칫국물로 아이스크림을 만든다. 김칫국물을 끓여 맛을 가라앉힌 후 소량만 쓰기 때문에 빨갛거나 매운맛은 나지 않는다. 그러나 실제로 '김치 맛'은 살아 있다. 김치아이스크림은 버리는 김칫국물의 재활용도 가능할 뿐 아니라, 김칫국물에 든 젖산이 소화를 촉진해 디저트로서 아주 훌륭한 아이스크림이다.

또, 노보텔 앰배서더는 '김치케이크'를 내놓았다. 김치케이크는 김치를 잘게 잘라 말린 후 특수 반죽법으로 밀가루와 합쳐 만든 것으로, 외국인 고객들에게도 인기가 높다. 호텔 롯데도 '김치빵'을 만들었다. 한국을 찾는 외국인, 특히 김치를 우리보다 더 좋아하는 일본인 관광객들을 판매 대상으로 개발한 상품이다.

인삼 코냑

프랑스산 코냑과 충청남도 금산에서 재배되는 수삼을 어우른 고급 인삼주가 시판되고 있다. 이름은 '고려삼비주'. 소주에 인삼을 우린 기존 인삼주와는 달리, 프랑스에서 3년 동안 숙성된 코냑 원액에 4년짜리 금산 수삼을 넣고 다시 6개월을 숙성시킨 새로운 개념의 술이다.

우리나라는 인삼의 본고장이고, '고려인삼'은 최고급 인삼으로 세계로부터 인정을 받고 있다. 우리네 가정에서도 말간 병에 수삼을 넣고 소주를 부어 놓은 '인삼주'를 흔히 담가 먹는데, 인삼주 시장은 생각보다 활발히 형성되지 않았다. 인삼은 그 쌉쌀한 맛이 다른 과실과는 달리 술을 달착지근하게 만들지 않아 술 담가 먹기에 알맞은 재료인데도 말이다. 그 이유는 뭘까? 이제까지는 바로 가정에서 '흔히' 담가 먹는 그 술맛과 차별화한 술맛을 만들어 내지 못했기 때문이다.

고려삼비주는 집에서 담근 인삼주와 우선 맛에서 차별화를 성공시켰다. 인삼의 쌉쌀한 맛과 코냑의 은은한 맛이 뒤섞여 부드러운 맛을 낸다. 알코올 도수는 45도. 크리스털 타입의 고급 병에 담아 포장도 기존 인삼주와 차별화했다. 또, 아직 인삼주를 맛보지 못한 외국인들에게는 인삼의 뛰어난 효능과 새로운 맛으로 기존 양주와는 달리 접근하게 될 것이다. 맛이 다른 만큼 인기도 큰 차이를 보일 것이라 기대된다.

13. 국내 명인과 해외 명가와의 융합

화혜장과 스페인 명가, 청자만년필

우리의 향토지식재산인 중요무형문화재 116호 화혜장 황혜봉 선생님과 스페인 165년 가죽 명가 로에베의 결합은 어떠한 모습일까?

'화혜장'이란 전통 신을 만드는 장인으로, 조선시대 신목이 있는 신발인 화(靴)를 제작하는 '화장(靴匠)'과 신목이 없는 신발인 혜(鞋)를 제작하는 '혜장(鞋匠)'을 통칭한 것이다. 전통 신 제작은 가죽을 주재료로 하여 수십 번의 제작 공정을 거쳐 이루어질 만큼 고도의 기술과 숙련된 장인의 솜씨로 완성된다. 조선시대에는 이러한 장인 및 신과 관련된 각종 문헌이 등장하며, 이를 통해 당시 생활 모습을 짐작해 볼 수 있다. 이러한 점에서 화혜장은 역사적 가치뿐만 아니라 제작 기술에 대한 학술적 연구 가치도 크다.

스페인 전통문화를 패션에 접목시켜 새로운 디자인으로 재탄생시킨 165년 전통 스페인 가죽명가 '로에베'는 1905년 스페인 국왕 알폰소 13세부터 스페인 왕실 납품 업체로 발탁되어 스페인 왕가에 납품하며, 1908년에는 영국 왕실도 로에베의 제품을 납품 업체로 선정, 유럽 왕실들이 인정한 최고급 브랜드로 자리 잡았다. 로에베의 장인들은 평균 20~30년의 경력을 자랑하는 숙련된 기술자들로, 가죽 선별에서 제품 생산까지 모든 기술을 도제방식으로 전수한다. 또한 로에베에는 30년 동안 가죽만을 전문으로 선별하고 관리하는 가죽 장인이 있다. 일반인들은 육안으로 식별할 수 없는 가죽의 작은 흠집까지 찾아내고, 최상의 가죽을 찾아 전 세계를 돌아다니는 가죽 장인과 대부분의 공정을 수작업으로 한 땀 한 땀 만들어 내는 장인들의 정성이 로에베의 성공 비결이다.

청자만년필 Myongong

국내외 명장 융복합사례 〈청자만년필 '명공(Myongong)'〉은 전통 도자기술을 응용하여 명품화에 성공한 대표적인 사례이다. 2006년부터 전남지역 도자기 벤처기업과 개발에 착수하여 약 3년여 만에 청자명품만년필 시제품을 개발하는 데 성공하였으며, 청자만년필 명공이 영국 해러즈백화점 필기구 코너에 입점해 세계적인 명품 만년필들과 판매 경쟁을 하였다.

대량생산의 시기를 지나 산업이 고도화될수록 콘텐츠와 결합한 산업이 고부가가치 산업으로 등장하고, 고부가가치 제품에는 스토리와 국가 고유의 브랜드화가 필요하다. 만년필 핵심 부품 펜촉과 클립은 몽블랑 부품 회사에 OEM으로 제작 중이며, 국내 최고의 브랜드 전문가의 도움을 받아 '명공' 브랜드를 개발하여 틈새시장에 대한 집중화 및 특화, 정부지원사업과 연계한 끊임없는 기술개발 및 투자, 우리 고유의 전통 기술 세계화를 통한 가능성을 보여 준 대표적인 사례이다.

국가브랜드 차원에서 접근하여 세계화를 추진하고 있다. 이제 우리만이 아닌 세계시장에서 긍정적 평가를 받은 그리고 받을 수 있는 향토지식재산을 글로컬 산업화하는 것이 필요하다

14. 전통혼례문화의 해외상품화

합근박과 Love watcher

미국 오클라오마에 한국의 전통혼례문화를 청춘남녀들의 문화상품으로

주고받는 풍습이 유행하고 있다는 오래전 현지 잡지 보도가 있었다. 한국전 쟁에 종군했던 한 미국 병사가 한국의 합근박을 보고 고국에 돌아가 흉내 낸 것이 미국의 새 풍속으로 번지고 있다고 했다.

'합근박'이란, 한국 전통 혼례에서 신랑 신부가 표주박 잔에 따른 술에 입을 같이 댐으로써 일심동체임을 다지는 의례상의 술잔이다. 이 표주박에 청실 홍실로 수실을 달아 신혼방의 천장에 매달아 사랑을 감시하게 하는 민속이 있었다. 돈 있는 집에서는 표주박 가장자리를 은으로 장식하여 깨지지 않고 백년해로를 기원했던 것이다.

같이 살다 불화가 생기고 싸움할 일이 없지 않을 것인데, 그럴 때마다 천 장의 이 사랑의 감시자를 올려다보고 얼마나 참았을까 싶다. 서양 사람의 눈 에 이 합근박이라는 사랑의 감시가 낭만적으로 보였을 것이며, 고국에 돌아 미국 오클라호마 일대에 '러브워처(Love watcher)'라는 장식 표주박을 침실 천장에 걸어 놓가 흉내 낸 것이 '러브워처'로 상품화까지 된 것이다. 이는 한 국 문화의 세계적 수용이나 확대의 잠재력을 보여 주는 것으로, 이를 재창조 하고 장식을 가하여 상품화하면 미국뿐만 아니라 세계적으로도 반드시 각광 을 받을 것이다. 따라서 향토지식재산의 세계화란, 세계 속의 한국의 것을 소 멸시키는 과정이 아니라 한국의 것을 발굴해 세계 지식문화 발전에 기여하 는 것이다. 그래서 더 많은 향토지식재산을 발굴, 재창조하여 해외에 가지고 나가 세계 지식문화를 살찌게 하고 다양하게 하면서 경제적 이득을 챙기는 것, 그것이 바로 향토지식재산에서 미래가치를 찾는 길이다.

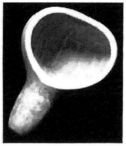

한국 전통혼례에서 합근박을 의례상   합근박   표주박에 매달던 청실홍실
술잔으로 사용하고 있다.

15. 향토지식재산의 글로컬 신시장 창출

일본 두부스테이크

무(無)에서 유(有)를 창조하는 것은 정말 가능할까? 물론 가능하다. 아니 그 것보다는 영원한 무(無)는 없다고 봐야 할 것이다. 세상은 자꾸 변하고 지구 는 자꾸 좁아진다. 얼마 전까지만 해도 서양인이 우리의 매운 김치를 즐겨 먹 으리라고 누가 생각이나 했을까? 김치의 수요가 국내에서 외국으로 넓어진 것이다. 김치에 한해서는 외국 시장이란 아예 없었는데, 수요를 새로 만들어 낸 것이다.

국내의 어떤 수프 회사는 광고에 수프 먹는 방법을 여러 가지 제시한 적이 있다. 김밥도 찍어 먹고, 팝콘도 말아 먹고 하는 식으로 말이다. 또한 마요네 즈 회사는 오징어를 마요네즈에 찍어 먹는 광고를 낸 적도 있다. 이런 방법을 시작으로 해서 새로운 수요는 창출된다. 수요는 만들면 만들어진다. 우리의 것을 외국에서, 혹은 불모지에서 싹틔우고 확산시킬 수 있다면 두부도, 거친 빵도 글로컬 향토지식재산이 될 수 있다.

중국의 문화혁명을 다룬 영화 〈부용진〉을 보면 주인공 내외는 거리에서 두부집을 열고 있다. 영화는 그 두부집을 중심으로 펼쳐진다. 문화혁명에 휩쓸려 주인공이 탄압받고 다시 정부 방침이 바뀌어 탄압하던 사람이 탄압받게 되고, 그러다 보니 두부집은 가게를 열었다 닫았다, 손님이 북적이다 한산하다가를 영화 내내 되풀이한다. 중국 영화에서 두부집 나오는 걸 우리는 당연하다 생각하지만 미국 영화의 배경이 두부집이라면 아마 조금은 생소하다고 느끼게 될 것이다.

우리나라 사람도 예부터 두부를 만들어 먹었다. 중국도 두부를 먹는 나라이고 일본도 두부를 먹는다. 그러나 미국을 비롯한 서양 사람들은 어떤가? 두부가 콩으로 만든 최고의 식품임은 틀림없으나 동양 요리와 달리 서양 요리에서는 두부를 좀처럼 찾을 수가 없었다. 그런데 일본 교토의 두부집이 미국으로 진출하여 성공했다. 단백질 덩어리인 두부의 가치를 알지 못하고 두부를 먹을 줄조차 모르던 미국인들에게 두부를 어떤 식으로 권할 수 있었을까? 교토 단백회사가 미국인들에게 내건 명제는 "두부로 지구를 구한다."는 것이었다. 그들이 말하는 '세계인이 두부를 먹어야 하는 이유'는 다음과 같다.

오늘날 배고픔의 괴로움을 당하는 사람은 전 세계 인구의 4분의 3이나 되며, 곡식 생산의 기반인 토지는 농약, 화학 비료, 화전 농업으로 급속히 황폐해지고 있다. 인간이 곡식으로 가축을 기르고 그 가축의 고기와 유제품을 먹는 경우, 곡물을 그대로 먹는 경우보다 16배나 영양소를 더 섭취한다. 더구나 많은 영양소를 섭취한 사람들은 비만과 콜레스테롤 등 건강에도 문제가 생긴다. 미국의 고기와 유제품 소비가 반으로 줄면 전 세계의 기아 인구를 구할 수 있다. 곡물에서 직접 단백질을 섭취하는 두부를 먹으면 미국인의 건강은 물론, 기아 문제 해결에도 큰 도움이 된다.

원재료는 미국의 농가에서 계약 재배한 무농약 콩을 쓴다. 응고제는 일본에서 들여오고, 물은 미국의 수돗물을 걸러 사용한다. 대부분의 재료는 미국 것인데, 제조 방법만 일본에서 가져간 셈이다. 이 경우 그래도 두부는 일본 것이 되고 만다.

'두부로 지구를 구한다.', 얼마나 그럴듯한가! 이 두부의 광고를 본 미국인이라면 누구나 한 번쯤은 두부를 사 먹게 되고, 두부라는 기적의 식품을 한 번 먹어본 사람은 다음에 반드시 또 찾을 테니, 시장은 계속 팽창하게 될 것이다.

교토 단백회사는 미국인들에게 더욱 친근한 요리인 '두부스테이크'를 만들어 시장을 공략하고 있다. 미국인이 두부 요리를 더 많이 먹게 되는 이유는 지구를 구하기 위해서일까, 아니면 스테이크로 만들었기 때문일까? 두 가지 요소가 서로 지지대 역할을 했음은 의심할 여지가 없다.

현재 두부 제품은 미국에 많이 보급되었고, 우리나라와 일본이 시장 다툼을 벌이고 있다. 중요한 것은 미국인의 입맛에 맞는 두부 제품을 얼마나 잘 개발할 수 있느냐는 문제다. 두부와 스테이크에서 보듯, 소비자가 자연스럽게 접근할 수 있는 제품이 결국 새로운 수요를 창조하여 향토지식재산의 부가가치가 더욱 높아진다는 사실을 알 수 있다.

유태인 베이글

현대인의 가장 큰 적은 칼로리와 콜레스테롤, 지방과 같이 각종 성인병을 일으키는 요소다. 현대인은 성인병을 예방하기 위해, 특히 비만을 해결하기 위해 갖은 노력과 시간과 돈을 투자한다. 그래서 저칼로리 음식, 저지방 음식, 다이어트 음식이라면 그 자체가 혐오감을 주지 않는 한 인기를 독차지하고 있는 상황이다.

베이글의 특징은 바로 저지방, 저칼로리 식품이라는 것. 원래 베이글은 지금으로부터 2,000여 년 전 유태인의 식탁에 등장했던 빵으로, 음식의 외양보다는 맛과 실용성을 따지는 유태인의 검박한 민족적 특성이 잘 드러난 음식이다. 베이글의 주원료는 밀가루, 이스트, 물 등으로 처음에는 거칠고 딱딱한 빵이었다. 경제가 발전하고 생활이 나아지면서 부드러운 것을 선호하는 사람들의 특성상 빵에 들어가는 첨가물은 다양해졌다. 빵을 부드럽고 영양많게 해 주는 재료로 버터, 달걀, 우유 등을 넣게 되었다. 그리고 뚱뚱한 몸이 부의 상징이 되었다. 그 후로도 사람들은 식빵에 버터, 우유 등을 넣는 일을 당연시하였다.

그러나 지금은 판도가 달라졌다. 사회 전체가 빼빼 마른 사람을 원하고 있고, 미(美)의 기준도 말라깽이에 맞춰져 있다. 그런 상황에 처한 현대인을 위한 민첩한 사람들은 거칠고 담백한 빵을 다시 만들어 내기 시작했다. 그것이 바로 베이글이다. 그 새로운 수요를 창출해 낸 나라는 유태인의 이스라엘이 아니라 현대 문명이 최고로 발달한 나라 미국이었다. 베이글은 저지방, 저칼로리의 건강식이라 이를 찾는 고객의 70% 정도가 20~30대의 여성이다. 보통 빵보다 당분, 지방의 사용이 적어 소화가 잘 된다고 대도시의 직장인들도 즐겨 찾는다. 또 쫄깃쫄깃하고 담백한 맛도 인기 비결 중 하나다. 도넛 모양의 반죽을 굽기 전에 섭씨 100℃의 끓는 물에 넣어 겉을 익히고 다시 오븐에 굽는 것이 특징이다. 질기고 단단한 재래의 베이글보다 껍질은 바삭바삭하고 속은 부드러우면서도 쫄깃쫄깃하게 만들기 위한 방법이다. 유태인의 식탁에서 시작된 베이글은 미국에서 다시 태어나 지금은 우리나라 사람들의 식탁에도 오르고 있다.

이와 같이 글로벌 시대에 있어 향토지식재산은 우리나라에만 존재하는 것이 아니라 해외의 어느나라에도 존재하는 것으로 애정과 관심을 가진 사람이 서로 상대방의 향토지식재산의 본질을 훼손하지 않고 융복합하는 것이 진정한 의미의 향토지식재산의 창조적 승계라고 할 수 있을 것이다.

16. 근현대 산업경험 향수(鄕愁)사업

고향정보산업

현대인은 고향에 돌아가고 싶어 한다. 고향이 없는 사람이라면 과거로라도 돌아가고 싶어 한다. 도시화와 산업화가 최고조에 달할수록 사람들은 그토록 열망하던 도시와 문명을 버리고 자연으로, 시골로 가고 싶어 한다. 왜? 산업화가, 문명화가 진행될수록 고향하고는 멀어지므로 인간은 불안을 느끼게 되기 때문이다. '귀소 본능', 자신이 태어난 어머니 자궁으로 돌아가고 싶은 본능, 더 원천적으로 말하면 흙으로 돌아가고 싶은 본능의 발로다.

향수 상품은 인간의 본능을 자극하는 상품이다. 문명사회가 영위되는 한 무한히 발전할 사업이기도 하다. 히트가 될 만한 향수 상품을 개발한다면 이는 곧바로 향토지식재산이 될 수 있다. 향토지식재산의 재창조란 새로운 시각으로 '리메이크'할 수 있는 우리 것을 찾아내자는 말과 밀접하게 통하기 때문이다.

'고향'이란 과연 무엇을 말하는가? 무엇이길래 그 수많은 사람을 눈물짓게, 혹은 설레게 하는가? 자신이 태어난 곳인가, 혹은 자라난 곳인가? 부모님이 계시는 곳인가? '고향'다운 고향이 되기 위해서는 '자연환경', '부모님', '어릴 적 친구', 이 세 가지 중 하나는 갖춰야 한다고 본다. 그래서 이 세 가지 중 한 가지라도 자극하면 고향을 잃는 현대 도시인의 관심을 끌 수 있게 된다.

일본에서는 최근 추억과 향수를 주제로 한 업종이 늘고 있다. 일본 사람들은 돌아가 편히 쉴 만한 고향을 그리워하고 있고, 이런 현상은 특별히 고향이 있는 사람은 물론 고향이 없는 사람에게도 마찬가지로 나타나고 있다.

원래 향토의식이 강한 우리 민족, 특히 2,000만 명이라는 실향민을 안고 있는 우리나라에서는 더욱 번창할 수 있는 상품들이다. 우리나라에서도 최근 한복 붐이 일고 있고, 향토 요리 전문점이 번창하고 있다. 요즘의 상황과 맞물려 향수산업은 일본의 이야기가 아닌, 곧 우리나라의 이야기가 되는 유망한 사업 분야다.

고향 정보 플라자 : 자기가 태어난 고향의 상황을 알려 주는 곳. 전국 각지의 지방자치단체가 발행한 홍보 책자와 관련 비디오 등 고향의 현재 상황을 알

수 있는 모든 자료를 준비해 놓고, 그 정보를 찾고자 온 사람들에게 열람시키고 있다. 일본에서도 최근 귀농귀촌을 원하는 사람이 부쩍 늘어났다. 그러나 정작 실행에 옮기기 쉽지 않은 것은 우리나라나 일본이나 마찬가지다. 과연 농촌의 생활 여건에 적응할 수 있을까, 생계 수단은 무엇으로 삼아야 하는가 등은 누구에게나 어려운 문제이기 때문이다. 이런 사람들을 위해 고향 정보 플라자가 운영되는 것이다. 고향 정보를 데이터베이스로 만들어 다양한 부대사업을 겸할 수 있다. 고객 데이터베이스를 이용하여 고향을 모르는 어린이들이나 고향을 떠나온 어른들을 상대로 '고향 방문 캠프' 등도 운영할 수 있다.

고향 주제 이벤트 사업 : 지방자치제가 잘 발달되어 있는 일본에서는 각 지역마다 수익사업을 하기 위해 자기 고향을 효과적으로 홍보하는 이벤트 사업을 벌이고 있다. 각 지역의 특산물을 홍보하는 어린이 토산품학교, 온천과 전통 축제 등을 이벤트의 대상으로 활용하고 있다.

고향 여행 프로그램 : "어린이를 자연과 함께", "자라나는 신세대에게 고향을 잊지 않게 하자" 등의 표어를 내걸고 일본 여행사들이 고향 나들이를 부추기고 있다. 일본의 학부모들은 이러한 고향 여행 프로그램을 통해 자연과 친하게 되고, 뿌리를 찾을 수 있는 기회로 여겨 적극적으로 지원하고 있다.

위의 예들에서 본 바와 같이 고향을 주제로 한 사업에는 지방자치단체의 정보 정리와 보급 등 정부나 지방자치단체의 후원과 협조가 전적으로 필요하다. 아니 그보다는 지방자치단체들이 적극적으로 나서서 벌이면 바로 그 자체가 향토지식재산의 발굴이요, 활용이 되는 '보람도 있고, 돈도 벌리는' 사업이 될 것이다

응답하라 1988

요즘 TV를 보면 유명했던 옛 노래를 현대 감각에 맞게 부르는 〈불후의 명곡〉 프로그램이 많은 인기를 끌고 있다. 어느 나이 어린 가수가 〈낭랑 십팔 세〉라는 옛 노래를 현대 감각에 맞게 만들어 불러 젊은층의 인기를 얻었다. 장년 이후의 기성세대도 '그 노래가 저렇게 변할 수 있구나.' 하는 놀라움 반 신기함 반으로 관심을 보내고 있다.

전통의 맛과 문화를 현대화한 상품이 인기를 끌고 있다. 이른바 '리메이크 붐'. 리메이크 붐은 패션의 복고풍 유행이나 대중가요 분야에만 한한 것은 아니다. 상품 개발이 늘 신세대 위주로 '새롭고 튀는' 쪽으로만 치닫다가 어느날 실제 돈을 지불하는 장년층 이상이 소외되고 있다는 사실을 깨달은 후부터 모든 소비재에 나타난 현상이다.

추억 상품은 중장년층에게는 그들의 어린 시절이던 70~80년대를 떠올리게 하고, 신세대에게는 색다른 분위기와 맛을 주는 상품들로 신 구세대 모두에게 인기를 얻고 있다. 큰 인기 속에 종영된 〈응답하라 1988〉과 같은 드라마가 그러하다.

추억 상품으로서 히트를 한 대표적인 제품으로 누룽지탕, 보리건빵 등을 들 수 있다.

누룽지탕 : 무쇠솥으로 밥을 짓던 시절, 솥바닥에 눈 누룽지의 고소함은 기성세대에게는 잊을 수 없는 맛이다. 이 같은 기성세대의 향수를 겨냥해 만든 누룽지탕. 현재 고급 레스토랑에서 별식으로 제공되고 있다.

보리건빵 : 1960년대 군대의 비상식량으로 해태제과가 군납하던 건빵이 다이어트 붐을 타고 일반 소비자 곁으로 돌아왔다. 가난하던 시절 일반인에게는 값싸고 양 많은 과자로 인식되었던 건빵. 장년층에게는 추억의 상품으로, 청소년층에는 담백한 맛으로, 여성들에게는 다이어트 식품으로 각광받고 있다. 이 밖에도 전통 옹기, 솥뚜껑 프라이팬, 제과점의 술떡·개떡 등 한동안 사라졌거나 제 대접을 받지 못하다가 우리 곁으로 돌아와 새로운 '돈벌이 수단'이 된 상품은 무수히 많다.

제**4**장

향토지식재산 산업

아무리 좋은 물건도 장에 내다 팔지 않으면 그 가치를 인정받지 못하는 것과 같이 향토지식재산도 국내외 시장수요에 맞추어 산업화하지 않으면 아무 소용이 없다. 그동안 향토지식재산에 대한 산업화가 제대로 이루어지지 못했는데, 이는 향토지식재산에 대한 경제적 가치에 대한 인식이 부족하고, 산업화 방안을 제대로 세우지 못한 것에 그 원인이 있다. 향토지식재산의 최종 목표라 할 수 있는 지속가능한 산업화는 지역 일자리 창출과 지역 경제를 활성화하고, 지역공동체 문화와 글로컬 지식문화공헌에 큰 역할을 할 것이다.

1 향토지식재산산업과 타산업과의 비교

향토지식재산산업은 특정한 지역사회에서 생태적 진화를 거쳐 형성된 향토지식재산을 기반으로 한 지식문화산업이다. 그런 점에서 향토지식재산산업은 사전적인 의미로서 한 지역에서 정착되어 단순 상품 생산적 산업을 의미하는 전통산업과 구별되며, 산업정책적으로 첨단 신산업(IT, BT, NT, ET 등)과의 구별 개념으로서 70년대 이후의 조선, 기계, 중화학공업을 지칭하는 전통산업 혹은 뿌리산업하고 구별되는 개념이라 할 수 있다.

향토지식재산산업을 이해하기 위해서는 기존산업과 유사한 성격을 가지고 있거나 때로 혼돈되는 개념들간의 정립이 필요하며, 이를 위해 향토산업, 전통산업의 개념을 정리하여 관계를 명확히 할 필요가 있다.

향토지식재산산업과 타 산업과의 비교

대상 및 산업의 특성	향토지식재산산업	전통 산업	일반 산업
주체	• 열린 지역사회 　(향토지식재산보유 　생산자·가공자 및 단체) • 관련 지역민·출향민 • 지방자치단체, 대학 및 　연구소	정부공기업·대기업	개별 기업
객체(대상)	자연생태 환경지식 (유전자원, 지하자원, 환경자원), 전통 지식 (지식, 기술, 명칭 및 지명, 전통문화 표현물), 근현대산업경험지식	조선·철강·자동차· 석유화학·기계·섬유 등(첨단신산업 (IT·BT·NT 등)의 대립 개념)	대상 제한 없음 (신소재화학물질 기계 부품, 기공, IT, 영화, 영상)
구조적 특성	복합 6차 및 지식감성, 산업(산업간 융복합)	중후장대형제조업	특정산업(기업간 연계)
기능적 특성	지역 공동체 및 클러스터 필수적 요소	대중소기업연계	지역 클러스터 개별 기술 연구
기술적 특성	전통지식과 첨단 지식(지식감성)의 융복합 산업경험기술 전수	제조생산설비 기술, 자동화 기술	개별 기업의 개별 기술 연구
브랜드 특성	지역브랜드(지역 유산 개념)	공공기업·대기업 브랜드	개별 상품, 기업브랜드
자본 규모 및 위험성	지역향토자원기반 구성원 소규모 재본·중앙 및 지방 정부지원 자금 안전성 및 지속성	대규모 자본 공적 자금 해외 차환	대규모 자본 큰 위험성 개별적 지식 기반 대규모 투자자본
기대 효과	국내외 경쟁력 강화 지역경제·일자리 창출·삶의 질 제고	글로벌 경쟁력	개별 기업 경쟁력 강화 개별 기업 경쟁력 범위하의 효과
기타	소비자 지역 살리기 및 애향심 고취 효과	지역 특화 및 랜드마크 효과	효과 없거나 미흡

향토지식재산산업의 특성

주체	• 열린지역사회(향토지식재산보유 생산자·가공자 및 단체) • 관련 지역민·출향민 • 지방자치단체, 대학 및 연구소
객체	• 향토지식재산(전통 지식, 공유지식, 경험지식) • 원소재, 제조기법, 브랜드, 문양, 기술, 명칭, 문화 표현물
산업적 특성	• 지역 공동체 클러스터 요소 내재(지역 특화산업 발전 가능성) • 융복합산업적 특성 • 소량 다품종 구조(소규모 수공업 수준) • 지식 감성·경험 집약적 고용산업(베이비부머, 청장년 일자리)
기술적 특성	• 공공재적 요소 강함. • 융복합적 요소(전통+첨단+지식 감성) • 암묵지적 요소
브랜드	• 지역 상징 및 지역 브랜드 요소(지식유산 개념) • 기존 안전성 검증 및 브랜드 잠재성 존재
소비자	• 감성적 소구력 내재(우리 것, 애향심) • 프로슈머적 관계 형성 용이 • Masstige 소비 경향 적합
기대 효과	• 지역경제 + 일자리 창출 + 삶의 질 • 소비자 우리문화 사랑 및 애향심 고취 효과

2 향토지식재산의 산업가치적 특성

'향토지식재산산업'이란, 일반 지역산업과 달리 지역사회가 지역의 자연생태환경이나 그를 기반한 오랜 지식과 경험의 생태적 진화로 생성된 향토지식재산을 기반으로 한 지식문화산업을 의미한다. 따라서 향토지식산업은 일반적 산업과는 다른 다음과 같은 몇 가지 산업가치적 특성을 가지고 있다.

자연생태환경과 지식과 공동체의 관계형 조화산업

향토지식산업은 자연생태환경과 지식과 공동체가 관계형 조화를 지향하는 지식문화산업이다. 그런 점에서 자연생태환경이나 공동체라는 관계형 조화를 고려하지 않는 단순한 특정인이나 기업의 사적 이익만을 그 성취 목적으로 하는 일반 산업하고는 구별된다. 따라서 그 기반이 되는 산업의 방향이 자연생태환경과 지식과 공동체와의 가치 공유 및 협업을 이루며 발전되지 못한다면 향토지식산업으로서의 가치는 상실되고 말 것이다. 따라서 끊임없이 변하는 자연생태환경과 지식과 공동체와의 공유와 협업, 글로컬 네트워크 속에 지속적으로 발전 확산되는 산업적 특성이 드러날 때 비로소 향토지식산업은 그 진정한 의미가 부여되는 것이다. 향토지식산업의 자연생태환경과 지식과 공동체와 공존하는 관계적 조화 추구야말로 인류가 지향해야할 미래 방향이며, 지속가능성을 가진 글로컬 지식문화산업이라고 할 수 있다.

동일성 융합시대의 미래지식가치산업

향토지식재산이 지니고 있는 자연과 지식과 공동체 간의 공존하는 지혜는 바로 현재 세계적으로 화두가 되고 있는 지속가능성을 의미하는 것과 동일하다. 또한 향토지식재산에 내재된 자연과 지식과 공동체 간의 공존과 지속가능성을 추구하는 특성이 바로 21세기 동일성 융합시대가 요구하는 미래지식가치의 방향이다. 다시 말해 '지식'이란, 각자의 지적 경험이나 문화 환경에 의하여 각자 다른 지식으로 만들어짐으로써 각자가 어떻게 자연현상·자료 또는 정보를 해석 판단하고, 자신만의 독특한 지식으로 창조시켜 이를 행동으로 실천하느냐에 차이가 있을 뿐이다.

세계적으로 보아도 동서양은 그 해석이나 접근 방법에 차이를 두고 있다. 일반적으로 동양인은 여러 개체 사이의 관계를 고려한 총체적 접근을 중시하는 문화적 배경을 갖고 있는 반면, 서양인은 개별 개체에 대한 세부적·분석적 접근을 중시하는 문화적 배경을 갖고 있다. 이러한 동서양의 문화적 배경의 차이는 과학기술에도 영향을 미쳐 중세까지만 해도 비단, 종이, 도자기, 화약 등 동양의 과학기술지식이 서양을 압도하여 실크로드를 통해 서양으로 넘어갔으나 중세 및 근·현대에 들어 세부적, 분석적 기법을 토대로 한 서양의 과학기술지식에 주도권을 내어 주게 된 것이다. 그러나 20세기 말 서양의 분석적 학문에 한계가 드러나면서 동양의 총체적 개념을 중시하는 융합학문의 시대로 변환되고 있다.

우리의 사유방식은 자연과 지식과 공동체의 공존을 추구하고, 사물을 대립적으로 보지 않고 통합적으로 보며, 개별적인 것도 전체와 결부된 개념으로 파악하는 통합적이며 관계론적 특성을 가진다. 바로 이와 같은 통합적이고 관계론적 융통성의 장점을 가진다는 점에서, 21세기 모든 산업 분야에서 향토지식재산의 새로운 재평가 및 접목이 필요하게 될 것이다.

사회적 지식자본을 기반으로 한 지속가능성 공동체산업

향토지식산업은 자연과 지식과 공동체와 공존의 조화를 이룬다는 점에서 어느 특정인의 승자 독식을 기반으로 하는 일반적인 사적 독점산업과는 본질이 다르다. 자연과 공동체에 대한 배려와 조화를 바탕으로 형성된 향토지식재산은 결국 지역의 사회적 지식자본으로써 사회의 신뢰를 높여 결국 총요소생산성을 높이는 결과로 이어질 뿐 아니라, 산업적 인프라로서 지역산업 및 경제 발전에 있어서 중요한 의미를 갖는다. 프랜시스 후쿠야마(Francis Fukuyama)는 『Trust』라는 저서에서 한국은 'Trust(신뢰)'의 부족으로 인해 많은 사회적 비용이 소요되는 나라라고 지적하고 있다. 그는 시장경제가 세계적으로 확산되는 상황에서 경제적으로 성공한 선진 국가들은 자발적 공동조직을 촉진시킬 수 있는 종교적·문화적 기반을 갖추고 있으며, 사회 구성원들이 서로 협력하고 자발적으로 공동체를 조직할 수 있는 사회적 자본이 형성되어 있다고 주장하고 있다. 그런 점에 비추어 향토지식재산에 내재된 사회적 지식자본으로서의 특성은 지역사회의 자발적 공동체를 조직하고 유지할 수 있는 능력과 산업적 인프라 기능을 가진다는 점에서 민주주의와 경제 발전에 필수적 요소라 할 수 있다. 왜냐하면 사회적 지식자본이야 말로 집단 행위의 딜레마를 해결해 줌으로써 사회 구성원들이 배타적 이익 만을 추구하지 않고 서로 협력하여 사회 전체의 이익 실현에 이바지할 수 있는 강력한 동인이기 때문이다.

이러한 사회적 지식자본이 구체적인 지역공동체사업이나 지역축제 등을 통해 개인이나 지역공동체가 서로 네트워크로 연결되고, 구성원 간의 연결 패턴과 연결을 통해 형성된 관계 속에 존재하며, 사회적 교환을 통해 공유되고 상생될 것이다. 따라서 사회적 지식자본은 다른 자본과는 달리 공동체를 근간으로 하여 공동체 구성원들의 우호적 신뢰 관계 속에서 형성되는 것으로, 이러한 사회적 지식자본인 향토지식재산이야말로 자연과 공동체정신과 미래세대로의 발전적 계승을 지향하는 지속가능성 공동체산업으로 작동할 것이다.

3 향토지식재산의 사업화 유형

향토지식재산의 사업화 유형은 크게 한스타일형, 융복합형, 산업융합형, 다원적기능융합형으로 나누어 볼 수 있다. 그러나 최근 향토지식재산의 구체적인 사업화 사례를 살펴보면 굳이 그러한 유형구분에 제한되지 않는 다양한 융복합 사업으로 무한 확산되는 경향을 보게된다.

한스타일형

'한스타일형'이란, 향토지식재산과 현대적 재해석을 통해 한국적인 공간 및 리빙 제품화가 가능하게 한 유형으로, 최근 향토지식재산의 현대적 재해석을 통해 한국적인 공간 및 리빙 제품들이 다양하게 개발되고 있다. 대표적으로 전통 한옥, 전통가구, 전통 한지 창 등을 들 수 있다.

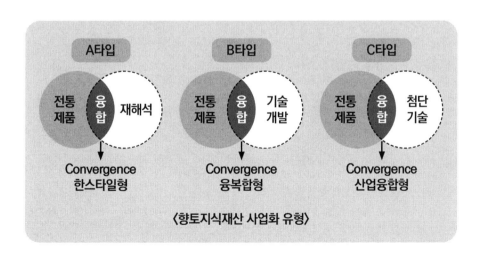

〈향토지식재산 사업화 유형〉

전통 한옥은 단순한 건축물이 아닌 철학을 담고 있는 생활공간으로, 그 의미와 구조적 연구를 통해 현대적 생활공간으로 표출되고 있다. 사업화를 위해서는 전통 한옥의 현대적 생활공간 에 적용 가능한 디자인 요소 및 구조 해석, 상업 공간. 일반 주택·사무 공간 등으로 구분하여 매뉴얼화, 전통 한옥의 기능성을 현대적으로 적용하는 실증 연구, 전통 한옥의 재해석으로 공간 배치 및 시스템화 연구 등이 필요하다.

실제 'LH공사'는 한국적 정서를 담은 〈한국형 LH 주택〉을 개발하였고, 대림산업은 한국의 전통문화와 자연 친화적인 디자인을 도입한 〈e-편한 세상〉을 시도하였다. '이건창호'는 전통 한옥의 구조를 현대적 감각과 실용성을 강조하여 대중화 촉진에 성공한 '한식 시스템 창호'라는 개념하에 완자살·용자살 등 전통 한식 창호 디자인을 재해석하여 적용하고, 유럽식 시스템 창호 기술을 접목시켜 기능성도 겸비한 제품 개발을 한 바 있다.

'LG 하우시스'는 전통 한지 창에 친환경 한지, 천연나무 느낌의 창틀, 현대적 패턴의 격자를 활용한 내창과 복층 유리가 적용된 외창이 있는 이중창 형태의 제품을 개발하였다.

가구전문업체인 '한샘'은 식탁을 사용하는 서양과 달리 평좌식 주거공간에 알맞은 소반에 전통적인 개다리소반의 디자인 및 형태를 활용한 현대적 감각으로 소위 '개다리소반 식탁'을 개발하였다.

나아가 최고급 주방가구인 한샘의 '키친바흐'는 기존의 서양식 부엌 가구에 한국의 전통 좌식 문화인 전통 마루를 적용하여 한국의 전통적인 좌식 식탁문화를 현대적으로 해석하였다고 평가받고 있다.

융복합형

융복합형은 향토지식재산에 기술개발을 통해 다양한 형태의 제품을 개발 사업화하는 유형으로, 국내 융합형과 해외 융합형을 나누어 살펴볼 수 있다. 우선 국내 향토지식제품에 다양한 기술개발을 통해 융복합된 사례로 한지 응용제품 등이 있으며, 한지의 응용제품으로는 항균 성분을 추출하여 아토피 치료 등에 유용한 제품을 개발하는 등 다양화를 시도하고 있다. 이 외에도 향토지식제품 및 콘텐츠를 서비스 상품화한 사례들도 다수 있다.

대표적으로 한지는 산업 간 융합 연계가 가능한 제품으로 1차 산업은 닥나무 식재사업·자동화 재배 및 펄프화 등, 2차 산업은 섬유제조업·한지제조업·의료용 및 인테리어용 등, 3차 산업은 패션·디자인, 웰빙 체험, 관광 등에 활용되는 연계 서비스 상품화 등이 있다.

한지에 첨단 기술을 접목해 항균성, 조습성, 통풍성을 강화하여 전통적 용도이상으로 활용 제품 영역을 확장한, 소위 기능성 한지 개발 사례와 관련하여 한국화학연구원은 기능성 한지 3종을 개발하였다. 전통 한지에 저렴한 해초(홍조류) 섬유를 배합하여 천연 색상과 무늬를 가진 자연친화적 벽지, 옻칠의 성능을 가진 천연도료를 적용하여 유해 성분이 없고 항균·방습·방청 등이 우수한 한지 장판지, 기능성 해초 섬유와의 복합화로 인쇄 적성을 개선한 한지 등 다양한 제품을 개발한 바 있다.

기타 융복합 사례로 들 수 있는 것은 소위 '향토지식 콘텐츠(디자인) 제품화'하는 유형으로, 한국의 문화·정서를 대변하는 문양·색상·형태에 현대적 감수성을 가미하여 디자인의 모티브로 응용, TV·냉장고. 휴대폰·자동차 등 제품 등에도 향토지식재산의 전통 문양을 접목한 상품도 소비자에게 큰 호응을 일으키고 있다.

역 해외융합형으로는 서양의 소재나 콘텐츠를 한국적으로 해석하고 한국적인 시각으로 표현하는 형태로서, 예를 들어 대장금도 서양의 신데렐라의 신분 상승의 모티브를 우리의 것으로 전환한 것이라고 보는 시각도 그러한 방향이라고 할 수 있다.

산업융합형

산업융합형은 향토지식재산의 소재(물질)와 첨단 기술과의 융합화가 가능한 형태를 의미한다. 최근 한국의 향토지식재산의 전통 소재(물질)와 첨단 기술(IT 등)과의 산업융합을 통한 다양한 제품 개발 및 서비스가 창조되고 있다.

이러한 사례로는 국내 벤처기업 '하스'가 전통 세라믹(도자기)과 서비스 융합화로 새로운 기술사업화 모델을 개발한 것을 들 수 있는데, 이 사례는 도자기의 소재로 활용되는 원료인 글라스 세라믹으로 심미 치아 블록 제품 개발 이외에도, 이를 IT(CAD/CAM) 시스템을 활용하여 의료 치과 관광상품과 연계한 서비스화에 성공한 사례라 할 수 있다.

세라믹 소재인 '글라스'는 치과에서 고객들이 가장 선호하는 심미용 치아를 블록 제품으로 개발되어 이를 가공(CAD·CAM 시스템)하여 서비스를 제공하는 기술사업화 모델로, 기존에 기공소에서 수작업할 경우에는 약 9시간 이상 걸리던(1~2일 소요) 공정 시간을 2시간으로 단축하기 위해 치과내(IT 시스템 도입)에서 가공 설계 및 서비스 체제를 구축하면서 최적의 경쟁력을 갖춘 기술개발(제품) 서비스 융합화로 의료 치과 관광상품으로 연계한 새로운 비즈니스를 창조한 사례이다.

또한 이러한 향토지식재산의 전통 소재인 글라스는 스마트 유리 등에도 다양한 제품이 개발되면서 응용 소재로도 활용되고 있다.

다원적 기능에 따른 융복합 사업화 유형

향토지식재산의 사업화는 향토지식재산의 특성에 따른 다원적 기능에 따라 위에서 분류한 산업적 활용 이외에도 문화(관광)적 활용, 복지적 활용, 교육적 활용에 따른 사업화 유형을 나누어 볼 수 있다.

첫째, 향토지식재산의 산업적 활용은 그 대상의 특성과 조건에 따라 크게 명품화를 위한 독립적 사업전략으로 발전시키거나, 기존산업이나 기술들과의 융복합형 내지 산업융합형을 통한 대중화 전략으로 나아갈 수 있다. 또한 세계속에 현지화전략을 통한 선순환형 생태계산업도 주목받고 있다.

둘째, 향토지식재산의 문화(관광)적 활용은 국내외 체험관광객을 불러드리는 지역만의 차별적 지식문화형태의 사업이나 복합적인 지역연계사업인 소위 체험문화 관광사업으로 발전할 수 있을 것이다. 이러한 문화관광사업이야 말로 그동안의 해외로의 제품수출이 아니라 국내외 체험관광객을 끌어들이는 세계화전략으로서 주목을 받고 있다.

셋째, 향토지식재산의 복지적 활용은 '소금장수, 우산장수의 세 모자'의 경우처럼 '지역 함께 만들기 사업'을 통해 노령의 어머니도 지역 노인들과 함께 훌륭한 체험학습 기능인으로서 참여하게 되어, 건강과 경제적 수익과 보람을 모두 얻게 되는 사회경제적 사업을 의미한다.

넷째, 향토지식재산의 교육적 활용은 향토지식재산은 사회·경제 환경에 따라 지속적으로 적응, 발전하지 않으면 스스로 도태되지 않을 수 없다는 절대적 명제 하에 새로운 사회 환경에 적응할 수 있는 다양한 창발적 상품을 통해 세계로의 진출과 창조적 발전을 위한 적극적인 청장년 을 위한 지식전수체계 구축 및 소비자 소통을 위한 다양한 프로그램 활성화가 필수적이다.

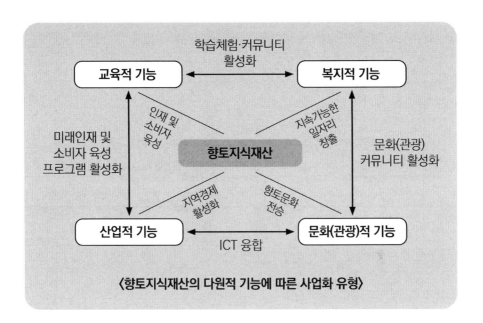

<향토지식재산의 다원적 기능에 따른 사업화 유형>

제**5**장

향토지식재산
글로컬 기업사업화 사례

1 글로벌 로하스기업을 향하여, 풀무원

글로벌 로하스기업을 향하여,풀무원

1980년대 국내 전통 식품 가공업체 대부분은 규모가 작고 판매 시장도 지역사회에 한정되어 있었다. 전통 식품가공업은 기본적으로 소량의 고급품이나 특산품을 만드는 데 적합한 업종이다. 전통 식품 가공업체가두부, 콩나물, 면 등 일상에서 매일 먹는 식품을 제조하여 품질과 위생, 신선도를 유지하면서 전국적인 유통 판매망을 확보하는 것은 쉬운 일이 아니다. 전통 식품을 기반으로 사업을 시작한 중소업체 가운데 이 같은 한계를 극복하고 글로벌 기업화에 성공한 대표적인 사례가 '풀무원'이다.

1984년 법인 설립 당시 10여 명으로 시작한 풀무원은 창사 30여 년 만에 직원 1만여 명에 연매출 2조3천억 원이 넘는 한국의 대표적인 바른먹거리와 로하스생활기업으로 성장 발전하여 현재 한국과 미국, 중국, 일본 등 글로벌 4대 두부 빅마켓에서 세계 No.1 두부기업으로 위상을 확고히 하며 글로벌 식품기업으로 성장해 나가고 있다.

풀무원의 경우 초기에 두부와 콩나물을 주력 제품으로 사업을 시작하였고, 전통 식품을 소재로 했다는 점에서는 그때까지의 다른 기업과 특별히 다를 바가 없었다. 하지만 그때까지 늘상 먹으면서도 불안했던 두부와 콩나물을 '

내 가족이 안심하고 먹을 수 있는 바른 먹거리'라는 확고한 콘셉트 아래 소비자들이 안심할 수 있는 신선한 포장 제품으로 내놓은 것이 획기적인 차별 포인트가 되었다.

풀무원의 성공적인 기업화 추진 과정은 전통적인 지식유산을 새로운 시각에서 발상을 전환하여 지속적으로 혁신함으로써 글로벌기업화에 성공한 대표적인 롤 모델로 평가받고 있다.

풀무원의 시작

풀무원이 기업화에 성공한 요인과 과정을 알아보기 전에 그 탄생 배경을 살펴볼 필요가 있다. 기업으로서 풀무원이 추구하는 방향이 바로 여기에서부터 시작되기 때문이다.

풀무원의 모태(母胎)는 '풀무원 농장'으로, 그 역사는 1955년까지 거슬러 올라간다. 한국전쟁 직후 먹고살기 어렵던 시절, 평안남도 중화 출신의 원경선 원장은 경기도 부천에 협동농장을 세운다. 전쟁이 끝나고 휴전이 되자 전쟁고아, 노인, 장애인들이 농장으로 들어왔다. 이웃이 불행하면 나도 불행해질 수밖에 없으니 함께 일하고 함께 먹고 살기로 한 것이다. 기독교 신자인 그가 자신의 믿음을 행동으로 옮기기 위해서였다. 그는 뿌리를 잃고 떠돌던 사람들을 이곳에 모아 함께 생활하면서 농장을 일구어 나갔다. 대장간에서 풀무질을 하여 강한 쇠를 만드는 것처럼 쓸모 있는 사람을 만들어 낸다는 뜻에서 농장의 이름을 '풀무원'이라 했다.

　함께 농사를 짓고 함께 나누어 먹는 공동체 생활 20년 만인 1970년대 중반, 환경오염 방지와 무공해 농산물의 중요성을 다시금 깨닫게 된 원경선 원장은 그때부터 유기농법에 힘을 쏟기 시작했다. 식량 증산을 절대적인 목표로 하던 당시에 화학 비료와 농약을 쓰지 않는 유기농법은 몇배의 노력이 더 필요한 어려운 길이었다. 농약과 화학 비료를 쓰지 않아 김을 매는 일부터 퇴비를 만드는 일까지 일일이 사람의 손이 가야 했고, 자연히 농사 경비도 훨씬 많이 들어갔다. 결국 농사 시작 두 해 동안 큰 손해를 보게 되었다. 3년이 지나서야 땅에 힘이 생기면서 제대로 수확을 할 수 있었다.

　원경선 원장이 이러한 현실적인 어려움에도 불구하고 유기농을 고집한 것은 이웃 사랑과 생명 존중의 정신에서 비롯되었다. 농작물 소비자는 우리 이웃인데 이웃의 생명을 죽이는 농약을 어떻게 사용할 수 있겠느냐는 것이 '이웃 사랑' 정신이고, 흙 1g 속에는 적게는 5,000만 마리에서 많게는 1억 마리의 미생물이 살고 있는데 농약과 화학 비료를 사용하면 이런 미생물이 죽게 되므로 이를 보호하여야 한다는 것이 '생명 존중' 정신이다.

　원경선 원장의 아들 원혜영(전 국회의원)이 1981년 5월 이 풀무원농장에서 기른 배추와 무를 팔기 위해 서울 압구정동에 작은 야채 가게를 열었다. 우리나라 최초 유기농산물 판매 가게다. 당시 사람들이 '유기농'이라고 하면 잘 모르니까 '무공해'라고 하여 "풀무원농장 무공해농산물 직판장"이라는 간판을 내걸었다. 이 직판장이 풀무원 기업화의 출발점이다. 원혜영은 1984년

친구인 남승우와 함께 직판장을 법인화하였다. 원혜영이 1987년 경영에 손을 떼면서 풀무원은 남승우 대표 독자 체제로 운영됐다. 남 대표는 이후 33년간 회사를 성공적으로 이끌어 풀무원을 한국의 대표적인 바른 먹거리와 건강 생활 기업이자 미국, 중국, 일본을 중심으로 활발하게 사업을 펼치는 글로벌 로하스기업으로 성장시켰다. 2017년 말, 남 대표가 사전 약속한 대로 회사 경영에서 은퇴하면서 풀무원은 새로운 전환기를 맞았다. 풀무원은 2018년 남 대표에 이어 입사 1호 사원인 이효율 대표가 회사 경영을 맡으면서 창사 이래 처음으로 전문경영인시대를 열었다.

전통 식품의 새로운 개발

한국 유기농의 아버지로 불리는 원경선 원장은 지난 2013년 100세를 일기로 작고하였다. 그러나 풀무원 농장에 국내 최초로 유기농법을 도입한 그의 신념은 기업 풀무원에 그대로 이어졌다.

풀무원은 원경선 원장의'이웃 사랑'과 '생명 존중'의 정신을 브랜드 정신으로 계승하여 "인간과 자연을 함께 사랑하는 로하스(LOHAS)기업"이라는 기업 미션으로 진화 발전시켰다.

'로하스(LOHAS, Lifestyles Of Health And Sustainability)'는 '건강한 삶과 지구환경의 지속 가능성을 추구하는 라이프 스타일'을 뜻하는 말로, 풀무원은 시작부터 로하스를 추구하는 기업이었다.

풀무원의 초기 성공에는 두 가지 요인이 있다. 하나는 소비자와 시대의 변화에 대한 예측이 적중한 것이다. 다른 하나는 소비자와 뗄 수 없는 전통 식품을 주 품목으로 선정한 점이다.

1980년대 중반은 사회 전반적으로 소득이 향상되고 이에 따라 구매력도 늘어나던 시절이다. 먹고사는 문제가 해결되면 사람들은 여러 가지 레저 활동에 힘을 쏟게 되고, 자신의 건강 문제에 커다란 관심과 정성을 쏟는다. 건강과 밀접한 관계에 있는 것이 바로 먹을 것에 대한 문제인데. 허기를 채우는 단계를 넘어서면 좀 더 깨끗한 음식과 더욱 안전한 식품을 찾게 되는 것은 당연한 일이다.

우리나라 사람에게 김치, 두부, 콩나물은 식탁에서 빼놓을 수 없는 음식이다. 김치는 그때만 해도 각자 집에서 담가 먹는 것이지 사 먹는 음식은 아니었다. 그러나 두부와 콩나물은 이야기가 다르다. 대부분 사 먹는 것인데, 여기에 문제가 있었다. 지금도 가끔 불량식품 기사가 보도되고 있지만, 1980년대 초반만 해도 '석회 두부', '농약 콩나물' 등 불량식품 기사 보도가 다반사였다. 소비자들은 당연히 커다란 불신감을 가질 수밖에 없었다. 풀무원은 바로 이 점에 착안하여 사업의 방향을 잡았다. 우리나라 사람들 밥상에 매일 오르는 두부, 콩나물 등 전통 식품을 소비자 욕구에 맞추어 신선한 제품으로 공급하기로 한 것이다. 때맞추어 1985년 무렵부터 건강식에 대한 관심이 크게 높아지기 시작했다. 무공해·무농약 식품을 내세운 풀무원의 전략은 그대로 들어맞았고, 국내 전통 식품 산업은 그때까지와는 전혀 다른 새로운 시대를 맞게 되었다.

품질이 달라야 한다

음성 풀무원 두부공장의 자동화 시스템

풀무원은 현재 신선식품과 음료를 중심으로 식자재, 건강기능식품 등 다양한 영역에서 사업을 펼쳐 나가고 있다. 하지만 풀무원 초창기에는 두부와 콩나물이 주력 제품이었다.

두부와 콩나물이 콩에서 비롯되었음은 누구나 다 아는 사실이다. 콩의 단백질은 식물성 식품 중 가장 질이 좋으며, 그중 40%가 필수 아미노산이다. 콩에 들어 있는 여러 성분은 뇌의 노화를 방지하며, 고혈압·비만등 성인병을 예방하는 데 도움이 된다. 또한 간 기능을 회복시켜 주며, 장에 있는 세균을 적절히 조절하는 기능까지 한다.

콩을 날로 먹으면 우리 몸에 거의 흡수되지 않는다. 그러나 콩으로 된장을 만들어 먹으면 80% 이상이 흡수되고, 두부로 섭취하면 95%를 흡수할 수 있다고 한다. 콩나물국은 예로부터 저혈압과 감기에 좋은 효과를 보이는 식품으로 알려져 있으며, 숙취를 제거하는 데에도 뛰어난 효능이 있다. 이렇듯 우수한 전통 식품도 재료나 만드는 과정이 제대로 되어 있지 않다면 좋은 결과물이 나올 수 없음은 당연한 일이다.

풀무원은 신선한 전통 식품을 공급하기 위해 먼저 원재료를 달리했다. 순수 토종 원료로 두부와 콩나물을 만들어 '풀무원'이란 브랜드를 붙인 것이다. 거기에 정부의 공식적인 식품 관리 기준보다 훨씬 더 엄격한 내부 규정을 만들어 제품 생산에 적용했다.

풀무원은 두부 제조의 초기부터 어떤 응고제를 쓸 것인가를 고민하면서 첨가물 문제에 관해서도 원칙을 만들었다. 무첨가를 원칙으로 하되 첨가가 꼭 필요하면 천연첨가물을 쓴다는 큰 원칙이었다. 풀무원의 경영진은 그 당시 이 원칙을 떠올리며 두부제조과정에서 유화제를 포기했다. 비록 작은 결정에 불과했으나 첨가제에 한없이 자유로웠던 그 시절 한국가공식품의 현실을 헤아릴 때 아주 혁신적인 일이었다.

풀무원은 1988년 식품 첨가물 사용 원칙을 제정하고, 다음 해에는 대학교수와 외부 인사로 구성된 과학위원회를 구성하여 첨가물 사용 원칙을 엄격히 심사해 왔다.

콜드 체인 시스템(Cold Chain System)

풀무원의 차별화 전략은 품질 측면에서 출발했으나 그것만으로 충분한 것은 아니었다. 아무리 정성을 들인 제품이라도 전달 과정에서 품질이 달라지면 소용이 없다. 특히 두부와 콩나물 같은 생식품은 변질되기가 쉬워 유통 과정에 대한 철저한 관리가 생명이었다. 그래서 풀무원은 "신선하고 안전한 제품을 소비자들에게 공급한다."는 목표를 세우고 '냉장 유통 체제'를 도입했다.

지금 보면 당연한 일 같으나 당시 상황에서는 쉬운 일이 아니었다. 우선 기업 경영 측면에서 물류 비용이 증가하게 된다. 단순 운반만 할 때보다 냉장 시설을 갖추어 수송할 때가 훨씬 더 많은 비용이 들어가게 됨은 두말할 필요가 없다.

또 하나, 공급자가 냉장 유통 체제를 갖추었다 하더라도 일선 매장이 냉장 시설을 갖추지 않으면 허사가 된다. 결국 냉장 시설을 제대로 갖춘 업소만을 거래해야 하고, 결과적으로 판매처가 제한된다. 이러한 모든 부담은 가격 상승의 요인이 되어 경쟁에서 크게 불리해질 수밖에 없다.

이러함에도 불구하고 풀무원은 냉장 유통 체제를 실시하였고, 각 제품별로 택배·방문판매 등의 새로운 유통 체제도 만들었다. 지금 '콜드 체인 시스템 (Cold Chain System)'이라 부르는 냉장 유통 체제의 도입으로 풀무원은 사업 초기에 적지 않은 손해를 보기도 했다. 그렇지만 풀무원은 이를 통해 두부와 콩나물 등 신선식품에서 가장 중요한 신선함을 지킬 수 있었고, 장기적으로는 풀무원의 제품 이미지를 정착시키는 데 결정적인역할을 하게 되었다.

냉장 유통 체제는 풀무원의 사업 확장과 함께 계속 발전하여 1990년대에 들어서는 서울 이외에도 부산, 대구, 광주 등 전국 주요 거점도시에 냉장 물류센터를 잇달아 세워 그날 생산한 제품을 그날 배송 완료하는 시스템을 갖추었다.

그 결과 풀무원은 현재 전국에 18개의 저온 물류 거점을 확보하고, 전국 어디나 세 시간 이내에 운송할 수 있는 물류 네트워크를 갖추게 되었다.

고객들에게 신선하고 안전한 먹거리를 정온(溫)·정시(時)·정량(定量) 원칙에 따라 제공하기 위해 풀무원은 IT에 기반한 물류 시스템을 끊임없이 혁신 발전시켜 나가고 있다.

풀무원 물류 네트워크 중심에는 2011년 완공한 음성물류센터가 있다. 음성물류센터는 최신 냉장·냉동 설비와 첨단 물류 시스템을 갖춘 축구장 6개 넓이의 국내 최대 저온 자동화 물류센터로, 하루 20만 개의 제품박스 처리 능력을 갖고 있다.

풀무원의 도약

풀무원은 '유기농산물 판매'라는 아무도 가지 않는 길에서 출발하여 두부, 콩나물 등 전통 식품을 기반으로 기업화를 시도했다.

기업화가 처음부터 순탄한 것만은 아니었다. 사업 방향을 제대로 잡았다 하더라도 소비자가 알아주고 제품이 제자리를 찾을 때까지는 시간이 걸린다. 그 당시 우리나라에서 자연건강식에 대한 관심이 크게 높아지기 시작했지만 유기농법이나 자연식품에 대한 기준과 소비자의 인식은 부족했다. 유기농법으로 생산한 깨끗한 두부와 콩나물을 소비자에게 전달한다는 이상은 현실적인 문제에 부딪히게 되었다. 공장 설립 등 계속되는 초기 자금 투자와 생각만큼 따라 주지 않는 매출도 경영을 어렵게 하였다.

그 무렵 풀무원은 안팎으로 몇 가지 중요한 변화를 맞게 되었다. 하나는 브랜드의 도입이다. 1984년 풀무원은 두부와 콩나물에 브랜드를 도입하였다. 그때까지 가게에 놓여 있는 두부와 콩나물은 브랜드가 없었다. 지금이야 농산물이나 가공식품에 브랜드가 있는 것이 신기할 게 없는 세상이 되었지만, 그때만 해도 두부나 콩나물 같은 전통 식품에 브랜드를 붙이는 일은 그 자체만으로도 사람들의 시선을 모으는 일이었다.

거기에 1985년부터는 본격적으로 자연건강식 바람이 불기 시작했다.'무공해 농산물이기 때문에 안심하고 먹을 수 있는 식품'이라는 이미지를 심어 온 풀무원으로서는 절호의 기회가 되었다. 풀무원은 여기에 유기농법과 자연식,

바람직한 식생활에 대한 계몽과 교육을 강화하고, 신제품개발과 기술 축적 그리고 기업의 내실을 다지는 과정을 거치면서 사업다각화에 나섰다.

유기농에서 시작한 풀무원은 사업 다각화로 외연을 확장하면서 외형만 키운 것이 아니라 식품의 가치 기준과 원칙을 제시하고 실천하며, 식품산업의 패러다임을 바꾸어 나갔다.

그 결과 1984년에 7,800만 원에 불과하던 매출액은 2년 후인 1986년에는 80억 원으로 성장했다. 1992년에 매출 1,000억 원을 넘어섰고, 2008년에는 드디어 1조 원을 돌파했다. 2016년 매출 2조 원 돌파를 기점으로 글로벌 DP5를 향해 힘찬 도전을 계속하고 있다.

보이지 않는 곳에서의 노력

풀무원의 기본 전략이 제품과 유통의 차별화였음은 여러 번 언급한 바 있다. 그러나 밖으로 잘 드러나지 않으면서 중요한 역할을 하는 것이 있다. 바로 신선하고 안전한 식품을 만드는 데 절대적으로 필요한 원료 관리와 기술 개발에 대한 투자가 그것이다.

우리나라 가공식품의 발전을 위한 과제는 한 두 가지가 아니지만 중요과제 중 하나가 바로 안전한 원료 확보 문제다. 특히 풀무원의 대표 제품인 두부와 콩나물의 경우는 고유한 맛과 품질이 원료 농산물에 의해 결정되기 때문에 그 중요성은 더 말할 나위가 없다.

풀무원은 안전한 농산물을 재배할 수 있는 농가를 찾아다니고 산지 계약 재배가 안착할 수 있는 방안에 대한 고심을 거듭해 왔다. 그 결과 우수원료를 생산할 수 있는 지역농협, 전문 영농조합법인과 함께 우수한 원재료를 수급할 수 있는 구조를 마련했다.

풀무원의 원료로 적합하다는 인정을 받기 위한 조건은 대단히 엄격하다. 풀무원은 국내 최초로 '유기농인증제도'를 도입하였을 뿐 아니라 '친환경인증'과 'GAP인증(Good Agriculture Practices 우수농산물관리인증)제도'를 잇따라 도입하여 시행하고 있다.

원료 검증 과정에 R&D 센터인 풀무원기술원과 생산, 구매 등 관련 전문 부서가 모두 협업하여 사전 검수 프로세스를 구축, 운영하고 있다. 이 과정에서 최종 잔류 농약, 중금속 검사를 거쳐 안전성이 검증된 원료만을 사용할 수 있다.

특히 해외 원료는 GMO(유전자재조합식품) 원료가 들어오지 않도록 풀무원이 직접 국가·지역·품종을 선택하고, 원료의 생산부터 보관·유통·소비에 이르기까지 철저한 이력관리 및 구분 유통(IP,Identity Preserved) 시스템을 운영하고 있다.

원료 관리와 함께 차별화한 품질을 지키는 핵심 역할을 하는 곳이 바로 기술개발 부문이다. 우리나라의 여러 전통 식품이 사람 몸에 이로운 다양한 성분을 갖고 있다는 사실은 과학적으로 계속 입증되고 있다. 그러나 우리나라의 경우는 우수 전통 식품을 현대화하는 데 필요한 기술개발 투자가 선진국에 비해 매우 미약한 것이 현실이다.

　풀무원에서 전통 식품의 과학화와 식품 기술개발의 중심 역할을 하고 있는 곳이 '풀무원기술원'이다. 풀무원기술원은 사업 초창기인 1985년에 '풀무원 식품 연구개발실'로 출발하였다. 2019년 말 현재 연세대 공학원 시대를 마감하고, 충북 오송 바이오폴리스 지구로 이전하였다.

　풀무원기술원은 국내 최초로 두부의 개별 포장기술을 개발하였고, 콩과 천연응고제만을 사용하여 두부를 제조하는 최소 가공기술을 개발했다. 과거의 콩나물재배 방법을 바탕으로 연구를 거듭한 결과, 물과 공기 조성을 제어함으로써 콩나물의 길이와 굵기를 조절하여 키우는 새로운 콩나물 재배기술을 개발했다. 전통 식품인 된장,고추장 등을 활용하여 용도별 쌈장, 양념찌개 제품을 개발하였다. 냉장 유통이 가능한 면발과 천연재료에서 추출한 육수 개발로 집에서도 간편하게 즐길 수 있는 냉면 제품을 선보이기도 했다. 과일이 가지고 있는 고유의 맛과 향, 영양을 고스란히 간직한 주스'아임리얼'을 개발한 데 이어 가열 살균이 아닌 초고압처리를 이용하여 유통기한을 늘린 한 차원 업그레이드 된 아임리얼 제품을 개발하였다.

　최근에는 현대인의 영양 불균형 식생활에 주목한 '211 식사법'을 개발하여 확산, 캠페인을 벌이고 있다. 이 식사법은 한국인의 식생활과 영양균형을 고려해 채소, 포화지방이 적은 단백질, 통곡물을 2:1:1의 비율로 맞춰 고안해 낸 건강한 식사법이다. 이와 함께 나트륨 섭취 저감을 위해 나트륨 저감 냉면과 우동을 선보였으며, 국물 적게 먹기 캠페인도 함께 펼치고 있다.

풀무원기술원은 해외시장 진출에도 선도적인 역할을 하고 있다. 풀무원은 글로벌 No.1 두부기업으로서 한국을 중심으로 미·중·일 등 4개국에 글로벌 소이 R&D센터를 구축하고, 세계인의 입맛에 맞는 최고 품질의 두부 제품 개발에 집중하고 있다. 한국을 중심으로 두부 종주국인 중국, 최고 두부제조 기술력을 보유한 일본 그리고 새로운 빅마켓으로 떠오르고 있는 미국 현지법인의 R&D 센터에 각각 두부 연구팀을 두고 한국 두부의 세계화에 앞장서고 있는 것이다.

풀무원의 사회 공헌 활동

풀무원은 한평생을 유기농과 환경, 평화운동에 헌신해 온 원경선 원장의 정신을 이어받아 창사 초기부터 적극적으로 사회 공헌 활동을 전개해왔다.

풀무원은 기업 규모가 성장하면서 사회 공헌 활동을 전문적, 체계적으로 확대하기 위해 2012년 비영리법인인 '풀무원재단'을 설립하였다. 풀무원재단은 바른먹거리, 환경, 지역사회 공헌, 메세나 등 4대 사업을 전개하고 있다.

재단의 대표적인 핵심 사업은 어린이들을 대상으로 한 바른먹거리 교육 캠페인이다. 바른먹거리 교육은 어린이들에게 올바른 식습관 형성을 돕고 식품 표시 확인과 미각, 영양 균형에 대한 중요성 그리고 건강한 식습관을 위한 실천 방법을 제시함으로써 한국의 식문화를 바꿔나가고 있다. 2016년부터는 자녀 식습관 형성에 영향이 큰 학부모와 보육 교사를 대상으로 당 흡수를 줄이는 식생활인 '지엘(GL,Glycemic Load) 다이어트'의 원리와 211식사법을 배우는 '로하스식 생활교육'을 실시하고 있다. 고령사회에 대비해서 농촌 지역 고령자들에게 건강 증진을 위한 올바른 식생활 정보와 식단을 제공하고 교육하는 시니어 식생활 개선 사업도 실시하고 있다.

재단은 환경사업의 일환으로 어린이를 대상으로 한 '바른 청소교실' 교육과 세계적인 물교육 프로그램인 '프로젝트 WET(Water Education for Teachers)' 교육을 실시하고 있다.

또, 풀무원은 지구환경보전에 적극적으로 나서고 있다. 풀무원은 모든 사업장에서 환경보전을 실천하기 위해 제품을 개발하고 설계하는 단계에서부터 온실가스, 물, 동물복지 등 지속 가능성 요소를 반영하고 있다. 두부, 콩나물 등 4개 대표 제품에 대해 2016년부터 탄소절감 및 물 사용 감축 과제를 도출하고 원료·포장·제조·유통·소비 등 전 과정에 걸쳐 제품의 탄소 배출량과 물 사용량을 파악하고 감소 목표를 정해 실천하고 있다.

풀무원 국산콩 두부 제품은 환경부의 '물발자국' 인증을 받았다. 이 같은 성과로 풀무원은 2017년 글로벌 환경경영 인증기관인 'CDP (CarbonDisclosure Project) 한국위원회'로부터 '기후변화 대응'과 '물 경영'에서 각각 국내 식품기업 중 유일하게 특별상을 받았다.

풀무원은 대표적인 메세나 사업으로 서울 유일의 김치박물관인 '뮤지엄 김치간'을 30년 넘게 운영해 오고 있다. 풀무원은 1986년 서울 중구 필동에 개인 박물관으로 설립된 '김치박물관'을 이듬해 인수하여, 1988년 삼성동 무역센터 자리로 이전했다. 2000년 5월 코엑스로 자리를 옮긴 김치박물관은

2015년 미국 CNN 방송이 뽑은 세계 11대 음식박물관에 선정되어 주목을 받았다. 같은 해, 김치박물관은 한류 명소인 인사동으로 이전해 새롭게 '뮤지엄 김치간'으로 재개관하였다.

뮤지엄 김치간은 연간 3만 명 이상의 관람객이 찾아 누적 관람객수가 100만여 명에 이른다. 이 가운데 외국인이 20% 이상으로 뮤지엄 김치간은 유네스코 인류무형유산으로 지정된 한국의 김장문화를 세계인들에게 널리 알리고 교육하는 메카 역할을 하고 있다. 풀무원재단은 고유음식문화 계승 발전을 위해 뮤지엄김치간이 운영하는 어린이 김치학교, 다문화 김치학교, 외국인 김치학교 등 김치 체험 프로그램을 적극 지원하고 있다.

앞으로의 갈 길

풀무원은 5월 31일 서울 수서동 본사에서 New CI 선포식을 갖고, 13년 만에 리뉴얼한 CI와 새롭게 마련한 브랜드 체계·로하스 전략을 발표. 전사가 'One Pulmuone'으로 하나가 되었음을 알렸다.

새 CI는 풀무원의 핵심 상징은 유지하면서도 색채를 진하게 하고 글자체를 단순화하여 풀무원이 하나의 로하스 미션 아래 글로벌 기업으로 힘차게 나가겠다는 강력한 의지를 담았다.

풀무원은 미래사업전략의 2대 키워드를 '바른먹거리(식품사업)'와 '건강생활'로 정하고, 이 관점에서 '로하스 7대 전략'을 발표하고 실천하기로 하였다.

바른먹거리(식생활) 영역에서는 ▲ Nutrition(영양 균형) ▲ LowGL(Glycemic Load, 당 흡수 저감) ▲ Meat Alternative(육류 대체)

Animal Welfare(동물복지) 4대 전략을 추진할 계획이다.

건강생활 영역에서는 ▲ Health&Hygiene(건강한 생활공간) Wellness(행복한 문화공간) 2대 전략을 추진하기로 했다. 'Health&Hygiene'은 일상생활 공간인 주거환경과 개인 위생을 위한 생활습관 형성을 지원하는 것으로, 고객에게 건강한 삶의 가치를 제공하겠다는 사업전략이다. Wellness'는 건강하고 행복한 공간 서비스 가치를 고객에게 제공하는 사업전략으로, 풀무원푸드앤컬처의 핵심 전략 방향이 될 계획이다.

두 영역 공통적으로는 ▲ Eco-Friendly(친환경) 전략을 지속적으로 추진하여 나와 지구를 위한 로하스 미션을 실천하는 것을 목적으로 하고 있다.

풀무원은 이러한 로하스 전략을 바탕으로 사업영역을 주력 사업인 식품 영역에서 나아가 다이어트식과 반려동물 먹거리, 미세먼지 제거 렌탈, 로하스 키친 등 지구환경까지 고려한 로하스 생활 사업으로 빠르게 확장하고 있다.

풀무원은 1991년 처음으로 미국법인을 설립하고 해외시장에 진출했다. 2004년 콩가공식품회사 '와일드우드', 2009년 냉장식품회사 '몬터레이 고메이푸드'를 인수하여 본격적으로 메인스트림 시장 진출에 성공하였다. 풀무원 미국법인은 2016년 북미 두부시장 1위 브랜드 '나소야'의 사업권을 인수하여 강력한 브랜드 파워와 영업 유통망을 바탕으로 세계 No.1 두부회사로 위상을 확고히 하며 성장세를 이끌고 있다.

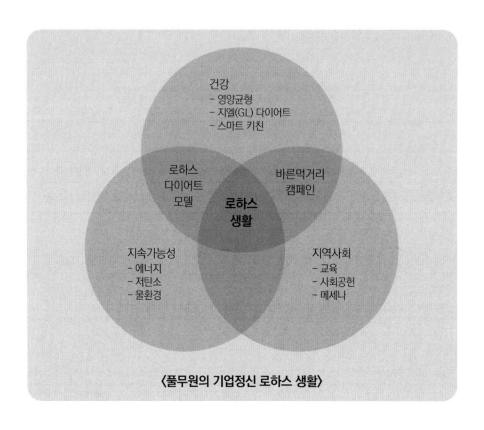

건강
- 영양균형
- 지엘(GL) 다이어트
- 스마트 키친

로하스
다이어트
모델

로하스
생활

바른먹거리
캠페인

지속가능성
- 에너지
- 저탄소
- 물환경

지역사회
- 교육
- 사회공헌
- 메세나

〈풀무원의 기업정신 로하스 생활〉

세계 최대 식품시장인 중국에서는 2010년부터 북경, 상해, 광주 및 심천 등 3개 권역을 중심으로 식품사업을 펼치고 있다. 지난해 북경에 두부공장을 새로 완공하여 현지 소비자 입맛에 맞는 제품을 생산하면서 높은 성장률을 보이고 있다. 풀무원건강생활은 2013년 중경에 법인을 설립하고 거대시장 공략에 나섰다.

식품 선진국인 일본 시장에도 진출하여 2014년 일본 두부 4위, 유부 1위인 '아사히식품공업'을 인수하여 '아사히코'로 사명을 바꾸고 현지 경영을 하고 있다. 일본 5개 공장에서 생산한 두부와 유부제품을 일본 전역의 대형 유통점과 슈퍼마켓을 통해 판매하고 있다.

해외 진출 27년 만에 미국, 중국, 일본 등 글로벌 빅마켓에서 식품사업을 본격 성장시킬 수 있는 확고한 기반을 갖추게 된 것이다.

1980년대, 아무도 가지 않는 유기농이라는 외진 길에서 시작하여 한국의 대표적인 바른 먹거리 기업으로 성장한 풀무원은 이제 한국을 넘어 세계 속의 '글로벌 히든 챔피언', '글로벌로하스 강소기업'을 향해 힘찬 제2의 도약을 계속하고 있다.

2 우리 술의 세계화, 국순당

국순당

옛날에 한 선비가 길을 가다가 젊은 청년이 늙은 노인을 때리고 있는 것을 보았다. 선비가 "어린것이 왜 노인을 때리느냐."라고 꾸짖자, 그 청년은 "이 아이는 내가 여든 살에 본 자식인데, 그 술을 먹지 않아서 이렇게 나보다 먼저 늙었소."라고 대답을 했다.

이 이야기는 우리 옛 문헌에 나오는 것인데, 여기서 말하는 '그 술'에는 몸에 좋은 약초가 들어 있어 젊음을 잃지 않고 오래오래 살게 해 준다는 것을 짐작할 수 있다. 이렇듯 우리 선조들에게 있어서 술은 취하기 위한 수단이 아니었다. 술은 약초와 같은 좋은 재료로 만들어 건강을 유지하게 해 주고, 흥도 돋워 주는 '약주(藥酒)'였다. 술의 종류도 아주 다양해서 조선 후기만 하더라도 각 지방을 대표하는 수백 가지의 이름난 술이 있었고, 이른바 뼈대 있는 집안에는 저마다 독특한 술 빚는 방법이 전해 내려왔다.

그러나 나라가 일본에 강점되자 각 가정에서 술을 빚는 일은 불법이 되었고, 몇몇 대형 양조장에서 일본식 제조법으로 만든 술만이 활개를 치게 되었다. 이는 일제(日帝)가 술에 대해 세금을 매기기 위한 술책이었다. 이에 따라 집집마다 술을 빚어 먹던 우리의 전통은 어둠 속으로 가라앉게 되었다.

광복이 되자 전통주는 잠시 번창할 기회를 맞았다. 그러나 곧이어 한국전쟁이 일어나고, 전쟁이 끝난 후에는 식량의 증산과 자급자족을 중시하는 당시의 상황에 밀려, 우리 민족 고유의 지식유산인 전통주는 빛을 볼 수 있는 기회를 또다시 놓치게 되었다. 이렇듯 오랫동안 금기시된 전통주의 제조는 1980년대 이후 급격히 활성화되고, 2000년대 후반에 불어온 막걸리 붐의 여파로 요즈음은 많은 전통주가 다시 제 모습을 찾고 있다. 이제 전통주를 만드는 곳도, 만드는 사람도 많아졌다. 하지만 그중에 전통주를 소재로 '기업화'한 경우는 드문 것이 사실이다. 집안 대대로, 또는 가내수공업 수준으로 만드는 고유의 술은 많지만, 이를 현대화하여 '경쟁력 있는 상품'으로 재탄생시킨 사례는 흔치 않다.

국순당은 전통주를 소재로 기업화한 회사 중의 하나다. 이를 위해 국순당은 전통에만 머물지 않고, 거기에 현대적인 개념을 불어 넣으려는 노력을 계속해 왔다. 오랜 기간의 연구와 소비자의 욕구에 맞는 신제품, 기존의 장벽을 뚫고 들어간 유통망의 확보, 그리고 기존 업체와 차별화한 판촉이 바로 그것이다. 이러한 마케팅의 여러 요소가 힘을 발휘하면서, 땅 속에 묻혀 있다시피 했던 우리 민족의 지식유산은 이제 그 경제적 가치를 되찾고 있다.

신기술로 전통주를 개발하다

'국순당'의 이름이 널리 알려진 것은 1990년대 이후의 일이지만, 그 뿌리는 수십 년을 거슬러 올라간다. 창업자인 고 배상면 회장은 양조장을 경영하던 집안의 영향을 받아, 1952년 대구에 '기린주조장'이라는 회사를 설립했다. 대학에서 농화학을 공부하고 통역 장교로 군 복무를 마친 후인 29세 때의 일이다. 배상면 회장은 우리 술의 뿌리를 되찾고, 사람에 이로운 술을 널리 보급한다는 포부로 우리 술에 대한 연구에 온 힘을 쏟았다. 특히 힘을 기울인 분야는 술을 만드는 기본 원료인 주정(酒精) 효소, 즉 누룩에 대한 연구였다. 1960년대에 쌀막걸리가 사라지고 소주가 널리 보급되자 배상면 회장은 소주용 누룩이라는 신상품을 개발했고, 계속해서 분국 제조 기술 등을 개발하면서 우리나라의 누룩 제조 수준을 한 차원 높이는 데 많은 역할을 했다.

요즈음의 소비자는 국순당을 전통주 만드는 회사로만 알고 있는 경우가 많다. 그러나 국순당 창업 초창기에는 주류 업계에서는 누룩을 제조, 판매하는 회사로도 널리 알려져 있었는데, 이는 1960년대에 시작한 배상면 회장의 누룩 연구에 힘입은 것이다.

이러한 노력은 국순당의 기업화를 이루는 뿌리가 되었고, 당시 국순당에서 주정과 누룩을 연구하는 데 쓰이는 기자재 모두를 배상면 회장 스스로 고안해 냈다는 사실에서도 그 열의를 알 수 있다. 그러던 중 배상면 회장은 오늘날의 국순당이 있게 한 결정적인 기술을 개발하게 된다. 바로 '생쌀 발효법'이다. 생쌀 발효법은 원래 고려 말에서 조선시대에 이르기까지 우리 조상들이 빚었던 '백주'에서 비롯된 방식이다. 배상면 회장은 백하주가 생쌀을 발효시키는 방법으로 제조되었다는 옛 문헌의 기록을 보고 연구에 연구를 거듭한 끝에 그 방법을 재현하는 데 성공하였다.

그때까지만 하더라도 술을 빚기 위해서는 당분이 알코올과 이산화탄소로 분해되는 과정을 거쳐야 했고, 당분이 없는 녹말의 경우 이를 당화시키는 과정이 필수적이었다. 이를 위해서는 녹말이 들어 있는 곡물을 열처리하는 것이 상식이다. 때문에 대부분의 양조장에서는 대형 가마솥에 쌀을 넣어 찌고, 이를 다시 넓게 펴서 고두밥을 만든 다음, 이를 이용하여 술을 빚는 다소 복잡한 과정을 거치고 있었다.

그러나 생쌀발효법은 열처리 과정이 전혀 필요 없고, 단지 쌀을 곱게갈아 물에 담가 발효시키기 때문에 비용과 시간을 크게 절약할 수 있었다. 더구나 이 방법은 높은 열을 필요로 하지 않으므로, 쌀이 가지고 있는 비타민이나 단백질 등의 영양소가 그만큼 파괴되지 않는다. 때문에 술을마신 후에도 두통과 숙취가 거의 없고, 음식을 익히지 않고 그대로 먹는 생식(生食)과 같은 원리의 효과도 내는 것이다.

그때까지 배상면 회장은 자신이 연구한 여러 가지 기술적인 내용을 《태양통신》이라는 이름의 간행물에 실어 전국의 양조장 등 관련 기관에널 리 알려왔다. 생쌀 발효법에 관한 내용도 《태양통신》에 실어 각 양조장에서 이 방법을 사용할 것을 권했으나 대부분은 새로운 기술에 대해 거부 반응을 보였다.

술을 만드는 회사가 아닌 누룩 제조 회사의 입장에서는 새로운 기술이 사장(死藏)되는 것이 안타까웠다. 결국 배상면 회장은 이 기술을 이용해 직접 술을 만들기로 결정, 신제품 개발에 들어갔고, 1986년에 그 첫 작품인 '흑주'가 탄생하게 된다.

전통주의 위기

  흑주의 탄생은 기술개발의 결과만은 아니다. 그 밑바탕에는 우리 전통주에 대한 사랑과 함께 위기의식이 깔려 있다. 사실 흑주가 나오기 전까지 우리나라의 전통주는 제자리를 찾지 못하고 있었다. 쌀로 술을 만드는 것을 엄격히 막았던 정부 시책은 1970년대 말에 전환점을 맞아 쌀막걸리 제조가 허용되고, 이후 여러 가지 전통주가 다시 나오기 시작한다. 그러나 여기에 얄팍한 상술이 끼어들면서 전통적인 방법으로 만든 제대로 된 술보다는 낮은 품질의 전통주가 시장에 퍼지게 되었다. 이러한 현상은 소비자에게 '전통주는 믿을 수 없고, 질도 낮은 술'이라는 잘못된 인식을 심어 주게 되었다.

  또 하나, 전통주의 입지를 좁게 만든 일은 외국이 원조인 맥주, 양주의 급속한 보급이었다. 1970년대에는 대학가와 화이트칼라 계층을 중심으로 '생맥주 문화'가 불꽃처럼 일어나 맥주가 새로운 대중적인 술로 자리를 잡았다. 그 후 계속된 경제 성장으로 급기야는 양주의 수입까지 엄청나게 늘어났다. 이 와중에 우리 전통주는 명맥을 잇기도 힘겨운 상황이 되어 멋이 담긴 선조들의 음주문화와 전통주의 복원을 바라는 많은 사람들을 안타깝게 만들었다.

  전통주가 새로이 개발되기 시작한 직접적인 계기는 1980년대 후반의 아시안 게임과 올림픽 개최다. 이 두 행사는 전 세계에 우리를 알릴 수 있는 계기가 되기는 했으나 정작 전통주라고 내세울 만한 술은 없었다. 나라를 대표할 만한 전통주의 개발이 시급한 과제가 되어 몇몇 전통주가 복원되었고, 국순당도 누룩 연구에서 전통주 개발로 한 걸음 더 나아가게되었다. 이러한 배경에서 개발되어 세상에 나오게 된 흑주는, 술 빛깔이 검은색이어서가 아니라 누룩에 피는 곰팡이가 검은색을 띠고 있어서 '우리나라 술'이라는 점을 나타내기 위해 붙여진 이름이다.

우리나라의 전통주를 이야기할 때 누룩에 대한 이야기를 빠뜨릴 수 없다. 누룩은 녹말을 당화시키는 효소다. 누룩은 나라마다 약간씩 차이가 있다. 우리나라는 밀을 껍질째 타개어 사용하는 밀누룩을 쓰는 데, 일본은 쌀누룩을 사용한다. 우리나라에서도 원래 쌀누룩을 사용했으나 삼국시대에 고구려를 통해 밀이 수입된 이후 밀누룩이 널리 퍼지게 되었고, 쌀누룩은 백제를 통해 일본으로 건너갔다.

국순당의 흑주

밀누룩은 만들기가 까다로워 일정한 품질을 유지하기가 쉽지 않은 반면, 쌀누룩은 만들기 쉽고 일정한 품질의 누룩을 대량 생산하는 데 유리한 장점이 있다. 맛에 있어서는 밀누룩이 깊고 그윽한 맛을 내는 데 비해, 쌀누룩은 단순하고 가벼운 맛을 내는 데 적합하다. 바로 이러한 맛의 차이 때문에 우리나라에서는 밀누룩을 주로 사용하게 되었다.

흑주는 우리나라의 전통적인 밀누룩을 사용해 만든 술이다. 그리고 우리나라의 많은 술이 일본식 제조법으로 만들어지는 것에 비해, 흑주는 우리의 전통적인 술은 빚는 방법을 현대적으로 되살려 개발했다는 데 의의가 있는 전통술이다.

국순당은 흑주를 개발하면서 기업으로서 새로운 전환점을 맞게 되고, 1993년에는 '백세주'를 만들어 내놓으면서 기업으로서의 발판을 굳히게 된다.

차별화한 상품의 개발

"술을 빚기 전에 먼저 사람을 생각한다."는 국순당의 기업철학, 건강과 문화를 만들어가는 기업이라는 국순당 비전은 신토불이 상품의 대표격인 전통주를 현대인의 감각에 맞도록 개발해 전통주에 대한 인식을 바꾸고 전통주에 가치를 부여한다는 의지를 담고 있다. 이러한 회사의 방침에 따라 개발한 술이 바로 '백세주'다.

국순당은 우선 '상품'으로서 성공하기 위해서는 소비자의 욕구에 맞아야 한다는 점을 중시하고 다각도로 차별화를 시도하였다. 그 첫째는 술마시는 사람이 술맛에 못지않게 신경을 많이 쓰는 '건강'이라는 개념을 술에 도입한 일이다. 우리나라 사람이 건강을 이야기할 때 자주 나오는 말이 한약이고, '한약' 하면 곧바로 '보약'을 연상케 된다. 국순당은 바로 이 점에 착안했다. 전통주에 한약재를 넣어 보약의 이미지를 나타내기로 한 것이다. 이를 위해 여러 한의원의 도움을 받아 '성격이 중(重)하고 평(平)한' 약재 중강장용 약재만을 골랐다. 또, 서로 상극이 되는 약재는 피하고, 같은 종류라 하더라도 품질이 좋은 약재만을 선택했다.

이때 가장 어려운 일이 각각의 약재를 얼마나 넣느냐는 문제였다. 약재가 지나치게 많이 들어가면 술 본래의 맛보다는 약의 맛이 더 나게 된다. 반대로 약재의 양이 너무 적으면 사람 몸에 이로운 술을 만든다는 본래의 뜻을 저버리는 결과가 된다. 또한 각각의 약재의 비율에 따라 술의 맛도 달라진다. 그래서 약효를 지니면서 술맛도 좋은 비율을 찾아내기 위해 수없이 많은 실험을 거쳐야 했고, 그 결과로 지금의 약재 배합 비율을 찾아내게 되었다.

앞부분에서도 언급했지만 백세주에는 인삼, 구기자, 오미자 등 12가지 한약재가 들어간다. 한약재 각각의 배합 비율은 외부에 알리지 않는데, 우연한 기회에 약재의 함량을 알게된 어떤 한의사는 "이 정도면 술 한병에 한약 반첩 정도가 들어가는 것과 같다."고 말했다.

이처럼 국순당은 우리 전통주라는 점과 보약의 효과가 있다는 점, 그리고 생쌀발효법으로 만들어 술 마신 뒤의 숙취가 적다는 점을 차별점으로 내세웠다. 이와 함께 취하자고 먹는 술이 아니라 건강을 위하여 마시는 술이므로 알코올 도수를 13도로 낮게 하면서, 가격 면에서는 고급 전통주라는 점을 고려하여 고가(高價) 전략을 택하였다.

이러한 제품력은 소비자들에게 인정을 받아 백세주는 국순당의 주력상품이 되었고, 1994년에 10억 원이던 매출액이 1997년에는 100억 원을 넘어서고, 2003년에는 1,300억 원 이상을 달성하는 급성장을 이루게 되었다. 아울러 전통주 제조회사라는 성격을 분명히 하기 위해 회사 이름도 1993년부터 '국순당(麴醇堂)'으로 바꾸었다. 국순당이라는 이름은 고려시대의 소설 〈국순전〉에서 따온 것으로, '우리의 누룩으로 좋은 술을 빚는 집'이라는 뜻을 가지고 있다.

유통과 판매의 어려움

어느 분야나 그렇듯이 상품이 좋다고 해서 반드시 잘 팔리는 것은 아니다. 이런 일은 전통 관련 상품이라고 해서 예외일 수는 없다. 국순당 역시 원래 누룩 제조회사였으므로 상품의 유통, 판매 면에서는 초기에 큰 어려움을 겪었다.

첫째 난관은 자신 있게 개발한 상품을 전국적으로 판매할 수 없는 문제였다. 백세주는 약주인데, 주세법상 약주와 탁주는 공급할 수 있는 지역이 제한되어 있었다. 원래 약주와 탁주의 공급 구역 제한에는 위생상의 문제라는 배경이 있었다. 당시에는 냉장유통 시스템 등이 보편화되지 않아 약주와 탁주는 살균되지 않은 상태에서는 보존 기간이 7일밖에 안되었다. 효모가 계속 발효를 하여 술이 식초처럼 시어지기 때문이다.

따라서 일부 양조장에서는 짧은 보존 기간을 감안하여 숙성이 제대로 안된 상태에서 상품을 내보내고, 유통되는 과정에서 숙성이 되도록 유도하는 경우도 있었다. 때문에 소비자 입장에서는 품질이 항상 똑같지 않고, 위생적으로도 문제가 많은 술을 마시는 결과가 되었다. 이를 막기 위해서는 살균·진공 포장 등의 기술이 필요한데, 대부분의 영세한 양조장에서는 이러한 기술의 개발이나 도입은 엄두도 낼 수 없었다.

결국 이런 문제로 약주와 탁주의 공급 구역 제한이라는 법이 나왔고, 이는 전통주를 전국적인 대중주(大衆酒)로 보급하려는 업체에는 큰 걸림돌이 되었다. 국순당은 국회 청원 운동을 전개했다. 그리고 그 결과로, 1994년도에 약주에 대한 전국 판매가 허용되기에 이르렀다.

유통상 또 하나의 문제는 도매상의 문제였다. 약주와 탁주는 주류 유통망을 장악하고 있던 기존의 주류 도매상을 통해 판매를 하거나 스스로 전문 도매상을 모집해 판매를 해야 한다. 기존의 유통망은 여러 면에서 장점을 가지고 있기는 하나, 새롭게 출발하는 회사가 대규모의 기존 도매상을 상대하기란 결코 쉽지 않았다. 물론 전국적으로 독자적인 유통망을 만들어 나가는 방법도 어렵기는 마찬가지였다. 결국 국순당은 새로운 유통망을 조직하기로 하고, 기존의 주류 도매상들이 장악하고 있는 지역에서 틈새를 파고드는 전략으로 점차 유통 기반을 넓혀 나가기로 한 것이다.

맞춤형 판촉

국순당이 새로 모집한 도매상을 이용해 상품을 보급하면서 주력한 일은 '업소 공략'이다. 이는 최종 소비자를 대상으로 한 판촉보다는 음식점 주인에게 상품과 회사의 좋은 이미지를 알리는 편이 더 효과적이라고 판단한 결과였다. 소비자를 대상으로 대대적인 판촉을 하는 경우 빠른 시간에 널리 알릴 수 있다는 장점은 있으나, 많은 비용이 들어가므로 중소업체로서는 섣불리 투자하기 어렵다.

업소의 주인을 상대로 한 판촉의 핵심은 '업소특화전략', 사실 모든 업소는 술과 음식을 판다는 면에서는 공통점이 있으나 저마다 다른 특징이 있다. 즉, 취급하는 음식의 종류도 다르고 가격도 다르다. 또, 각자 전문으로 내세우는 음식도 다르다. 국순당의 판촉은 이러한 업소의 특성을 활용했다. 각 업소에서 공통적으로 필요하면서도 제각기 내용이 다를 수밖에 없는 차림표를 만들어 각 업소에 달아 주기로 한 것이다.

이를 위해 국순당에서는 차림표의 제작을 전담하는 부서를 설치했다. 전국 각 업소에서 수집한 정보를 종합하여 최적의 표준형 차림표를 만들고, 여기에 각 업소가 중점 홍보하고자 하는 내용을 가미했다. 자금이 넉넉한 큰 회사에서는 업소 간판과 냉장고의 설치, 앞치마 제작 공급 등 물량적인 면의 판촉을 하는 것이 일반적이다. 기존 도매상도 차림표를 공급하기는 했으나 이는 일률적으로 만들어진 것이었다.

그러나 국순당의 판촉은 '맞춤형'이라는 차별화한 장점이 있었다. 결과는 성공적이었다. 자기 업소에만 해당되고, 자기 업소의 장점을 그대로 보여 주는 차림표는 업소 주인 입장에서는 대환영일 수밖에 없었고, 이를 통해 국순당은 상당한 매출 신장을 이룰 수 있었다.

또, 다른 방법은 여러 가지 음식과 백세주의 조화를 홍보하는 일이었다. 우선 우리나라 사람이 흔히 먹는 각종 탕과 고기 요리, 생선회 등에는 독특한 맛을 가지고 있는 백세주가 잘 어울린다는 점을 강조하였다. 이를 위해 각 업소마다 다른 특선요리와 백세주의 조화를 설명하는 차림표를 새로 만들었다. 이를 통해서도 업소와 국순당은 각자의 주력 상품 매출이 늘어나는 성과를 보게 된다.

전통을 오늘에 맞게

최신 공법을 적용한 막걸리와 증류소주 '려(驪)'

국순당은 1993년에 막걸리를 처음 출시했다. 배중호 사장은 당시 해외에서도 인기와 관심이 많았던 막걸리를 개발해 외국시장을 개척하고자 했다. 이미 몇십 년간 탁주용 누룩을 공급해 왔기 때문에 생산될 제품의 품질 면에는 자신이 있었다.

바로 그해 출시된 것이 캔막걸리 '바이오 탁'이다. 보통 플라스틱 용기에 담긴 것이 일반적이었던 막걸리 시장에서 캔으로 포장된 제품은 그야말로 획기적인 것이었다. 게다가 다른 막걸리들은 비살균 탁주로 유통기한이 1주일 안팎이었던 반면, 바이오 탁은 살균 막걸리로 유통기한이 6개월이나 됐다.

캔 제품이라 유통이나 보관 면에서 다른 제품과 확연히 구분되는 차별성을 가질 수 있었다. 제품의 품질 면이나 디자인 면에서 당연히 타 주류사들을 압도했다. 막걸리를 만들면서 제도적 문제도 고쳐야 했다. 당시에는 비살균 탁주든 살균 탁주는 공급 구역이 제조장 소재지 내로 제한되어 있었다. 때문에 우리 제품이 아무리 우수해도 기존 제조사의 유통망에 견제를 받고 제한된 소비자로 인해 그 판매에는 태생부터 한계가 있을수밖에 없었다.

그래서 전국 막걸리 제조업체와의 모임을 갖고 전통주 업체가 살아남는 길은 공급구역 제한을 없애는 것이라고 설득하여 '탁주 공급구역 제한폐지 운동'을 벌였다. 여러 번의 청원운동을 통해 1995년 장기 보존이 가능한 탁주, 즉 살균 탁주에 한정하여 전국 시판이 가능해졌다. 2000년, 전체 탁주에 대하여 공급구역 제한제도가 폐지되었다.

이를 기반으로 2000년대 후반부터 우리나라에 막걸리 열풍이 불었다. 막걸리 열풍의 진원지는 일본이다. 한류 인기 영향으로 일본 여성들 사이에 '맛코리("マッコリ")'라는 이름의 막걸리가 인기를 끌고, 엔고 현상으로 한국을 찾은 일본 관광객들이 막걸리의 원조인 한국에서 막걸리를 즐겨 찾으면서 인기가 치솟았다. 여기에 국순당이 기존 막걸리의 단점을 해소한 완전 밀폐 제품을 업계 처음으로 선보이며 제품 품질을 획기적으로 개선시켜 본격적인 막걸리 르네상스 시대를 열었다.

2009년 첫선을 보인 '국순당 생막걸리'는 국순당이 국내 최초로 개발한 '발효 제어기술'을 적용해 냉장 보관 시 유통기한을 30일로 늘려 전국권까지 유통이 가능하고, 소비자들이 마실 때까지 신선함이 지속될 수 있도록 하였다. 기존의 생막걸리는 냉장보관 시 유통기한이 10일이었다. 또한 완전 밀폐 용기를 도입하여 기존 생막걸리의 가스 분출을 위한 병목 홈을 없애 품질 불안정을 해소하고, 눕히거나 운반 중에 막걸리가 새는 것을 완전 차단하였다. '발효 제어기술'이란, 생막걸리 내 살아 있는 효모의 활성을 조절하고 외부 공기의 유입을 차단시키는 기술로, 샴페인 발효법을 생막걸리 발효에 접목시킨 것이다.

국순당은 소주 시장에서도 전통방식으로 빚은 증류소주로 시장을 개척하고 있다. 지역의 특산물과 국순당의 술 빚는 경험을 접목시켜 증류소주 '려(驪)'를 개발하고, 지역 주민과의 상생 협력에 적극 나서고 있다. 증류소주 '려(驪)'는 잡미를 없애고 특유의 고구마 향을 최대한 살리기 위해 수확 직후 7일 이내의 신선한 여주산 고구마를 선별한 후, 쓴맛을 내는 양쪽 끝단 2~3cm를 수작업으로 절단해 품질이 좋은 몸통 부분만 술을 빚는다. 풍미 향상 효과가 있는 동(銅) 재질의 증류기를 도입하여 잡미와 잡향을 제거하고 고급 증류주에서 사용하는 상압증류를 거쳐, 전통 옹기에서 1년 이상 숙성시켜 부드러운 맛과 은은하고 깊은 향을 구현했다. 증류소주 '려(驪)'는 100% 고구마증류소주 및 고구마 증류소주원액과 여주 쌀로 빚은 증류소주 원액을 블렌딩한 증류소주 등 맛과 용량이 다양해 소비자 선택의 폭을 넓혔다.

복원주와 우리 술 교육

우리나라는 집집마다 내려온 수백 가지의 가양주와 반주로 음식과 함께 즐기는 음주문화라는 지식유산이 있었다. 그러나 1907년 주세령 실시와 1916년 가양주 면허제 적용 등 일제강점기와 해방 이후 1960년대 초반 정부의 양곡정책 일환으로 쌀을 주류 양조에 사용치 못하게 되면서 가양주는 말살됐고, 변질된 폭음문화가 자리 잡게 되어 우리 가양주와 전통의 음주문화라는 지식유산은 사라지게 됐다.

국순당은 2008년부터 '우리 술 복원사업'을 진행해 사라진 우리 술을 재현해 냄으로써 지식문화유산을 복원하고 있다. 복원사업은 문헌 발굴등 사전 준비에만 3년의 기간이 소요됐다. 사라진 가양주에 대한 문헌을 찾기 쉽지 않고, 술 빚는 방법에 대한 설명도 간단하고 추상적이어서 현대에 적용하기에는 어려움이 많다. 우리 술 복원사업은 우리 술을 복원하기도 어려울 뿐만 아니라 복원 후에도 시장성이 불확실해 사업적 측면에서 보면 전혀 사업 모델이 될 수 없다. 그럼에도 국순당은 우리 술 복원사업이 사라진 전통문화를 복원한다는 사회적 책임에서 지속적으로 추진하고 있다.

국순당은 지금까지 창포주, 이화주, 자주, 신도주, 송절주, 소곡주, 동정춘 등 문헌 속에만 존재하던 생소한 이름의 24가지 우리 술을 복원했다. 복원한 전통주의 정확한 제조 방법이나 발효 환경 등을 매일 기록하여 일반인에게도 공유하고 있다. 복원한 우리 술은 국순당에서 운영하는 전통주 전문주점인 백세주마을을 통해 일반인에게 선보여 전통주 대중화에도 기여하고 있다.

기업화 성공의 열쇠

우리 고유의 지식유산을 적극 개발해야 함은 두말할 나위가 없다. 그러나 그 방법은 간단하지 않다. 단지 우리 것이기 때문에 잘 팔릴 것이라고 기대해서는 결코 성공할 수 없다.

우선 소비자의 욕구에 맞는 상품으로 개발해야 한다. 이를 위해서는 우리의 고유 자산이 현재, 또는 미래 소비자의 어떤 욕구를 충족시킬 수 있는지를 면밀히 파악해야 한다. 국순당의 경우 신상품 개발의 핵심은 우리 전통주와 '건강'의 결합이었고, 바로 이 점을 소비자가 인정한 것으로 판단하고 있다. 이러한 제품력은 지식유산 개발의 기본 조건이다. 하지만 이것만으로는 충분하지 않다.

우리의 좋은 물건이, 더욱이 우리 전통을 소재로 한 상품이 소비자에게 제대로 전달되지 않아 사장되는 경우를 수도 없이 보고 있다. 국순당은 대규모

주류 업체가 아니었다. 판매망도 없었다. 모든 면에서 기존의 주류 업체보다 열세일 수밖에 없었다. 특히 대규모 업체의 광고 공세는 중소 업체로서는 감당하기 어려운 부분이다. 이런 상황에서 큰 회사를 흉내 내는 유통이나 판촉 전략은 수행할 수도 없고, 한다 해도 물량 공세에 밀려 결국은 어려운 지경에 빠질 것이다. 여기서 찾아낸 것이 유통과 판촉의 차별화였고, 이것이 제품력과 맞물려 국순당의 '기업화 성공'의 열쇠가 되었다.

모든 지식유산 산업이 국순당의 경우와 같을 수는 없다. 그러나 사업 초기의 자금 부족이나 판매망의 열세 등은 대부분의 지식유산 산업에 공통적으로 나타나는 현상이므로, 이러한 문제를 극복하는 하나의 사례가 되지 않을까 생각된다.

앞에서 말했듯이 기업으로서의 국순당의 직접적인 성공 요인은 상품과 영업 전략의 차별화였다. 그러나 그 밑바탕에 깔려 있는 더 중요한 것은 국순당의 기업철학과 구성원들의 우리 술에 대한 애착과 사명감이다.

국순당은 기업으로서 가장 중요한 덕목으로 '좋은 술의 고집'이라는 슬로건 아래 '고객의 건강과 안전'을 내세우고 있다. 국순당의 또 다른 기업 가치는 "전통을 오늘에 맞게"라는 문장에 담긴 의미처럼 우리 문화를 복원 및 확산시켜야 하고, 술이라는, 어찌 보면 특수한 상품을 만드는 회사에서 문화를 만드는 기업으로의 사회적 책임도 가지고 있어야 한다는 점이다.

국순당은 전 직원이 개량 한복을 입고 근무하는데, 이는 상품의 홍보차원이라기보다는 우리 고유의 것을 알리려는 사람은 우리 것을 먼저 이해하고 사랑해야 한다는 기본적인 자세를 중시하는 데서 나온 것이다. 아울러 사라진 우리 술을 복원하는 '우리 술 복원사업' 추진이나 우리 술강좌, 전통 관련 모임에 대한 지원도 우리 문화를 지키는 이들과 함께 하겠다는 기업 철학의 소산이다.

정도(正道)를 지키는 영업, 술이라는 '상품' 이전에 우리의 문화를 이해하고 사랑하는 구성원의 마음가짐, 사회적 책임을 강조하는 기업철학은 제품력이나 영업능력보다 더 근원적인 회사의 뿌리 역할을 하고 있다.

앞으로의 과제

우리 전통주를 소재로 기업화한 국순당의 장기적인 과제는 '우리 술의세계화'다. 이를 위해서는 새로운 시장 개척과 신상품 개발, 디자인의 현대화 등이 중요하고, 아울러 우리 술과 잘 어울리는 우리 전통 음식을 같이 보급해야 한다.

시장 개척의 첫째 목표는 수출이다. 현재 국순당은 백세주와 막걸리등을 전 세계 50여 개국에 수출하고 있다. 국순당은 그동안 일본, 미국, 중국 등 우리나라 전통주에 대한 선호도가 높은 국가뿐만 아니라 브라질등 남미와 인도 등 아직 우리나라 전통주에 대하여 알려지지 않는 국가들을 개척하기 위하여 많은 노력을 기울이고 있다.

중남미 지역은 우리나라의 반대편에 위치한 지리적 입지 조건으로 물류비가 많이 들고 시장도 형성되지 않아 우리나라 전통주의 불모지나 다름없었다. 그러나 최근 K팝의 영향으로 한국 제품에 대한 관심도가 높아지고, 수출선 다변화를 위하여 중남미 시장 개척에 적극적으로 나서고 있다. 동남아 지역은 우리나라와 동일한 쌀 문화권으로, 막걸리 등 우리나라 전통주에 대한 선호도가 높은 지역이다. 더운 동남아 지역의 특색을 고려하여 지역 맞춤형 저도의 전통주를 개발해 동남아 지역에 수출하고 있다.

이를 위해서 같이 이루어져야 할 작업이 우리 전통 음식의 해외 보급이다. 술이 다른 음식과 밀접한 관계를 가지고 있음을 프랑스의 포도주에서 대표적으로 볼 수 있는데, 역시 우리 술에는 우리 음식이 제격이고, 우리 음식이 서양인의 입맛에 맞게 개발되면 전통주의 보급도 그만큼 쉬워지기 때문이다.

국순당은 프랑스 파리에 우리 술 전문 주점인 백세주마을 파리점을 운영하고 있다. 한국에서 운영 중인 '백세주마을' 디자인을 기본으로 최대한 한국식으로 매장을 꾸몄다. 비스트로 스타일로, 점심시간에는 한국전통음식인 김치찌개·비빔밥·불고기 정식 등을 식사 메뉴로 선보인다. 저녁에는 주점 형태로 운영된다. 저녁에 판매되는 주류 역시 국순당 백세주와 쌀막걸리를 비롯한 막걸리, 명작 복분자 등 전통 과실주 등 다양한 전통주로 구성되어 있다. 안주류로는 백세보쌈, 맥적구이, 해물파전, 탕평채, 두부김치 등 우리나라 전통 음식 중에서 유럽인들의 입맛을 고려한 메뉴로 구성하였다. 메뉴판도 한글 표기를 기본으로 하고, 그 하단에 프랑스어로 소개할 정도로 가능한 한국 그대로의 느낌을 줄 수 있도록 하였다. 우리 술의 독특함과 우수성을 알리기 위해 고려시대의 전통주인 '이화주'를 프랑스에서도 판매하고 있다.

이와 함께 새로이 정립해야 할 분야는 상품 개발 전략인데, 대표적인 것이 상품 디자인 문제다. 디자인의 현대화는 해외 수출은 물론 국내 소비를 위해서도 반드시 필요한 부분이다.

이외 국순당에는 어떤 경우에도 변치 않는 가장 중요한 것이 하나 있다. 전통주를 현대인의 기호에 맞춰 새롭게 개발하되, 사람을 무절제하게 만드는 술이 아닌, 사람 몸에 이로운 술을 만든다는 회사의 기본 방침이다.

3 한국 범종의 살아 있는 역사, 성종사

종과 인연을 맺다

연말이 다가오면 사람들은 제야의 종소리에 가는 해를 아쉬워하고 새해 희
망을 되새긴다. 종소리는 듣는 사람의 마음에 따라 느낌이 다르다고 한다. 우
리나라 범종은 불교와 더불어 생활 속에 깊이 스며들었고, 역사 속에서 독특
한 발전을 해 왔다. 우리는 세계에서 가장 훌륭한 종을 가지고 있다. 하지만
오랜 세월을 지나면서 직접 쳐서 소리를 들을 수 없는 종이 되었다. 잃어버렸
던 종들의 소리를 어떻게 하면 오늘의 우리가 들을 수 있을까.

종 만들기는 숙명이었다. 1942년 경기도 화성군 남양면에서 3남 2녀 중
차남으로 태어난 소년 원광식은 열일곱 살에 자동차 정비 기술을 배우기 위
해 무작정 서울로 상경했다. 그러나 자동차에 별다른 흥미를 느낄 수 없었던
그는 당시 종을 만들던 8촌 형 원국진의 권유로 종과 인연을 맺게 되었다. 그
렇게 8촌 형 밑에서 종 만드는 기술을 배우던 중 군 입대를 하게 되었고, 결
국 1963년에 군 전역과 함께 성종사를 이어 받기로 결심하면서 8촌 형인 원
국진에게 정식으로 종 만드는 일을 배웠다. 당시에는 직원이라야 그를 포함
해 달랑 3명밖에 없었기 때문에 기술도 배우면서 온갖 공장 내 허드렛일을
도맡아했다.

사실 60년대까지만 해도 우리나리 경제는 입에 풀칠하기도 어려울 정도였고, 그래서 오직 먹고살기 위한 수단으로 종 제작 기술을 배우며 종을 만들었다. 당시에는 지금과 같은 '종에 대한 사명감'은 없었다.

5.16 이후 사찰과 교회의 수가 늘어나면서 종 수요도 크게 늘어 정신없이 일을 했다. 그러던 어느 날 결혼한 지 6개월도 채 지나지 않아 그에게 인생 최대의 시련이 닥쳤다. 그날 아침 일찍 종을 제작하기 위해 쇳물을 녹이던 중 1,200℃가 넘는 쇳물이 폭발하면서 하필이면 그의 오른쪽 눈으로 튀어 들어간 것이다. 병원으로 실려 간 그는 담당 의사로부터 "오른쪽 눈을 살릴 수 없을 뿐만 아니라 다친 오른쪽 눈을 제거하지 않으면 멀쩡한 왼쪽 눈까지도 실명할 수 있다."는 충격적인 얘기를 듣게 되었다. 당시 28살의 청년이었던 그는 눈앞이 캄캄하고, 한순간에 모든 행복과 꿈이 무너지는 느낌이었다. 그는 '이것이 하늘의 뜻이라면 차라리 장님으로 살겠다.'는 심정으로 수술을 거부하였다. 그런데 부처님께서 돌봐 주신 덕분일까? 사고를 입은 왼쪽 눈은 조금씩 시력을 잃어 갔지만, 다행히도 오른쪽 눈은 종을 만드는 데 지장이 없도록 지금까지도 멀쩡히 시야를 밝혀 주고 있다.

그렇게 한쪽 눈의 시력을 잃은 그는 결국 직장과 꿈을 잃게 되었고, 처와 갓 태어난 아들을 데리고 고향으로 내려가 농사를 지으며 살기로 작정했다. 그러나 그의 머릿속에는 항상 종이 있었다. 그렇게 종을 포기할 수 없었던 그는 '죽어도 종을 만들어야겠다.'는 오기가 발동했고, 그 뒤로는 종 만드는 꿈을 꾸는 등 잠을 설쳤다. 뜨거운 쇳물처럼 들끓는 절망과 분노를 누그러뜨린 것은 그도 모르게 마음속에 스며든 종에 대한 사랑이었다.

수덕사 종을 만들다

　종에 대한 집념을 가지고 다시 상경한 그는, 우선은 처와 함께 자그마한 주물공장을 차렸다. 일단 입에 풀칠하기 위해 알루미늄부터 양은 일까지 돈이 되는 것이라면 닥치는 대로 만들었다.

　1970년, 지금의 범종사 김철오 사장의 제의를 받아 이윤을 반반씩 나누는 조건으로 '범종사'라는 대한민국에서 두 번째 종 회사를 설립하였다. 사업은 순조롭게 진행되어 주문이 폭주하였고, 1971년 광복 이후 최대 종인 3.75t의 수덕사 종까지 수주하게 되었다. 그러나 이윤 배분 등의문제로 인해 1972년에 기술만 전수한 채 맨몸으로 범종사를 나오게 되었다. 그런데 그 사실을 안 당시 수덕사의 주지 스님이었던 원담 스님이 "나는 원광식이의 기술을 보고 계약을 한 것이니 원광식이 범종사에 없다면 우리 종을 범종사에 맡길 수 없다."며 계약을 파기하기에 이른다. 이 소식을 들은 그는 너무나 고마운 나머지 원담 스님을 찾아가 "노임은 필요없고 재료만 구입해 주시면 제대로 된 종을 한번 만들어 보겠습니다."라고 결심을 밝히고 승낙을 받아냈다. 이것이 그가 다시 회생할 수 있는 결정적인 계기가 되었다. 그는 머리를 깎고 수덕사 대웅전이 올려다 보이는 절간 한구석에 주물 시설을 세웠다.

　그로부터 수덕사 종이 완성될 때까지 그는 하루도 쉬지 않고 조석예불을 하며 세상에 단 하나뿐인 완벽한 작품을 만들기 위해 작업에 매달렸다. 그렇게 해서 1973년 "한 번을 치면 2분30초동안 울리고, 그 소리가 30리까지 퍼진다."는 수덕사 종을 완성하였다. 이 종이 해방 후 최초로 제작된 1,000관에 달하는 대종으로 알려지면서 그는 한동안 언론의 주목을 크게 받았다.

성종사 대표가 되다

1973년, 수덕사 종이 완성되면서 그 이름이 세상에 알려지고 있을 무렵 스승이자 8촌 형이 지병으로 세상을 떠나게 되었다. 그는 수덕사에서 내려와 성종사를 인수하였다. 1962년 군 복무를 마치고 성종사에 재입사할 때 품었던 꿈이 현실로 이루어진 것이다.

그는 성종사 주인이 되고부터 종 만들기에 더욱 매진을 했다. 그리고 뒤에는 늘 수덕사 원담 스님이 든든한 후원군이 되어 주었다. 원담 스님은 어느 절에서 종 불사를 한다는 소식을 들으면, 그 손을 잡고 직접 절에 찾아가 주지 스님에게 성종사에 종을 맡기라고 추천해 주었고, 당신이 가지 못하는 상황이 생기면 직접 글을 써 주시기까지 했다.

그렇게 성종사가 종을 잘 만든다는 소문이 퍼져 나가면서 종 제작 의뢰가 줄을 이었다. 일이 많을 때는 2년치 일감을 미리 맡아 놓고 할 정도였다. 현재 조계종 총본사인 조계사를 비롯해 불국사, 해인사, 통도사, 범어사, 선운사, 금산사, 선암사, 동화사, 화엄사, 송광사, 법주사, 쌍계사 등 국내 사찰에 있는 범종들의 대부분은 성종사와 그가 만든 것이라고 해도 과언이 아니다.

서울의 봉은사 종을 만들었을 때의 얘기다. 주지 스님이 종 값을 주면서 "이 돈은 다른 데 쓰지 말고 저기 자갈밭 사 두어라. 그럼 나중에 큰돈이 될 것이다."라고 했다. 지금은 강남 요지가 된 봉은사 주변 땅값이 그때는 평당 1만 원 이하였다. 하지만 당시나 지금이나 부동산에 관심이 없었던 그는 그

말을 그냥 흘려들었다. 그때 스님 말씀대로 봉은사 주변의 땅을 사 놓았다면 아마 지금쯤 강남에 빌딩 몇 채는 가지고 있을지도 모를 일이다.

그러나 그는 부동산이나 주식에 투자하지 않았다. 좋은 종을 만들기 위해 공장시설과 기술개발에 투자했다. 그리고 대한민국 최고의 종장이 되기 위해 끊임없이 새로운 디자인과 주조기법을 개발했다. 그리하여 그는 대한민국, 아니 세계 최고의 종장으로 불리기도 하였다.

범종연구회를 결성하다

그렇게 그는 점점 유명해져 갔다. '종' 하면 원광식을 떠올릴 정도로 알려졌다. 하지만 그는 종을 완성할 때마다 뭔지 모르게 가슴이 허전했다. 언제부터인가 그가 만든 종의 소리가 마음에 차지 않았기 때문이다.

당시 최고라는 평가를 받았던 수덕사 종도 '왜 그렇게밖에 못 만들었을까' 싶었다. 그래서 그는 전문적인 범종연구 단체가 필요하다고 생각했고, 기술자와 학자, 그리고 스님들로 구성된 '범종연구회'를 결성하였다. 그 중심에는 황수영 동국대 교수와 염영하 서울대 교수가 함께했다.

범종연구회는 그때부터 종의 구성 성분, 종소리의 비밀, 소리의 분석 등에 대해 해마다 학술지를 펴내며 범종연구와 기록 보존에 중요한 역할을 해 왔다. 종 문양의 위치, 조각의 두께, 종의 모양 등 소리를 만드는 여러 요인도 밝혀냈다. 이러한 연구를 위해 그는 긴 종, 짧은 종, 펑퍼짐한 종, 무늬가 없는 종, 음통이 없는 종 등 서울대 범종연구팀이 요구하는 크고 작은 수많은 형태의 종들을 제작했고, 연구비와 학술지 발행비까지 아낌없이 지원했다. 그 결과 일본 종보다 낙후되어 있다는 평가를 받던 한국 종의 수준은 어느 순간부터 세계 최고가 되어 있었다.

특히 서울대 범종연구팀에서 종소리를 연구한 이장무 교수는 범종의 음향 조율과 관련하여 다수의 특허를 보유하고 있는데, 이 중에서도 완성된 종의 내부를 절삭하여 종의 주파수와 맥놀이를 조율하는 기술은 전 세계적으로 우리만이 보유하고 있는 기술이다. 1985년에 제작된 보신각 새 종을 비롯하여 정부로부터 발주 받아 제작되고 있는 대부분의 대종들이 주조 후 음향 측정을 통해 주파수와 맥놀이에 문제가 있을 경우 내부를 절삭하여 소리를 교정하고 있다.

범종연구회는 범종계의 큰 별이셨던 서울대 염영하 교수님이 작고하시면서 잠시 침체기를 거쳤으나 지난 2007년, 이대로 범종연구회를 사라지게 할 수는 없다는 데 뜻을 같이한 그와 몇몇 학자들이 주최가 되어 '사단법인 범종학회'로 거듭났다. 같은 해 11월에 우리 종을 세계문화유산으로 등재시키기 위한 학술연구 세미나를 개최하는 등 진천 종박물관과 연계하여 활발한 활동을 전개하고 있다.

대한민국 최대 종을 제작하다

우리 문화재 중 최고로 치는 종은 '에밀레종'으로 더욱 잘 알려져 있는 국보 29호 '성덕대왕신종'이다. 에밀레종은 국보 36호 상원사종(725년 제작에 이어 두 번째(771년 제작)로 오래된 종이자, 국내에서 가장 큰 종이었다.

1973년 광복 이후, 최대 종을 제작한다며 국내를 떠들썩하게 했던 수덕사 종이 3.75t(1,000관)이었던 데 반해, 우리 선조들이 1,200년 전에 제작한 성덕대왕신종은 무려 19.8t(5,300관)이나 되는 큰 종이었다. 그러나 수덕사 종 이후 에밀레종이 가지고 있던 국내 최대 종의 기록이 깨지는데는 그리 많은 시간이 걸리지 않았다.

1976년 부산 동명불원에서 에밀레종보다 무려 7t이나 더 무거운 27t(7,200관)의 국내 최대 종을 제작하였다. 1980년대 들어서면서 보신각 새종을 비롯한 20t급의 대종들이 대거 출연하였으나 그 기록은 쉽게 깨지지 않았고, 1997년 동명불원종이 제작된 지 21년 만에 그가 제작한 28.9%(7,700관) 경북대종'에 의해 기록이 경신되었다. 경북대종의 기록은 2005년 또다시 그가 제작한 30.56t(8,150관)의 '광주 민주의 종'에 의해 경신되었고, 2008년에 또다시 기록을 경신할 37.5t(1만 관)의 '화천 세계 평화의 종'이 그 손에 의해 제작되었다.

사람들은 큰 종을 많이 만들어 좋겠다며 부러워하지만, 그는 그리 즐거운 일만은 아니라고 말한다. 주문이 들어와 할 수 없이 큰 종들을 만들고 있지만 20t이 넘어가는 대종들은 주파수가 낮아져 타종 후 여음이 잘 들리지 않을 뿐만 아니라, 맥놀이도 뚜렷하게 들리지 않아 오히려 종소리가 좋지 않기 때문이다. 중국의 영락대종이나 일본의 동대사 등 에밀레종보다 큰 종들이 일본과 중국에 많이 있지만 하나같이 에밀레종의 종소리보다 못하다. 종은 에밀레종의 크기를 넘지 않는 것이 좋다. 또한 종의 생명은 크기가 아닌 소리인

만큼 소리가 좋은 종을 만들고 싶지 껍데기만 큰 종을 만들고 싶지는 않다.

중국 종과 일본 종을 배우다

그는 1980년대 중반부터 우리 종의 뿌리와 외국의 종 제작 수준을 알고 싶어 중국, 일본, 대만 등 주요 범종 생산국의 종 공장들을 찾아 다녔다. 그중에서도 우리 선조들이 종 만드는 기술을 전수받았을 중국을 가장 많이 찾았다.

중국의 항주, 대련, 성도, 남창, 상해 등 종을 만드는 공장이 있는 곳이라면 어디든 헤매고 다녔다. 그러나 밀랍주조기법과 같은 기술은 어디에서도 찾아볼 수 없었고, 대부분의 종들이 일반 주물공장에서 동상과 같은 조형물이 만들어지듯 소리에 대한 전문적인 지식 없이 마구잡이로 만들어지고 있었다. 그야말로 모양만 종같이 생기고 두드려서 쇳소리만 나면 된다는 식이었다. 심지어 종을 두 쪽으로 나누어 부은 뒤 용접하는 곳도 있었다. 좋은 진동에 의해 소리를 내는 물체이기 때문에 용접을 하면 소리도 잘 안 날뿐더러 용접 부위가 진동을 못 이겨 깨지기 쉽기 때문에 국내에서는 유물의 보존과 복원을 위해서나 사용되는 방법으로 실제 타종되는 종에는 절대 사용하지 않는 방법을 그들은 아무런 생각 없이 자행하고 있었던 것이다.

그렇게 소득 없이 실망만 컸던 그는 제조업체가 아닌 박물관을 찾아다니며 종의 주조방식을 수소문했다. 그러나 박물관 사람들은 종을 보존하는 일을 하는 사람이지 종을 만드는 일에는 문외한이었다.

그는 중국뿐만 아니라 일본도 자주 찾았다. 일본에서는 교토의 '이와사와'

라는 일본 최고의 종 공장을 자주 방문하였다. 그러나 일본 종은 우리 것과 달랐다. 일본 종은 문양이 단순하고 투박했다. 일본은 옛날부터 '회전형법'이라는 사형주조방식으로만 종을 제작하고 있었고, 전통을 중시하는 그들은 지금까지도 선조들로부터 물려받은 그 기술 그대로 종을 만들고 있었다. 결국 일본에서도 밀랍주조기법의 실마리는 찾을 수 없었고, 오히려 그쪽으로부터 기술 제휴를 제의받았다. 그러나 언젠가 국제시장에서 경쟁 상대가 될 수 있는 일본과 기술 제휴를 할 수는 없었기에 정중히 거절했다.

그렇게 일본을 왕래하면서 밀랍주조기법에 대한 자료는 구할 수 없었지만, 일본에 건너가 있는 우리 종이 얼마나 많은지를 확인할 수 있었다. 한 일본 사찰을 방문했을 때 일제가 빼앗아간 '신라 종'을 보물처럼 받들며, 한국 사람에게는 보여 주지도 않으려는 것을 보고 충격을 받기도 했다. 한국 사람들에게 종을 보여 주면 자꾸 본래 우리의 것이니 돌려달라고 떼를 써서 보여 주지 않는다는 것이었다. 일본에서도 인정하는 1천여 년 전 신라 장인을 우리는 그동안 잊고 지냈던 것이다.

일본 내 한국 종을 복제하다

그렇게 그가 일본에 산재되어 있는 우리 종에 대해 관심을 가지기 시작했을 무렵의 일이었다. 1992년 우연히도 일본의 '광명사(光明寺)'라는 사찰로부터 자신들이 소장하고 있는 신라 종을 복제해 달라는 요청을 받았다. 그때만 해도 대부분의 사람들이 일본의 종 주조기술이 한국보다 뛰어나다고 믿고 있던 시절인데도 불구하고 한국의 업체에 복제를 의뢰한 것이었다. 그는 너무나도 궁금해 광명사 주지 스님에게 이유를 물었다. 그러자 주지 스님은 "본래 일본의 종 제작기술은 한국으로부터 건너온 것이고, 내가 복제하고자 하는 종이 한국 종이니, 한국 업체에게 맡기는 것은 당연한 것이 아니겠는가."라고 답했다.

그렇다! 일본의 종 제작기술은 모든 문명이 그랬듯이 한반도로부터 건너갔을 것이다. 그런데 우리는 오히려 그 기술을 역수입하여 지금까지 종을 만들어 왔던 것이다. 다행히 그는 일본과 같은 방법으로는 일본의 벽을 넘기 힘들다고 판단하여, 1986년부터 펩세트 주조공법이라는 현대공법을 도입, 품질을 많이 향상시켜 놓은 상태였기에 광명사 주지 스님에게 조금이나마 떳떳할 수 있었다. 결국 광명사 종은 본래 광명사 종을 만들었던 밀랍주조기법도, 회전형법도, 펩세트 주조공법도 아닌 'CO2 공법'이라는 전혀 다른 현대 공법으로 복제되어졌다. 그나마 광명사 종이 다른 신라 종보다 문양이 단순하고 선이 굵직굵직했기에 가능했던 일로, 상원사 종이나 운수사 종과 같이 섬세한 문양을 가진 종이었다면 불가능했을 일이었다.

그는 그렇게 광명사 종을 복제하면서 '한국의 종장으로서 앞으로 해야할 일이 무엇인가'를 깨닫게 되었다. 우리는 일본보다 뛰어난 밀랍주조기법이라는 전통 주종기법이 있었음에도 불구하고 그 기술을 계승·발전시키지 못했을 뿐만 아니라 일본보다도 질이 떨어지는 종을 만들고 있었던 것이다.
그는 광명사 종을 복제하면서 밀랍주조기법을 하루빨리 재현하고 일본에 약탈된 우리의 옛 종들을 원본이 안 된다면 복제라도 해서 되찾아와야겠다고 생각했다. 그래서 광명사 종의 형을 뜨면서 광명사 주위에 있던 운수사(雲寺) 종과 천륜사(天倫寺) 종도 함께 형을 떠 왔다. 그리고 그후에도 몇 차례 더 일본으로 가서 원청사(寺) 종과 원통사(通寺) 종 등 총 신라 종 2구, 고려 종 2구, 조선 종 1구의 모형을 확보할 있었다.

그러나 그것으로 끝이었다. 단순히 종의 소유주인 사찰의 주지 스님에게만 허락받으면 되는 줄 알았는데, 알고 보니 일본에 있는 대부분의 한국 종들이 국보나 보물로 지정되어 있어 정부의 허가를 받아야 했던 것이었다. 상궁신사의 고려 종을 본뜨던 중 주지 스님의 아들이 일본 당국에 신고를 하여 수배령이 내려졌고, 결국 나는 도망치듯 일본을 빠져 나와야 했다.

일본으로 넘어간 우리나라 종은 얼마나 되며 어떤 종들일까? 지금까지 일본의 신사나 수장고에 보관되어 있던 한국의 종은 60여 구로 추정되고 있다. 재일동포 강건영 씨는 『범종을 찾아서』라는 책에서 왜구·왜병의 약탈, 일본 상인의 수입 등을 통해 한국에서 일본으로 건너간 범종 45구를 발굴·소개했다. 상궁신사에 소장된 범종(833년)은 일본 국보로, 우사신궁의 범종(904년)을 비롯한 26구는 국가중요문화재로 지정되어 있다. 오키나와 파상궁 종은 2차 세계대전 때 미군 함포사격을 받아 지금은 용두만 남아 있는 고려 전기의 종인데, '환상의 종'으로 불릴 정도로 신비한 소리를 냈었다고 한다.

지금도 일본에 산재되어 있는 한국 종 중 중요한 종들은 선별하여 복원·복제해야 한다. 일본에 건너간 종들 중에 망실된 종들이 많은데, 앞으로도 없어

지지 말란 보장이 없다. 그러기에 외국에 건너간 한국의 유물 중에서도 보존이 필요한 유물은 복제를 해 놓아야 할 필요가 있다. 특히 현재 동경박물관에 탁본만 남아 있는 국부팔번사(國府八幡社) 종과 일본 국보로까지 지정되었다가 2차 세계대전 당시 폭격으로 상부가 파손되어 국보에서 해제된 정우사(寺) 종 등은 탁본이나 종의 일부분이 남아 있어 복원이 가능한 만큼 하루라도 빨리 복원되어야 하며, 나머지 보존 가치가 있는 종들에 대해서도 복제 또는 3차원 스캐닝 등 정부 차원의 보존대책이 시급히 마련되어야 한다.

밀랍주조기법 재현에 성공하다

그는 상원사 종과 같은 옛 종을 복원·복제하면서 우리 선조들의 전통주조기법을 재현하기로 목표를 세우고 80년대 후반부터 연구를 시작했다. 그러나 선조들이 옛 종을 만들 때 사용되던 '밀랍주조기법'이 전설처럼 전해지고 있을 뿐, 거기에 대한 문헌과 기록은 어디에서도 찾을 수 없었다. 혹시 중국이나 일본에 관련 기록이 있을까 싶어서 가 보았지만, 실마리를 찾지 못했다. 결국 스스로 만들어 보는 방법밖에 없었다.

그는 종을 만들고 깨는 것을 수없이 반복하며 1,000년 전 종 제작의 비밀을 하나하나 밝혀냈다. 부드러운 모양에 섬세한 비천상 무늬, 엄청난 크기지만 소리는 이슬처럼 맑다고 하는 신라종, 그 비밀을 캐기 위해 10년의 세월을 헤맸다.

그리고 마침내 밀랍주조기법을 찾아냈다. 밀랍(벌집)과 소기름을 섞어만든

초를 가지고 종 모양을 만들고, 그 위에 주물사(열에 강한 모래)를 여러 번 덧입혀 종 틀을 완성한 후, 틀 안의 초를 녹이고서 그 속에 쇳물을 붓는 식이었다. 알고 보니 정말 간단했지만 참 많은 실험을 했다. 고령토,기왓장 가루, 창호지 등 안 해 본 방법이 없었다. 또 도가니 속의 열을 고르게 유지하고 불순물의 유입을 막는 방법, 고른 합금을 만들어 내는 비법도 찾았다. 그러나 흙으로 만든 거푸집이 1,000℃가 넘는 쇳물을 견디지 못하고 깨져 버렸다. 거푸집이 쇳물의 온도를 견디면서도 내부의 공기가 빠져나갈 수 있도록 숨을 쉬는 흙을 찾아야 했는데, 온갖 흙을 구해서 만들어 봤지만 번번이 실패했다.

흙 성분을 찾아내려고 노심초사 하던 중에 숭실대 박물관에서 우연히 동경을 만든 흙 틀을 보고 '바로 이것이다.' 하는 생각이 들었다. 신라 수도인 경주 일대를 샅샅이 뒤져 감포 지역에서 이 흙 틀과 같은 성분인 활석과 이암을 찾아내 드디어 문제를 해결했다. 그토록 갈망하던 에밀레종의 완벽한 재현도 가능해진 것이다.

고진감래라고나 할까, 7~8년간 '밀랍주조기법' 재현에 매달린 끝에 1992년 CO_2 공법으로 제작하여 납품했던 일본 광명사의 신라 종을 2년이 지난 1994년에 재현된 밀랍주조기법을 사용하여 제대로 복원하는 데 성공했다. 그는 신라의 상원사 종, 선림원 종, 청주 운천동 출토 범종과 고려의 내소사 종 등 20여구의 옛 종을 복원·복제하였다. 그 기술력과 공로를 인정받아 지난 2000년에는 '대한민국 명장'의 호칭을 얻었고, 2001년 59세에 장인 최고의 영예인 중요무형문화재 112호 주철장 기능보유자가 되었다. 주철장은 '일정한 틀에 쇳물을 부어 여러 기물을 만드는 장인'에 대한 통칭이다. 2005

년에는 문화예술 분야 신지식인으로 선정되면서 대통령 표창도 받았다.

우리나라에서 주조물을 사용하기 시작한 시기는 기원전 6~5세기경으로 추정되며, 문헌 자료로 삼국지」의 「위지 동이전에 쇠가 생산되고 매매되었다는 기록이 나온다. 인류문명 발달에 있어 쇠가 매우 중요한 역할을 하였으므로 고대부터 쇠를 이용하여 필요한 물품을 만드는 기술과 장인은 국가 차원에서 보호·지원을 받았다. 한반도에서는 불교가 정착되면서 사찰이 건립되었고, 이와 관련하여 많은 범종이 제작되었다.

밀랍주조기법은 사형주조기법보다 2배 이상의 시간과 노력이 들며, 봄가을에만 작업이 가능하다. 이 기법은 시간이 오래 걸리지만 섬세한 문양을 새겨 넣을 수 있다. 특히 소리의 신비함은 사형주조기법이 따라 올 수가 없다.

종 제작에서 세계 최고 위치에 올랐다는 그의 작품은 그 종소리가 청아하면서도 긴 여운을 남기며 멀리 울려 퍼진다는 평을 들었다.

옛 종을 복원하다

옛 종을 복원하기 위해서는 여러 절차를 거쳐야 한다. 그는 상원사 동종을 1982년 KAIST와 공동으로 복원한 바 있다. 그 당시에는 회전형법으로만 종을 제작하던 시절이었기에 당시로서는 최선의 방법으로 제작하였다고 하지만 진정한 의미의 복원은 아니었다.

밀랍주조기법 재현에 성공한 그는 1994년부터 지금까지 국내외의 옛 종들을 20여 구나 복원·복제하였다. 그중에는 낙산사 동종, 내소사 종, 청룡사 종과 같이 문화재청으로부터 발주를 받아 제작한 종도 있지만 운수사 종, 해인사 대적광전종, 선림원 종과 같이 자비를 들여 제작한 종들이 대부분이다.

설령 자비를 들여 복제를 하고 싶어도 국보나 보물 등 문화재로 지정된 종들은 문화재청의 허가를 받지 않으면 뜰 수도 없어, 복제한 대부분의 종들은 지정 문화재가 아니며, 지정 문화재로 지정된 종들은 문화재로 지정이 되기 전에 뜬 것 들이다. 불에 녹아버린 낙산사 동종과 같은 사태가 발생할 것에 대비해 그는 옛 종들을 하나씩 복제해 나가고 있다. 앞으로 종박물관과 협력하여 더욱더 많은 옛 종들을 복제하고 싶다.

세계로 수출되는 우리의 종소리

성종사는 충북 진천군 덕산면 6,000평 부지에 대지 530평, 높이 13m의공장을 갖추고 있다. 이곳에서는 최대 1만 5,000관 규모의 종을 주조할수 있어 단일 규모로는 세계 최대이다.

지금까지 그가 조성한 범종은 7,000구가 넘으며, 대표작으로는 국내 최대의 민주의 종(광주), 경북대종(영덕), 충북 천년대종(청주), 평화의 종(임진각), 보신각 새종(서울), 대전 엑스포대종(대전) 등이 있다. 전국 사찰의 범종, 지방자치단체의 시민의 종 가운데 내 손을 거치지 않은 것이 거의 없을 정도로 우리 성종사 종은 이미 오래전부터 국내에서 최고로 평가받아왔다. 그리고 2000년대에 들어서면서 국내뿐만 아니라 세계로부터 그 우수성을 인정받기 시작했다. 2002년 싱가폴 해인사로부터 싱가폴 최대규모인 7.5t 종을 수주한 것을 시작으로 싱가폴 복해선원으로부터 3.75t종을, 홍콩 혜천사으로부터 5t 종을 잇달아 수주하는 등 해외 사찰로부터크고 작은 종들의 주문이 꾸준히 이어지고 있으며, 지난 2012년에 대만 최대 사찰인 불광산사에 25.5t 규모의 초대형 종을 수출한 데 이어, 2015년에 잇달아 대만 명선사에 대만 최대인 33t 종을 수출하는 쾌거를 이루었으며, 2017년에는 지장보살 성지인 중국 구화산의 한 사찰로부터 한국의 대표범종인 에밀레종을 발주 받기도 하였다.

이처럼 성종사의 종은 범종의 발상지인 중국을 비롯하여 일본·대만. 싱가폴, 홍콩·태국·미국·미얀마 등 전 세계 20여 개국으로 수출하고 있으며, 이같은 해외 진출 사례는 동종 업계에서 매우 보기 드믄 사례로, 전통 공예산업의 성공 사례로 주목받고 있다.

그는 수출뿐만 아니라 종을 통한 외국과의 문화 교류에도 힘쓰고 있다. 2004년에는 미얀마 양곤 쉐다곤 파고다에, 2007년 10월에는 중국 고종박물관(대종사)에 에밀레종 축소품을 기증한 데 이어, 2007년 12월에는 태국 국왕 80회 생일에 한·태 양국의 우호 증진을 위해 높이 2.3m, 직경1.4m, 중량 4t 규모의 대형 범종을 태국 왕실에 기증하기도 했다.

종박물관을 만들다

한국 범종의 살아 있는 역사를 이어오고 있다는 자부심을 갖고 있는 그는 두 가지 큰 꿈이 있었다. 첫 번째는 종박물관을 만드는 것이고, 두번째는 에밀레종을 재현하는 것이었다. 그중 첫 번째 꿈은 지난 2005년 진천에 종박물관이 건립되면서 실현되었다.

당초 개인 박물관을 만들겠다고 하나둘씩 종을 모으기 시작했고, 그렇게 수십 년간 수집한 종들은 150여 구에 달하였다. 개인적으로 종을 수집하고 있는 사람들은 국내에도 꽤 많아서 그중에는 수집한 종의 수가 수천개에 이르는 사람도 있다. 그러나 그가 수집한 150구와는 확연한 차이가 있다. 바로 종의 크기이다. 대부분의 종 수집가들이 수집한 종들은 핸드벨이나 풍경과 같이 주먹 크기만 한 종들인데 반해, 그가 수집한 종의 대부분은 50cm가 넘는 대형 종으로, 큰 것은 2m가 넘는 것도 있다. 물론 그중에는 내가 만든 종들도 상당수가 있다.

가격으로 쳐도 상당한 금액이 되는 이 종들을 진천 종박물관에 기증하기까지는 많은 고민이 있었고, 가족들과의 갈등도 있었다. 그냥 놔두면 언젠가 아들이나 후손들이 개인 박물관을 만들어 운영할 수도 있겠지만, 가급적이면 제대로 된 공간에서 그가 수집한 종들을 많은 사람들에게 보여 주고 싶었다.

경기도 화성 출신인 그는 1999년 충북 천년대종을 제작하면서 충청북도와 인연을 맺게 되었다. 충북 천년대종을 통해 당시 충북도지사였던 이 원종 씨와 친분을 쌓게 되었고, 우연히 종박물관 얘기를 하게 되었다. 도지사는 도

차원에서의 지원을 약속하며 담당직원을 통해 진천 군수와의 만남을 주선해 주었다. 결국 진천군에서 박물관을 짓는 조건하에 그가 수집한 150구의 종들을 기증하기로 약속을 했고, 진천군은 대지 1만 5,000평 건평 861평 규모로 국비 50억 원을 들어 종박물관을 건립하였다.

에밀레종을 재현하다

그의 두 번째 꿈인 에밀레종 재현의 기회는 의외로 빨리 찾아왔다. 2012년부터 경주에서 〈신라소리축제 에밀레전〉이라는 축제가 시작되면서 그가 만든 4t 규모의 에밀레종 축소종이 해마다 축제에 전시되었고, 행사장을 우연히 찾은 경주 시장이 그 종소리에 반해 에밀레종 재현을 계획하게 되면서 꿈은 현실이 되었다. 2003년 이후 보존을 위해 타종을 중단한 에밀레종을 대신해 복제종을 만들어 치자는 것이 경주 시장의 생각이었다.

처음에는 단순 복제 차원에서 사업이 시작되었으나 그는 에밀레종 재현을 주장하였다. 에밀레종의 흠집까지 그대로 복제하기보다 선조들이 당초 제작하고자 했던 수준으로 재현하자는 것이었다. 즉, 에밀레종을 제작했던 통일신라시대의 열악한 설비와 부족했던 주조기술로 인해 파이고 뭉그러진 표면의 문양을 당초 선조들이 의도했을 수준으로 만들어 보자는 것이다.

많은 토론 끝에 결국 새롭게 만들어지는 종의 이름은 '신라대종'으로 결정되었고, 사업은 그의 주장대로 단순 복제가 아닌 재현으로 변경되었다. 사실 단순 복제라면 편했을 일이다. 그러나 군이 이렇게 어렵고 힘든 방법을 선택한 것은 살아생전에 우리나라 최고의 종인 에밀레종을 능가하는 종을 만들고 싶다는 욕망 때문이었다.

에밀레종을 재현하면서 가장 어려웠던 점은 형태를 알아볼 수 없을 정도로 닳고 뭉개진 비천상을 복원하는 것이었다. 주물이 깨끗하게 나오지 않은 데다 오랜 풍파로 인해 마모된 비천상의 장신구나 얼굴 표정을 도저히 도면으로 그려낼 수가 없었다. 결국 문양 전문가들의 고증을 거치면서 하나하나 문양을 살려 냈는데, 그 시간만 1년이 넘게 소요되었다.

결국 종박물관이 개관하고 11년만인 2016년 6월, 드디어 두 번째 꿈이었던 에밀레종의 재현품인 '신라대종'이 완성되었다.

아직도 가야 할 길

그는 60여 년을 우리 종을 제대로 만들기 위해 노력해 왔다. 그의 꿈은 이루어진 것일까? 그는 열심히 종을 만드는 제자들이 많아지기를 희망해 왔다. 사람과 연장은 쓰기에 달렸다. 교육을 할 때는 재미를 느끼게 하고 그 사람의 능력을 끌어내야 한다. 일을 배우는 사람은 성의껏 일을 배워서 열심히 하는 사람이 되어야 한다.

어떻게 이런 종소리를 만들 수 있느냐고 누가 물으면 많이 만들면서 마음으로 알아들어야 한다고 말한다. 마음으로 알아들을 때 종의 어느 부분을 다듬어야 하는지 알 수 있다는 얘기다.

다행히도 일본에서 금속공학 석사과정을 마치고 돌아온 장남(원천수)은 첨단 장비를 이용하여 종 만드는 일을 도우면서 세계 속에 한국의 종문화를 알리는 데 앞장서고 있다.

　여든을 바라보는 그는 오늘도 공장 이곳저곳을 누비며 밀랍을 만지고, 종을 다듬고, 소리를 조율한다. 그에게 주어진 시간이 이제 얼마 남지 않았다는 것을 알기에 뒤를 돌아보거나 후회할 여유가 없다. 오로지 좋은 종을 만들겠다는 꿈을 좇아 앞만 보고 나아갈 뿐이다.

4 멸치고래의 꿈, 씨드온

작은 멸치들의큰꿈, 멸치고래 (한민족 유라시아 사업 공동체)

"먼 바다에서 멸치를 즐기는 '멸치고래'라는 이름을 지닌 고래도 있다. 원무를 그려 춤추면서 고래를 희롱하기도 하고, 거대한 모양으로 고래에게 위협을 주기도 한다. 뭉치지 않으면, 단결하지 않으면 멸치는 살아남을 수 없다."

멸치가 큰 바다를 건너가려면 뭉쳐 움직여야 무사할 수 있다. 멸치도 먹는다고 해서 멸치고래라고 부르기도 하는, 고래 중에서 세 번째로 덩치가 큰 보리고래도 군무를 이루는 듯 떼로 움직이는 멸치를 마음대로 하지는 못한다고 한다. 힘없는 멸치들의 성공을 지원하는 한민족 네트워크 공유 플랫폼이 '멸치고래의 꿈'에서 만들어 지고 있다.

이 '멸치고래의 꿈' 사업은 원래 부평구청장과 국회의원을 한 최용규 변호사, 황종환 전 한국지식재산관리재단 이사장, 허범도 전 중소기업 진흥공단 이사장 등이 우크라이나 고려인들을 돕기 위해 재능기부 형식으로 2014년 11월 발족하였다. 우크라이나의 추운 지역에서 살아남을 수 있는 품종과 그에 대한 재배기술 전수 등을 목적으로 중국에서 신품종 양파를 개발하여 재배를 해 오던 씨드온의 양파를 첫 대상으로 멸치고래의 꿈사업을 시작하였다.

멸치고래의 꿈에서 지원하는 '씨드온(대표 손현철)'은 영하인 40℃에서도 생육이 가능한 내한성 양파 품종을 개발하여 이를 봄에 심고 가을에 거두는 춘파재배가 아니라 가을에 심고 봄에 거두는 추파재배를 도입하였다. 그리하여 양파 수급과 시장 고급화 전략을 취하여 우크라이나, 몰도바와 카자흐스탄에 상업 재배를 시작하였고, 북한·중국·러시아 그리고 루마니아에 대량 재배를 하고 있다. 씨드온의 양파가 중앙아시아에 적용되면서 또 다른 문제점은 그곳의 환경에는 추위 외에도 물이 부족한 탓에 국내에서의 분수형 분무기가 아닌 양파에만 물을 공급해 줄 수 있는 점적식 호스가 필요한 상황을 알게 되었다. 곧바로 인천 남동공단 소재'(주)미소'의 점적호스 기술을 접목시켰다. 나아가 에너지 사정 또한 좋지 않음을 고려해 그 지역 재배가 용이한 옥수수연료 로스터를 개발한 '(주)옥구하이테크'를 접목시켰다. 또한 (주)옥구하이테크는 점차 프랜차이즈 식당인 스위트 바비큐를 접목하여 확산되고, 중국 흑룡강성에 소재한 목단강 자동 계량기 유한회사와 합작하여 중국에서 로스터를 생산, 대량 판매할 예정이다.

물론 멸치고래사업은 시작된 지 이제 3년이 채 안 되는 자발적인 멸치들의 움직임이기에 앞으로도 많은 관심을 가지고 진행하여야 할 것이다. 이러한 멸치들이 모여 고래가 되어 세상 밖으로 나아가는 과정에서 그 현장의 문제점과 시장 업무, 기술 이전 등을 위해 장보고 프로젝트와 같이 청년일자리 프로젝트로까지 확장할 수 있다.

최소 연료로 최고 효율 적정 기술(미소난로)

멸치 고래 멤버인 '작은세상(대표 김태경)'의 '미소난로'는 자연에 존재하는 기본적인 법칙을 효율적으로 혁신하여 만든 시스템이다. 열과 유체에 관계된 물리학 법칙인 베르누이 원리와 싸이클론 원리를 적절하게 적용한 시스템이다. 적은 땔감으로 높은 열에너지를 생산하여 친환경 대안에너지를 현실화시켰다. 벽난로 겸용 온돌 시스템인 미소 1호 '아궁이'는 원적외선의 보고였던 아궁이를 방 안으로 끌어들인 혁신적인 벽난로로, 불 지피는 공간을 방 안에 도입하여 편리성을 극대화하였다. 또한 방바닥에 연도를 설치하고 벽난로의 화구를 연결해 짧은 시간 안에 엉덩이가 뜨거울 정도로 바닥 난방이 가능하여 소량의 땔감으로 바닥 난방을 혁신한 경제적인 온돌 시스템이다.

이 외에도 아궁이 벽난로 미소 2호, 신개념 화목난로인 미소 5호, 친환경 화목 버너 미소 스토브 등을 개발하였다. 특히 '꼬레난로'는 문화적 차이를 뛰어넘는 적정 기술 난로로, 세계 각 지역의 환경에 적합한 모든 연료(나무, 풀, 소똥, 갈탄 등)를 사용할 수 있고, 난방과 조리가 합체되어 고효율을 내기 때문에 한국에서 가장 많이 수출하고 있는 난로로 성장하였다. 캄보디아, 라오스, 베트남 등 열대지방 및 몽골, 우크라이나, 시베리아 등 한대지방으로 수출하고 있다.

'작은세상'은 '난로'라는 제품에 그치지 않고 아궁이 벽난로 문화 재현에 앞장서고 있다. 마을회관과 노인정 등 기존 건축물을 구들방으로 개조하고, 아궁이 벽난로 문화를 재현하여 아궁이를 방 안으로 들여와 불때는 재미와 고구마를 굽는 노변정담 문화를 재현하고 있다. 벽난로의 미소난로원적외선을 직접 몸으로 받아들임으로써 건강에 좋고, 공간 전체를 훈훈하게 만드는 공기순화 시스템으로 난방비 걱정이 없는 것은 당연하다. '미소힐링타운'은 감성난방 문화체험을 통해 한국을 대표하는 온돌문화와 불이 주는 온정의 문화를 감성 깊게 체험할 수 있는 힐링타운으로 외국인에게 한국의 대표적 문화를 수출하는 효과를 가져오고 있다.

5 경험지식의 세계화, 코카-콜라

협업을 통해 세계화된 경험지식, 코카-콜라

코카-콜라의 탄생과 경험지식

코카-콜라를, 협업을 통해 세계화된 경험지식의 성공 사례로 선택한것은 그 제조 방법에 대하여 전형적인 권리 확보 수단인 특허권 확보가아니라 최초 발명자인 존 펨버튼 박사와 그의 특수한 승계인만의 경험지식으로 성공을 거둔 가장 세계적인 사례이기 때문이다.

코카-콜라는 1886년 약제사였던 존 펨버튼 박사(Dr. John Pemberton)에의해 코카잎 추출물, 콜라나무 열매 그리고 시럽 등을 혼합하여 두뇌강장제로 개발되었다. 존 펨버튼 박사는 미국 조지아 주 애틀랜타에 있는 야콥 약국에 이 음료를 납품하기 시작했고, 당시 약국의 경리사원이었던 프랭크 로빈슨은 두 개의 'C'자를 매치해 '코카-콜라(Coca-Cola)'라고 이름 붙였다. 이후 코카-콜라는 사업가인 아사 캔들러 (Asa Candler)가 대중화를 시켰는데, 오늘날 미국 문화의 상징이자 탄산음료의 대명사가 되었다.

이러한 코카-콜라를 대중화시킨 것은 애틀랜타의 사업가인 아사 캔들러였다. 존 펨버튼은 생전에 이 음료의 성장 가능성을 제대로 알지 못했다. 그는 1888년에 세상을 떠날 때까지 여러 파트너들에게 사업지분을 쪼개 팔

있는데, 그중 한 사람이 아사 캔들러였다. 탁월한 사업 감각을 갖고 있던 아사 캔들러는 1892년에 2,300달러(당시의 약 122만 원)에 코카콜라 사업의 소유권을 확보했다. 그는 존 펨버튼의 전 동업자였던 프랭크 로빈슨(Frank Robinson)과 함께 1892년에 '코카-콜라 컴퍼니(TheCocaColaCompany, TCCC)'를 설립했다.

코카-콜라의 협업 성장사

상표권 등록 및 보틀링 시스템 도입

아사 캔들러는 사업을 위해서는 광고 및 홍보에 대한 중요성을 인식하고 코카-콜라 로고가 새겨진 달력, 시계 등 다양한 기념품을 만들어 적극적인 프로모션을 진행하는 한편, 1893년 미국 특허청에 '코카-콜라' 상표권을 등록하였다.

한편, 1894년 미시시피 주의 사업자인 조셉 비덴한(Joseph Biedenhan)은 미시시피 내에서 코카-콜라에 대한 수요가 꾸준히 늘어나는 것을 보고, 코카-콜라 컴퍼니로부터 원액을 대량 사들여 미시시피 주 내에서 독점적으로 판매하겠다고 제안했다. 당시 코카-콜라의 수요는 이미 코카콜라 컴퍼니가 생산가능한 공급 한계를 넘어서고 있었기 때문에 아사 캔들러는 이를 받아들였고, 나아가 소위 '보틀링 시스템(Bottling System)'을 정례화하였다.

보틀링 시스템은 지역별로 보틀러(Bottler, 병 제조업자)와의 계약을 통해 보틀러에게 그 지역 내에 코카-콜라 독점 판매권을 부여하는 것으로, 이들은 코카-콜라 컴퍼니로부터 대량의 원액을 납품받아 자신들이 제조한 병에 원액을 넣어 판매한다. 1895년, 코카-콜라 컴퍼니는 시카고와 댈러스, 로스앤젤레스에 코카-콜라 원액 제조공장을 설립했다. 이후 각 지역별로 보틀러들이 합류하면서 오늘날 코카-콜라의 보틀링 비즈니스 시스템의 시초가 완성됐다.

컨투어병 디자인 개발 및 머천다이징 전략

코카-콜라가 선풍적인 인기를 끌면서 청량음료 시장의 경쟁은 더욱 치열해졌다. 이때부터 코카-콜라의 모조품들이 시장에 나오기 시작했다. 미국 각 지역에 있는 보틀러들은 코카-콜라 컴퍼니에 다른 회사의 제품과 확연하게 구별되는 병 디자인을 요구하기 시작했다. 1915년, 코카-콜라 컴퍼니는 보틀러를 대상으로 병 디자인을 공모했다. 루트 유리회사(Root Glass Company)의 디자이너로 일하던 알렉산더 사무엘슨(Alexander Samuelson)과 얼딘(Earl Dean)이 공동으로 디자인한 안이 채택되었는데, 그들은 수십 번의 디자인 수정 끝에 어둠 속에서도 쉽게 구분할 수 있는 코카-콜라 '컨투어병(Contour, '윤곽'을 뜻함.)'을 개발하였다.

1919년, 로버트 우드러프(Robert Woodruff)가 코카-콜라 컴퍼니를 인수했다. 아서 캔들러가 미국에서 코카-콜라를 알리는 데 주력했다면, 회사를 인수하고 대표이사로 취임한 로버트 우드러프는 세계 각국에 코카-콜라를 알리기 위해 노력했다. 이 시기에 로버트 우드러프는 기존의 보틀링 시스템을 프랜차이즈 방식으로 발전시켰다. 그는 또 소비자가 손쉽게 코카-콜라를 즐길 수 있도록 하기위해 '코카-콜라 식스팩(Six-Pack, 코카-콜라 6개를 하나의 패키지로 구성)'과 같은 '머천다이징(Merchandising) 전략'을 시행했다.

새로운 머천다이징을 실시한 로버트 우드러프는 1920년대까지 코카콜라를 중국을 비롯해 홍콩, 필리핀, 중앙아메리카 및 유럽 시장에 진출했다. 제2차 세계대전(1939~1945년) 당시 "회사가 부담이 되더라도 코카콜라는 5센트에 마실 수 있어야 한다."는 정책에 따라 미군이 배치되는 모든 전장에 1병당 단돈 5센트에 코카-콜라를 공급했다. 이를 위해 코카콜라는 전쟁 기간 동안 10개의 해외 공장을 세워 50억 병의 코카-콜라 음료를 공급했다. 코카-콜라는 이를 계기로 전 세계인들에게 코카-콜라 음료를 선보이며, 그들의 입맛을 길들일 수 있었다. 우리나라에 코카-콜라가 처음 들어온 것은 1950년대 한국전쟁 때 미군들에게 코카-콜라가 공급되면서부터였다.

새로운 소비 환경과 다양한 브랜드 전략

1960년대 코카-콜라 컴퍼니는 인수 합병을 꾸준히 진행하며 글로벌 기업으로 성장했다. 1960년에는 청량음료 브랜드인 '환타(Fanta)'를 인수했고, 당시 미국의 청량음료 시장의 주도권을 잡고 있던 '세븐업(7-UP)'의 경쟁 브랜드로 1961년에 '스프라이트(Sprite)'를 출시했다. 1980년대부터 코카-콜라 컴퍼니는 더욱 치열해져 가는 시장경쟁 속에서 새로운 브랜드인 코카-콜라 라이트(Coca-Cola Light, 1982), 스포츠 음료 브랜드인 파워에이드(POWERade, 1988)를 출시했다. 1985년, 코카-콜라는 소비자의 변화된 입맛을 고려하여 창립 99년 만에 오리지널 제조법에서 당도 함량을 줄인 '뉴

코크(New Coke)'를 출시했다. 이 제품은 소비자들로부터 심한 반감을 사게 됐고, 결국 오리지널 제조법을 다시 적용한 '코카-콜라 클래식(Coca-Cola Classic)'으로 되돌아왔다. 뉴 코크는 2002년에 생산이 중단됐다.

2000년대에 들어서면서 건강 음료에 대한 수요가 점점 증가하자 코카콜라는 2004년부터 '코카-콜라 제로(Coca-Cola Zero)'를 출시하고 성공적 정착을 위한 마케팅에 집중했다. 2007년 코카-콜라는 비탄산음료부문의 매출 비중을 늘리기 위해 '글라소 비타민워터(Glaceau Vitamin water)'를 인수했다. 하지만 중국의 후이-위안(Hui-Yuan) 주스회사를 24억 달러에 인수하려던 시도는 실패했다. 오늘날 코카-콜라 컴퍼니는 전 세계 200여개국 이상에 진출했고, 500여 개 브랜드에서 3,500여 종의 음료를 판매하고있는 종합음료회사로 자리매김했다. 전 세계 소비자들이 마시고 있는 코카-콜라의 하루 소비량은 19억 잔에 이르고 있다.

우리나라에서는 첫 번째 보틀러였던 한양식품이 1968년부터 국내에서 코카-콜라를 생산하면서 본격적으로 보급되기 시작했다. 이후 우성식품, 범양식품, 호남식품 등이 지역별로 코카-콜라의 보틀러가 되었다. 1997년에 코카-콜라 컴퍼니는 현지 법인인 '한국 코카-콜라 보틀링(주)'을 설립하여 직영체제로 전환했고, 2007년부터 'LG 생활건강'에 인수되었다.

코카-콜라의 지식재산 전략

코카-콜라 제조법 보호 전략

1886년 존 펨버튼이 코카-콜라를 개발한 이후 130여 년이 지났지만 지금까지도 그 제조법은 여전히 베일에 가려져 있다. 코카-콜라 제조에 관한 문서는 지구상에 단 1부만 존재하는 것으로 알려져 있는데, 2011년 이전까지는 애틀랜타에 위치한 선 트러스트(Sun Trust) 은행의 비밀 금고 안에 보관되어 왔다. 2011년 코카-콜라 탄생 125주년을 기념해 코카-콜라박물관(World of Coca-Cola)이 애틀랜타 지역에 만들어지면서 현재는 그곳에 보관되어 있다. 정확한 코카-콜라의 제조법은 몇몇 소수의 이사진만이 알고 있는 것으로 전해지고 있다.

현재 멤버튼의 제조 공법을 분석한 글이 여러 차례 발표되었고, 이를 토대로 콜라를 만들려는 시도는 많았지만 아직까지 코카-콜라와 같은 맛을 낸 경우는 없었다고 한다.

코카-콜라 컨투어병 디자인 및 트레이드마크 전략

지금도 출시되고 있는 코카-콜라 컨투어병은 1915년에 디자인 되었다. 당시 코카-콜라의 보틀러들은 점점 늘어나는 모조품들 사이에서 확실하게 구분될 만한 병을 디자인해 달라고 요구했고, 코카-콜라는 "어느 장소에서나 코카-콜라의 맛은 동일하다."는 것을 소비자들에게 강조하기 위해 단일한 병 디자인 제작을 단행했다. 그리하여 1915년, 디자이너 알렉산더 사무엘슨과

얼 딘에 의해 코카-콜라 컴퍼니만의 컨투어병이 개발되었다. 이들은 코카-콜라 나무의 열매를 연상하면서 병을 디자인했는데, 코카-콜라 열매에 대한 그림이 없어서 생김새가 비슷한 카카오나무 열매를 보고 디자인했다고 한다. 새로 디자인된 코카-콜라 컨투어병은 1915년에 디자인 특허권이 등록되었고, 1916년부터 사용되었다. 1919년부터 코카-콜라 컴퍼니는 생산되는 모든 코카-콜라를 단일한 병으로 통일해서 유통시켰다.

컨투어병 형태의 기원에 대해서는 다양한 설이 있다. 이들이 직선적인 다른 음료 용기와 구별되는 디자인을 고안하기 위해 코코아 열매의 흐르는 듯한 윤곽선을 이용했다는 설이 있고, 주름치마를 입은 애인의 몸매를 보고 영감을 받아 디자인했다는 설도 있다. 이 중에서 전자가 미국 특허청에 등록된 정설이다. 컨투어병은 이후 여러 차례 리뉴얼을 통해 재탄생되었는데, 그중 1955년에 레이몬드 로위(Raymond Loewy, 미국의 산업 디자이너)가 리뉴얼한 병 디자인이 가장 유명하다. 제2차 세계대전 직후 코카콜라 컴퍼니는 코카-콜라 아이템들을 모던한 스타일로 변경시키기 위해 레이몬드 로위를 고용했다. 당시 레이몬드 로위가 코카-콜라에 세로선을 적용한 디자인을 선보였고, 이는 오늘날까지 사용되고 있다. 이때 리뉴얼된 컨투어병은 1950년에 《타임》지의 커버를 장식하기도 했다. 1960년, 컨투어병은 미국 특허청에 상표 등록이 되면서 코카-콜라의 트레이드마크이자 상징으로서 공식적인 보호를 받게 되었다. 이후 컨투어병의 디자인은 많은 예술가들의 영감을 불러일으켰다. 컨투어병은 탄생한 지 오랜 시간이 지났음에도 불구하고 세계적인 팝 아티스트인 앤디 워홀은 물론 패션명품 브랜드 샤넬의 수장인 칼 라거

펠트 등 세계적인 패션 디자이너들에 의해 끊임없이 새로운 예술품으로 재탄생되고 있다.

코카-콜라 브랜드 전략

보틀러와의 파트너십을 통한 글로벌 확장

코카-콜라 컴퍼니는 '보틀러 파트너십'이라는 사업 모델을 기반으로 한 글로벌 네트워크를 구축하고 있다. 이는 아사 캔들러가 고안한 보틀링 시스템을 프랜차이즈 계약 기반으로 발전시킨 것으로, 이 파트너십하에서 코카-콜라 컴퍼니는 원액 개발 및 광고·마케팅 활동을 담당하며, 현지 보틀러들에게 지역의 판매를 전적으로 위임하고 있다. 보틀러들은 자신의 권역 내에서 코카-콜라 제품에 대해 독점권을 가지고 판매망을 구축하고 있다. 코카-콜라 보틀러의 판매가 증가할수록 코카-콜라 컴퍼니의 원액 및 시럽의 판매가 증가하는 선순환 구조로 연결되어 있는데, 이러한 구조는 빠른 시간 내에 코카-콜라 브랜드가 세계시장으로 확산되는데 일등 공신이 되었다. 또한, 코카-콜라는 시장 개척 능력 및 사업 운영 능력이 뛰어난 보틀러들을 통해서 현지 시장에 유연하게 진출할 수 있었다. 현재 전 세계적으로 300여 개의 보틀러들이 약 2,000만 개의 유통 거래처에 코카-콜라를 납품하고 있다.

강력한 브랜드 아이덴티티를 만드는 일관성

코카-콜라 브랜드의 성공 요인 중 하나로 독특한 병 모양과 로고 등에 의해 진행된 일관된 광고 및 프로모션을 들 수 있다. 코카-콜라와 역사를 같이

해 온 스펜서체, 컨투어병, 빨간 원형의 아이콘, 그리고 1920년대에 나온 "마시자 코카-콜라", "상쾌한 이 순간"이라는 광고 문구는 지금까지도 변함없이 사용되고 있다. 이처럼 코카-콜라의 일관된 디자인과 메시지 적용은 코카-콜라 브랜드 아이덴티티를 지속적으로 강화시키는 데 큰 기여를 했다.

코카-콜라를 상징하는 로고와 색상

스펜서체(Spencerian Script, 흘림체의 일종으로 개발자인 플랫 로저 스펜서(Platt Rogers Spencer)의 이름에서 유래)로 쓰여진 코카-콜라 로고는 존 멤버튼 박사의 동료이자 약국의 경리사원이었던 프랭크 로빈슨이 1886년에 만들었다. 그는 새로 개발된 코카-콜라 음료에 두 개의 'C'가 광고에 잘 어울릴 것 같다는 생각에서 "Coca-Cola"라는 이름을 흐르는 듯한 스펜서체로 표기했다. 스펜서체로 쓰여진 코카-콜라 로고는 1893년에 미국 특허청에 상표 등록되었다.

코카-콜라가 초기부터 빨간색을 메인 컬러로 사용한 것은 아니었다. 1886년부터 1890년까지 사용된 코카-콜라 광고 문구는 흑백으로 인쇄되었고, 1890년 후반부에 이르러 빨간색으로 표현되기 시작했다. 당시 존 팸버튼은 코카-콜라를 판매하던 약국 외벽에 흰색 광고 현수막을 달았는데, 이때 처음으로 빨간 글씨로 크게 쓴 로고가 사용되었다. 1차 세계대전 이후, 코카-콜라의 빨간색은 정형화되어 이후 50년 동안 변함없이 사용되어 오다가 1970년에 좀 더 밝은 빨간색으로 변했다.

예술과 디자인의 만남, 콜라보레이션

코카-콜라는 다양한 예술가 및 업체들과 협업하여 주기적으로 코카콜라 한정판을 출시해 오고 있다. 코카-콜라 한정판은 총 30만 병 이하로 출시되고 있어 수집가들에게 소장 가치가 높은 품목으로 인식되고 있다. 2008년에는 영화 〈섹스 앤더 시티 (SEX AND THE CITY)〉의 의상디자이너로 유명한 패트리샤 필드와 협업하여 현대 여성이 갖춰야 할 네 가지 매력 '커리어(Career), 열정(Passion), 사랑(Love) 그리고 의상(Fashion)'이라는 콘셉트로 한정판을 출시했다.

2013년에는 마크 제이콥스(Marc Jacobs)와 협업하여 코카-콜라 라이트 3종 세트를 새롭게 출시했다. 이 제품들은 마크 제이콥스의 런칭 쇼를 통해 소개되었고, 마크제이콥스가 광고 모델로 나서기도 했다.

6 65세 도전 세대간 협업, KFC

KFC의 탄생과 역사

KFC(켄터키 프라이드치킨)는 미국에 본사가 있는 패스트푸드 체인점이며, 설립자인 커넬 할랜드 샌더스(Colonel H. Sanders)가 개발한 프라이드 치킨을 통해 세계적인 패스트푸드 체인으로 성장했다. 커넬 할랜드 샌더스가 1952년 유타주 솔트레이크시티(Salt Lake City)에 '켄터키 프라이드치킨'이란 이름으로 첫 점포를 열었으며, 1964년에는 미국·캐나다에 600개가 넘는 매장을 확보했다. 상호인 KFC는 켄터키 프라이드치킨(Kentucky Fried Chicken)의 약자로, 푸짐한 미국 남부식 손님 접대 상차림을 연상시키기 위해 '켄터키'라는 지명이 사용됐다.

KFC는 치킨 외에도 햄버거, 감자튀김, 샌드위치 등의 메뉴를 판매한다. 또한 1964년 커넬 할랜드 샌더스는 존 브라운 주니어와 잭 매시에게 200만 달러에 회사를 넘겼다. KFC는 이후 몇 차례의 경영권 이전을 거쳐 현재 피자헛, 타코벨 등을 소유한 외식업체 얌브랜드(YUM! Brands, Inc)에 자회사로 소속되어 있다.

KFC의 창시자 커넬 할랜드 샌더스는 1890년 9월 9일, 미국 인디아나 주 남부 헨리빌(Henryville)에서 3남매 중 장남으로 태어났다. 여섯 살이 되던

해 아버지가 사망해 어머니가 생계를 책임져야 했기 때문에 장남인 커넬 할랜드 샌더스가 가사를 도맡았다. 일곱 살 때 커넬 할랜드 샌더스는 공장에서 철야작업을 하는 어머니를 대신해 호밀빵을 만들었는데, 자신이 만든 빵을 가족뿐 아니라 어머니의 공장 동료들까지 맛있게 먹는 것을 보고 자연스럽게 많은 사람들을 대접하는 서비스의 즐거움을 터득했다.

그러던 중 29세가 되던 해인 1920년, 그에게 첫 번째 기회가 찾아왔다. 타이어 영업으로 친분을 맺었던 석유 대리점 지배인으로부터 켄터키주의 니콜라스빌(Nicholasville)에서 주유소 운영 제의를 받은 것이다. 당시는 포드자동차가 양산되기 시작해 주유소 사업의 전망이 밝은 상황이었다.

커넬 할랜드 샌더스는 철저한 서비스 정신으로 고객을 끌어 모았다. 차가 주유소로 들어오면 그는 우선 유리창부터 닦고 난 다음에 "기름을 넣어 드릴까요?"라고 물었다. 길을 묻는 차량에도 유리창 청소를 서비스로 제공했고, 그의 주유소는 친절한 서비스에 힘입어 입소문을 타 날로 번창했다.

하지만 1929년, 미국에 대공황이 찾아왔고 주유소 영업은 큰 타격을 받기 시작했다. 더욱이 그는 주변 농가에서 가솔린을 빌리러 오는 사람들을 외면하지 못해 가솔린을 외상으로 나눠 주곤 했는데, 이와 같은 그의 지나친 친절은 결국 회사를 재정적으로 위협했다. 결국 40세의 커넬 할랜드 샌더스는 사업에 실패했고, 다시 무일푼이 되었다. 하지만 그의 서비스 경영에 대한 소문을 들은 쉘오일(Shell Oil) 측이 그에게 새로운 기회를 제공했다.

주유소의 간이식당으로 출발한 커널 할랜드 샌더스 카페

1930년, 커널 할랜드 샌더스는 쉘오일의 도움으로 켄터키주 남서부 코빈에서 새로운 주유소를 열었다. 쉘오일측은 그가 초기 자본 없이 영업을 시작할 수 있도록 배려해 주었으며, 그의 주유소는 켄터키주의 주요 도로인 25호선상에 위치해 입지도 좋았다.

커널 할랜드 샌더스는 대부분의 여행자들이 허기진 상태에서 주유소를 찾는다는 사실에 주목했고, 주유소 한켠에 한 개의 테이블과 여섯 개의 의자를 마련해 식사를 제공하기 시작했다. 그의 작은 식당의 이름은 '커널 할랜드 샌더스 카페 (Sanders Café)'였다. 커널 할랜드 샌더스 카페는 청결한 매장 관리와 맛있는 요리로 여행자들의 명소가 되었다. 식당이 유명해지자 그는 주유소를 옮겨 좀 더 큰 식당을 차렸다.

커널 할랜드 샌더스 카페의 유명세에 힘입어 1935년 45세의 커널 할랜드 샌더스가 마을의 유명인사가 되자 켄터키 주지사는 그에게 '커널(Colonel)'이라는 명예 대령의 칭호를 주었다. 얼마 후 커널 할랜드 샌더스는 유명세로 인해 갑작스럽게 바빠진 레스토랑 일에 전념하기 위해 주유소 사업을 포기했다. 곧이어 그는 여행자들이 편히 쉴 수 있는 공간을 만들 결심을 하고, 레스토랑 옆에 모텔을 지었다. 모텔 역시 그의 친절한 서비스와 청결함을 바탕으로 번창했다.

하지만 1939년, 화재로 그의 레스토랑과 모텔은 소실되어 2년 후에 재건

해야만 했다. 또한, 1950년 국도 25호선을 우회하는 도로의 건설과 1951년의 국도 75호선 건설 계획 발표는 그의 카페 영업을 위협했다. 결국 커넬 할랜드 샌더스는 치명적인 매출 감소를 가져다줄 새로운 국도가 완공되기 전에 카페를 처분하고 은퇴하려 했다. 하지만 은퇴 후 연금이 월 105달러밖에 안 된다는 사실을 알고 다른 사업을 구상할 수밖에 없었다.

1952년, 커넬 할랜드 샌더스는 샌더스 카페에서 인기를 끌었던 프라이드치킨 조리법을 활용해 프랜차이즈사업을 시작했다. 그는 중고 포드 승용차에 압력솥을 싣고 숙식을 해결하며 주유소 옆 간이식당을 운영할 당시부터 10년 동안 개발한 프라이드치킨 조리법을 팔러 다녔다. 당시는 '프랜차이즈(Franchise)'라는 개념이 자리 잡기 전이었고, 커넬 할랜드 샌더스의 이러한 시도는 상당히 획기적인 아이디어였다.

커넬 할랜드 샌더스는 레스토랑 브랜드(Brand)를 만드는 대신 자신의 '11가지 허브(Herb) 비밀 양념'으로 만든 치킨을 다른 식당에서 메뉴로 채택할 시 제조법을 알려 주고 닭 한 마리당 5센트의 로열티를 받겠다는 구상을 세웠다. 처음 그와 계약을 맺은 것은 솔트레이크시티에서 '두 드롭 인(The Do Drop Inn)'이라는 레스토랑을 운영하고 있던 피트 하먼(Pete Harman)이었다. 피트 하먼과의 만남은 KFC 브랜드 시작의 도화선이 되었다.

KFC의 협업 성장사

KFC 브랜드 및 트레이드마크

 레스토랑 사업 경험이 풍부했던 피트 하먼은 초창기 KFC의 발전에 큰 공헌을 했다. '켄터키 프라이드치킨'이라는 이름을 제안한 것도 피트 하먼이었다. 그는 미국 남부의 지명인 '켄터키'가 따뜻하고 푸짐한 미국 남부식 환대를 떠올리게 한다고 생각했다. 피트 하먼은 커넬 할랜드 샌더스와 손잡고 1952년 솔트레이크시티에 첫 번째 KFC 프랜차이즈점을 개설했다.

 피트 하먼은 이후에도 제품 라인업과 운영 매뉴얼, 마케팅 아이디어를 제시하며 커넬 할랜드 샌더스와 레스토랑 프랜차이즈 모델을 만들어 갔다. 피트 하먼과 계약을 맺고 첫 KFC 매장을 설립한 이후 커넬 할랜드 샌더스는 코빈에서 운영하고 있던 카페를 처분한 뒤 본격적으로 프랜차이즈 점주를 모집하기 시작했다.

 그는 자신의 요리를 제공하는 데 어울리는 청결한 식당 외에는 절대 프랜차이즈 계약을 맺지 않는다는 원칙을 고수했다. 청결을 상징하는 커넬 할랜드 샌더스의 흰색 양복과 나비 넥타이, 지팡이 차림도 이러한 철학이 밑바탕이 되어 이 무렵부터 시작되었다.

 1957년, 피트 하먼은 KFC의 트레이드마크가 된 '버킷 밀(Burket Meal)'을 개발했다. 이는 양동이 형태의 종이상자에 치킨을 담아서 제공하는 것으로, 최초의 버킷 밀은 14조각의 치킨과 매시 포테이토, 그레이비소스로 구성되었으며, 3.50달러에 판매되었다.

1962년, 패스트푸드 산업 전체에 큰 영향을 미친 또 다른 인물 데이브토마스(Dave Thomas)가 KFC와 인연을 맺게 되었다. 당시 오하이오주 콜롬버스에서 KFC 프랜차이즈 4개를 소유한 필립 클라우스(Philip Clauss)는 고전을 겪고 있었고, 궁여지책으로 그는 자신이 경영했던 다른 레스토랑의 젊고 유능하며 그를 멘토로 따르던 조리사 출신 청년 데이브 토마스에게 망해가는 가게들을 맡기기로 했다.

데이브 토마스는 KFC의 실적을 회복시킬 경우 45%의 소유권을 받기로 하고 작업에 착수했다. 그는 메뉴를 주력 상품 위주로 단순화시키고, 빙글빙글 돌아가는 특유의 버킷 모양의 대형 사인물을 가게 앞에 설치해 사람들의 관심을 끌어 모았다. 그의 노력에 힘입어 파산 직전의 점포들의 실적은 가파르게 상승했다. 결국 데이브 토마스는 필립 클라우스로부터 45%의 지분을 받는 데 성공했다. 1968년, 그는 그 지분을 KFC 본사에 팔아 150만 달러를 마련해 훗날 대형 체인으로 성장한 웬디스(Wendy's)를 창업했다.

이후 1963년, KFC 영국 지점이 문을 열었다. 북미 외의 지역으로는 처음이었다. 같은 해 북미에서는 KFC의 프랜차이즈 지점 수가 600개를 돌파했다. 1964년, 75세의 커넬 할랜드 샌더스는 투자회사를 운영하고 있던 존 브라운 주니어와 잭 매시에게 200만 달러를 받고 KFC를 매각했다. 이 금액은 2013년 시세로 환산하면 1,500만 달러(158억 4,000만원) 상당의 금액이다. 커넬 할랜드 샌더스가 여생 동안 브랜드의 품질 관리에 관여하고 트레이드마크로 활동한다는 조건도 포함된 거래였다. KFC는 커넬 할랜드 샌더스가 경영 일선에서 물러난 후에도 커넬 할랜드 샌더스를 브랜드의 마스코트로 삼았다.

심벌 마스코트 커넬 할랜드 샌더스

　존 브라운 주니어와 잭 매시에게 넘어간 뒤 KFC는 전문 경영인의 체계적인 관리 아래 더욱 급속하게 성장했다. 그들은 1969년 KFC를 뉴욕 증시에 상장했다. 처음 100주는 커넬 할랜드 샌더스가 매입했다.

　1970년 KFC는 48개국에서 3,000개의 매장을 확보했고, 1971년에는 존 브라운 주니어와 잭 매시는 코네티컷(Connecticut) 기반의 포장식품 제조사 휴블레인(Heublein)에 KFC를 매각했다. 거래 금액은 2억 8,500만 달러였다. 이는 2013년 가치로 환산하면 16억 달러(1조 6,896억 원)에 해당하는 액수다.

　1980년 12월, 설립자 커넬 할랜드 샌더스가 백혈병으로 사망했다. 그는 90세의 나이로 사망할 때까지 흰색 양복을 입고 미국 내 KFC 프랜차이즈점을 돌며 직원들을 훈련시키는 일을 멈추지 않았다. 사망 후 커넬 할랜드 샌더스는 켄터키주 루이빌(Louisville)에 안치되었다. 커넬 할랜드 샌더스가 사망할 당시 KFC는 48개국 6,000여 개 매장에서 연간 20억 달러(2조 1,120억 원)의 매출을 올리는 기업으로 성장해 있었다.

펩시코에 인수~현재(1980~현재)

　1982년 KFC의 모기업 휴블레인은 담배 사업을 통해 재벌이 되어 외식사업으로 눈을 돌리던 R. J. 레이놀즈(R. J. Reynolds)에 인수되었다. 1986년 R. J. 레이놀즈가 다시 KFC를 펩시코(PepsiCo)에 넘김으로써 KFC는 피자헛,

타코벨과 자매회사가 되었다.

　이후 1987년 11월, KFC는 중국에 진출했다. 외국 패스트푸드사로서는 첫 번째로 중국 시장에 진출한 사례였다. KFC는 중국 진출 초기부터 '큰더지(肯德基:켄터키 프라이드치킨의 '켄터키'를 중국어로 표현한 것)'라는 중국식 간판을 내걸고 현지화 전략을 추진했다. '1가구 1자녀' 정책으로 인해 아이들을 소공자처럼 키우는 중국 문화에 맞춰 KFC는 매장에 놀이방을 설치하고 어린이들에게 공짜 생일 파티를 열어 주는 등 가족친화적인 마케팅을 펼쳤다. 이를 통해 KFC는 중국 시장을 선점해 나갔고, 2014년 기준 중국 내에 약 4,600여 개의 매장을 열었다.

　1991년 KFC는 상호를 '켄터키 프라이드치킨'에서 이니셜인 KFC로 정식 변경했다. 'Fried'가 주는 기름지고 건강하지 않은 이미지를 제거하기 위해서였다. 1997년 펩시코는 KFC, 피자헛, 타코벨 패스트푸드 분야의 자회사 세 개를 묶어 '트리콘 글로벌 레스토랑(Tricon GlobalRestaurants)'이라는 이름의 법인으로 독립시켰다. 트리콘 글로벌 레스토랑은 2002년 '얌브랜드(Yum! Brands)'로 이름을 바꾸었다.

　2000년대 이후 KFC는 당시의 웰빙 트렌드에 맞춰 건강하고 자연친화적인 기업 이미지 구축에 힘을 쏟았다. 2007년에는 자체 개발한 기름을 사용해 트랜스 지방을 0%로 낮추었다고 발표했다. 2009년에 KFC는 칼로리와 지방, 염분 함유량을 낮춘 '켄터키 그릴드 치킨(Kentucky GrilledChicken)'

을 출시했다. 또한 2011년에는 인디애나 폴리스(Indianapolis)에 친환경 매장을 오픈했다. 이 레스토랑은 일반적인 KFC 매장들에 비해 에너지와 물을 25% 절약할 수 있게 설계되었으며, 친환경 교통수단을 위한 주차장과 쓰레기 재활용 시스템도 갖추었다.

2014년, KFC는 중국에서 벌어진 '불량고기 파문'으로 매출 감소를 면하지 못했다. 미국 식품회사 OSI의 자회사인 식자재 공급업체 상하이 푸시식품이 유통기한이 지난 불량 육류를 중국 KFC, 맥도날드, 스타벅스등에 공급해 발생된 사건이다. 이로 인해 KFC의 중국 내 매출은 14% 감소했다. 이는 KFC의 모기업인 브랜드의 실적에도 영향을 미쳤다. 얌브랜드는 중국에서 KFC와 피자헛 점포 6,420개를 운영하고 있고, 기업 전체 매출액의 61%를 중국에서 거둬들이고 있다. KFC 측은 상하이 푸시식품과의 계약을 해지하며 논란의 진화에 나서기도 했다.

KFC의 지식재산 전략

11가지 비밀 양념 노하우 전략

커넬 할랜드 샌더스는 1950년대 11가지 허브와 양념을 이용한 치킨 요리법으로 프랜차이즈 사업을 시작했다. 일명 '11가지 비밀 양념'으로 불리는 KFC의 정확한 조리법은 켄터키주 루이빌(Louisville)의 금고 속에 보관되어 있는데, 소수의 관계자들만이 비밀 엄수 약정을 전제로 레시피를 볼 수 있다. 원료의 혼합과 대량생산 과정은 컴퓨터로 통제해 작업자들이 전체 조리법을 알 수 없도록 해 철저하게 레시피의 비밀을 보호한다. 이 양념은 오늘날까지 KFC의 프라이드치킨에 적용되어 KFC에서 제공되는 제품 맛의 정체성으로 자리 잡고 있다.

압력솥 조리법

1930년대 초반 커널 할랜드 샌더스는 무쇠 팬(Pan)을 이용해 치킨을 튀겼다. 하지만 이 방법은 조리시간이 30분을 넘는다는 단점이 있었다. 그는 조리시간을 단축하기 위해 통상적으로 치킨을 튀기는 데 사용되지 않는 독특한 조리기구인 압력솥을 사용했다. 그는 압력솥을 이용한 여러가지 실험을 수행한 끝에 치킨을 부드럽고 촉촉하게 익혀 주는 최적의 압력과 시간을 발견해냈고, 이후 자신의 프랜차이즈들에 이를 전파하기 시작했다. KFC는 지금도 압력솥을 사용해 치킨을 조리한다.

종이 버킷

KFC는 1957년부터 흰색과 빨간색으로 장식된 양동이(Bucket)형 종이상자에 치킨을 담아 판매했다. 이 종이상자는 두껍고 견고할 뿐만 아니라 이동이 간편해서 다량의 치킨을 담기에 적합했으며, 푸짐한 느낌을 주어 KFC가 온가족이 모여 즐겁게 외식하는 곳이라는 브랜드 이미지를 형성하는 데 도움이 되었다. 이 상자를 이용한 다인용 치킨 메뉴 '버킷 밀(Bucket Meal)'은 지금까지도 KFC의 트레이드마크로 남아 있다.

KFC 브랜드 전략

품질과 위생을 중요시하는 브랜드 KFC

KFC는 창립 당시부터 청결과 위생을 브랜드의 주요 모토로 삼아 왔다. 커널 할랜드 샌더스는 주방이 깨끗하지 않은 레스토랑에는 프랜차이즈 권리를 주지 않았고, 그의 트레이드마크인 하얀 정장은 KFC의 청결을 상징하는 것이었다. KFC는 오늘날에도 국제적 기준의 공급자 품질 점검 제도인 'STAR Audit을 적용해 가장 위생적이고 신선한 원자재를 공급받을수 있도록 점검, 관리하고 있다. 또한 매장에서는 시간이 지난 음식은 폐기하고, 가장 맛있는 온도에서 음식을 제공할 수 있도록 엄격한 매뉴얼을 준수하고 있다.

체계적인 교육 프로그램

KFC는 'Development Champion's'라는 교육 시스템 아래 매장 아르바이트생부터 직원, 점장에 이르기까지 단계적인 직무 교육 프로그램을 실시하고 있다. 또한 직원들의 서비스 마인드와 고객 응대 능력 향상을 위해 해마다 '챔스 챌린지(CHAMPS Challenge)'를 실시한다.'챔스(CHAMPS)'란, Cleanliness(청결), Hospitality(환대), Accuracy Of Orders(주문의 정확성), Maintenance Of Facilities(시설 관리), Product Quality(제품 품질), Speed Of Service(서비스의 신속성)의 약자로, KFC는 각 항목별 경연대회를 통해 실질적인 서비스 질의 향상을 꾀하고 있다. 챔스 챌린지에서는 지역별로 제품 조리와 서비스 등 각 분야의 고수를 선발한 후, 최종적으로 각 나라의 KFC 대표 선수들을 모아 기량을 평가해 챔피언을 선발한다.

또한 KFC는 제품 제조에서 위생, 고객 서비스, 그리고 매장 운영까지 각 챔스 항목을 체크하기 위한 'eCER 프로그램'을 운영하고 있다. 이 프로그램은 'eCER 프로그램' 교육을 이수한 회사 소속의 전문가가 각 매장을 방문해 객관적이고 공정하게 매장 운영과 관련된 전반적인 항목들을 평가한 뒤 직원들을 코칭해 주며, 직원들에게 책임감과 자신감을 부여하며 고객들에게 양질의 서비스를 제공하도록 한다.

제**6**장

향토지식재산
지방자치단체 사업화 사례

1 파주시 'DMZ 철조망' 관광상품

개요 및 도입 배경

지리적 여건

파주시는 역사적으로 고려의 수도인 개경과 조선의 수도인 한양의 중간에 위치하고 있어 수많은 문화유산을 간직하고 있을 뿐 아니라 율곡 이이, 방촌 황희, 문숙공 윤관 장군 등 위대한 인물을 배출한 곳이다. 한강과 임진강이 합류하는 지역으로, 풍부한 수자원과 수려한 자연 경관을 지니고 있는 곳이기도 하다. 또한, 수도 서울과는 불과 30분, 인천 신공항과는 1시간 내 거리에 위치하여 수도권의 일일 휴식공간으로 각광을 받고있다.

특히 28km에 달하는 휴전선과 접해 있는 통일 안보의 요충지일 뿐만 아니라, 세계 유일의 민족 분단의 현장으로 DMZ와 민통선 일대에 판문점, 임진각, 자유의 다리, 제3땅굴 등 방대한 전쟁유적과 유물을 간직하고 있는 세계적인 관광명소로서 연간 400만 명 이상의 내외 관광객이 즐겨 찾는 곳이다. 특히, 6·15 남북선언 이후 경의선 철도 복원으로 임진강역이 개통된 데 이어 DMZ 바로 앞에까지 도라산역이 개통됨으로써 장차남북교류를 위한 전초기지로서 우리나라를 방문하는 외국인에게 분단현실을 극명하게 보여줄 수 있는 수도권 최대의 관광 코스로 인식되고있다.

추진 배경

이러한 천혜의 관광, 지리적 여건 속에서 2000년 한국전쟁 50주년과 2001년 한국방문의 해, 그리고 2002년 월드컵과 아시안게임으로 이어지는 관광특수를 맞아 지역의 특성을 살린 관광상품 개발의 필요성이 대두되었다.

한국관광공사가 조사 발표한 자료에 따르면 외래 관광객의 10대 방문지 중 하나가 판문점을 비롯한 파주의 안보 관광지로 조사된 바 있으며, 관광 소비실태 조사 역시 쇼핑 비용이 점차 증가되고 있음에 비추어 상대적으로 우리나라를 방문하는 외국인에게 독특한 인상을 심어 줄 수 있는 관광상품이 거의 없다는 현실은 파주시가 독자적인 상품 개발에 나서게 된 동기가 되었다.

특히 2002년 월드컵을 맞아 제3땅굴과 도라 전망대 일원에 39억 원의사업비를 투자하여 땅굴에 셔틀 엘리베이터와 DMZ 영상관, 판매·휴게시설을 설치하고, 도라 전망대에는 야외 망원경을 설치하여 다양한 볼거리를 제공할 계획으로 있으며, 이와 함께 파주의 분단 현장을 소재로 한 관광상품을 개발·판매함으로써 시 수익을 증대시킴은 물론, 분단의 현실을 널리 알릴 수 있을 것으로 판단하여 반세기 동안 비무장지대를 가로질렀던 녹슨 철조망을 주 소재로 'DMZ 철조망'과 JSA 관광상품을 개발하게 되었다.

도입 과정에서의 애로사항 및 해결 과정

상품화 과정

　황량한 비무장지대 내에 뒹구는 녹슨 철조망을 수거하여 상품으로 제작, 판매하는 일은 생각만큼 그리 쉬운 작업은 아니었다. '비무장지대에서 나온 철조망'임을 보증하는 일이 우선 과제였다. 그저 고물상에 가면 흔히 볼 수 있는 녹슨 철조망 정도로 인식되어 버리면 상품으로서의 가치가 없어지기 때문이다. 고민 끝에 비무장지대의 경계를 맞고 있는 군부대에 협조공문을 보내, 수색대가 위험을 무릅쓰고 수거한 철조망을 인계받고 이를 민통선 북방에 위치한 군내출장소 창고에 보관한 후 상품 제작을 위해 반출할 때마다 수불부에 기록하고 상품에 파주시장 직인을 날인함으로써 상품의 신뢰를 확보할 수 있었다.

　다음으로 시장 조사를 벌여 기념품 판매점에서 판매되는 상품의 종류와 재질, 관광객의 구매 선호를 조사하는 한편, 기념품 판매업 관계자들에게도 자문을 구하였다. 특히 제일기획이나 금강기획 같이 우리나라 굴지의 기획회사와 접촉하여 제휴 방안을 모색하였으나 모두 상품성이 적다며 거절하는 것이었다. 우리나라의 관광상품 업계는 너무나 영세하여 새로운 아이템이나 참신한 상품이 개발되었다 하더라도 이를 독자적으로 제작할 능력이 없기 때문에 획기적인 투자가 이루어지지 않는다는 점을 지적하고자 한다. 따라서 관광상품의 질을 높이는 문제는 대기업의 과감한 투자, 또는 정부의 관광상품 개발 비용 지원, 또는 융자 시스템 같은 제도가 도입되어야 할 것이다.

우리나라의 어느 관광지를 가도 수건 아니면 효자손 같이 천편일률적인 상품이 진열되어 살 것이 없다는 현실은 우리 관광업계나 정부 모두 시급히 해결해야 할 과제가 아닐 수 없다.

이와 같은 현실에서 지방자치단체가 스스로 새로운 상품을 개발하기란 그리 쉽지 않았다. 여러 차례의 시행착오와 영세 관광상품 업체와의 접촉 등을 거쳐, 결국 철조망이 분단의 아픔을 상징하는 것인 만큼 한반도 지도를 배경으로 한 액자에 20cm 길이의 철조망을 걸쳐 놓은 형태의 상품을 개발하였고, 각 제품에 일련번호를 부여하여 희소가치를 높이기로 하였다. 가격대별로 세 가지 형태의 철조망이 고안되었는데, A형은 나무 프레임을 사용한 액자 형태로 참전 21개국의 국기를 도안하였고, B형은 도자기에 한반도와 판문점, 남북회담 장면을 전사(轉寫)하여 삽입하였으며, C형은 주석에 한반도를 조각한 형태로 제작하였는데, 이는 외국인의 선호에 맞춰 다양하게 선택할 수 있도록 하고, 가격대를 차별화하기 위한 것이었다.

디자인 개발

2000년은 한국전쟁 50주년으로, 많은 참전국 용사들과 가족이 우리나라를 찾을 것으로 예상되어 투박한 철조망 제품을 좀 더 세련되고 다양하게 변형시킬 필요성이 대두되었다. 그러나 이 작업은 비전문가인 공무원조직으로는 한계가 있었기 때문에 시장님의 특별 지시로 '관광상품 전략팀'을 구성하고 본격적인 디자인 개발에 착수하게 되었다.

먼저 인터넷으로 관광상품 사업자를 검색하여 여러 군소 업체들과 수십 차례 의견을 나누면서 한편으로는 전국의 관광상품을 벤치마킹하였으나 참신한 아이디어를 구할 수 없었다. 결국 디자인 개발비 3천만원을 편성하여 상품 디자인 전문 업체(디자인 하우스)와 계약을 하고 본격적인 디자인 개발에 착수하게 되었다. 디자인은 관계 공무원과 전문 디자이너가 거의 매일 이마를 맞대고 고민한 끝에 비로소 세 가지 타입의 개발에 성공하였다. 관광상품의 개발은 수많은 재질 가운데 어떤 재질을 사용할 것인가와 얼마나 작업을 단순화시킬 수 있느냐가 관건이었다. 아무리 멋있게 만들었다 하더라도 가격이 맞지 않으면 경쟁력이 없기 때문이다.

우리나라의 관광상품이 다양하지 못한 것도 따지고 보면 초기에 상품디자인 개발 비용이 많이 소요될 뿐 아니라 초기 투자 비용을 줄이자면 판형 수를 최대한 줄여야 하는데, 판형을 단순화하면 섬세하고 세련된 작품을 만들기 어렵고, 제작 비용을 단기간에 회수하기 위해서는 한 가지 아이템을 전국의 관광지에 모두 뿌릴 수밖에 없다는 한계가 있기 때문이다.

판매 유통

관광상품의 판매 유통은 공무원 조직이 감당할 수 없는 영역이다. 1998년 12월, 처음으로 'DMZ 녹슨 철조망'이라는 1개 품목을 개발, 판매하였을 때에는 시가 제작 발주하여 적정한 이익을 붙여 각 판매점에 공급하고, 판매점에는 위탁수수료 명목으로 마진을 제공하는 방식을 택하였다. 이 방식은 상품의 종류가 한 종류인 만큼 그 관리에 있어서 어려움은 없었으나 2000년 7

개 품목, 2001년 9개 품목 등 모두 16개 상품으로 그 수가 증가하게 되자 기존의 인력만으로 판매점 및 상품을 관리할 수 없을 뿐 아니라, 또한 상품의 판매 유통 분야에 대한 전문적인 지식과 경험이 없고, 또한 민간부문에서 행하여지고 있는 부분이라 상당한 어려움이 뒤따랐다.

따라서 시가 상품을 디자인하고 제작과 판매 유통은 완전히 민간을 참여시키는 방안을 강구하게 되었다. 그러나 초기 상품 제작에 참여한 민간사업자는 자기 비용으로 상품을 제작, 판매해야 하는 위험 부담을 안고 있어, 선뜻 나서는 사업자가 없어 한동안 파트너를 구할 수 없었다. 결국 초기에 제작한 일정량의 상품은 시가 제작 원가로 구입해 주고 일정량이 판매되면 그때부터 로열티를 징수하는 방식으로 이 문제를 해결할 수 있었다. 로열티는 상품에 따라 10~25%의 수준으로 결정하였다. 파주시와 처음 파트너십을 맺은 업체는 올림픽 때 하회탈을 만들었던 '근석공예'와 '동진기품'이다. 사실 이들 업체는 상품 개발과 제작, 판매 과정에서 파주시와 공동 보조를 취하며 관광 상품 개발 사업이 성공을 거둘 수 있도록 하는 데 큰 힘이 되었다.

마케팅 전략

상품의 판매 촉진을 위해서는 마케팅 전략이 필요했다. 이 부분은 시와 민간의 역할을 적절히 배분하여 담당하기로 하였다. 상품의 생산 및 판매는 전문 민간업체와 계약을 맺고 추진하지만, 광고비 부담이 과중하게 되면 상대적으로 이익이 감소된다는 우려 때문에 민간으로서는 상당히 부담을 느끼고 있었다. 따라서 제작, 판매 협약서에 광고비 부담 부분을 명확히 하여 초기 광고는 시가 전국의 기관, 단체, 회사 등에 공문과 함께 상품 콘셉트를 보내거나 주요 일간지와 지역신문에 게재하는 역할을 담당하고, 민간사업자는 전국 상품 유통 정보지 게재라든지 해외 판로 개척과 같은 부분을 담당하였다. 그럼에도 불구하고 철저한 시장조사와 분석, 그리고 상품의 생산에서부터 판매 유통까지 전반적인 마케팅 전략을 수립하여 제작, 판매원과 공동 보조를 취해 나가야 할 필요성이 대두되었다. 따라서 우선 제3땅굴과 임진각, 시정정보센터 내에 다른 파주 특산품과 함께 전시 판매장을 설치하고, 제작·판매회사는 외국 관광 쇼핑지에 게재한다든지, 외국인 단체 관광객을 상대로 한 공동구매나 할인 판매를 하고 있다.

판매 지역의 한계성 극복

관광기념품은 관광객이 어느 지역을 방문한 기념으로 구매하는 경우가 대부분이다. 따라서 동일한 상품이 직접 관련이 없는 지역에서도 판매가 된다면 관광기념품으로서의 의미는 반감될 것이 분명하다. 이렇게 되면 상품의 보급 한계에 직면, DMZ 철조망의 이미지에 걸맞은 용산전쟁기념관, 주한미군부대·북한 관련 웹사이트 등에서도 예약, 판매토록 함으로써 다양한 판로를 구축할 수 있었다.

구체적 내용 및 추진 상황

2000년과 2001년도 관광상품의 개발

독일의 베를린 장벽이 무너지면서 분단의 상징이었던 벽돌을 상품화하였듯이 세계 유일의 분단 현장인 비무장지대의 녹슨 철조망을 관광상품화하고 자 계획한 것은 어찌 보면 접경 지역이라는 불리 때문에 낙후되었던 파주시 로서는 하나의 몸부림과도 같은 것이었다. 1998년 처음으로 개발한 DMZ 녹슨 철조망이 예상 외로 판문점, 임진각 등을 방문하는 외국인들에게 상당 한 호응을 얻어 판매되기 시작한 지 1년 6개월여 만에 제작 수량 5,500개가 전량 판매되었다. 이에 따라 2000년에는 정부의 한국전쟁 50주년 기념사업 계획과 2001년의 한국방문의 해, 2002년의 월드컵 및 아시안게임 등 관광 특수에 대비하여 본격적인 관광상품 개발에 착수하였는데, 철조망 외에 분 단과 DMZ를 소재로 한 다양한 상품을 선보였다. 기존의 'DMZ 녹슨 철조망' 명칭을 'DMZ 철조망'으로 바꾸고, 한국전쟁 50주년을 기념하여 형태별로 15만 625개를 한정 판매키로 하고, 사랑과 평화(Peace and Love)를 모토로 DMZ를 상징하는 디자인을 적용한 T셔츠, 열쇠고리, 책갈피 등 관광객이 손 쉽게 구입할 수 있는 품목을 추가해서 같은 해 2000년 9월부터 본격적인 판 매에 들어갔다.

2001년도에는 통일.안보 관광지와 함께 문화 관광도시로서의 파주시를 알 릴 수 있는 관광상품을 추가 개발키로 하고, DMZ와 영화로 크게 히트한 JSA 캐릭터를 개발하여 각종 상품에 적용하고 율곡 선생과 문화재를 소재로 파 주 10경과 임진강 8경 병풍을 비롯하여 기념엽서, 자경문, 페이퍼나이프, 저 금통, 모자, 열쇠고리, 기념타올, 장식 매듭 등 9개 품목을 추가 개발하였다.

상표 및 디자인 등록

개발된 관광상품은 하나하나가 심혈을 기울인 파주시 지식재산이므로 특허청에 디자인 등록 11개와 상표등록 9개(35개류의 상품) 등록을 마쳤다. 특히 DMZ 철조망은 지역의 독창성과 고유성을 가지고 있어 통일 이후에 오히려 지금보다 보존 가치가 큰 기념품으로 세계 유일의 분단 현장으로서의 상징적 의미를 담고 있다. 따라서 상표 및 디자인 등록은 지역의 고유한 특징을 살린 지식재산에 대한 권리의 설정이라는 측면에서 큰 의미를 지닌다고 할 수 있다.

판매 현황

파주시가 개발한 DMZ 관광상품은 우리나라의 분단 현실을 극명하게 보여 주는 좋은 상품이지만 우리나라 사람들보다는 외국인에게 특별한 의미를 지닌 상품으로 인기를 끌고 있다. 통일전망대와 임진각, 판문점, 제3땅굴, 명동 관광명품점, 전쟁기념관 등에서 판매되고 있는 DMZ 철조망을 주력 상품으로 하여 다음 자료에서 보는 바와 같이 열쇠고리, 티셔츠 순으로 판매되고 있다. 특히 국가보훈처가 주한 미군을 대상으로 DMZ 철조망 3만 8,000개를 주문하여 선물함으로써 호평을 받았으며, 앞으로 대한민국의 분단 현실을 인식시키면서 인류의 자유, 평화 염원을 고취시킬 수 있는 대표적인 선물로 외국인을 대상으로 판매를 촉진시킬 수 있을 것으로 기대하고 있다.

파주시 관광상품 개발, 판매사업 운영 규정

상품 개발 초기에는 경험이 없었기 때문에 단순히 수불부만을 비치하여 상품을 출고하고, 판매업소가 대금을 시금고로 납부토록 하였으나 추가 관광 상품 개발이 늘어나면서 제작업체의 제작 수량 관리나 판촉용 상품의 사용, 제휴 사업자의 선정, 판매가격의 결정과 같은 부분에서 투명한 상품관리의 필요성이 대두되었다. 또한 관광상품의 개발, 판매 같은 부분은 종전의 행정 기관이 담당해 보지 못한 부분이었기에 시 자체적으로 '파주시 관광상품 개 발 및 판매사업 운영 규정'을 제정하여 일련의 과정을 제도화하였다. 특히 시 가 주관하는 각종 행사 시 판매 촉진을 위하여 판매하는 경우나 정부기관 등 의 요청으로 주문 생산하는 경우에는 별도의 가격을 적용하여 판매할 수 있 도록 허용함으로써 행정 조직이 갖는 경직성에서 탈피하여 판매 가격의 융 통성을 가질 수 있도록 규정하였다. 아울러 상품마다 홀로그램을 부착하여 불법 유통을 방지하고자 한 것은 앞으로 지방자치단체가 적극적으로 관광상 품 개발에 참여할 경우 민간기업와 같은 유연성을 확보할 수 있는 제도로써 시사하는 바가 있다.

기대 효과

파주시 이미지 홍보

파주시의 지역적 특색을 살린 관광상품의 개발, 판매는 단순히 수익을 증 대시켜 보겠다는 의도 이상의 현실적인 효과가 있다. 그것은 관광 파주의 이 미지를 고양시켜서 다시 찾아올 수 있도록 하고 파주를 전 세계에 널리 알려 지역의 경쟁력을 키울 수 있으며, 지역 특성을 찾아서 상품화함으로써 향토 지식재산을 늘릴 수 있다는 점이다.

시 재정 증대에 이바지

이제까지 우리 지방행정은 법률에 규정된 범위 내에서 제한적이고 수동적인 경영수익사업을 벌임으로써 큰 효과를 거두지 못한 것이 사실이다. 관광상품의 개발은 제품의 아이디어에 따라서는 무한한 재정적 수익을 올릴 수 있다는 매력이 있을 뿐만 아니라 제품생산과 판매에 참여하는 민간의 기업활동을 활성화시키면서 적정한 수입도 보장해 주는 지역경제 파급 효과가 크다는 장점을 갖는다.

관광산업 발전에 기여

파주시가 개발한 관광상품은 그동안 여러 차례 관광상품 공모전에 출품하여 입상함으로써 관광산업 발전에 이바지하였다. 대표적으로 제1회 전국 관광기념품 공모전 입선(1998), 제1회 경기도 관광기념품 공모전 장려(2000), 제3회 전국 관광기념품 공모전 특선(2000), 제2회 경기도 우수관광기념품 공모전 입선(2001), 제1회 경인히트상품 선정(2001) 등으로 상품의 가치를 인정받았고, 파주시 관광상품업계를 활성화하는 데 기여하였으며, 민간과의 관광 네트워크를 구축하는 데 도움이 되었다.

향후 계획

관광상품은 어느 지역, 어느 관광지를 가더라도 같은 형태, 같은 제품의 기념품이 산재해 있고, 그 지역의 특성을 살린 상품은 찾아보기 힘든 실정이다. 지역의 특색을 살린 관광상품의 개발은 수익적 측면과 함께 지역을 널리 알려서 많은 관광객을 유치하는 데 아주 유용하다. 특히 최근의 남북정상회담,

북미회담 등을 통한 국내외 분위기는 이러한 사업을 추진하는 데 있어 최대의 승수 효과를 창출할 것이 예상된다.

따라서 이제까지의 성공과 실패 과정을 거울로 삼아서 지속적으로 관광상품을 개발해 나가고자 한다. 파주시의 역사적, 문화적 자산을 소재로 할 경우 아주 다양한 관광상품 개발이 가능할 것이다. 그러나 이러한 활동은 결국 민간의 경제활동의 일환으로 이루어지는 것이 바람직하므로 앞으로 민간이 능동적으로 이 사업에 참여 할 수 있도록 민간의 역할을 지원해 나가고자 한다.

관광상품 개발 분야에서 파주시가 거둔 성과와 경험은 비단 관광상품의 영역에서 그치지 않고 나아가 지역특산물의 발굴, 보급, 개량과 같은 분야에도 비슷하게 적용시킬 수 있을 것이다. 파주시가 거둔 작은 성공은 결국 지방자치단체가 어떤 마인드와 아이디어로 지역의 고유한 특성을 살리고 이를 지역발전의 매개로 삼아나갈 것인가에 대한 단서가 될 수 있을 것으로 확신한다.

2. 신안 1004섬

2020년들어 국내에서 가장 주목받는 지자체 주도 향토지식재산사업의 성공사례로는 신안군을 들 수 있다. 신안군은 육지면적보다 바다면적이 20배에 달하는 1025개의 유, 무인도섬으로 이루어진 서해안 외진 지역을 1004섬 브랜드화를 선언하였다.

동시에 과감한 관광마케팅전략(컬러, 뮤지움)을 전개, 마을 전체 136명('22년)인 반월박지도를 퍼플섬으로 재창조하여 UNWTO '세계 최우수 관광마을' 선정되었다. 2022년기준 관광객 유치 38만 5천명, 일자리 54명, 입장료 수입(우산, 퍼플룩 임대 포함)도 12억원을 기록하였다.

또한 지역내 섬들을 테마 및 컬러에 따라 순례자의 섬(기점, 소악도), 맨드라미의 섬(병풍도), 수선화의 섬(선도), 수국의 섬(도초도)으로 나누어 관광마케팅전략을 구사하여, 도초도의 경우 2022년 관광객이 총 13만2천몀에 이르렀다.

나아가 관광객이 특정 시기에만 집중되는 문제점을 보완하기 위하여 '사계절 꽃피는 신안'이라는 캐치플레이하에 1섬 1정원화전략을 구사하고 있다. 1월 애기동백(압해도), 3월 수선화(선도), 4월 튤립,홍매화(임자도), 6월 수국(도초도), 7월 크로코스미아(압해도), 홍도원추리(홍도), 9월 아스타(퍼플섬), 10월 맨드라미(병풍도) 로서 생활밀착형 숲, 치유의 숲 조성을 통한 세계 최대 섬 국가정원 지정을 목표로 하고 있다. 이와 함께 1도 1뮤지엄전략에 따라 1004 뮤지엄파크(자은도), 플로팅뮤지움(안좌도), 대지의 미술관(도초도), 인피니또미술관(자은도)와 동아시아 인권평화 미술관(신의도)을 만들어 가고 있다.

다만 지자체주도의 관광개발과정에서 1004섬 브랜드와 테마섬 순례자의 섬(기점, 소악도)을 타종교단체에서 관주도의 종교편향사업이라는 이의제기로 다소 정책적 어려움도 있었으나 뜻있는 민간단체들의 협조로 극복 중이다.

신안 1004섬 사례는 서해안의 외진 섬이라는 자연생태환경을 브랜드화하여 '세계 최대 섬 국가정원' 지정과 〈섬에 사는 사람들이 섬에 사는 것을 자랑스럽게 생각하게 하는 것〉을 목표로 진행하는 국내의 주요사례이다.

필자는 우연히 2023년 7월 천사섬 퍼플섬이라고 알려진 신안군주최로 열린 (사)한국농어촌관광학회에 고문 겸 발표자로서 참석한 바 있었다. 전남의 작은 기초지자체인 신안군이 전국에 농어촌관광전문가들을 초청하여 발표의 장을 마련한 것도 개인적으로 인상적이었지만 멀리서 오신 전문가들이 신안군이라는 현장을 둘러보며 나눈 이야기는 내게도 매우 유익한 시간이었다. 필자는 평생을 지식재산전문가로서 지역마다의 차별화된 향토지식재산을 발굴,보호-브랜딩-지역특화산업에 종사해 온 사람으로서, 최근 신안군의 관광문화산업정책과 관련하여 불교계의 종교편향적인 조처라는 비판에 대해 정확한 비판내용을 직접 확인한 바 없으나 법보신문등에 게재된 몇가지 지적사항에 대해서 나름 의견을 밝히고자 한다.

첫째, 〈1004〉섬이라는 명칭에 대하여

실제 신안군은 1004개가 넘는 작은 섬들로 이루어 졌다고 한다. 이러한 실제 존재하는 섬들을 아라비아 숫자로 일종의 브랜드화한 것이 〈1004〉섬이라는 것은 누구나 쉽게 알 수 있을 것이다. 말그대로 섬들의 숫자를 이르는 단순한 아라비아표기이다. 다만 섬의 구체적인 침수여부에 따라 다소 숫자의 차이가 존재할 수 있으나 신안군은 이렇게 많은 섬들로 이루어진 섬이라는 것을 일반인들에게 쉽게 전달하기 위한 일반적인 브랜드네이밍 결과이다.

다시말해 〈1004〉섬이라는 본래의 아라비아 숫자의 의미전달과 동시에 한글로 〈천사〉로 읽힘으로서 〈천사〉라는 또다른 부가적인 의미를 갖게 된 것이다. 한글로 〈천사〉라는 발음은 한자문화권인 우리나라에서는 자연스럽게 〈天使〉를 연상시키나 단순발음으로 연상되지 않는 영어문화권의 〈Angel〉은 또다른 의미전달과정을 통해야만 연상된다는 점에서 구별된다. 그런 점에서, 실제 섬의 숫자를 나타내는 아라비아 숫자 〈1004〉섬이 한글로 〈천사〉섬으로 읽힘으로서 〈天使〉로 연상되는 것은 자연스러운 현상이며, 브랜드네이밍 과정에서 그와같은 연상작용을 촉발하기 위한 의도적인 일반적인 브랜드네이밍 효과일 뿐이다.

그런 점에서 아라비아 숫자인 〈1004〉섬이 한글 〈천사〉섬으로 읽히고, 한자 〈天使〉섬으로 연상된다고 하여, 그것이 바로 〈기독교〉를 연상 및 조장시킨다고 보는 것은 지나친 편파적 독선이며, 비논리적인 편견이라고 보아야 한다.

둘째, 신안군 기점, 소악도 〈PILGRIM ISLAND〉에 대하여 신안군 기점, 소악도 〈PILGRIM ISLAND〉은 소위 순례자의 섬인 〈섬티아고〉라고 불리우며, 스페인의 산티아고에서 명칭을 착안한 것으로 보인다. 문제는 그 곳에 세워진 12사도이름을 딴 12개의 작은 예배당들이 바로 종교편향의 징표라는 주장이다. 이미 SNS상에서 볼 수 있듯이 12사도의 이름이 붙혀진 작은 예배당은 말그대로 일반적인 예배를 위한 건축물이 아니라 관광문화상품인 순례자의 섬 〈섬티아고〉를 이루는 단순한 관광문화조형물이다. 따라서 종교시설과 단순관광문화상품을 구분하지 못하는 우를 범하는 일이라 할 수 있다.

셋째, 신안군 증도에는 6.25시절 주민들을 돕다 순교한 성결교출신의 문준경전도사가 묻힌 역사적인 성지라고 한다. 관광문화상품발굴에 있어 가장 매력있는 소재는 이와같은 역사적인 스토리가 있는 성지의 발굴이다. 그런 점에서 신안군으로서는 너무나 당연한 선택이라고 생각한다. 더욱이 순례관광객입장에서 순례자의 섬 〈섬티아고〉에 또다른 콘텐츠로서 타지역에서는 볼 수 없는 다양한 차별적 콘텐츠가 바탕이 된 선교기념관등이 개발,조성될 수만 있다면 더할 수 없이 바람직 한 것은 당연하지 않을까.

넷째, 임자도내의 성총스님 불교경전기념관 문제에 대하여

1681년 대만에서 일본으로 향하던 상선이 태풍으로 임자도 앞바다에서 난파된 배에 실린 경전 197권 5000여판을 성총스님이 수집, 필사, 간행한 불교경전기념관문제이다. 이는 불교계로서 매우 의미있는 일이라고 보인다. 그러나 역사적으로 가치있는 문화재와 이를 시대적 트랜드에 맞추어 개발하여야 하는 관광문화사업과는 다른 차원으로 이 부분은 전적으로 신안군과

신안군민의 사업적 판단에 맡겨야 할 문제라고 보며, 이러한 종교적, 역사적 유산의 단순한 존재만을 가지고 신안군의 관광문화사업으로 채택하지 않았다는 정책을 비판하는 것은 지나친 월권이며, 잘못된 주장이라 판단한다.

오히려 불교계로서는 지방소멸로 절박한 지역환경속에서 신안군이 〈1004〉섬과 같은 뛰어난 지역대표브랜드창출을 통한 관광문화산업적인 계기를 마련한 능력과 노력을 높이 평가하고 응원하는 한편, 신안군의 〈1004〉섬의 관광문화사업의 성공적인 가능성에 착안하여 불교계차원에서도 신안군을 통한 순례자의 섬의 다양성과 글로벌 관광문화산업차원에서 임자도내의 성총스님의 종교적, 역사적 유산을 단순한 불교기념관설립차원을 넘어 인도와 대만과 일본과 한국을 바닷가를 연결하는 진정한 의미의 불교계의 〈동방의 아침 바다순례길〉로 승화되는 대승적 관심이 모아지는 계기가 되기를 기원한다.

나아가 이번 신안군의 〈1004〉섬사례가 대한민국이 종교간 화합의 역사를 재확인하는 계기가 될 뿐 아니라 국내 도입된 지 200년도 안되는 기독교문화의 관광문화산업시도를 격려하고 지켜주는 것이 장기적으로 불교발전과 불교계가 누릴 수 있는 문화적 영역을 키우는 지름길이며, 종교가 대한민국의 관광문화산업의 커다란 콘텐츠로 될 수 있는 귀중한 관광문화자산이라는 점을 다시 깨닫는 계기가 되기 바란다.

섬에 사는 사람들이

섬에 사는 것을
자랑스럽게 생각
하게 하는 것

Purple Island
반월도

1004섬 신안

3 도시벤처 청년과 함양군의 제3섹터

사업추진 배경 및 방향

경남 함양군은 2021년 현재 인구감소로 인한 지방소멸 위기 지역으로 지정된 지역이다. 그 함양군의 마천면은 국내의 3대 옻나무 주산지 중 하나이며, 마천면에는 옻 생산 및 관련 사업에 종사하는 주민이 아직도 10여명 존재하고 있다.

마천면의 옻나무단지는 단순한 자연산림이 아니라 그 자체로서 지역특화산업의 원천소재 제공지이자 체험관광단지로 성장할 잠재적 가능성을 보유하고 있다. 그러나 지역주민들은 오랫동안 지역에서 채취한 옻나무를 옻순이나 옻닭요리의 부재료로서 활용하는 현실이다.

옻은 손쉽게 국제경쟁력을 갖출 수 있는 분야로 적용범위가 넓은 효용성을 지닌 친환경사업의 고부가 가치 상품 소재이다. 따라서 함양군만의 차별적인 향토지식자원으로서 새로운 관점으로 잠재력 있는 국내외 시장을 발견하고 그에 따른 다양한 기술지식과 디자인과 비즈모델을 연계시킬 수 있다면 성공적인 글로컬(global+local) 산업으로 될 가능성이 있다고 판단하였다.

따라서 이전에 강원도 원주시의 옻산업과 특구 지정을 수행한 경험을 살려 유럽의 명품 가죽이나 가방, 악세사리를 겨냥한 고부가 가치 명품시장을 타

겟으로 삼고 함양군수님께 제안하여 팀을 구성하여 옻추출 및 정제 기술과 명품 가죽 시장에 대한 기본조사를 거쳐 지자체와 제3섹터 사업형식을 제안하였다.

추진실태

함양군은 마천면에 옻칠피산업단지가능성을 위한 기초연구를 통해, 유럽의 가죽명품 등에 적용가능한 고부가가치 옻액추출 및 정제기술확보 가능성을 조사하기로 하였다. 옻액추출 및 정제기술에 대해서는 일본 옻산업 업계를, 명품가죽시장에 대해서는 유럽 시장을 조사하였고 마지막으로 정제된 옻액을 가죽에 적용시키는 기술에 대해서는 한국을 중심으로 정밀한 특허조사와 논문 등을 조사하였다.

국내 기술조사 작업을 시작한 지 3개월여 만에 드디어 서울대 대학원에서 옻추출액을 이용한 가죽적용기술로 공학박사학위를 받고 대학원연구실에서 실험실벤처창업중인 도시청년(30세)을 발굴하고 함양옻칠피사업을 제안하였다. 이 제안은 도시벤처기업청년에게도 의미 있는 기회가 되었고, 도시벤처기업 청년과 지자체의 제3섹터 형식의 ㈜하미가 탄생하게 된 계기가 되었다. 함양군의 입장에서도 제3섹터의 법인 형태로 인해 3명의 도시 청년을 함께 유입하는 기회가 되었고, 2004년 함양군 옻칠피혁주식회사설립을 위한 조례도 만들게 되었다. 함양군과 공동 출자법인 ㈜하미는 큰 기대 속에 자본금 15억으로 피혁공장을 출범하였다. 그러나 2008년 당시 군수의 퇴임과 함께 조례가 폐지됨으로써 법인 설립후 3년 만에 사업 철수를 하게 되었다.

시사점

㈜하미의 탄생은 당시로는 지역의 향토전통자원을 바탕으로 사업아이템인 지식재산을 가진 도시벤처청년과 자금투자방식을 취한 지자체가, 외부전문기관의 연계지원을 통해 이루어진 당시로는 거의 사례가 없는 결합으로, 최근의 질좋고 기업가정신이 뛰어난 도시청년들을 지역에 유치하는 적극적인 시도였다. 앞으로 지역에서 도시벤처청년들의 유치하는 바람직한 사례로 판단된다.

또한 ㈜하미는 도시의 벤쳐청년들이 지역의 향토전통자원에 자신들의 지식재산과 열정을 기반으로 유럽의 명품가죽시장이라는 글로컬시장을 개척하기로 한 뜻깊은 도전이었다. 처음부터 유럽 등 명품시장을 개척하기 위해 그들의 고군분투를 지켜보며, 새로운 시장을 개척하기에 도사리고 있던 수많은 어려움과 그들의 경험 부족에 따른 한계 그리고 빠른 가시적 성과를 기다려야 하는 지자체 등의 문제로 창립 3년 만에 당시 군수의 퇴임과 동시에 이루어진 투자자금 회수로 사실상 지역기업에 넘기며 아쉬운 도전에 막을 내리게 되었다는 점이다.

㈜하미의 탄생에서부터 막을 내리는 과정이 우리에게 주는 시사점은 지역현장에서 새로운 시장을 개척하고 지속성장하기 위해서는 유망한 기술보유

와 젊은 벤처청년들의 열정도 중요하고, 지자체의 단순 자금투자도 중요하다. 그러나 지속적인 기초인프라지원과, 기업내부의 핵심경영진들과의 외부 전문가들의 열린 기술, 마케팅, 경영 능력 배양, 그리고 마천면 옻재배단지내의 지역공동체와의 긴밀한 연대를 포함한 생태계구축도 반드시 함께 따라야 하는데 이를 간과한 점이다. 이런 점에서 함양군 마천면이 옻재배단지로서 지속적인 향토지식산업으로서 계승발전하기 위해 가장 시급한 일은 함양군 내에 옻재배 및 가공활동을 하는 개인 또는 법인들이 중심이 된 사단법인 또는 협동조합을 결성하여 함양 마천옻 또는 마천옻에 대한 지리적 표시 단체 표장 등을 확보하여 공식적인 활동 내지는 이익분배관리 등의 준비를 갖추는 것이 필요하다.

나아가 보다 본질적인 측면에서 검토하면, 친환경 소재로써 옻칠이라는 전통기술은 산업적인 면에서의 의미보다도 전통기술자체인 옻칠이 소비자에게 호감을 일으키고 그것에 바탕을 둔 마케팅이 소비로 이어지게 될 때, 산업적으로 옻칠이 의미를 가진다. 이 점이 간과된 채 소비자들과 기본적인 한국의 옻칠이라는 호감이나 마켓팅적인 충분한 사전준비나 투자없이 새로운 유럽 명품시장에 바로 뛰어든 점에서 충분한 숙고가 부족하였다고 판단된다.

4 전북대 및 서울시 한옥지원사업

사업추진 배경 및 방향

2021년 7월 전북대는 미국조지아주 한옥수출과 관련하여 미국 현지업체인 미국 알파솔루션과 업무협약을 맺고, 미국 조지아주에서 우리나라의 전통건축양식인 한옥을 반제품형태로 수출하기로 하였다. 이러한 사실에 대한 보도는 미국의 여러주에서 친환경 건축재료, 온돌, 목구조 등 한국의 전통적 건축형식에 대한 관심이 불러일으키고 있다. 나아가 한옥의 디자인을 적용한 상업건축도 일반인의 관심을 끌고 있다. 한옥과 관련하여 서울시는 2001년부터 '북촌 가꾸기 사업'의 일환으로 멸실 위기에 있는 한옥을 보존하기 위해 서울시가 한옥을 매입후 전통공방, 역사가옥, 문화시설 등 공공한옥을 통한 한옥지원제도를 시행하고 있다.

추진실태

국내에서는 전주의 한옥마을과 서울 북촌의 한옥 동사무소, 경주의 한옥 호텔인 '라궁'이 건설되어 한옥에 대해 관심을 촉발시키고, 국내 건설회사를 중심으로 아파트에 전통미를 살린 마감재나 실내인테리어 디자인과 더불어 기능적 측면에서도 한국인의 생활 습성을 반영한 한국형 아파트를 건설하고 있다.

전통 한옥은 단순한 건축물이 아닌 철학을 담고 있는 생활공간으로, 그 의미와 구조적 연구를 통해 현대적 생활공간으로 표출되고 있다. 사업화를 위해서는 전통 한옥의 현대적 생활공간 에 적용 가능한 디자인 요소 및 구조 해석, 상업 공간. 일반 주택·사무 공간 등으로 구분하여 매뉴얼화, 전통 한옥의 기능성을 현대적으로 적용하는 실증 연구, 전통 한옥의 재해석으로 공간 배치 및 시스템화 연구 등이 필요하다.

전통건축양식을 보전한 명품전통한옥에 대한 수요도 꾸준하여 고급주택으로서의 수요도 지속되고 있다. 일반주택과의 차별성, 명품, 친환경성 등은 한옥이 고급주택, 전통명품이라는 이미지를 부여했고 이것이 대중화를 일으키는 촉매 역할을 하고 있다.

이러한 한옥에 관한 관심이 높아짐과 함께 '이건창호'는 전통 한옥의 구조를 현대적 감각과 실용성을 강조하여 대중화 촉진에 성공한 '한식 시스템 창호'라는 개념하에 완자살·용자살 등 전통 한식 창호 디자인을 재해석하여 적용하고, 유럽식 시스템 창호 기술을 접목시켜 기능성도 겸비한 제품 개발을 한 바 있다.

또한 'LG 하우시스'는 전통 한지 창에 친환경 한지, 천연나무 느낌의 창틀, 현대적 패턴의 격자를 활용한 내창과 복층 유리가 적용된 외창이 있는 이중창 형태의 제품을 개발하였다.

가구전문업체인 '한샘'은 식탁을 사용하는 서양과 달리 평좌식 주거 공간에 알맞은 소반에 전통적인 개다리소반의 디자인 및 형태를 활용한 현대적 감각으로 소위 '개다리소반 식탁'을 개발하였다.

최고급 주방가구인 한샘의 '키친바흐'는 기존의 서양식 부엌 가구에 한국의 전통 좌식 문화인 전통 마루를 적용하여 한국의 전통적인 좌식 식탁문화를 현대적으로 해석하였다고 평가받고 있다.

이러한 환경을 고려하여 국토해양부는 건축문화환경팀에 한옥 담당을 신설하여 본격적으로 한옥건축 활성화를 위한 시범지구 지정 등을 추진하고 있으며, 한옥의 대중화를 위한 표준화된 조립식 한옥 모델을 개발하여 공급하고 있다.

시사점

한옥의 활성화는 산업적 측면에서 삶의 질 향상과 더불어 다양한 주택수요의 증가에 기인하고 있으며, 이에 건설업체 등 민간 산업 분야에서 기존주택 즉 아파트, 호텔 등에 한옥의 생활양식을 반영한 공간설계, 인테리어를 접목시켜서 소비자의 지속적인 수요를 유발시키고 있다.

다시 말해 한옥이 비교적 성공적인 산업화 이행이 주는 시사점은 주력산업(건축산업)에서의 한옥 거주 수요의 조사와 필요성에 의해 개발이 진행되었고, 수요자 중심으로 한옥의 생활양식과 디자인 측면에서 접목이 시도되었기 때문이다. 또한 향후 전통생활양식을 창조적으로 접목시킨다면 수요를 더욱 확대할 것으로 기대하고 있다. 지속 가능한 건축 소재, 설계, 공간 활용 분야, 서양의 기능 위주의 공간이 아닌 전통 한옥의 사람 중심의 공간설계 분야, 이와 관련한 주변가구 개발, 조명 등에 대한 다양한 수요를 창조할 필요가 제기되고 있다.

　최근 미국 등 여러 도시에서 한옥을 수입하는 것은 단순한 특정 매니아나 기업에서 K-한옥 문화가 수출되는 것으로 이를 단순한 제품이나 서비스로 생각하여서는 안 된다. 따라서 K-한옥과 같은 전통지식의 경우도 지역별(중부, 남부, 기호지역 등) 혹은 한옥관련 지역단위의 대목장들의 공동체단위의 사단법인 또는 협동조합결성을 통한 전통지식의 권리 또는 이익관리주체를 결성하는 것이 가장 시급한 조치라고 생각된다. 만약에 특정 지역이나 대목장 및 소목장등의 인적공동체결성이 어려운 경우에는 국가가 적극적인 K-한옥의 관리주체가 되거나 유네스코등재 등을 통한 공동체관리를 취하는 것이 당연한 권리이자 의무라고 생각된다. 나아가 K-한옥에 대한 오랜 호감과 그로 인한 체험 등의 과정이 필연적으로 선행된 결과물로서 이제부터는 글로컬 소비자의 소비 형태 등에 대한 AI 등 4차산업혁명 기술의 접목과 감성 디자인을 도입하여 그들의 눈높이에 맞는 세심한 후속 상품과 서비스를 연구 개발하여야 할 것이다.

5 일본 오이타 현의 일촌일품(一村一品)운동

일촌일품운동이 있기까지

히라마쓰 지사와 일촌일품운동

오이타 현은 일본 남서쪽 끝에 자리한 규슈 섬의 동북부 지역으로, 우리나라에는 관광지로 유명한 벳푸 온천이 있는 곳으로 잘 알려져 있다.오이타 현은 우리나라 부산에서는 300km밖에 안 떨어졌지만, 일본의 수도 도쿄와의 거리는 800km나 되는, 실제로 1970년대까지만 해도 도쿄에서 멀리 떨어진 '시골' 취급을 받던 곳이다.

히라마쓰는 주로 통산성에서 근무해 온 공무원 출신이다. 1975년 당시의 오이타 현 지사의 요청으로 그곳의 부지사가 되었고, 1979년 주민 선거에 의해 지사로 당선한 뒤 연임을 거듭해 오늘에 이르고 있다. 그는 도쿄에 있는 상장기업의 사장들로부터 '가장 만나고 싶은 지사'로 꼽힌 적이 있고,《요미우리신문》의 여론조사에서도 주민 지지율이 가장 높은 지사로 뽑히기도 했다.

그가 제창하여 주도해 온 일촌일품운동은 일본의 다른 지방자치단체는 물론, 우리나라와 중국·미국 등 세계 여러 나라에도 바람직한 지역발전 사례로 주목받고 있다. 중국은 일촌일품운동의 영향을 받아 상하이. 우한 등지를 중심으로 '일가일품', '일촌일보' 운동 등을 전개하고, 이어서 미국 로스앤젤레스에서는 1990년부터 10월 6일을 '일촌일품의 날'로 정할 정도로 이 운동의 진가가 인정되고 있다.

일촌일품운동의 의미

'일촌일품운동'이란 어떤 것인가? 히라마쓰 지사는 1979년에 취임한 직후에 이런 말을 했다.

"각 마을마다 잘할 만한 것을 하나씩 만들자. 그것이 표고버섯 같은 농산물이라도 좋고 수산물이라도 좋다. 관광이라도, 민요라도 좋으니 무엇이든 개발하고 판매해서 전국적으로, 또 세계적으로 유명한 것으로 만들자."

말 그대로 하면 '한 마을 한 특산품 갖기' 운동을 벌이자는 이야기로 들린다. 그러나 일촌일품운동은 단순히 특산품을 만들어 수익을 올리자는 운동이 아니다. 그 내면에는 주민 각자가 살고 있는 지역의 잠재력을 최대한 활용하여 자기 고장의 얼굴이 되는 것, 즉 한 지역에서 생산되지만 세계적으로도 통할 수 있는 것을 개발하고, 인재를 양성하며, 이런 과정을 통해 지역문화를 발전시킴으로써 궁극적으로는 '풍요로운 고장'을 만들자는 일종의 애향 운동의 성격이 깔려 있다.

일촌일품운동에서 우리가 타산지석으로 삼아야 할 것은 무엇일까? 지방자치 시대의 지역발전 사례, 지식재산의 개발 사례, 즉 이 과정에서의 지방자치단체의 역할 등등 여러 가지 눈여겨 볼 만한 점이 있을 것이다. 그러나 가장 기본이 되는 것은 역시 '자기 고유의 것, 주변에서 흔히 볼 수있는 것'에서 새로운 부가가치를 찾아내고, 이를 지역문화 발전의 고리로연결시키는 '발상의 전환'이라고 생각된다.

이러한 관점을 중심으로 일촌일품운동의 전개 과정을 보면서, 이 운동의 주체인 주민들은 어떤 발상의 전환으로 지식재산을 개발하고 지역발전을 이루었는지, 그 과정에서 운동의 또 하나의 축인 지방자치단체의 역할은 무엇이었는지 알아보기로 하자.

일촌일품운동의 배경

일촌일품운동은 히라마쓰 지사 개인이 어느 날 갑자기 머릿속에서 생각해 낸 것은 아니었다. 사실 일촌일품운동의 불씨는 이미 1961년부터 오이타 현 서부에 있는 '오야마'라는 작은 마을에서 시작되었다고 할 수있다.

오야마는 가장 많았을 때의 인구가 6,500여 명밖에 안 되는 작은 산촌이다. 경지 면적은 전체의 10%에 지나지 않아 산골짜기의 논에 벼를 심고, 비탈진 밭에서는 삼베·보리·담배를 심어 근근이 먹고사는 전형적인 빈촌이었다. 당연히 청년들은 도회지로 빠져 나갔고, 마을은 활력을 잃어 갔다. 당시는 일본 정부가 대대적으로 쌀 증산운동을 전개할 때였다. 쌀을 많이 생산하는 곳에는 여러 가지 지원이 따랐기 때문에 대부분 농촌에서는 쌀 생산에 모든 힘을 기울이고 있었다. 그러나 당시 오야마의 촌장은 다른 생각을 가지고 있었다. 그는 오히려 주민들에게 오야마에서쌀을 추방해야 한다고 호소했다.

"산촌인 오야마에서 벼농사를 아무리 열심히 지어도 생산량에는 한계가 있고, 수익도 일정한 한도 이상은 오르지 않는다. 문화적인 생활을 할 수 없다면 젊은이들은 계속 마을을 떠날 것이다. 쌀 대신 매실과 밤을 심자, 매실과 밤은 생육도 빠르고, 가공해서 팔면 쌀보다 수익이 3배나 높다."

벼농사만 짓던 보수적인 마을 사람들의 반대를 받기도 했으나 결국 설득에 성공했고, "매실과 밤을 심어 하와이로 가자."는 캐치프레이즈를 앞세운 그들의 사업 구상은 그대로 적중하였다.

이 운동을 전개한 이후, 주민의 소득은 크게 늘어났으나 마을의 인구가 줄어드는 현상은 막을 수 없었다. 농촌생활에서 문화적인 윤택함을 찾기 어려웠기 때문이다. 그리하여 이 운동은 한 차원 높은 새로운 형태로 전개되기 시작한다.

촌장의 장남이 대를 이어 운동을 주도하면서 단순한 소득 증대가 아닌 넉넉한 마음, 풍부한 교양과 지식을 지닌 인재의 육성'이라는 정신적 차원으로 발전하기 시작한 것이다. 이들의 노력은 마침내 결실을 거두어 지금의 오야마는 주민의 반수 이상이 여권을 갖고 있고, 농업 기상정보를 자체 CA-TV 시스템으로 제공할 정도로 넉넉한 마을로 바뀌었다.

일촌일품운동의 출발

오이타 출신인 히라마쓰 지사가 오야마의 사례를 모를 리 없었다. 1979년 11월, 그는 지사가 된 후 처음 가진 각 시·정·촌 책임자와의 간담회에서 일촌일품운동의 전개를 이야기한다. 그러나 아무도 제대로 이해하는 사람이 없었다. 현청의 간부도 처음 듣는 이야기였다. 다음 날 신문에도 간담회의 기사는 보도되었지만 일촌일품운동에 대해서는 한 줄도 실려 있지 않았다.

히라마쓰 지사는 우선 홍보가 중요하다고 생각했다. 먼저 주민들로 하여금 '우리에게도 자랑할 만한 고유의 것이 있다.'는 사실을 깨닫게 하는 일이 급선무였다. 그리하여 매주 일요일에 2개의 지역 TV에서 방송하고 있는 현의 홍보 프로그램을 각 시, 정, 촌에 무료로 제공하기로 했다. 방송 내용은 시, 정, 촌에서 자체적으로 기획하여 '우리 고장의 자랑' 방송이 시작된 것이다. 1980년 1월 6일 〈키우는 어업-요노쓰〉, 〈참새우와 젊은이의 섬-히메시마〉 등이 계속 방영되었다.

한 달쯤 지나자 현 전체에 커다란 반응이 나타나기 시작했다. 지사 공관에 '정말 재미있었다.'는 전화가 걸려오기 시작했다. 더구나 바로 이웃에 사는 사람들의 얼굴이 TV 프로그램에 나오므로 시청률은 계속 높아졌다. 이제까지 시청률이 저조하던 현의 홍보 프로그램이 인기를 얻기 시작한 것이다. 방송이 끝나면 '한 번 더 해 달라.'는 얘기가 끊임없이 들려왔다. 주민들의 강한 관심은 강한 열의로 이어진다. 여러 마을에서 일촌일품 만들기의 분위기가 잡히기 시작했다.

일촌일품운동의 전개

히라마쓰 지사는 일촌일품 운동에 세 가지 원칙이 있다고 말한다. 자주·자립 및 창의·고안의 원칙, 가장 지방적인 것으로 가장 세계적인 것을 지향한다는 원칙, 그리고 새 시대에 걸맞은 인재를 육성한다는 원칙이다.

모든 일은 창의성에서 나온다

히라마쓰 지사는 이런 말을 했다.

"일촌일품운동은 내가 지시를 해서 하는 것이 아니며, 나를 위해 하는 것은 더더욱 아니다. 그렇기 때문에 현은 보조금을 주면서까지 일촌일품운동을 해달라고 하지는 않겠다. 무엇을 만들고 무엇을 육성할지는 전적으로 주민 여러분의 의사에 달려 있다. 자기 마을의 고유 자산을 개발하고 생산하는 일은 스스로 위험 부담을 안고 자신의 돈으로 해야 한다. 그대신 공동 출하장을 만들거나 기술개발을 해 주는 일, 널리 홍보를 하거나 판로를 개척하는 일은 얼마든지 지원하겠다."

즉, 주민 스스로 결정하고 창의적으로 연구해서 자기 지역의 특산품과문화를 새롭게 개발하고 발전시켜 나가야 한다는 말이다. 주민들이 지식유산을 새로운 시각으로 개발하여 부가가치를 높인 예를 오이타 현의 유후인 마을에서 볼 수 있다.

유후인은 인구가 1만 2,000명이 채 안 되는 작은 마을이다. 지금은 일본 전국적으로 알려진 온천 관광지가 되었지만, 과거에는 유명한 벳푸 온천의 그늘에 가려 빛을 보지 못하던 시골 마을이다.

소득이 늘어나면 다 그렇듯이 일본도 고도 성장기에 들어서면서 관광붐이 일어났고, 일본 서부의 대표적인 온천지 벳푸도 그 바람을 타기 시작했다. 계속해서 호텔과 여관 등 온천을 즐기는 데 필요한 시설은 물론, 여러 가지 유흥 시설도 들어서 그야말로 들썩들썩하는 관광지로 바뀌어갔다. 벳푸의 뒤편에 자리 잡은 온천 마을 유후인도 이러한 관광 붐을 놓칠 수는 없었다. 촌장과 마을 조성 책임자들은 벳푸를 본떠 관광지 개발에 힘썼으나 좀처럼 관광객은 찾아오지 않았다. 결국 이래서는 안 되겠다는 생각이 들었고, 그 타개책을 마련하기 위해 그들은 벳푸를 다시 연구하기 시작했다.

벳푸는 우리 마을보다 훨씬 더 알려져 있다. 게다가 시설 규모도 크고 유흥 시설도 많이 들어서 있는 번화한 곳이다. 우리가 아무리 노력해도 벳푸와 똑같은 방식으로는 승산이 없다.' 이런 결론에 다다르자, 그들은 자기 고장을 벳푸와는 전혀 다른 조용하고 편안하게 쉴 수 있는 온천 관광지로 바꾸기로 했다.

우선, 당시 유명 관광지에서 유행하던 네온사인을 전부 떼냈다. 그리고 전국 각 온천지에 경쟁적으로 들어서던 유흥 시설물도 법을 만들어 철저히 막고 청결한 이미지를 부각시켜 '작은 벳푸'가 아니라 전혀 다른 분위기의 '새로운 온천 휴양지'로 만들어 갔다. 이와 함께 또 하나의 커다란 차별점을 부각시켰다. 당시 벳푸에 오는 관광객은 대부분이 온천은 물론 위락시설에도 마음을 두는 남성이었다. 유후인은 이와 반대로 여성들이 편히 지낼 수 있는 곳임을 강조했다.

이와 아울러 자연환경 조례와 주거환경 보전을 위한 조례를 전국에서 가장 먼저 제정하여 유후인의 아름다운 전원 풍경과 주변의 산을 중심으로 한 자연경관의 보존에 힘을 기울였다. 세월이 지나면서 시대적인 조류, 즉 자연과 건강한 휴식을 지향하고, 고향으로 돌아가고 싶어 하는 사람들의 심리 변화와도 맞아떨어져, 그들의 독특한 관점의 개발은 더욱 빛을 발휘할 수 있었다.

또 하나, 유후인 고유의 것은 아니지만, 온천지의 부가가치를 높인 것에 '유후인 영화제'와 '유후인 음악제'가 있다. 그런데 유후인에는 지금도 영화관이나 음악당이 없다. 영화관이나 음악당이 없는 곳에서 어떻게 그런 이벤트를 할 수 있을까? 그야말로 창의적인 아이디어와 의욕만으로 시작하여 성공을 거둔 것이다.

영화는 닷새에 걸쳐 역전 광장 같은 야외나 공회당 등에서 상영되는데, 단지 영화를 보는 것으로 끝나는 게 아니다. 영화에 나오는 배우는 물론 극작가, 평론가, 감독과 다른 스텝 등 바로 그 영화에 관련된 사람들을 초대하여 관객들과 함께 밤늦도록 영화 이야기를 나누게 하는 것이다. 거기에다 이들이 모두 참석하는 파티까지 열리니, 관객들의 입장에서는 아주 색다른 경험이 된다.

음악제도 마찬가지로 격식이란 없다. 연주자는 티셔츠 차림, 장소는 밤하늘 아래의 잔디밭, 공회당, 미술관 등등 출연자와 관객은 이곳저곳을 옮겨 다니며 연주하고 들어야 하지만, 이것도 관객 입장에서는 '새로움'그 자체다.

온천과 조용한 전원 마을의 정취, 깨끗한 자연환경이라는 자기 지역의 고유 자산에서 부가가치를 찾고, 그것과 어울리는 색다른 이벤트를 개발한 주민들의 꾸준한 노력은 당연히 결실을 거두었다. 지금은 일본 전역은 물론, 외국에까지도 유후인의 이름이 알려졌는데, 한 해에 찾아오는 관광객 평균 370만 명중 90%가 여성일 정도로 뚜렷한 개성을 가진 온천휴양지로 발전하였다.

주변에 강력한 경쟁자가 있다는 언뜻 보면 불리한 듯한 여건 속에서도 이들이 성공한 요인은 한마디로 '우리 고유의 것을 새로운 관점에서 차별화하여 개발한다.'는 발상의 전환이었다. 사실 당시의 일본에서는 개발 붐이 한창 일고 있었다. 너도 나도 개발을 외치며 대형 건물, 호화시설이 최고인 것으로 생각할 때, 정 반대로 조용하고 편안한 이미지를 강조한다는 것은 당시로서는 결코 쉽지 않은 발상이었다.

그러나 온천을 벳푸식으로 계속 개발했다면 어떻게 되었을까? 아마도 벳푸와는 비교도 안 될 정도의 초라한 온천지, 특색 없는 '그저 그런' 온천지가 되었을 것이다. 자칫 흙 속에 묻힐 수도 있었던 지역 고유의 자산이 새로운 시각에 의해 발굴, 개발된 사례를 우리는 유후인에서 볼 수 있다.

가장 지방적인 것이 가장 세계적이다

일촌일품운동은 '가장 지방적인 것으로 가장 세계적인 것을 지향한다.'는 원칙도 가지고 있다. 즉 '메이드 인 재팬(Made in Japan)'이 아닌 '메이드 인 오이타(Made in Oita)'인 산물이나 문화를 만들어 가는데, 자기 지역 고유의 특성을 가지고 있으면서도 전국적으로, 더 나아가서는 세계적으로도 통할 수 있어야 한다는 것이다. 그런데 여기서 유념해야 할 일은 전국적, 또는 세계적으로 만든다는 말이 반드시 시장을 석권할 수 있어야 한다는 뜻은 아니라는 사실이다.

예부터 어느 지역이나 나름대로 자랑할 만한 고유의 자산 한 두 가지씩은 가지고 있게 마련이다. 이러한 고유의 자산을 각자의 창의적인 연구를 통해 '가장 뛰어난 것'이라기보다는 '오직 우리 고장에서만 볼 수 있는 것'으로 개발하는 일이 중요하다는 말이다. 왜냐하면 그것을 통해 수익을 얻는 것이 1차적인 목표이지만, 그보다 더 중요한 일은 유명한 특산품, 또는 자랑스러운 문화가 바로 우리 고장에 있다는 사실 자체가 지역 주민에게는 커다란 자긍심을 갖게 할 수 있기 때문이다. 더 나아가 이러한 과정을 통해 일촌일품운동의 궁극적인 목표인 물질과 정신이 조화를 이루어 발전하는 풍요로운 삶을 누릴 수 있기 때문이기도 하다.

어려운 과정을 거쳐 우리 고유의 자산을 우리가 키워 냈다는 자부심, 그리고 그것을 바탕으로 한 지역발전의 가능성이란 돈보다도 훨씬 중요한 일이다. 이러한 예는 세계 어느 곳에도 있는 것이지만, 일본 오이타 현의 나카즈에 마을에서도 찾아볼 수 있다.

나카즈에는 오이타 현 서부, 일본에서 3대 미림(林)의 하나로 꼽히는 삼나무숲으로 둘러싸인 곳이다. 1894년, 이곳을 지나던 행상인 하나가 우연히 금광을 발견하면서 나카즈에는 크게 번성하기 시작한다. 한창 잘나갈 때에는 동양 제일의 금 산출량을 자랑하기도 했고, 인구도 크게 늘어 마을 전체가 북적거렸다.

그러나 1972년부터 사정은 180도로 변한다. 금광이 폐쇄된 것이다. 폐쇄된 광산 지역이 어떻게 변해 가는지는 너무도 자명한 일. 북적이던 사람들은 썰물처럼 빠져 나가고, 이 마을에서 태어난 젊은이들도 하나둘 도시로 떠나갔다. 당시의 촌장은 남아 있던 젊은이들과 함께, 어떻게 하면 이 마을이 살아남을 수 있는가에 대해 고민하기 시작했다. 주변에 보이는 것은 폐허가 된 금광 터뿐, 할 수 있는 유일한 일은 나무와 관련된 임업뿐인 것처럼 보였다. 하지만 나카즈에는 깊은 산속에 있어 교통도 불편하고, 평범한 임업으로는 마을을 되살리기 어렵다고 생각했다. 그들은 고민에 고민을 거듭했다. '우리만 가지고 있는 자산은 없을까?'

마침내 그들은 고유의 자산을 찾아낸다. 바로 폐쇄된 금광 터였다.

"금광이 있던 지하에 박물관을 만들자. 사람들이 좀처럼 보지 못하던게 아닌가. 그리고 주변에 아름다운 숲도 있다. 지금은 교통이 불편해도 가까운 곳에 후쿠오카, 사가, 구마모토 같은 인구 밀집 지역도 있지 않은가. 폐쇄된 금광을 관광지로 개발하자."

일부 주민들의 반대가 있기는 했지만, 촌장과 젊은이들의 설득으로 일은 시작되었고, 드디어 1983년에 지하 박물관이 완성되었다. 폐광된지 11년 만의 일이다. 연간 11만 명의 관광객만 찾아오면 채산성이 있다고 생각했지만, 첫해 입장객이 50만 명을 넘었다. 하루 입장객이 마을 전체 인구의 5배인 7,000명을 넘을 때도 있었다. 첫해 수입은 10억 엔. 인구1,500명의 산골마을에서 10억 엔짜리 산업이 탄생한 것이다.

한 가지 산업이 제자리를 찾으면 다른 것을 갖다 붙이기는 쉽다. 관광객을 상대로 산골 특유의 특산품을 만들어 파는 일은 저절로 이루어졌다. 고향이 발전하자 떠났던 사람들도 돌아왔다. 초기에 비해 약간 줄어들기는 했지만 지금도 나카즈에 마을에는 관광객이 꾸준히 찾아온다.

'우리 지역에서만 볼 수 있는 것을 개발해야 전국적으로, 또 세계적으로 인정받을 수 있다.'는 예를 나카즈에에서 볼 수 있다. 물론 나카즈에의지하 박물관이 세계적인 명소로 발전할 수 있을지는 미지수다. 그렇게안 될 가능성도 높다. 그러나 '버려진 우리 것'을 주민 스스로 연구해서개발하고, 거기에서 수익을 얻는 것은 물론 마을 자체를 되살렸다면 '세계화'까지는 도달하지 못한다 해도 그 가치는 충분하지 않을까?

지사는 세일즈맨이다

일촌일품운동을 전개해 나가는 데 있어서 주민들의 자주적인 창의성의 발휘가 가장 중요한 전제라고 본다면, 또 하나의 축인 지방자치단체의역할은 무엇일까? 히라마쓰 지사는 이렇게 말한다.

"발로 뛰면서 주민들과 직접 부딪치며 설득했다. 현은 아이디어만 제공했고 모든 일은 마을 주민들이 자발적으로 실천했다."

그러나 주민들의 자발적인 실천으로 결실이 맺어지기까지는 그를 비롯한 공무원들의 많은 노력이 필요했고, 여기에서도 발상의 전환은 빛을 발한다.

판매는 내가 책임진다.

히라마쓰 지사는 일촌일품운동을 제창하면서 주민과 지방자치단체의 역할 구분을 분명히 했다.

"주민들이 각자의 지역에서 세계시장에 내놓아도 손색이 없는 우수한 특산품을 생산해 낸다면, 내가 직접 도시인들에게 팔아 주겠다."

그는 일촌일품운동이 성공하기 위해서는 주민과 공무원의 의식이 바뀌어야 한다고 생각했다. 지역 고유의 자산이 특산품만은 아니지만 생업과 직접 연결되어 있는 특산품 개발이 주민들에게는 쉽게 다가올 것이 분명하다. 그는 특산품을 개발하는 데에는 물론, 그것을 파는 데에도 기존의 인식을 바꾸어야 한다고 보았다.

"하기 싫은 곳은 안 해도 좋다. 또 어떤 제품을 얼마나 생산할 것인지는 각 지역 스스로 책임지고 결정해야 한다. 현에서 보조금을 주면서 일촌일품운동을 하면서 시, 정, 촌은 보조금이 끊어질 경우에 '보조금이 없으니 더 이상 할 수 없다.'고 나온다. 물건을 만들었는데 팔리지 않으면 '현에서 전량 수매해 달라'고 한다. 관에서 주도하면 추진력이 약해진다. 일촌일품운동은 각 지역이 자립적으로 창의성을 발휘해서 해 나가야만 한다."

그러나 보조금이 없는 운동은 초기에는 주민의 호응을 얻지 못했다. 참새우 양식, 키위의 대량생산, 버섯 통조림 등 몇몇 지역의 제품 개발이 성공하고, 이들 생산품이 도시인에게 인기를 얻으면서 일촌일품운동도 정상 궤도에 들어서게 된다.

경매대에 올라간 지사

요즘 우리나라에서도 '비즈니스 지사', 또는 '비즈니스 대통령'이란 말이 입에 자주 오르내린다. 경제적 측면의 경쟁력 없이는 지방자치나 국가경영을 말할 수 없기 때문일 것이다. 히라마쓰 지사도 자신이 비즈니스 지사로 불리기를 원한다. 사실 자신이 속한 지방자치단체에서 나온 특산품을 팔기 위한 그의 노력은 당시 일본에서 큰 화제가 되었을 뿐 아니라, 일촌일품운동의 정착에도 밑거름이 되었다.

오이타 현에는 예부터 소가 많았고, '홍고 소'라는 이름으로 1970년의 전국경지대회에서 천황상을 받기도 했다. 하지만 그 이름은 별로 알려지지 않아 소 시장에서 외지로 팔려나가 '고베 소'나 '마쓰사카소'로 이름이 바뀌는 실정이었다. 히라마쓰 지사는 '홍고 소라는 상표로 알려져야 제값을 받을 수 있고, 그러기 위해서는 전국 최고의 소비지인 도쿄 시장에 이름이 알려져야 한다고 생각했다. 그는 즉시 도쿄로 달려갔다. 도쿄 식육시장의 경매대에 직접 올라간 히라마쓰 지사는 쇠고기 중개인들을 상대로 홍고소의 우수성을 역설하였다.

중개인들은 지사가 경매대에서 자기 지역 제품을 홍보하는 일은 생전 처음 보았다며 크게 감격했고, 실제 거래 가격도 예상보다 훨씬 높게 매겨졌다. '홍고 소'라는 오이타의 경쟁력 있는 고유 자산이 지방자치단체장의 적극적인 노력으로 상품 가치를 더 하게 된 것이다.

이 밖에도 히라마쓰 지사는 오이타 현에서만 나는 감귤의 판매를 위해 도쿄의 지하철역에서 전통 의상을 입고 판매에 나서기도 하고, 도쿄 청과시장의 사장들 앞에 나가 자기 지역 제품을 홍보하기도 했다. 주민들이 좋은 물건을 생산하면 판매는 자신이 책임지겠다는 약속을 지키기 위해 그는 계속 현장을 방문하였다.

유명 인사를 잡아라

아무리 좋은 물건이 있어도 널리 알려지지 않고 팔리지 않으면 소용이 없는 법. 특히 대도시에서 멀리 떨어진 곳이 판매 면에서 불리하다는 것은 자명한 일이다. 오이타 현의 경우도 각 시, 정, 촌에서 나온 특산품을 1차적으로는 현의 주민들이 아끼고 우선적으로 소비해 줄 것을 호소했지만, 일본 제일의 시장 '도쿄'에 진출하지 않고서는 전국적인 명성을 얻기 어려웠다. 히라마쓰 지사는 새로운 아이디어를 냈다.

도쿄의 유명 인사들을 상대로 적극적인 홍보활동을 하기로 한 것이다. 대상자는 일본 정계, 경제계, 언론계 인사와 외교관, 그리고 대중에게 널리 알려져 있는 연예인, 운동선수들로 정했다. 유명인사를 상대로 홍보를 하면 파급 효과가 크다는 점을 고려한 것이다. 이런 사람들 1,000여 명을 도쿄의 한 호텔에 초대해 전시회 겸 시식회를 열었다. 이름은 '오이타 페어(Oita Fair)', 오이타 특산으로 꼽히는 농수산물과 축산물 1,700여 점의 전시는 물론 오이타만의 정취와 맛을 느낄 수 있는 음식을 준비하고 찻집까지 설치하여 오이타 현 자체에 대한 분위기를 느끼도록 배려하였다.

그날 마련한 모든 음식과 일본인들이 고급으로 치는 프랑스 요리도 오이타에서 나오는 재료로 만들어 냄으로써 오이타 제품이 우수하다는 인식을 갖게 하였다. 결과적으로 참석자들이 오이타 고유 산물에 대한 이해는 물론, 오이타 현 자체에 대해서도 호감을 가지게 되었음은 물론이다. 이런 행사의 성과를 직접적으로 측정할 수는 없지만, 뉴스거리가 되고 유명 인사들의 직간접적인 홍보 효과까지 생각할 때, 그 성과가 만만치 않음을 짐작할 수 있다.

히라마쓰 지사가 시도한 또 하나의 판촉은 특산품의 '도쿄 공수(空輸)판매'였다. 오이타에서 도쿄까지는 800km, 시장 진출이 어려울 수밖에 없다. 그래서 생각한 것이 항공기를 이용한 판매였다. 운송비 등의 물류문제가 있으므로 그야말로 품질이 우수한 것, 또는 단가가 높은 것으로 대상 품목을 정했다. 오이타 공항에서 도쿄까지 비행기로 날라 백화점 등의 판매 장소까지 물건이 오면, 히라마쓰 지사는 대기하고 있다가 즉석에서 직접 판매를 시작했다. 가격과 품질에서 경쟁력 있는 특산품이 '지사가 판매에 나섰다.'는 프리미엄까지 등에 업었으니, 금방 동이 나는 것은 당연한 일이었다.

지자체의 역할

히라마쓰 지사는 일촌일품운동에 대하여 주민에게 직접 호소하는 방식을 택했다. 흔히 관청에서는 먼저 지사의 생각을 부장회의에서 말하고, 부장은 과장에게 말한다. 그리고 다시 그것이 각 시, 정, 촌이나 농협 등의 경로를 통해 주민에게 전달된다. 이러한 과정에서 애초의 취지는 제대로 전달되지 않기 쉽고, 심지어는 관청과 주민 사이에 오해까지 생긴다.

히라마쓰 지사는 취임 즉시 "지사와 함께 내 고장을 이야기한다."라는 이름의 '마을가꾸기 간담회'를 열었다. 간담회는 현의 지역별로, 같은 종류의 업종별로, 또는 특정한 주제별로 연간 20회 이상 개최되었고 지금도 계속되고 있다. 어떤 나라, 어떤 지역에서나 의사소통이 제대로 되지 않고, 상호 신뢰가 없는 곳에서는 '행정 따로, 현장 따로'인 일이 비일비재하게 벌어진다. 간담회의 목적은 이런 현상을 막고, 주민의 실생활에서 우러나오는 현실적인 이야기를 행정에 반영하려는 것이다. 한편으로는 현의 주요 시책에 대해 이해와 협력을 구하면서, 행정 관청과 주민 간에 믿음의 관계를 만들어 나간다.

지사는 일촌일품운동의 근본 취지에 대해서 공무원들에게도 직접 설명을 했다.

"일촌일품운동은 행정관청이 하는 일이 아니다. 어디까지나 주민들이 주도권을 갖고 자발적으로 하는 것이다. 따라서 현청 안에 일촌일품운동을 위한 별도의 조직은 필요 없다. 조례나 보조금도 없다."

문서를 통한 상의하달(上下達)식의 의사 전달, 의례적이고 실적을 홍보하기 위한 주민 간담회로는 '고유 자산을 개발해 지역 활성화를 이루자.'는 운동의 참뜻을 전달하기 어렵고, 성공할 수도 없다는 히라마쓰지사의 생각을 엿볼 수 있다.

또 하나, 일촌일품운동에서 중요한 역할을 한 것 중의 하나는 1.5차 산업이었다. 행정관청은 명령을 내리는 곳이 아니라, 지역 주민들의 의욕을 북돋우고 그들이 잘할 수 있도록 지도하고 도와준다. 이렇게 해야 주민들이 자발적으로 나서고 지역이 활성화할 수 있다. 결국 행정의 역할은 '지원과 조정'이라는 말이다. 이를 위해 히라마쓰 지사는 먼저 1.5차 산업의 개발을 제창한다.

"뒤처진 지역일수록 불만이 많고 자포자기한다. 도로가 형편없다, 학교가 나쁘다, 지원이 없다. 그래서 그 타개책을 물으면 가장 먼저 나오는 것이 큰 도시에 연결되는 도로와 기업의 유치다. 그러나 이것만으로는 오히려 역효과가 나기 쉽다. 아무 기반 없이 교통만 좋아지면 뒤처진 지역은 더욱 뒤떨어지게 된다. 모든 사람의 생활이 도시에 끌려 들어가기 때문이다. 기업의 유치도 마찬가지다. 작은 마을에 큰 공장을 유치할 수는 없다. 작은 공장이 들어서게 되는데, 불경기가 되면 가장 먼저 도산하는 것이 이러한 작은 공장이다. 따라서 그 지역의 주민, 지역의 산업과 밀착된 기업이 아니면 고유 자산 개발을 바탕으로 한 지역 활성화에는 도움이 안 될 수도 있다."

그래서 나온 것이 1.5차산업의 육성이다. 즉, 지역에 기반을 둔 농수산물을 가공하는 공장을 세우면 우선 상품의 부가가치를 높일 수 있고, 지나치게 많이 생산되는 경우나 일정한 규격 외의 상품을 처리하는 데 매우 유리하다. 히라마쓰 지사는 농수산물 가공 산업이 1차 산업과 2차 산업의 중간 성격을 가지고 있으므로 '1.5차 산업'이라 하였다. 이러한 1.5차 산업의 결과물로 통조림·주스·잼·과일 케이크·과일 아이스크림 등.수많은 종류의 가공품이 나왔고, 1.5차 산업이라는 말은 일촌일품운동의키워드가 되어 오이타 현은 물론, 일본 전역에 퍼지게 된다.

또 하나, 고유 자산을 개발하는 데 있어 지방자치단체가 중요하게 추진한 일이 인재의 육성이다. 인재의 육성은 일촌일품운동의 중요한 원칙의 하나였다. 세계는 점차 경제적인 풍요를 추구하는 시대에서 더 나아가 정신적인 풍요로움까지 추구하는 시대로 바뀌고 있으며, 일촌일품운동 역시 이를 궁극적인 목표로 하고 있다. 이러한 시대에는 도전정신과창의력을 갖춘 인재, 즉 지역 주민이 스스로 일어서려는 힘을 한군데로모아 이끌어갈 인재가 필요하다.

또한 작은 지역일수록 생산자 개인이나 기업의 사업 규모가 영세하며,자연히 기술 수준과 경영 능력, 판매망 확보 등 마케팅 능력이 떨어진다.이러한 상황을 극복하기 위해서도 인재의 육성은 반드시 필요한데, 오이타 현에서는 각자의 능력을 최대한 발휘할 수 있도록 '일촌일품운동 학숙'의 운영, 다른 앞선 지역의 사례 연구, 해외 연수 등 다양한 프로그램을마련하여 실시하였다.

일촌일품운동의 발전

이제까지 살펴본 바와 같이 일촌일품운동은 단순한 '특산품 갖기 운동'이 아니다. 특산품 생산이라는 측면만 본다면 오이타의 일촌일품은 일본에서 전국 제일이라고 말할 수 없다. 오히려 빈약한 편에 들어간다. 전체적인 주민의 소득 면에서도 아직 만족할 만한 수준은 아니다. 그렇기 때문에 일촌일품운동의 성과에 대해 부정적인 사람들은 이름이 알려진 것에 비해 실제 현황은 따라가지 못한다고 평가한다.

그러나 대도시 중심의 사회가 될수록 지방 활성화는 더욱 어려워질 것이며, 인구의 유출도 계속될 것이다. 따라서 일촌일품운동은 한 걸음 더 나아가 지역 주민 한사람 한사람이 '내가 살고 싶은 마을', 즉 경제적인 풍요뿐만 아니라 정신적인 풍요로움도 누릴 수 있는 지역으로 만들어 가는 것을 목표로 움직이고 있다.

그러기 위해서는 고유 자산의 개발이라는 1차적인 목표는 물론, 고유특색을 가진 마을 만들기를 계속해 나가야 한다. 예컨대, 유명한 조각가가 태어난 마을에서는 그 조각가의 작품을 모아 국제적인 콘테스트를 개최하여 우수 작품을 전시하는 '조각 마을 만들기'를 하기도 한다. 이처럼 일촌일품운동은 특산품, 예술, 관광 등 그 지역만이 가지고 있는 독특한 자산을 개발함으로써 지역 특색이 있는 품격 있는 마을로 만들어 가는 '일촌일풍(一村一風)운동'으로 발전해 나가고 있다.

우리가 일촌일품운동에서 보아야 할 점은 주민들의 창의성과 지방자치단체의 정확한 예측을 바탕으로 한 헌신적 노력, 그리고 '어려움의 극복'이다. 자기 주변의 것을 새로운 시각으로 보고, 연구해서 이제까지 찾지 못했던 부가가치의 가능성을 발견했다 해도, 그것이 결실을 맺기까지는 무수한 어려움을 이겨 내야 하기 때문이다. 오히려 유난히 눈에 띄는 '성공'이라는 결말 앞에는 그것보다 훨씬 많은 실패와 좌절의 과정이 있었음을 놓쳐서는 안 될 것이다.

제 7 장

향토지식재산 융복합
산업생태계 모델

1 향토지식재산 융복합 산업생태계 모델

향토지식재산 융복합 산업생태계 모델

지역 기본 인프라	– 지방정부: 자연생태환경, 향토지식재산, 공동체 유산, 사회적 자본 – 중앙+지방: 향토지식재산정보생태계, 열린 체험교육 시스템, 도농/글로컬 시스템		
	1차 산업	– 농림수산업 – 농림수산물 생산 재배 – 생/반건조/급속 냉동	↓ 전문민간지원기관 (위탁)
	2차 산업	– 식품가공업 – 1차 가공/2차 가공/3차 가공 – 식자재/기계/장비 제조업	↓ 글로컬산업생태계 (기본)
	3차 산업	– 외식산업(제조업/소매업/서비스업) – 유통업/프랜차이즈업	↓ 방사형 내수시장 (구축)
	4차 산업	– 지식 정보/창작 서비스업 – 정보, 의료, 교육 – 오락, 영상미디어, 관광기획	↓ 도농, 글로컬 생태계 네트워크 (확산) ↓
목표	행복한 삶 환경 조성	비전있는 일자리	자연 지식 공동체 지속 성장

　지방화, 지구촌시대에 향토지식재산 기반 글로컬 산업생태계 구축에 있어
가장 핵심적인 요소는 지방자치단체의 적극적인 역할과 그를 수행할 지역
향토지식재산 글로컬산업에 관심과 열정을 가진 다양한 국내외 지식근로자
들의 유입이다. 다양한 국내외 지식근로자들을 유입하기 위해서는 지방자치
단체가 진정성을 가지고 유입대상인 국내외 지식근로자를 주요고객이자 사
업파트너라는 눈으로 바라보고 준비하여야 할 것이다. 다시말해 지역사회의
현안문제를 외부의 지식근로자가 해결하기를 기다리는 자세가 아니라 외부

의 지식근로자의 꿈과 비젼을 지역사회가 어떻게 이룰 수 있도록 도울 수 있을까 하는 환경조성과 자세가 절대적으로 필요하다.

그러기 위해서는 종전의 단순한 공간제공, 재정지원 및 컨설팅지원이라는 차원을 뛰어넘어 외부의 청장년들에게 그들의 꿈과 비젼을 이룰 수 있고 관심을 끄는 지역만의 다양하고 차별화된 향토지식재산정보제공, 관심있는 향토지식재산과 관련된 열린 체험교육시스템 제공, 나아가 체험교육받은 향토지식재산관련 산업분야에 도농 및 글로컬 취창업형태로 연결될 수 있는 네트워크시스템을 구축하여 제공하여야 할 것이다. 지방자치단체는 이러한 지역기본인프라구축와 지역공동체사업과정상 일어날 수 있는 문제의 조정과 지원, 홍보에만 주력하되, 구체적인 지역공동체사업에 대해서는 민간주도의 자율성을 보장하는 시스템구축지원이 필요하다. 다만 향토지식재산기반의 다양한 지역공동체사업을 수행하다보면 분명히 쉽지않은 어려움도 많이 발생할 수 있을 것이다. 그러나 지역공동체가 그러한 문제를 극복하게 하기위한 자조적 역량으로 키우기 위해서는 단순 시혜적인 지원은 과감히 철폐하고 선택과 집중을 통해 지속가능한 글로컬 지식문화역량을 높이는 데 최우선의 목표를 두어야 한다.

여기서 글로컬 지식문화역량이라 함은 지역의 방사형 내수시장을 기반으로 국내를 넘어 세계속으로 진출하기 위한 역량을 의미한다. 따라서 국내 시장에서 대기업과 동등한 위치에서 교섭할 수 있는 역량과 글로벌 시장에서 세계적 강자들과도 경쟁 또는 협업할 수 있는 역량을 말한다.

또한 대기업들과의 국내외 경쟁에서 우위를 점하기 위한 시스템 경쟁력 및 전략도입, 즉 향토지식재산 산업의 기본적 특성인 자연과 지역공동체와의 조화를 추구하는 공유가치 전략과 지역공동체사업 구성원간의 자발적 협업을 통한 네트워크형 대형 전문화 시스템 경쟁력 확보를 포함한다.

2. 융복합 산업생태계 기본인프라 구축

1. 향토지식재산의 차별성 및 산업적합성 평가

지역사회에서 차별화된 향토지식재산이 발굴된 경우, 그 대상의 산업적합성 판단은 쉽지 않은 영역으로 크게 3가지로 나누어 살펴보아야 할 것이다.

첫째, 향토지식재산이 기본이 되는 핵심소재가 지역의 자연생태환경에만 존재하거나 다른 지역에도 존재하지만 상대적인 차별성이 존재하는 소재인지 먼저 판단하여야 한다. 예를 들어 차문화로서 보성녹차의 경우 녹차의 원료가 되는 녹차나무와의 관계를 의미한다. 보성녹차의 경우 보성지역의 자연생태환경의 특수성으로 인해 일찍부터 우리나라의 녹차 주산지로서 녹차나무의 이름에도 보성녹차라는 명칭을 갖고 있음을 알 수 있다. 보성녹차의 경우와는 달리 고창복분자주의 경우 고창복분자주의 소재인 복분자의 경우 고창의 주변 지역에도 흔히 재배가 가능한 소재로서 원료재배자들과의 협력관계등 관계설정에 도 세심한 판단을 하여야 한다. 그렇지 못한 경우 원료수급등의 문제로 지역공동체산업을 구축하는데 커다란 방애물이 될 수 있다. 이런 경우를 대비하여 지역사회의 관계 및 이해관계자들의 교육과 공감이 필수적이다.

둘째, 향토지식재산을 둘러싼 산업적 연계가능성이 있는 대상이나 영역이 있는지 판단하여야 한다. 다시 말해 보성녹차의 경우 지역의 자연생태환경에 따라 녹차는 햇볕이 잘 드는 산등성이에 겹겹히 층을 달리해 재배하여야 하는 특성이 있는 데 착안하여, 자연스러운 녹차밭이라는 아름다운 풍경을 활용한 차문화와 융합된 녹차밭관광산업을 연계할 수가 있었다. 반면 고창복분자주의 경우 지역의 또다른 향토지식재산인 풍천장어와의 융합을 고려할 수 있어 보다 다양한 융복합 상품이 가능할 것이다. 물론 아직은 그러한 종합적인 산업생태계구축 능력은 없는 것으로 판단되어 앞으로의 지역적 과제로 본다.

셋째, 향토지식재산의 산업적합성 판단에 있어 마지막 핵심요소는 그동안 해당 향토지식재산에 대한 제대로 된 산업적 가치나 잠재력을 판단하지 못하였거나 인식하고 있었지만 적극적인 산업생태계구축능력의 부족으로 방치하였던 영역으로 도시나 해외에서의 관리되지 않은 상태로서 존재하는 시장가능성에 대해 정밀한 조사와 그에 의한 객관적 판단이다

비록 여러 가지 이유로 관리나 네트워크구축이 되지 못했다 하더라도 지역사회의 적극적이고 혁신적인 관심과 전략이 뒷받침될 수만 있다면 오히려 또다른 기회로 역전될 수 있기 때문이다. 이러한 실제 사례로 고창지역의 복분자주 산업생태계구축에 대한 인식부족과 미비로 인한 지역내부의 신뢰관계손상, 그틈을 파고든 관련외부대기업의 원료수급선점, 그로인한 지역복분자주가공업체들의 적정원료수급의 어려움, 그로인한 무리한 원료재배방식에 따른 연작피해등으로 고창복분자의 수많은 스토리(복분자스토리, 정주영회장의 김정일희사품, ASEM만찬주)에도 불구하고 모두 각자도생의 어려움

에서 벗어나지 못하고 있다.

2. 향토지식재산 공동체 유산 특성 및 지역공동지식자원화 시스템도입

향토지식재산 글로컬 산업은 공동체 유산인 지역의 향토지식재산을 기반으로 하는 사업이라는 산업적 특성이 있다. 따라서 향토지식재산의 공동체 유산으로서의 특성분석이 기본 전제가 된다. 일반적으로 향토지식재산의 공동체유산으로서의 특성은 지식, 기술, 명칭, 문화 등 4가지요소로 나누어 분석할 수 있다.

예를 들어 세계김치축제의 도시인 광주에서 광주 전남지역의 통합브랜드 구축사업을 하는 경우, 〈감칠배기〉라는 브랜드는 개별기업의 입장에서 김치라는 제품의 특성을 잘 나타낸 브랜드라고 판단할 수 있으나 지역의 통합 김치브랜드로는 적절하지 않다고 판단된다. 오히려 광주 전남지역의 다양한 순천 고들빼기, 여수 갓김치를 비롯한 호남지역 김치의 특유의 매콤한 맛을 상징하고 아우를수 있는 〈남도김치〉가 오히려 광주 전남의 김치라는 공동체 유산에 적합한 브랜드라고 보인다. 결국 〈감칠배기〉 브랜드는 적지않은 브랜드제 작용역비에도 불구하고 제대로 한번 사용해 보지도 못하고 지역김치 업체로부터 배척되고 마는 결과가 되었다.

따라서 지방자치단체중심의 지역향토지식재산 발굴조사결과에 대한 정보 DB를 기반으로 통합지식재산관리시스템을 거쳐 지역지식공유생태계 예컨대 향토지식재산뱅크등 지역공동자원화시스템이 요구된다.

3. 지역사회의 자발적 협력네트워크 구축 여부

향토지식재산 글로컬 산업은 지역공동체사업으로서 이러한 커뮤니티 비즈니스를 이끌어 갈 지역에서 신뢰받는 리더와 전문적인 능력을 갖춘 운영주체, 그리고 지방자치단체의 적극적 교감과 지원을 바탕으로 한 자발적인 협력네트워크 구축여부가 사업의 성공가능성을 결정한다고 하여도 지나치지 않는다.

실제 보성녹차의 경우에 보성녹차 영농조합의 조합장과 보성군수의 리더십과 개인적인 헌신이 없었으면 원활한 사업진행이 어려웠으리라 판단된다. 순창고추장의 경우도 당시 순창군수의 남다른 열정과 리더쉽이 사업성공의 초석이었다고 판단된다. 다만 초기 지방자치단체장의 변화에도 지속가능한 자발적 지역공동체사업으로 성장하는 것은 쉽지않은 과제로서 최소한 전문적인 운영기관과 협력한 핵심향토지식재산을 기반한 산업생태계구축을 위한 공동체운영시스템을 구축하는 것이 필요하다

4. 지역사회의 산업 기본인프라 구축 여부

지역사회의 차별화된 향토지식재산이 선정되었다 하더라도 이를 구체적으로 산업생태계 구축을 위해 진행하는 것은 전혀 다른 차원의 문제이다. 다시말해 해당 향토지식재산 관련산업에 대한 최소한 시장조사, 향토지식재산에 관련된 원료나 소재에 대한 적정 품종 선정, 각 원료나 소재에 대한 객관적인 데이터 확보 등과, 나아가 이를 지역에서 구현할 공간으로서 폐교 등 공

간확보여부, 데이터확보 및 체험실습을 위한 지역내 특성화 고등학교 등 교육기관 존재 및 협력가능성 여부 등 기본 인프라 요소라 할 수 있다. 실제 지금은 거의 시장이 존재되지 않는 새로운 꽃차신시장을 구축하기 위하여 경남 함양군에서 마을 연계 스마트팜구축사업을 준비하면서 함양군에서 이미 구입해 두었다는 폐교를 실제 가서 안전도 검사를 해 보았더니 최하위 등급 판정으로 건물을 전체 허물고 새로 지어야 한다는 생각지도 못한 현상들이 현장에서는 자주 일어난다는 점에 유의하여야 한다.

5. 향토지식재산 산업내부 및 관련산업 생태계 형성 여부

향토지식재산 글로컬 산업은 반드시 처음부터 산업내부 및 관련산업간의 생태계형성여부를 검토하여야 한다. 예를 들어 향토지식재산 관련 상품이나 산업은 독립적인 소비보다는 문화가치를 공유하는 의, 식, 주, 공예 분야 등의 산업간 융복합 생태계 형성을 통한 소비 환경구축이 매우 중요하다. 예를 들어 일본 스시식당은 스시라는 일식요리를 중심으로 화실(和室)인테리어, 노렌 디자인, 기모노 유니폼, 화(和)풍 식기, 공예 장식품, 음악, 조명 등이 통합적인 토탈디자인전략으로 일본스타일 브랜드를 형성하는데 반해, 우리나라의 경 우 규모가 작은 중소자영업자가 많은 탓도 있겠으나 너무 음식맛에 집중하는 전체적으로 차별적인 향토지식재산가 갖고있는 감성문화를 나타내는 인식이나 생태계전략이 미흡하다.

3 융복합 산업생태계 구축단계

1. 지역공동브랜드 및 지리적표시제 도입

지금은 종전 중앙정부의 획일적 정책에 의존하던 시대에서 지방의 문제점 해결과 지역경제 활성화를 위해서는 지방자치단체를 비롯한 지역사회가 스스로 살길을 찾아 독자적인 경영전략과 브랜드 마케팅을 수행하는 지방화시대이다. 원래 브랜드란 자신의 상품과 타인의 상품을 식별하기 위한 이름, 로고, 심볼, 상징 칼라 및 이미지의 조합으로서 고객과의 접점을 통해 고객의 마음속에 심어놓는 총체적인 이미지라 할 수 있다. 고객의 입장에서는 구입하고자 하는 개별상품의 브랜드도 중요하지만 생산기업이나 생산지역의 이미지도 중요 한 선택요소가 된다. 지역브랜드는 브랜드에 지역명칭을 더하여 만들어 진 브랜드로서, 타 지역에는 갖고 있지 못한 자기 지역만의 차별화된 농수축산물, 아름다운 자연생태환경과 관광상품등에 지역만의 긍정적인 가치를 연상시켜 구매, 정주, 관광을 이끌어 내기 위한 지역마케팅 전략의 하나이다.

다만 지역브랜드와 지역공동브랜드는 엄밀히 말하면 구별되는 개념이나 국내 농업분야에서는 혼동하여 사용하는 경우가 많다. 또한 지역공동브랜드와 지리적표시(단체표장)제도 역시 공동브랜드라는 점에서는 동일하나 그 대상에서 구별되는 개념이다.

지리적표시(단체표장)은 지역의 자연생태환경과 차별화된 제조방법등에 의해 명성이 형성된 지역특산물로서 반드시 지역명을 전제로 한 지역공동브랜드인 반면, 지역공동브랜드는 반드시 지역명을 전제로 하지 않으며 지역특산물의 판매를 효과적으로 하기 위한 마케팅의 일환으로 하고 있다는 점에서 가장 구별이 된다.

가. 지리적표시제 도입

1) 역사적 배경

지리적표시(지명+품명)브랜드는 그 지역의 고유한 자연환경과 제조법등으로 인해 다른 지역의 상품과 차별화되고, 다시 지역특산물로 그 명성이 확보되는 과정을 거쳐 형성된 특수한 지역브랜드이다. 이와 같은 국제경쟁력을 갖춘 유명지역특산품의 지리적표시 브랜드가 타 국가에서 위조되거나 소비자에게 오인되지 못하도록 하는 제도적 장치가 요구된다.

특히 프랑스의 전통적 특산물인 포도 관련산업에 외국산 포도 및 포도주의 유입으로 가격폭락, 품질하락, 표시행위 문란 사태로 자국의 포도 및 포도주 관련 산업의 부흥을 위해 지리적표시보호 주장하면서 촉발되었고 2004년 현재 EU 의 지리적표시는 4800여개가 등록되었다.

지리적표시제는 1992년 프랑스 및 EU(유럽연합)주도로 지리적표시등록제도를 도입하였고, 우리나라는 1999년 농·수산물 품질관리법에서 지리적표시등록제도 도입하였고, 2005년 7월 상표법에서 지리적표시단체표장제도를 도입하였다.

2) 산업경제적 배경

과학기술발전시스템의 변화와 기존의 과학기술발전시스템은 천문학적 비용과 실패의 위험성한계 및 자연과의 부조화라는 문제점이 노출되고 현대의학에 널리 쓰이는 120 종 화합물중 75%가 전통지식체계내에 그 효용이 알려진 것으로. 그 중 12종미만만 간단한 화학적 조작으로 합성 된 것(반다나 시바, 자연과 지식의약탈자들, 2000)으로, 새로운 의약품, 식품, 화장품시장에서 향토(전통)지식의 산업적 가치는 자동차, 컴퓨터에 이은 3대산업으로 추산, 특히 지리적표시는 EU 경제의 핵심으로 프랑스의 지리적표시품목은 새로운 농업관련기업의 생명선이 되고 있다.

예를 들어 지리적표시등록된 프랑스산 치즈는 그렇지 않은 치즈에 비해 1kg당 평균 2유로이상 고가판매, Poulet de Bresse 닭고기는 통상닭고기의 4배고가, cometi 치즈가공우유는 통상우유가격보다 10% 이상 고가 판매되고 있다.

국내의 제1호 지리적표시품목인 보성녹차는 2001년 보성녹차지리적표시등록후 보성녹차가격이 25~50% 가격 상승효과와 관광객유치효과가 발생하였다.

3) 문화적배경

한 국가나 사회공동체의 향토(전통)지식은 과거에 머무르는 상태에 있는 것이 아니라 현재에도 현대적 양식에 맞게 적용하며 지속적으로 발전하며 그 사회공동체 및 다른 사회공동체와의 관계에서 중요한 자기표현의 문화적 정체성 및 사회적 정체성의 토대가 된다. 예를 들어 과테말라의 Antigua 커피, 한국의 김치, 인도의 Basmati 쌀·태국의 Jasmin 쌀 등은 단순한 상품이 아니라 그 나라의 사회적 문화적 정체성을 나타내는 것으로 인정된다.

4) 지리적표시제도에 대한 오류 및 구별 개념

기존의 지리적명칭에 대한 상표법상의 보호는 군이상의 지명 또는 군 미만이라 하더라도 저명한 지리적 명칭은 상표등록대상에서 배제된다.

따라서 지리적명칭에 새로운 도형을 결합하여 간접적인 지리적명칭 등록을 시도하였으나, 이러한 표장의 효력은 지리적명칭을 보호대상으로 하는 것이 아니라 새로운 도형 및 그 결합을 보호대상으로 하는 것으로 등록 후의 지리적명칭 사용자를 제재할 수 없는 문제점이 존재한다. 또한 이 경우 상표권자는 특정 지자체, 기업이나 개인 중심이나 새로운 지리적표시제도는 생산자 또는 가공업자 단체만이 그 주체가 되며 매우 복잡한 요건이 요구된다.

그러나 많은 지방자치단체 관계자나 디자인전문가들은 상기와 같은 도형 결합 지리적명칭을 새로 도입되는 지리적표시제로 착각 또는 오류를 범하고 있다.

〈구별개념〉

- 지리적표시와 원산지표시의 차이점 -

구분		지리적표시	원산지 표시
등록요건	**지역성**	필요	필요
	품질	지역에 기안한 품질특성 및 품질의 우수성 필요	불필요
	명성	필요	불필요
표시 지역명		상품의 지리적 특성이 드러나는 특정지역의 이름	국명 또는 행정구역명

- 지리적표시와 품질인증의 차이점 -

구분		지리적표시	품질인증
등록요건	**지역성**	필요	불필요
	품질	지역에 기안한 품질특성 및 품질의 우수성 필요	품질의 우수성 필요
	명성	불필요	불필요
표시 지역명		특정지역명	불필요
사용기간		항구적	불필요

나. 공동생산·공동판매법인

1) 필요성

향토지식재산산업을 운영하고 있는 대부분의 지역중소기업들은 자신들의 제품과 서비스를 제공하기 위한 유통경로로 주로 공동판매 전시장, 대리점 등을 이용하고 있으며, 물류에 있어서도 공동화를 추진하려는 경향이 강하다.

그러나 해당 공동생산, 판매의 지원이 효율적으로 지원되지 않고 있으며,

지원된다고 하더라도 해당 직원의 전문성 부족과 중간 벤더의 이익 폭리 현상으로 본래의 목적에서 벗어나고 있는 문제점이 나타나고 있는 실정이다.

2) 설립 유형

공동생산 공동판매등을 위한 법인의 설립유형은 크게 상법 및 협동조합법에 근거하여 기업체나 개인들이 자체적으로 생산 및 판매 법인을 설립유형, 지방재정법에 의거하여 지방자치단체와 민간이 공동 출자하는 제 3섹터방식의 공동생산 및 판매회사 설립유형이 있다

3) 공동생산·판매체계도

향토지식재산 관련제품이 소비자의 요구를 만족시키기 위해서는 시장의 요구를 분석하고 상품기획, 제조, 판매까지의 실시간 지원을 통하여 제품의 출시가 이루어져야 함은 당연하다

4) 지원 사항

첫째, 향토지식재산 관련제품의 공동생산시제품 제작, 제품의 기술 개발을 위한 기술 이전 비용 등의 지원, 해당제품의 시장분석, 제품의 다각화에 대한 컨설팅 지원

첫째, 민·관, 향토전문기업간 공동판매 – 각종 판매 전시회 참석 지원 – 지역 공동브랜드 개발비용 지원

셋째, 향토지식재산 관련기업의 교육 및 홍보, 상표출원비용 및 지역공동 브랜드 교육 지원, 제품 출시를 위한 홍보 전단지 및 대중 홍보에 대한 지원 등

해외시장 개척을 위한 해외 시장 조사 및 바이어와의 상담 지원, 해외 전시회 및 세미나 참여 지원 등이 지원사항으로 제기되고 있다.

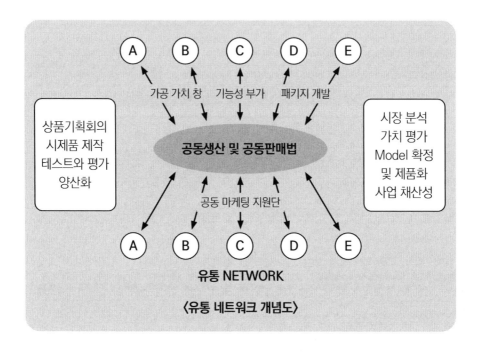

〈유통 네트워크 개념도〉

2. 지역 명인, 명장, 장인들의 공동체 협업연계시스템

향토지식재산중 지역명인이나 장인들의 경험지식이나 제조과정상의 많은 부분이 지역공동체로 확산되는 데 가장 큰 어려움은 그들에 대한 적절한 지식재산으로서의 보호체계와 그를 필요로 하는 지역사회에서의 적절한 보상체계를 구축하는 일이 가장 큰 걸림돌이 되고 있다.

그러기에 이를 위한 기본적 지식재산보호체제와 이의 공동체유산으로 활용시 적정한 가치보상과 지역공동체사업에 기여라는 자긍심을 동시에 부여하는 세심한 접근이 필요하다.

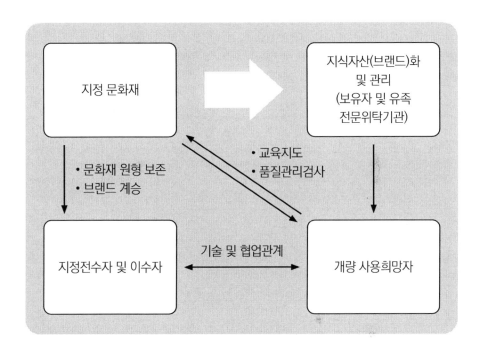

3. 향토지식풀 연구 도입

1) 배경 및 필요성

지역의 향토지식재산 산업의 지속적 발전을 위한 기술혁신의 문제는 개별 지역기업의 연구역량으로 볼 때 사실상 해결하기 어려운 과제로서 국가, 대학, 각종연구소, 지역사회로 분산된 지역특정산업관련 지식을 집중하여 손쉽고 저렴하게 이용할 수 있는 제도 및 운용시스템도입이 절실히 요구된다.

그동안의 기술혁신정책은 개별 기관 및 중앙중심으로 수행되어왔으며, 대학, 연구소, 지역별 공공기술이전컨소시엄, TP등 지역혁신클러스터등은 지역사회가 요구되는 지역특정산업분야의 지역(향토) 지식이 아니라 일반적인 산업 또는 기관보유기술을 대상으로 하여 지역사회의 관심을 유도시키지 못하고 있다.

따라서 보유기술도 부분별·나열식 특허기술을 중심으로 특허기술화되지 않은 기초과학지식, 전통지식, 미실증아이디어, 및 관련 기술인력의 암묵지 등이 단절되어 효과적이고 실질적 기술상용화가 되지 못하는 결과를 초래하는 문제점이 존재하고 있다.

지역특정산업분야의 총체적 지식집적을 통한 지역사회의 관심유도와 다양한 지식접근의 용이, 전통지식, 미실증아이디어 기술인력의 암묵지등의 활용 가능성을 높이므로 지식보유자와 수요자간의 지속적이고 효율적인 선순환 기술 유도하고, 기존의 과학기술발전시스템은 신물질 내지 생산물개발에 따른 천문학적 비용과 실패의 위험성, 자연과의 부조화라는 문제점이 심각하게 노출되어 향토(전통)지식등에 대한 재평가 및 활용이 적극 요구되고 있다.

이러한 과정속에서 지식보유자와 수요자간의 선순환운용시스템에 의한 수요있는 연구, 기술확산, 기술상용화가 가능하며 기술과 함께 기술보유인력의 이동이 촉진되는 효과가 유발된다.

나아가 기술적우위를 지닌 선진국과 가격적 우위를 가진 중국등의 신흥개발국과 모두 경쟁하기 위해서는 각기 다른 기술혁신전략의 구사가 요구되기에 선진국에 대해서는 단기간에 따라잡을 수 없는 원천기술과 기초부품소재를 대신할 수 있는 차별화된 향토(전통)지식을 활용한 전략이 필요한 반면, 산업적 기술이 부족한 동남아시아등 신흥개발국에 대해서는 비교우위에 있는 총합적 산업화기술전략이 필요하다.

2) 추진내용

향토지식풀제도 및 운용시스템구축은 지역기업, 지자체, 대학, 연구소등의 참여를 기초로 이루어지되 그 구체적인 추진은 경험과 전문성을 갖고 있는 민간전문기관과 중앙정부의 지원을 통해서 초기 기반을 구축하고, 운용은 수익자부담의 원칙에 따라 해당지역지식 수요자의 지원과 협조를 통하여 확산되도록 할 필요가 있다.

여기서 향토지식풀 이라함은 기초과학지식, 특허지식, 전통지식, 미실증아이디어, 기술인력의 암묵지를 그 대상으로 하며, 그 구체적인 추진과정은 크게 4가지이다.

첫째, 기존의 산·학·연 협력 클러스터 사업이나 지역향토지식산업에 있어 부분별·기관별 연구시각에서 벗어나 지역특정산업 전체적인 시각에서 실질적이고 지속적 수요있는 연구테마가 선정되도록 향토지식풀 구축의무화로 운영절차를 개선해 나가는 것이 필요할 것이다.

둘째, 지역향토지식산업살리기차원에서 범국민적 운동으로 기업, 대학은 물론 다양한 계층으로부터 지식기부제도를 정착·활성화시키는 계기로 활용하는 것도 지역사회 및 국민들의 자발적 참여와 관심을 유도해 내는 좋은 방법이 될 것이다.

셋째, 국가 및 지자체등 공공기술의 확산기회정착, 그동안 특정 개별기업만이 활용해오던 공공기술을 다수의 향토지식산업사회에 효율적으로 이전시킴으로써 실질적인 지역경제활성화에 기여하는 계기로 활용하여야 한다

넷째, 향토지식풀구축에 필요한 핵심지식이전시 과감한 지원 즉, 지역특정산업의 향토지식풀구축에 반드시 필요한 핵심지식이전과 관련하여서 소유되는 비용에 대하여는 지역경제활성화 차원에서의 과감한 지원책이 요구된다.

3) 향토지식풀 구축절차 예시
   1단계 : 지식풀결성을 위한 계획수립 및 분야별 시장동향분석
   2단계 : 지식풀 전문 수행기관 선정 및 협약체결
   3단계 : 지식풀 대상 지식의 발굴·조사작업
   4단계 : 지식보유(연구)자 자료제출 및 협조공고
   5단계 : 조사·제출된 해당 지식의 풀가입 적합성 평가
   6단계 : 지식풀의 포함된 해당지식결정여부 및 지식보유(연구)자 통보
   7단계 : 해당지식보유(연구)자 모임결성
   8단계 : 해당지식품 관리기관선정 및 운용

4) 기타 사항

　구체적인 실행에 있어 지방자치단체 단위의 향토지식산업과 관련하여 향토지식풀 구축 소요기간은 약 1년을 기준으로 수행하는 것이 일반적이며, 그 이후의 향토지식풀의 운영 및 보완은 6개월을 분기별로 이루어 지는 것이 바람직 하다.

제8장

주요국 향토지식재산의 산업문화정책

1 이탈리아 – The Third Italy

1. 이탈리아 향토지식재산산업의 성장 요인

이탈리아 패션 관련 산업은 대부분 오랜 전통과 지역성을 바탕으로 한 대표적인 향토지식재산산업으로, 기술과 상품성 등의 요소를 가미하여 주요 산업으로 성장하였다. 섬유·의복, 구두·피혁, 가구·목공, 식품 가공, 도자기, 자수, 유리세공, 악기 등의 패션 관련 산업이 주요 산업으로 부각되고 있으며, 이들 산업은 지역성과 전통성의 기초 하에 기술성과 상품성이 결합된 전형적인 향토지식재산산업의 특성을 유지하고 있다.

이탈리아의 향토지식재산산업은 장인적 생산방식과 가족 경영의 성격을 유지하면서 성장하였다. 지역자원의 이용과 전문화된 생산방식을 유지하면서 집적화, 네트워크화 등을 통하여 경쟁력을 확보하였다.

모직물의 프라토 지역, 섬유·의류의 까르피 지역, 피혁의 토스카나 지역, 장식품의 아렛쪼 지역, 밀라노 근교 메다·칸토의 가구 등 제3 이탈리아 경제의 새로운 대안으로 유연하면서도 전문화된 형태의 장인적 향토지식기업들이 이탈리아 경제의 새로운 대안으로 급속하게 부상하고 있다.

소프트 기술의 획득 및 우수한 디자인

경제의 글로벌화로 인해 기업의 다국적화가 진행됨에 따라 지금까지 경쟁력의 원천이었던 지역의 부존자원이나 노동 코스트와 같은 생산 요소가 아니라 소프트한 기술, 즉 디자인, 유연한 경영관리기법, 마케팅 전략, 소비자에 대한 접근성, 시장 동향에 대한 신속한 반응 등이 경쟁력의 원천이 되고 있다. 서유럽 각지에서 주요 생산 시스템이었으나 19세기에 대량생산기술의 등장으로 밀려난 소프트기술 중시의 유연한 생산기술(크라프트 시스템)이 소비자 수요의 고급화, 산업구조의 고도화에 따라 최근에 주목을 받고 있다. 최근의 생산이나 소비는 점점 디자인이나 색채의 선택 등의 소프트한 기술이나 소비자 서비스를 가능하게 하는 무형자산에 의존하고 있으며, 이러한 기술을 보유하는 것은 지역의 오랜 전통에 근거한 기업이 오히려 강점을 가지는 분야로 나타나고 있다. 이탈리아는 역사적·문화적으로 계승되고 있는 소프트인프라(예술적 감각을 키우는 미술관, 박물관, 역사적 건물 등)와 연계시켜 패션 관련 산업에서 중요한 소프트기술을 확보하는 데 성공하였다.

교육 시스템, 국민성 등의 특수 요인이 인적 자원의 질적 형성, 숙련 및 기능, 디자인 감각이나 색채감각 등에 영향을 미쳐 최종적으로 어느 특정 산업 또는 국민경제의 경쟁 우위에 영향을 미친다. 이탈리아의 특수 요인이 산업에 영향력을 미치는 것은 디자인으로, 특수한 생산 요소로부터 창조되는 산물로 대부분의 제조품은 기술과 디자인을 분리할 수 없는 상관관계를 가지며 일체화되어 있다. 이탈리아의 소비자는 패션의 변화에 민감하며 품질, 형태, 취미, 브랜드를 중시한다. 이탈리아 제품이 디자인성이 뛰어나고 세계적인 경쟁 우위를 갖는 것은 오랜 역사 속에 배양되어 온 문화나 풍토, 자질이 작용하고 있기 때문이라고 할 수 있다.

향토지식기업들의 집적과 네트워크

이탈리아의 패션 관련 산업은 주로 중·북부에 흩어져 산업별로 집적되어 있으며, 상호 네트워크를 형성하고 있다. 향토지식기업들의 지역별 조직화로 각 지역의 문화적 인프라, 전문 인력들을 최대한으로 활용하면서 향토지식산업의 약점을 극복하고, 강점을 최대한으로 발휘함으로써 경쟁력을 확보하고 있는데, 이것이 이탈리아 향토지식산업 발전의 최대 비결이다.

생산 공동체의 강점을 보유하기 위하여 조직화를 통해 경영자원을 보완하고 충실화를 기할 수 있으며, 경영자원을 상호 보완함으로써 각각 사업의 전문화가 가능해진다. 그리고 지역 전체로는 종합적인 생산체제를 정비할 수 있다. 향토지식산업은 대기업에 비해 일반적으로 임금·기업 인지도·이미지가 낮으며, 인적 자원을 확보하는 것도 불리하다. 그러나 생산 공동체를 형성하면 지역에 활기가 차고 인적 자원의 타 기업 유출을 방지할 수가 있다. 공동체 내에서의 이동은 공동체의 경쟁력을 감소시키지 않고, 기능이나 지식의 축적이 가능해진다. 또한 기업 간의 교류를 용이하게 하여 관성을 타파하고 조직학습을 왕성하게 하여 새로운 지식 창조의 통합된 사회 시스템으로서 기능을 한다.

공동 홍보, 공동 구입, 공동 연구 등을 실시할 수 있어 규모 경제의 실현이 가능하며 코스트 삭감이 가능해진다. 따라서 향토지식산업의 강점인 활력, 유연성, 기업가 정신을 살리면서 기술, 마케팅, 회계 및 관리기술을 그룹 형성하여 획득할 수 있고, 정보를 쉽게 접할 수 있다.

향토지식산업은 가족 경영으로 인한 개인주의와 개성적인 성격을 갖지만 조직집단 전체는 상호 궤도를 수정하면서 집단으로서 방향성을 가지고 있는데, 이는 기업 간에 정보가 전달되고 공유되기 때문이다. 따라서 유행이나 트렌드, 잘 팔리고 있는 상품이나 고객이 많이 들어가는 점포의 정보가 자연스럽게 입수되고, 비공식적인 네트워크를 통해 아이디어나 개념의 창조가 촉진되어 지속적인 창조적인 제품이 개발되기 쉽다.

리더 기업의 출현에 따른 국제화

국제경쟁력을 보유한 1사 또는 복수의 리더가 존재하여 공동체를 선도해 나가며, 리더 기업 종래의 기업 형태에서 탈피하여 기업 내부에 충분한 제품 제조 능력을 보유하며 마케팅 전략을 강화하여 국제시장에서 성공하는 경우가 많다. 국제적인 시장 개척에 성공한 이들 기업들이 중심 기관으로서 네트워크 기업들에게 발주하게 되면 직접적인 거래 관계를 통해서 네트워크 전체를 국제시장과 연결시켜 경쟁력을 강화하였다.

지역혁신체제의 구축

향토지식산업을 종합적으로 지원하기 위하여 지역개발기구, 실질 서비스 센터 등을 중심으로 한 혁신체제를 구축하여 실질적인 지원 서비스를 제공한다. 대표적으로 에밀리아로마냐 지역의 ERVET 시스템은 지역혁신체제의 중추적 매개 조직이자 기업지원 서비스 조직으로 발전하였다. 에밀리아로마냐 지역은 섬유, 의류, 신발 등 지역에 뿌리를 둔 업종을 중심으로 국제경쟁력을 갖춘 산업 구조를 구축하였는데, 여기에 지역개발기구 시스템의 역할이 크게 작용하였다. 지역개발기구의 주된 기능은 지방정부를 대신해 정책의 개발과 실행이며, 동시에 기업들의 성장과 혁신을 실질적으로 지원하는 서비스센터의 설립 및 운영이라고 할 수 있다.

생산 공동체 간의 네트워크 형성

개별 생산 공동체 간의 연계를 통해 개별 생산공 동체가 갖고 있지 않는 특수 생산요소나 부족 생산요소를 상호 보완하여 완성도가 높은 제품을 생산하여 국제경쟁력을 제고하고 있다.

2. 이탈리아의 향토지식산업진흥정책

국가 브랜드 'Made in Italy' 전략

섬유·복식 산업 분야의 대표적 사례로는 이탈리아의 국가 브랜드 'Made in Italy' 전략이 있다. 이탈리아는 1960년 로마 올림픽을 적극 활용하여 자신들만의 고유한 장점을 담은 디자인과 패션, 피혁 제품, 가공식품 등 자국의 향토지식산업을 전 세계에 알리는 행사를 개최하였다. 창조적이고 우수한 디자인을 바탕으로 실용적이고 독창적인 제품들을 올림픽 기간 중에 적극 홍보함으로써 이후 해외시장에서 이탈리아 산업제품은 'Made in Italy'로 지칭되며 널리 알려지기 시작하였다. 이탈리아는 섬유·복식 산업을 중심으로 하는 국가 브랜드 전략을 전체 산업으로 확장함으로써 국가적 정체성과 이탈리아적 감성을 통한 자국 산업의 세계화를 성공적으로 수행하였다.

향토지식산업 클러스터 전략

이탈리아는 EU 국가 중 대표적인 향토지식재산을 통한 공산품 생산국으로, 공예 품목으로는 목공예가 압도적이다. 이탈리아 북부지역은 높은 경제적 수준으로 브랜드에 민감하나, 반면 남부는 가격에 민감한 편으로, 지리·환경·문화적 요인의 차이로 향토지식산업 클러스터의 성격과 유형의 차이를 보이며 원재료와 도시 성격에 따른 지역별 특성화가 두드러짐을 알 수 있다.

이탈리아는 디자인과 트렌드 리더라는 경쟁력 요소를 갖추고, 이를 기반으로 장인(Maestro) 중심의 공방이 발달되어 있으며, 수평적 협력 관계에 기초한 공예산업 전통이 특징적이다. 최근에 외국으로부터 저가 공예품의 유입으로 자국 제품의 경쟁력이 약화됨에 따라 동구권으로부터의 아웃소싱이 성행하며, 경쟁력 강화를 위한 분업 체계가 구축되었다.

이탈리아 토스카나 공예진흥기관은 1987년 예술정부기관에서 공예진흥을 목적으로 설립되었으며, 현재 다양한 방법으로 토스카나 지역 2만 4,000개의 공예산업체 9만 4,000명의 작가를 지원하고 있는데, 기관의 역사가 오래된 만큼 외국 바이어와의 네트워크가 견고하며, 이를 활용하여 외국의 바이어와 해당 지역 공예 작가들의 만남을 주선하는 활동을 하고 있다. 전통 수공예 관련 기술개발 등 R&D를 추진하고, 교육 프로그램을 운영하는 등 체계적으로 향토지식산업을 관리하고 있다.

이탈리아 토스카나 공예진흥기관의 사업 범위/ 도면

사업명	사업 내용	가치 사슬
수공예 사업 구축 및 관리	– 수공예 분야의 R&D를 관장함. – 수공예품 등 산업 전반의 관리 및 구축	– 디자인 – 시제품
산학·바이어 연계 공예품 제작·판매 시스템 구축	– 해외 바이어와의 네트워크 형성 – 시제품 생산·제작기업 연계	– 생산 – 제작
박람회 개최 및 직영 판매 체계 구축	– 이탈리아 뮤지엄 내 직영 브랜드 매장 운영 – 고정 바이어를 통한 고가 공예품 지속 판매 지원	– 유통·판매 – 장비 시설 지원

이탈리아는 자체 브랜드를 관리하여 이탈리아 뮤지엄과 기관들의 박람회와 연계한 직영 매장 판매수익으로 토스카나 공예 업체와 직가를 지원하는 데 이용하고 있다. 이탈리아의 향토유리산업과 관련하여 뮤라노 향토유리인증기관은 1994년 뮤라노 지역의 인증법에 의거하여 뮤라노 향토유리제품에 인증마크를 부여·관리하는 기관으로, 베네치아 시에서 인가를 받고 뮤라노 향토유리제품에 인증제도를 도입하여 제품에 대한 신뢰를 높이고, 타 국가를 대상으로 홍보 활동에 주력하여 국제적으로 뮤라노 향토유리제품에 대한 인지도를 높이고자 하고 있다. 오프라인상의 인증마크제도 이외에 온라인상에서도 뮤라노 향토유리제품을 구입한 소비자가 구매품에 대해 해당 인증에 부여된 번호를 통해 진품 여부를 확인할 수 있게 된다.

이탈리아는 제3 이탈리아(The Third Italy) 향토지식산업 클러스터를 설립하였다. 클러스터는 이탈리아 북동부의 베네치아에서 중앙 지역의 볼로냐와 피렌체를 거쳐 남부의 안코나에 이르는 광범위한 지역으로, 1,650개의 소규모 기업이 평균 종업원 15명으로 연 10억 달러 이상의 매출을 올리는 농촌지역이다. 향토지식산업의 특성상 소기업 중심의 전통 소비산업과 연계하여 생산체계를 기반으로 형성된 지역산업지구로서 수공 면직, 타일, 면직물, 농기구, 식탁용 식기와 악기 등 수제품 위주의 생활용품 및 수제 기계 등을 생산하는 가내수공업 및 소기업을 포함하고 있다. 대기업처럼 규모의 이익을 추구하기보다는, 소규모 가족회사로서 주관·직관력·감성적 감각이 지배하여 생산성을 높이는 체계를 갖추고 있다. 정책적 지원 측면을 살펴보면 클러스터 안에서도 지역별로 특화된 산업을 가지고 있고 중소기업 간의 네트워크와 분업이 잘 발달되어 있으며, 주정부 및 자치단체의 지원이 원활하게 이루어지고 있는데, 이러한 특징이 역사적으로 형성되어 지역 내에서 사회와 기업이 공존하는 것을 '산업지구(Industrial Distric)'라고 명명하고 있다.

특히 볼로냐는 '제3 이탈리아(The Emilian Model)'라는 지역경제 성공 모델 창출을 주도한 곳으로, 지역경제 성공의 전형으로 부각되어 수많은 연구자나 활동가들의 관심을 끌었다. 1960년대 중반부터 테일러주의와 포드주의에 기반을 둔 대량생산 대량소비 체제에 대한 소비자들의 회의가 일어나고 시장에 반영되면서 기술적 경험이 축적되어 있는 소규모 회사들이 가지고 있는 유연 생산체계는 변화된 사정에 발 빠르게 대응할 수 있게 되었다. 중세부터 기술력을 가지고 있는 소규모 생산자들의 협동조합이 발달되어 있는 이 지역의 기업들은 이탈리아 다른 지역과 달리 유연한 '분업과 협업체제'

를 운영하면서 경제적으로 성공하였다. 작은 기업들 이탈리아 향토지식산업 클러스터를 통해 생산된 가구은 시장에서 겪는 다양한 어려움을 해결하기 위해 협동조합에 기반을 둔 네트워크를 구성하고 대기업에 대해 납품가 협상·회계·교육·생산조정·마케팅·파이낸싱 분야 등에 대한 지원을 받고 있다. 그리고 이러한 큰 기업과 전문적인 영역에서 활동하는 작은 기업들은 이와 같은 하나의 생산과정 안에서 협정을 맺고 상호 협조를 하고 있다. 독특한 점은 볼로냐를 중심으로 한 에밀리아로마냐 지역 경제에서 협동조합이 차지하는 위치이다.

이러한 이탈리아 향토지식산업의 시사점은 성공 요인으로 효율적인 분업 및 협업체제, 지역적 밀집에 따른 외부 효과, 전문 인력 양성 및 인력풀의 적극적인 활용과 수요에 대응하는 유연성과 능력을 꼽을 수 있다.

2 독일 - Hidden Champion

히든 챔피언

1992년 하버드 비즈니스 리뷰(Harvard Business Review)에서 헤르만 지몬이 처음으로 "히든 챔피언(hidden champion)"이라는 용어를 사용한 이후, 이 용어는 세계 선도 중소기업을 나타내는 고유명사로써 전 세계적으로 사용되게 되었다. 독일 제조업계의 히든 챔피언은 '중간 기업(Mittelstand)'이다. 독일 제조기업은 글로벌 51개 산업 중 13개 부문에서 3위 이내에 포함되며, 약 1,500개의 글로벌 리딩 독일기업(히든 챔피언) 중 1,350개 기업이 중간 기업이다. 독일의 중간 기업은 금융위기 속에서도 안정적이고 양호한 성장을 지속하고 있다.

정부의 제조업 지원 정책과 기업의 국제 분업화 및 R&D 투자

서비스업 부문에 우수한 인재가 대거 몰리는 영미권 국가들과는 달리 적극적인 제조업 육성 정책 및 투자로 인해 제조업 분야로 우수한 인력이 지속적으로 유입되고 있다. 여타 선진국 대비 제조업의 기반이 되는 금속·기계류 관련 투자를 지속적으로 확대하였고, 또한 제조업-서비스업 간 임금 격차도 크게 벌어지지 않았다. 독일 기업들은 고품질의 값싼 노동력을 제공하는 동유럽 국가 등에 배후 생산 기지를 구축(off-shoring)함으로써 국제 분업을 통해 품질과 가격의 경쟁력을 유지하고, R&D 투자 확대로 경쟁력을 제고하였다.

직업훈련제도로 필요 전문 인력이 꾸준히 공급되는 구조

독일의 교육은 철저히 직업과 연계되고 과학과 기술을 중시하는 방향으로 학교가 설립, 교육과정이 운영되고 있다. 일주일에 1~2일은 학교에서 이론 교육을 받고, 나머지 3~4일은 사업체에서 실습교육을 받는 독특한 이원적 직업훈련제도를 보유하면서, 고등학교 학생의 60% 정도가 344개의 다양한 훈련 직종에서 이원적 직업훈련을 받고, 졸업 후 58% 정도가 바로 취업된다. '쾰른경영연구소'에 따르면 이러한 시스템은 학교에서 직장으로의 전환 비용을 감소시키고 청년 실업률을 평균 5%p 낮추는 효과가 있고 한다. 또한 마이스터(장인)제도는 독일 기업의 전문성을 높이고 직업의식을 고양시킨다. 이원화 시스템하에서 졸업한 학생이 마이스터 과정을 이수한 후 시험에 합격하면 마이스터가 된다. 마이스터는 스스로 창업할 수 있을 뿐만 아니라 생산 현장의 총 책임자로서 회사의 경영진도 마이스터의 결정을 존중한다.

산학 협력을 통해 대학·연구기관이 창출한 기술과 지식을 이전

독일의 산학 협력은 주로 대학이 기술공원(Technological park)을 설립하고, 교수들이 이에 기반을 둔 다양한 회사(Spin-off)를 설립하는 방식이다. 대학·전문대학·공공연구기관·행정전문대학들이 독자적으로 기술 및 지식이전센터를 운용한다. 이와는 별도로 교수나 연구자가 직접 회사를 설립·운영하여 직접적으로 기술개발 및 이전을 하는 Spin-off가 있다. 정부 주도가 아닌 산학 협력에 참여하는 주체들이 각자의 상황과 역량에 따라 상호 경쟁하는 환경 속에서 자율적으로 추진되며, 철저한 경쟁 원리를 도입하여 대학이나 공공 연구기관들이 산업체의 R&D 자금을 얻기 위해 연구 역량을 강화하고, 이에 따라 산학 협력이 활성화되는 선순환 구조가 형성된다.

금융산업도 제조업을 지원하는 차별화된 역할 수행

독일 금융산업은 단기 성과주의를 배제하고 장기적인 사업성과를 목표로 하는 제조업 발전을 뒷받침한다. 영미의 기업들이 자본시장에서 자본을 직접 조달하는 반면, 독일의 기업들은 대부분 은행을 통해 장기적인 이해관계를 형성하고, 투자와 사업을 추진한다. 또한 제조업 전문화·세계화 추세에 따른 독일 기업의 대외투자 확대는 금융시장의 안정성 확보에도 기여하고 있다.

제조업의 서비스화 촉진을 위한 정책적 배려

독일 정부는 1990년대 중반부터 서비스 R&D 정책을 도입했고, 2006년부터는 정착 단계에 들어서 제품과 서비스 융합 R&D 사업에 투자를 지속하고 있다. 연방연구기술부(BMFT)를 중심으로 1995년부터 서비스 R&D 프로그램(Service for the 21st Century)의 추진 기반을 조성하고, 1998년부터 지원을 본격 확대함으로써 산학연의 참여를 촉구하였다. 2006년부터는 서비스 산업의 질적 경쟁력을 제고하면서 제품과 서비스 융합을 확대하고 서비스 수출 및 세계화를 집중적으로 지원하고 있다.

라인 자본주의(Rhine Capitalism)의 확립

라인 자본주의는 2차대전 이후 독일의 재건 과정에서 독일 고유의 자본주의 흐름에 미국식 정책이 조화를 이루어 새롭게 탄생하게 되었다. 독일 정부의 개입이 약화되고 카르텔의 폐해를 줄이기 위해 미국적인 경쟁정책이 도입되면서 새로운 자본주의가 정착하게 된다. 은행들은 산업자본 제공에 직접 참여하여 안정적인 자본 조달이 이루어지고 안정된 노사관계가 뒷받침되면서 제조업 중심의 장기 성장이 가능하게 된다.

독일의 향토지식산업 진흥정책

향토지식산업 클러스터

독일 향토지식산업의 특색은 업체가 대형화 및 국제화됨에 따라 지역별 수공업 소규모 공방은 오히려 감소하는 추세를 보이고 있다. 품목으로는 도자·금속공예·목공예·전통 주방용품이 주류를 이루고 있으며, 주요 유통 경로는 전문 소매상·백화점과 같은 대형 유통점, 도매상, 가구 상점 등의 판매점과 통신판매로 구성된다. 독일의 향토지식산업시장의 특성은 중간 가격대가 없고, 고가와 저가로 양극화된 시장으로 이루어져 있는 것이다. 독일은 전통적으로 향토지식재산을 활용한 중소기업이 강국인 국가이므로 정부 차원의 진흥정책은 없고, 지자체별로 다른 관련 정책기관이 없기 때문에 중앙수공예협회가 공예 관련 작가와 업체를 지원하는 기능을 대행하고 있다.

독일 중앙수공예협회는 대기업과 연계하여 공예 작가 후원 제도운영,과, 공예 업체를 대상으로 성장 지원을 위한 융자 대부 시스템(Guw) 운영기능을 수행하고 있다.

오버아머가우는 독일 바이에른 주 남부 알프스 산자락에 위치한 작은 마을로, 지리적으로 알프스 산으로 가는 통로에 있는 해발 840m의 고지대에 위치하는 입지적 특성으로, 역사적으로 오랫동안 중요한 군사적인 교통 요지이며, 관광지로도 유명하다. 오버아머가우의 계절, 지리적 특징 및 전통적인 요인이 오늘날 목공예 산업 클러스터 형성에 밑거름이 되었다. 오버아머가우는 목기장난감, 도구, 목각 작품 등 목공예 중심의 목기마을을 형성하고 있는네, 복기를 제작하는 작가들과 거리의 목기상점, 목기학교, 박물관 등이 조화를 이루어 목기를 제작 및 판매와 중요 독일 장인의 국내 시연 등의 핵심 요지 역할을 담당하고 있다.

주정부차원에서 오버아머가우 목공예산업에 대한 지원은 세금 공제, 노동 관련 혜택, 생산과 유통·판매 연계 지원 등을 들 수 있다. 또한 클러스터(전문제조단지) 구성과 보호정책을 펴고 있다. 그 지역 고유의 성극(聖劇)인 〈Passion Play〉가 마을의 결속을 강화할 뿐 아니라 수입에도 크게 기여하여 관광 효과를 누리고 있다. 향토지식산업을 클러스터화하여 전문성을 축적해 왔으며, 역사·패션 플레이·관광 등이 향토지식생산품의 유통 판매에 유리한 연결 통로로 활용되고 있다.

3 영국 – Hidden Art

영국의 향토지식산업의 하나인 공예산업의 범위는 디자인 분야의 응용 및 접목 등 포괄적 창조활동까지 포함하는 넓은 의미이다. 영국 공예청(Craft Council) 중심으로 향토지식산업 중 공예산업을 지원하며, 특히 전반적인 미술공예 부흥운동으로 제작 및 판매가 촉진되어 왔다. 향토지식산업의 주요 품목으로는 도자 및 전통섬유가 가장 강세이며, 귀금속공예·목공예·금속공예·전통 가구도 핵심으로 자리 잡아 가고 있다. 공예시장에서의 상품 매매는 주로 주문 판매, 박람회 및 전시회, 직접 판매 등을 포함하여 다양한 경로를 통해 이루어지고 있다. 특히 연간 4,000개 이상의 공예품 박람회 및 전시회가 유통 시장을 확대시키는 중요한 역할을 수행하고 있다.

공예 인구의 증가, 관광과의 시너지 효과, 정부기관의 끊임없는 지원 등으로 공예시장이 평균 5% 내외로 꾸준히 성장 하고 있다. 영국 Craft Council은 공예 개발, 전시·컬렉션, 교육, 판매사업 등 공예산업 관련자를 육성·지원하는 형태의 사업 프로그램을 기획·관리하고 지원하는 역할을 수행하고, 공식적으로 영국 정부의 재정적 지원을 받아 공예산업을 지원하고 있다. 공예품 제작자, 판매자, 전시자 그리고 각 분야의 공예 전문가들을 위한 정보와 컨설팅을 제공, 전문적인 전시회나 박람회를 조직하여 이를 통해 공예 종사자들이 매출을 증진시킬 수 있도록 하고, 공예 종사자에게 유통 기회를 제공하는 비영리재단인 'Hidden Art'를 설립하여 영세한 공예 종사자들에게 수익의 기회를 제공하고 있다. 또한 Hidden Art는 전통적 공예기술에 신기술을 융합·접목하여 새로운 공예기술이 탄생할 수 있도록 지원하고 있다.

영국 Hidden Art의 지원 분야/도면

사업명	사업 내용	가치 사슬
국내외 공예품 시장 유통 기회 제공	– 디자이너에게 작품을 팔 수 있는 플랫폼을 제공 – 잠재 공급자, 제작자, 서비스 제공자 등의 지역별 리스트화 및 접촉 지원	– 창작·기획 마케팅 – 유통·판매
공예 관련 네트워크 연결 및 정보 서비스 제공	– 연간 포럼 개최 – 산업 유관자 등의 지역별 리스트화 및 접촉 지원	– 교육 – 마케팅
디자인 커미션 관리 및 디자인 역량 제공	– 핸드메이드 아이템 분야의 디자인 판매, 디자인의 트렌드 및 콘셉트 관리, 제작자 서칭 등 의 지원 – 디자인 박람회 쇼 케이스 지원	– 마케팅 – 유통·판매
생산자와 소비자 연계	– 소매 기회 부여 및 인터넷 쇼핑몰을 통한 상품 할인 – 신흥 공예가의 작품 전시 및 판매	– 마케팅 – 유통·판매

영국의 공예 정책은 중앙부처인 DCMS 산하 기관인 Art Council과 DACS 에서 주로 관장하고 있으며, 공예품의 저작권 보호와 로열티 수수대행이 주요 업무로, Visual Art에 대한 저작권과 Visual Artist에 의해 제작된 작품의 저 작권을 보호해 주고, 타인이 저작권을 이용하여 상품을 생산할 경우 로열티 수수를 대행하는 기관이다. 또한 영국은 남서부 데든 자치구 내의 다팅톤에 도자 클러스터를 설립하여 실용적이며 보다 전문적인 공예교육의 사회적·산 업적 요구 및 필요에 따라 전문 도예교육기관이 설립되어 운영되고 있다.

교육훈련 분야는 대학교육 수준과 전문가 수준을 연결하는 중간 수준의 도자기 공예교육에 치중하고 있으며, 현장 혹은 실무 중심의 전문가 양성을 목표로 운영된다. 다팅톤에서 훈련 워크숍은 높은 품질의 도자기 생산, 실용적인 훈련 기회 제공, 상업으로 경쟁력 있는 제품 생산을 위한 교육훈련에 목표를 두고 있다.

지원정책의 결과 사업 활동에서 강점으로 대두되는 요인으로는 낮은 영국 도자기 임대료, 낮은 경상비 지출, 전문디자이너 인력의 역할 제공 및 외국 지역과의 사업 활동 연계의 용이성 등을 들 수 있다. 이는 공방이 지속적인 경쟁력을 유지하는 데 중요한 역할을 하고 있다. 교육훈련비 지원, 행정인력 지원, 해외 박람회 참가 지원 등 초기의 공공기관 지원이 매우 필요하다. 성공 포인트로는 전문 인력 양성 체제, 수요를 감안한 적절한 규모의 제작 체제, 대규모 시장인 미국 시장을 전략적인 목표 시장으로 설정한 점과 마케팅의 역할 강화, 전통 지식과 현대 기술이 융복합된 고유 제작기술개발, 판매점의 효율적 활용 등을 들 수 있다.

4 프랑스 - PGI

프랑스의 향토지식산업은 지리적 표시제를 적극적으로 실시하여 향토지식산업 및 지역경제활성화를 달성하고 있다. 지리적 표시제의 실시는 생산자, 소비자, 국가 등에 여러 가지 측면에서 유익한 효과를 발휘하고 있다. 생산자는 차별화된 고부가가치의 향토지식재산 제품 생산을 통해 소득을 증대할 수 있고, 소비자는 제품에 대한 알 권리의 충족과 더불어 명성 있고 품질 좋은 향토제품을 믿고 구매할 수 있다. 또한 국가는 지리적 특산물의 보호를 통해 지역산업 육성과 향토지식재산을 보존할 수 있다.

지리적 표시제에 관한 논의는 프랑스 Cognac의 사례에서 유발되었다. 프랑스에서 호주 등지로 이주한 사람들이 이주한 지역에서 생산한 브랜디를 Cognac이라는 브랜드로 판매함으로써 원산지에서 제품을 생산하는 지역민의 피해가 발생하면서 문제가 구체화되었다. 이에 따라 EU에서는 원산지 보호 표시(PDO)와 지리적 보호 표시(PGI)로 구분된 원산지 농산물 보호 조치를 마련하였다.

보르도 포도주의 지리적 표시 사례를 살펴보면, 보르도(Bordeaux)는 세계에서 가장 큰 고급 포도주 생산지역으로, 지리적 표시제를 통하여 지역경제활성화를 달성한 대표적인 지역이라고 할 수 있다. 보르도 포도주는 크게 3단계로 등급을 구분하고 있다.

1단계는 단순히 '보르도(Bordeaux)' 표시만 되어 있는 포도주로, 보르도의 원산지 명칭 보호 중 첫 단계로 가격이 가장 싼 제품이다. 이 종류의 포도주는 싸고 쉽게 구입할 수 있는 보급형 포도주이며, 특정 지역명 또는 특정 포도농장의 이름으로 불리는 것보다는 'Mouton-cadet'같이 브랜드명으로 불리고 있다.

2단계는 '보르도(Bordeaux)+지역'을 라벨에 표시하는데, 일정하게 정의된 지역 내에서 생산될 때 Medoc나 St-Emilon과 같은 지역명을 보르도 다음에 붙여 표시한다. 이는 보르도만 표기되어 있는 포도주보다 상급의 포도주에 표시한다.

3단계는 '보르도(Bordeaux)+지역+포도원(Chateau)'을 표시한다. 보르도 지역에는 약 9,000여 개의 포도농장이 있으며, 공식적으로 품질을 인정받고 있는 포도농장은 수백 개 정보에 불과하다. 포도농장의 이름이 표기된 포도주는 보르도 포도주 중에서 최상급의 포도주이며, 그중에서도 Gtsnd Cru Cleasse에서 생산되는 포도주는 전 세계적으로도 가장 비싼 포도주로 알려져 있다.

5 일본 – Life Style

라이프 스타일의 변화에 대응하는
새로운 수요 발굴과 소비자 요구에의 대응

다양화·복잡화되고 있는 소비자 요구에 대응하기 위해 "판매 없는 사업 없다."라는 기본 목표하에 판매 확대를 위한 기획·실시·평가 프로세스를 반복하는 것이 중요하다. 또한 시장 조사를 통해 철저한 소비자 요구의 파악이 필요하고, 더불어 여성고객 중시, 판매능력 향상, 소비자 요구의 적절한 대응, 광역적인 모니터링 제도의 시행이 필요하다. 소비자 요구에 신속하게 대응하기 위한 지속적 마케팅 활동에 근거한 타 업종·동 업종 간 교류 등에 의한 제품 개발 및 일본 문화생활이나 향토 생산품과 함께하는 라이프 스타일 제안을 통한 지식유산 제품 세트의 개발, 효과적인 선전과 디자인 개발 등을 적극적으로 행하는 것이 중요하다.

향토지식재산 제품 세트 개발 사례로 이시카와 현 '와지마 칠기 상공업협동조합'은 파티나 행사장에서 사용하는 칠기를 보급하여 Table-coordinator를 대상으로 '옻나무그릇 세미나 & 파티'를 개최하여 와지마 특산 칠기의 수요 확대를 창출하였다.

판매 방법의 개선

소비자 요구를 신속하게 파악하기 위해 업종·상품의 판매 일체형 전환을 대담하게 추진할 필요가 있다. 특히 온라인과 오프라인 양면에서 직접 판매를 적극적으로 검토할 필요가 있으며, 산지 전체 차원에서 대도시권에 거주한 향토 출신자나 전시회 참석자 등의 고객 DB를 정비하고, DM의 발송 등 적극적 판촉활동을 수행하여야 한다.

전자상거래 직판 사례로 히로시마 현 후추 상공회의소는 그 지역 산업의 상품 개발과 판로 개척을 지원하기 위해 '후추 만들기 직판 행사'를 개설하고, 전자상거래와 직판점 양면에서 새로운 판매 경로를 개척하였다. 또 홈페이지를 활용하여 소비자 요구를 파악하고, 이에 적절히 대응할 수 있는 상품 개발 연구회 '상품 개발 도전 연구회'를 설치하여 업종별로 팀을 편성하고 연구 개발한 신상품은 '후추 물건 만들기 직판 행사의 Virual-mall과 직판점을 통해 판매하였다.

관광산업 등 타산업과의 연계강화

산지 브랜드의 확립과 관광과의 연계

모든 지역 측면에서 향토지식 제품을 지역 활성화·마을가꾸기의 기능으로 활용하여 관광·지역 교류사업의 활성화로 연계하여 지역 내 다른 향토지식 생산품과 조합을 통한 산지 브랜드의 확립을 도모함과 동시에, 산지견학·체험학습과 숙박을 연결시키고, 직판점의 설치·운영, 산업관광에의 편입 등을 고려해야 한다.

니가타 현 에치고 천수회, 고센 패션타운 추진협의회는 고센 시내의 주판점에 매년 많은 관광객·참가자를 유치하고, 토속주 애호가를 중심으로 겨울 이벤트 행사를 전개하고 있다.

또한 지역에 따라 조건이 성립되면 향토지식산업 박물관 설치 및 향토지식산업과 관광의 연계, 근대 기술과 전통 기술의 융합을 고려한 새로운 관점에서의 테마파크의 설치를 고려할 필요성이 있으며, 국내외의 관광객에게 대응하기 위해 가이드 양성, 외국어 표기, 지속적 이벤트 실시 등의 행사 창출에 노력하고 활발한 광고 및 홍보를 시행한다. 교토 요시미쓰 열촌, 교토후의 테마파크 사례로는 교토후가 건설을 계획하고 있던 시설에서 교토 전통산업과 근대산업의 융합에 의한 신생활문화 제안을 통해 신산업거점지로 육성하였으며, 교토 요시미쓰 열촌의 4대 요소에는 생산·판매 거점, 관광·주거 거점, 연구·개발 거점, 학습거점이 있다.

특징 있는 토산물 전시회 개최

예로부터 지역 이미지 제고를 위한 이벤트로서 각종 토산물 전시회가 성황리에 행해지고 있지만, 지역의 특징이 희미해지고 매너리즘화·비효율성의 우려도 지적받는 경우가 있기 때문에 지역 기업·행정 등 관계자의 역할 분담을 명확히 하고 행사 시마다 행사의 목적과 실시 방법을 재검토해 개개의 특징을 보다 선명하게 하는 것이 중요하다. 또한 재래 형태의 토산물 전시회 외에 마을 조성이나 지역 연계의 일환으로서 자매 도시나 대도시 상점가에 미니 토산물 전시회의 개최, 대내외 박람회 참가 등을 적극적으로 검토하는 것이 필요하다. 지방 산품을 대기업 및 행정기관의 사무용품이나 기념품 등으로 활용하거나 대도시 중심부에 지방 산품을 한곳에 모아 대대적으로 PR하는 이벤트, 디자인 콘테스트 등의 개최도 검토하고 있다.

수출 진흥책의 강화를 통한 해외 수요의 발굴

지방 산지로서는 지역 문화나 일본 문화를 해외로 수출한다는 마인드 창출과 동시에 외국 제품과의 경합을 피해 고유의 기술이나 디자인의 개발, 지역 브랜드의 확립, 다품종 소량의 수제 고급품의 개발 등을 노력하고 있다. 국가 차원에서 해외시장 개척의 지원에 한층 노력하는 한편, 일본 문화의 전파·교류 활동의 일환으로 해외 '일본 문화 소개 센터'의 설치 및 안내요원의 확보·육성을 적극적으로 촉진해야 하고, 일본 문화 소개를 위해 재외 공관 등에서 향토지식산품을 한층 더 활용하는 것이 바람직하다. 특히, 일본 무역진흥회는 국제간의 산업교류사업이나 해외의 전통산업과의 연계·해외 진시회 개최·현지 조정 및 조언자 창설 등 해외 시장 조사나 수출 촉진을 위한 지원기능, 해외 견본시장에의 출전 지원을 더욱 강화해야 하며, 모방 디자인 대책·지식재산권의 국제질서를 구축해야 한다.

산업교류사업의 사례로 사이조 주조조합·히가시히로시마시·히가시히로시마 상공회의소는 독일의 라인란토팔츠 주에 해외 개척단을 파견하여 독일 와인 등급, 품질보증제, 마케팅 방법 등 현지 조사를 통해 일본 술의 제조에 응용하고, 양조업의 새로운 발전을 도모하고 있다.

디자인·기술·상품 개발의 강화

향토지식산업의 산지는 소비자 요구에 대응하기 위한 기술·신소재 개발을 진행함과 동시에 환경 문제나 국제적 디자인에의 대응, 수출용 제품의 개발 등을 위해 공적 기관의 활용이나 산지조합·기업연합회 공동 연구, 산지 외의 디자이너 활용, 디지털 정보의 활용, 내외 콘테스트의 지속적인 개최 등이 필요하다. 국가는 기술 입국의 기본방침하에 기업 내 디자이너 육성, 지도 디자이너의 파견, 연구개발 투자의 리스크 부담의 경감, 산업계와 대학과의 연계, 인턴제 등의 지원을 강화해야 한다. 동시에 그 지방 기업을 대상으로 한 디자인 지도를 행할 국가센터의 설립을 검토해야 하며, 지방자치단체는 지역 만들기의 일환으로서 향토지식산업의 향토지식재산의 계승·진흥책을 충실히 수행하고 있다.

기술 교육의 진흥 등에 의한 인재 확보·육성

국가 및 지방자치단체는 향토지식산업과 관련된 창업을 지원·촉진하는 것은 물론 사업 전환이나 분점의 개설에 의한 제2 창업에 대한 지원을 강화할 필요가 있으며, 후계자 확보 등을 위해 향토지식 제품의 제작 체험 등을 초중등학교의 교육과정에 추가하는 등 기술교육의 진흥을 한층 더 도모해야 한다. 인재 확보의 관점에서 대내외 기업이나 인재 유치를 활성화하고, 산지·업계로서는 외국인 노동자·연수생 등 새로운 수용책을 검토해야 한다.

히코네 상공회의소를 중심을 상점가나 그 지방산업조합, 학교, 행정 등으로 조직된 '와서보고 KIDS 사업위원회'는 초등학생의 여름휴가 기간을 활용하여 상점의 판매체험이나 향토지식산업의 제조체험사업을 실시하고 있다.

또한 국가·지방자치단체는 기술교육을 행한 지역의 전통공예전문학교 및 그 학생에 대한 지원을 강화함과 동시에 졸업생의 취업 보장에 있어 적극적인 지원책을 마련할 필요가 있으며, 디지털화·글로벌화 시대에 대응하기 위해 전통공예전문학교에 IT, 어학, 기업경영, 생산관리 교육이 한층 강화할 수 있도록 지원해야 한다.

법률 제정에 의한 거래 관행의 개선

소비자 요구에 신속하게 대응하기 위해 업계와 산지는 시대의 추세에 맞는 판매·유통 경로의 재구축이 필요하므로 업계는 산지 위탁 매매인과의 교류 증진을 위한 현장 시찰을 개최, 의식 개혁, 위탁 판매나 어음 결제제도 등 거래 관행의 개선에 노력하는 것이 중요하고, 거래의 법률제정 등 제도적 개혁을 추진해야 한다.

교토후화장(和裝) 업계의 주요 단체가 가맹한 (재)교토화장산업진흥재단은 조직적으로 유통구조개혁위원회를 설치하고, 화장업계의 주요 단체와의 거래 개혁을 검토하였으며, 화장업계에 있어서 거래의 실태나 의식조사를 실시하고 그 결과를 검토하여 2000년 12월에 '상거래의 개혁에 관한 선언'을 채택하였다.

IT를 활용한 새로운 산업 육성

향토지식산업에 있어 신제품의 개발을 진행하거나 타 분야 기술·재료의 활용에 관한 종합적인 정보관리의 실현을 도모하기 위해서는 IT의 적극적인 활용이 바람직하다. 특히 전통적인 분야에서는 마케팅에 의한 소비자 요구의 파악이나 생산 사후 평가(Feedback)와 IT 활용의 여지가 크다. 지역과 업계는 인터넷을 통해 역사적 유산이나 전통적 디자인 등을 디지털 콘텐츠화함과 동시에 아날로그 기술과의 적극적인 융합을 도모하여야 하며, 업종·업태에 의해 하이테크 산업화로 전환을 지원하고 있다.

주체별 역할 재검토

사업자·산지 조합의 역할

개개의 사업자는 기업가 정신·도전정신·자조 자립의 원칙을 천명하고, 산지 조합은 운명 공동체로서 사업자 단독으로는 실시가 곤란한 광고 활동이나 코디네이터 활동, 도농 배송 시스템의 구축 등에 한층 노력하는 것이 중요하다. '주물의 거리'로서 알려져 있는 가와구치 시의 주물공업협동조합은 매년 주물의 육십갑자 장식물을 제작 판매하고 있으며, 이들 장식물은 자치단체나 현지 기업 등이 주력 판매하고 있는 인기 상품으로, 동 조합을 통해 판매 창구 단일화를 실현하였다. 업종별 조합 외의 임의 단체, 유지 그룹을 단위로 하는 활동도 활발하게 진행시킬 뿐만 아니라 타 업종과의 교류·동 업종 간 교류, 원료의 공동구매, 공동생산, 판로의 공유화, 인터넷 판로 개척, 영업 부문의 아웃소싱 등을 도모해야 한다.

상공회의소의 역할

상공회의소는 향토지식산업을 지역 만들기·마을 조성의 일환으로 파악하고, 사업자·조합·행정과 연계하여 지역 고유의 진흥책을 검토·실시해야 한다. 상공회의소 간의 네트워크를 활용하고, 공적 전시 시설의 활용 외에 행정 서비스 차원에서 향토지식재산 상품의 공동 판매에 참가하는 것이 바람직하다. 횡적 지원 체제를 취할 수 있는 상공회의소로서의 특징을 활용하는 지원책이 중요하고, 토산물 전시회 등의 개최, 기술·디자인 개발, 생산자와 소매·소비자와의 의견 교환 외에 대내외의 자매 도시와의 교류, NPO와의 연계, 향토지식 기업 간 교류, 대학과 기업과의 연계, 타 업종과 교류·동 업종과 교류, 기업 유치, 인재 확보·육성, 수출 촉진을 위한 지원 등 향토지식산업을 중심으로 한 지역 부흥을 위한 종합적인 연계 기능을 수행해야 한다.

행정의 역할

현행 국가의 지원책은 산업 집적을 중심으로 한 향토지식산업 진흥책과 일정한 연수를 근거로 한 전통 공예사 등을 중심으로 한 개인 대상의 향토지식산업 진흥책으로 대별된다. 향후 국가의 지원책은 집적과 개인에의 지원책을 융합한 종합적인 진흥책의 검토가 필요하며, 이 중 마케팅과 디자인 개발 등 지원사업을 실시하고 있는 각지의 국가향토지식산업센터를 네트워크로 한 국가지식산업센터의 창설이 바람직하다. 향토지식재산 상품은 국민 문화의 하나임과 동시에 대외적 문화 제공, 수출 진흥의 유력한 자원으로 WTO 체제의 범위 내에서 JETRO의 역할을 재검토하는 등 새로운 수출 진흥책을 검토해야 하며, 이 중 일본 문화나 산업 소개를 위한 인재 확보·육성과 학교 교육에 있어서 향토지식산업운동을 활발히 진행시키고, 견학학습과 동시에 설비·교재 등에 향토지식제품의 채용을 추천 장려하는 것이 필요하다.

긴 불황의 영향을 받아 고급 가구의 판매가 저조한 상황 속에서 협동조합 '히다목공연합회'는 향토지식산업기술을 활용해 지금까지의 고급 가구의 이미지와 다른 간벌재를 이용한 학습 책걸상 제품화에 성공, 현지 초중학교에 제공함으로써 호평을 얻어 히트 상품을 시작하였다. 지방자치단체는 향토지식산업을 지역 간 경쟁에서 이기기 위한 툴(tool)로서 파악하고, 이의 진흥을 도모하며 관광 등 다른 지역 진흥책과의 연계 유의함과 동시에 향토지식 생산품과 지역 보호를 위한 '주민 참여 전략회의'를 개최하여 기업뿐만 아니라 주민도 참가하는 진흥책도 중요하다.

　일본의 향토지식산업은 지금까지 전통의 유지와 혁신, 반발과 융합 가운데에서 다양하면서도 유연한 변화를 지속해 오고 있다. 향후 이들의 향토지식산업은 보다 빠른 자기 개혁·진화가 필요하며, 향토지식산업의 형태는 다양하고 상황에 따라 종래의 형태에 집착하지 않고 산업으로서 재생·진흥을 도모하며, 전통적 문화로서 존속을 도모하는 것을 명확히 하거나 관광산업과 연계 등 대담한 전환책을 검토하고 있다. 향토지식산업 재활성화 시책의 절대적 해법이 부재한 상황에서도 각 산지는 IT를 활용한 마케팅과 더불어 이의 성과에 근거한 상품 개발이나 향토지식상품이 있는 라이프 스타일의 제안, 맞춤형 제품화 등 상식적인 대책을 보다 강력하게 실행해왔다. 향토지식산업을 둘러싼 환경의 어려움이 가속화되고 있지만, 업계의 존속에 대한 위기감의 고조와 일본 문화에의 관심이 높아지는 것을 기회로 삼아 지역이 일체가 된 재활성화에 집중하고 있는 추세다. 지역 종합 경제 단체인 상공회의소는 향토지식산업의 재활성화가 지역산업에 국한된 문제로만 인식하고 있지 않으며, 지역 문제 그 자체라는 인식에 서서 재활성화 시책을 강구해 나가고 있다.

제 **9** 장

국가지식재산위원회
<향토지식재산과 지역혁신포럼>

대한민국 지식재산정책을 종합적으로 다루는 대통령소속 국가지식재산위원회(공동위원장 한 덕수 국무총리, 백만기 민간위원장)는 향토지식재산을 지역혁신의 핵심과제로 정하였고 2023년 1차(서울), 2차(전주), 3차(울산)등 3차례 향토지식재산과 지역혁신포럼을 개최한 바 있다.

1 제1회 향토지식재산과 지역혁신 포럼

1. 행사 개요

2. 행사 자료

전통산업 쇠퇴, 지역소멸과 같은 지역의 구조적 위기에 대응하기 위해 지역의 향토지식자원을 활용한 지역혁신전략을 논의하는 장이 마련됐다.

과학기술정책연구원(이하 과기정책연(STEPI), 원장 문미옥)은 지난 4월 6일 (목), 오후 2시부터 서울 동자아트홀에서 "향토지식재산에 기반한 새로운 지역혁신전략과 과제"란 주제로「제1회 향토지식재산과 지역혁신 포럼」을 온·오프라인 병행으로 개최했다.

국가지식재산위원회가 주최하고 과기정책연이 주관한 이번 포럼은 지역에 내재한 자원을 발굴·활용하여 지역발전과 지역문제해결을 꾀하는 새로운 지역혁신전략을 논의했다.

첫 번째 발제를 맡은 송위진 명예연구위원(과기정책연)은 '향토지식재산에 기반한 새로운 지역혁신전략과 과제'란 제목으로 지역이 직면한 도전과제 대응에서 출발하는 지역혁신전략을 소개하고 임무지향·문제해결 플랫폼에 기반한 「향토지식재산」 혁신방안을 제시했다.

송 명예위원은 급변하는 사회·경제환경에 지역이 대응하기 위해서는 특정 산업에 초점을 맞춘 클러스터 전략은 유연성이 떨어짐을 지적하면서, "향토자원에 기반한 치유, 지속가능한 푸드시스템, 고령사회 대응, 자원순환 등과 같은 문제해결 플랫폼을 구축하여 다양한 사업을 유연하게 전개하는 혁신전략이 필요하다"라고 강조했다.

두 번째 발제자인 황종환 이사장(지식공유상생네트워크)은 '향토지식재산 국내외 현황과 우수사례 소개'란 주제로 「향토지식재산」의 과거와 미래를 점검하고 활성화 전략을 제시했다.

황 이사장은 향토지식재산이 산업·문화·교육·복지·관광을 융·복합하는 혁신을 통해 그 효과를 다양한 차원으로 확장할 수 있음을 강조하면서 산업경계가 흐려지는 시대에 유용한 혁신자원으로 활용될 수 있음을 강조하였다.

이와 함께 「향토지식재산」이 지역사회에서 산업, 문화, 교육, 복지, 관광 등에 활용·확산되기 위해 ▲지역에 있는 「향토지식재산」 발굴·조사 및 보호 ▲향토지식자원을 차별화된 고부가가치 상품 및 융·복합산업으로 만들어 낼 수 있는 인력양성 ▲중앙정부 및 지방자치단체의 「향토지식재산」 산업플랫폼 구축 및 향토지식정보센터 설립 등과 같은 제도적 인프라가 필요하다고 강조했다.

마지막으로 김미자 팀장(문경농업기술센터 농식품연구팀)은 '문경의 향토지식재산 적용 사례와 고도화 방안'이란 제목으로 「향토지식재산」인 '문경오미자'를 활용한 지역산업 활성화와 지역혁신 사례를 소개하면서 지속가능한 지역산업 발전의 방향성을 제시했다.

김 팀장은 지역경제 활성화에서 향토지식재산의 중요성을 강조하면서 '향토지식재산의 성장 동력 확보를 위해 '융복합 고도화 중간소재 종합가공센터 운영 방안을 소개했다.

한동숭 지역혁신센터장(전주대학교)이 좌장을 맡아 진행된 패널토론에는 강경혜 학예연구사(문화재청), 임지헌 사무국장((사)강원도사회적경제센터), 윤소영 선임연구위원(한국문화관광연구원), 장세길 연구위원(전북연구원)이 참여하여 「향토지식재산」 기반의 새로운 지역혁신 전략을 논의했다.

한편,「향토지식재산과 지역혁신 포럼」은 지역에 있는 향토지식을 발굴하여 타 지식과 융합하고, 지역 내외부의 다양한 주체가 참여하는 집합적 혁신을 연결함으로써 지역발전과 지역문제해결을 지향하는 새로운 관점의 지역혁신 전략을 논의하기 위해 발족되었다.

3. 토론문 자료

1) 강경혜 문화재청 국립무형유산원 학예연구사

○ 향토지식재산 그리고 전통지식

지식재산권의 문제가 대두되면서 향토지식재산권에 대한 중앙·지자체의 관심이 높아지고 있다. 1999년에 도입된 지리적 표시제처럼 특정 지역의 자연, 인적 자원이 만들어낸 우수 농산품 등을 지역의 공동재산으로 보호하기 위한 제도가 있었다면, 최근에는 '향토지식재산권'이라는 개념이 대두되고 있다. 즉, 그동안 과학이나 공업 분야에서 국한되었던 지식재산이, 지방의 특산물 또한 포함해야한다는 것이다. 가령, 제다, 구들장논처럼 지역에서 오랫동안 유지되어 온 특정 전통지식의 생산시스템, 고유지명의 상징성 등이 지식재산권 내에서 해석되고, 지역산업의 발전 속에서 재창조되어야 한다는 것이다.

그런 점에서 향토지식재산은 지역만이 가진 차별성, 독창성으로 지역산업과 국가를 발전시킬 수 있는 큰 사회적 자산이 될 가능성이 충분하다. 보통 흔히 이야기하는 전통지식은 '향토지식재산'의 개념을 형성하는 데 주요한 역할을 했을 것이다. 전통지식은 생물다양성협약(CBD)이 체결된 이후 경제적 가치를 가진 지식재산으로 주목을 받아왔으며, 세계지식재산권기구(WIPO)에서 지속적으로 논의되고있다. "전통지식은 자연과 더불어 대대로 생활해온 사람들에 의해 구축된 지식체이며, 생태학적, 사회경제적, 문화적 환경에 관련된 실천적이며 표준적인 지식"으로 규정되고 있다.

○ 무형유산 관련 보호 관리 제도의 변화 : 전통지식의 무형문화재 포함

문화재청은 2016년도에 문화재보호법에서 무형문화재 관련 법률을 분리하여 「무형문화재 보전 및 진흥에 관한 법률」(시행 2016.3.28.)을 제정하였다. 이때 무형문화재의 정의를 기존 예능, 공예기능으로 분류되던 것을 7개 범주로 확대하였으며, 전통지식 또한 민간의약지식, 생산지식, 자연·우주지식 등을 포함하여 무형문화재로 지정되고 있다. 현재 국가지정무형문화재 중에서 전통지식 관련하여 지정된 종목은 해녀, 제염, 전통어로방식-어살, 인삼 재배와 약용문화, 갯벌어로이다. 그리고, 전통지식과 유사한 범주로 생활관습에 포함된 종목 또한 제다, 김치담그기, 온돌문화, 장 담그기, 막걸리

빚기, 떡 만들기, 한복생활 등이 있다.

이는 큰 틀에서는 2003년도에 제정된 〈유네스코 무형문화유산보호협약〉을 국내법에서 수용한 것으로서, 유네스코에서는 오랫동안의 논의를 통하여 전통지식을 중요한 무형유산 분야로 포함하고 있다.

무형유산에 대한 큰 카테고리 중 하나인 '자연과 우주에 대한 지식과 관습'에 대한 설명 자료를 살펴보면, 공동체가 자연환경과 상호작용하는 과정에서 발전시킨 지식, 방법, 기술, 관습 등으로 언어, 구전전통, 특정 장소에 대한 의미부여, 기억, 세계관 등을 통해 드러나므로 가치와 신념에 영향을 미치고 여러 사회적 관습과 문화전통을 강조 즉"전통적 생태지식, 토착지식, 지역 동식물에 대한 지식, 전통의료체계, 신앙, 우주론, 샤머니즘, 축제, 언어, 시각예술 등 많은 분야가 해당된다"

우리가 보통 이야기 하는 전통지식에 대한 정의와 범주임을 알 수 있다.

○ 전통지식 뿐만 아니라 전통지식을 전승하는 공동체에 초점

무형문화재 관리에서는 무형유산을 전승하는 '공동체'에 대한 중요성이 커지고 있다. 여기서 말하는 공동체란 특정 종목을 전승하는 '보유자·보유단체'보다는 한국의 보편적 문화인 생활관습과 전통지식 등을 전승하고 있는 다양한 공동체, 즉 특정보유자나 보유단체가 아닌, 실재 전승하고 있는 여러 공동체들을 "전승공동체"라고 부를 수 있게 되었다. 마을공동체, 지역공동체 등을 포함하여, 공동체에 대한 연구도 활발히 진행되고 있다.

문화재청에서는 현재 무형유산의 전승공동체를 발굴·육성하고 공동체가 주도적인 전승활동을 할 수 있도록 독려하기 위하여 지자체 공모를 통해 20

건 내외 사업을 선정하고, 국비를 지원하고 있다. 또한 해외 '한복의 날'행사 지원, 지역문화원과 연계한 공동체 육성 및 대회운영을 하고 있다.

국립무형유산원에서는 특히 공동체가 전승하고 있는 무형유산의 기초자료 발굴을 위하여 2017년도부터 한국무형유산종합조사를 실시하여 전통지식 분야 중에서 농경어로, 사회적 의례와 의식 분야에서 꾸준히 자료를 수집하고, 심화연구를 실시하고 있다. 최근에는 『물때지식』, 『해조류채취와 전통어업공동체』, 『심마니와 약초꾼의습속』 관련 보고서를 발간하였으며, 『마을 숲과 전통지식』 관련 연구를 지속해오고 있다.

2) 임지헌 (사)강원도사회적경제지원센터 사무국장

○ '사회적경제'와 향토지식재산, 지역혁신

- 사회적경제란 양극화 해소, 양질의 일자리 창출과 사회서비스 제공, 지역 공동체재생과 지역순환경제, 국민의 삶의 질 향상과 사회 통합 등 공동체 구성원의 공동이익과 사회적가치의 실현을 위하여 〈목적〉, 사회적 경제 조직이 〈주체〉, 호혜 협력과 사회연대를 바탕으로 〈원리〉,사업체를 통해 수행하는 모든 경제적 활동〈방식〉을 의미한다.

※ 사회적경제기업 활성화로 지방소멸 등 지역사회문제대응

발제에서 이야기한 향토지식재산이나 지역혁신의 과제로 제기한 부분은 사회적경제 조직들이 추구하는 '사회적가치'와 맞닿아 있는 부분 또한, 다양한 지역사회 문제해결을 위해서는 중앙 집중식 기획·공모 방식의 활성화 정책 한계점 지적에는 깊게 공감한다

○ 강원도 사회적경제의 도전

춘천 사회적협동조합 별빛(마을기업, 사회적기업)은: 폐교 위기 초등학교를 홈스테이형 산골유학으로 극복, 춘천 시내에서 젊은층 이주, 마을 공동체 활성화를 위해 협업농장, 마을장터, 마을축제 운영하고 있으며, 마을 스스로 돌봄, 찾아가는 생활서비스(마을 119), 주민 참여형 문제해결 등 자기부조형 노인복지 시스템 구축운영중이다.

※ 사회적협동조합 별빛 소개자료 발췌

○ 사회적경제-향토지식재산 연계과제

사회혁신, 지역혁신의 주체들(로컬크리에이터), 사회적경제의 주체들이 향

토지식재산을 활용한 지역혁신의 주체로 활용될 수 있다: 향토지식재산을 활용한 사업(활동)을 진행하는 기업체를 발굴, 육성하는 것에서부터 연계 혹은 함께 할 수 있는 부분이 만들어질 수 있다 특히 지역별 다양한 실험을 공동체-전문조직이 함께하는 혁신의 리빙랩 방법론을 적극 활용하여 지역문제를 해결하는 시도 자체를 사업하는 노력, 그리고 그에 대한 지원이 필요하다.

결론적으로는 그동안 해오던 부분을 어떻게 잘 융합할 것인가, 정책 사이의 벽을 유기적으로 넘나들 수 있을 것인가가 중요하다.

3) 윤소영 한국문화관광연구원 선임연구위원

향토지식재산을 "지역주민이 생활환경을 이용하는 과정에서 형성된 기술이나 문화, 자연 생태적 자산"으로 보고, 지역 특산물이나 설화, 놀이 등 다양한 유무형의 향토지식재산 발굴이 있었다.

실제 각 지역별로 의식주생활이나 놀이 및 여가, 민간의료, 전래풍속, 민간설화, 민요, 지역축제, 토종 동식물과 자연 생태환경 등을 발굴하고 목록화하는 작업들이 있다고 한다.

여기서, 문화정책에서 주요한 정책 대상이자 지역의 중요한 자원이나 콘텐츠로 여겨지는 지역학이나 지역어에 대한 범위로 까지 논의를 확장해보려 한다.

우선, '지역학'은 2000년대부터 지방자치단체를 중심으로 관심이 증가하기 시작하여 2010년대 들어서 관련 기관이 급증하는 추세이다. 주요 활동의 경우 기존에는 학술연구 중심으로 지역학이 진행되어 왔으나 최근에는 아카이빙과 지역학 연구서 발간, 학술행사 개최, 지역학 강좌와 총서발간, 구술사 및 해설사 등 지역학 인력 양성 관련 사업도 진행되는 등 활동내용이 다양화되고 있다.

특히 지역의 쇠퇴와 연계한 지역만들기와 재생, 생애학습의 측면에서 사람만들기, 지역의 역사문화자원과 연계한 지역정체성 확립 및 자원의 활용 등의 목적을 통해 지역의 미래를 만드는데 기여한다. 구체적으로, 주민조직 중심의 마을조사 및 관련 사업 추진, 구술사 및 마을해설사 양성, 동네박물관 구축 및 관련 프로그램 운영, 마을주민 및 방문객 대상 교육프로그램 운영 등이 있다.

그리고 지역학은 기억(지역자원 수집 및 생산, 미래 전승)-회복(지역사회 복원)-재생(지역재생의 유용화) 등의 의미를 가지는 것으로 중요성이 부각되었다. 이러한 의미에서 지역에서 이루어지는 다양한 아카이빙 자료와 활동들 역시 향토지식재산의 범주로 인식된다.

단, 지역학에서 발굴된 소재, 자원, 원천 콘텐츠 등이 지역문제를 해결하고 지역정체성을 회복하기 위해 어떻게 활용되는가의 문제가 남게 된다.

역시 지역어에 대한 논의도 같은 맥락이다. 한 지역의 사회적·문화적·역사적 요소를 반영한 지역어는 지역문화의 일부로서 중요성이 강조되며 다음 세대에 계승할 가치가 있는 문화적 소산이자 문화유산이다. 특히 우리나라 국민들은 지역어가 '유지·존속되어야 한다'는 것에 50.9%는 동의하고, 그 이유로 '사회적·상징적 가치'(지역의 문화유산, 한국어 역사의 자료)와 '개인적 가치'(지역어 사용자의 정체성과 정서 형성)를 들고 있을 정도(국립국어원, 2020년 국민의 언어 의식조사 결과보고서)로 매우 가치있는 영역이다. 실제

국어정책이나 일부 지자체에서는 지역어를 보존하기 위한 다양한 노력이 있어왔다. 예를들어 2020년부터 국립국어원에서는 '지역어 종합 정보'를 시범 운영하며 지역어 다양성 정보를 온라인으로 공개하고 있다.

국립국어원은 소멸 위기의 지역어 보존을 위해 2004~2019년까지 전국 131개 시·군에서 채록한 지역어 16만 개의 항목을 정리했고, 이를 지리정보시스템(GIS)과 연계하여 전국 방언지도 역시 제공하고 있다. 한편 제주도에서는 2010년 제주어가 유네스코지정 '소멸 위기 언어'로 분류됨에 따라, 제주어 보존을 위해 다양한 노력을 기울이고 있다. 2018년 발표한 「제3차 제주어 발전 기본계획(2018~2022)」에서는 제주어위상 강화를 위한 문화환경 조성(법률적·제도적 장치 강화 등), 제주어 교육과 연구체계 수립(교육기관 운영, 사전 편찬 등), 제주어 정보화와 대중화 기반 강화 등을 목표로 하고 있다(제주학연구센터, 2018). 제주도민들에게 역사, 민속, 문화 등의 제주학 자료들을 기증받는 오픈 아카이브 운영을 통해 지역민들의 제주어에 대한 보존 및 연구에 대한 관심을 높이고 있다.

이러한 지역어 역시 아카이빙하고 보존하는 노력과 함께, 이를 활용하여 새로운 지역혁신의 구체적인 전략과 과제로 제시하고자 하는 노력이 필요하다. 이와 같이 지역에 소재한 원형 콘텐츠나 스토리 등 자원을 개발하는 것을 넘어서 지식재산으로 활용하기 위한 구체적인 전략이 필요하다고 볼 때, 그 구체적인 방법에 대한 논의가 오늘 포럼에서 사례로 제시된 듯하다. 그러나 이러한 과정에서 우선적으로 고려해야 하는 점 몇 가지를 첨언하고자 한다.

우선 향토자원이던 지역학에서 발굴한 전통콘텐츠이던 그동안 우리가 집중한 영역이 너무 일방향적이거나 특정 영역에 집중된 것은 아닌지 확인하고 확대할 필요가 있다. 예를 들어 과거에는 드라마나 영화, 웹툰 등에서 전통 스토리에 기반하여 제작할때 역사적 사건이나 거시사에 충실한 정통(사극)에 집중한 경향이 있으나, 점차 과거의 생활사에 녹아있는 이야기를 장르적으로 풀어내는 퓨전이나 판타지로 진화하고 있는 경향을 발견할 수 있다. 즉 전통문화나 지역학이 세계에 경쟁력을 가지고 문화브랜드를 제고시키기 위해서는 양반이나 왕가에 집중된 스토리에서 점차 일상생활서사가 사실을 깨닫게 된 것이다. 이것이 지역학에서 발굴하고 채굴하는 스토리와 원콘텐츠의 대부분일 것이라고 볼 때, 그 혁신의 대상을 어디서 발굴해야 하는지 방향이 제시될 것이다.

〈표 4-1〉 전통소재 드라마 제작트렌드 경향

구분	1980~1990년대 초	1990년대~2000년대 초	2000년대~현재
특징	- 사실기반 정통사극 - 역사적 사건 고증	- 부분적 사건+상상력 - 역사 주변인물 소재	- 과거 생활사, 장르결합 - 시대적 생활사 소재
주요 사례	조선왕조 500년(추동궁마마, 뿌리깊은 나무, 설중매, 풍란, 임진왜란, 회천문, 남한산성, 인현왕후, 한중록, 파문, 대원군)	허준, 상도, 대장금, 이산, 동이, 선덕여왕, 뿌리 깊은 나무, 육룡이 나르샤, 해치, 왕이된남자, 아스달연대기	추노, 해를 품은 달, 성균관 스캔들, 킹덤, 철인왕후, 암행어사: 조선비밀수사단, 달이뜨는 강, 홍천기 등

그리고 이렇게 발굴된 콘텐츠 원형을 현대 과학기술의 융합으로 산업화하고 고부가치화하는 기술개발(R&D) 지원이 적극적으로 확대되어야 할 것이

다. 현재에도 전통문화나 콘텐츠 원형을 기반으로 기술개발 하도록 지원하는 R&D 지원이 이루어지고 있으나 실제 산업에서 생산성을 확보하고 새로운 시장을 창출하는 등의 혁신적인 성과는 일부이다. 즉 이러한 향토지식재산을 발굴하고 활용하는 R&D 지원에서는 전통문화 소재, 기반기술 연구 개발 성과를 바탕으로 개선된 제품 디자인, 제조 공정 기술개발, 신제품 상용화 및 산업육성을 강화하여 시장진입 촉진을 지원해야 하며, 전통문화 소재 및 원리가 현대 생활·소비에 적합하도록 기능성 및 시장성을 검증하는 연구 단계에서, 연구로부터 창출된 지식을 기존의 사업 또는 새로운 사업에 적용시키도록 하는 제품화·상품화 단계에 집중해야 한다.

〈표 4-2〉 향토지식재산의 기술개발(R&D) 시장진입 촉진을 위한 단계

원리규명, 소재 성분 분석 등 기능성·시장성 검증	디자인, 기술 등 특허등록/ 출원 및 기술이전	생산공정 개선, 표준화, 신제품 개발 등 제품화·상품화
1단계	2단계	3단계

끝으로, 관련된 정책 영역간의 시너지를 높일 수 있는 연계나 협력방안을 구체적으로 어떻게 만들어 나갈 것인가에 대한 현실적인 고민이 필요하다. 예를 들어 전통문화정책의 '전통 생활문화 해설인력(전통문화 코디네이터)' 양성이 중요한 정책과제로 제시된 바 있다. 이를 지금 논의된 향토지식재산과 관련된 전문가나 인력 양성의 과제와 연계하고 협력하는 구조가 반드시 필요하다. 특히 이러한 논의가 지역단위로 이루어진다고 볼 때, 지역의 제한적인 인력과 자원으로는 각각의 논의되는 정책과제들을 모두 실현하기는 어

려울 것이다. 현재 논의되는 다양한 과제들을 관련된 과제들이나 자원들과 어떻게 연계하고 협력하여 시너지를 높일 수 있을 것인가를 치밀하게 고민 하는 것이 더 효과적일 것이다.

4) 장세길 전북연구원 연구위원

「지역문화진흥법」에서는 지역문화를 「지방자치법」에 따른 지방자치단체 행정구역 또는 공통의 역사적 · 문화적 정체성을 이루고 있는 지역을 기반으로 하는 문화유산, 문화예술, 생활문화, 문화산업 및 이와 관련된 유형 · 무형의 문화적 활동"으로 정의하고 있다.

이 정의에서는 문화정책적 측면이 강하나(문화유산, 문화예술, 생활문화 문화산업), 실제 현장에서 이해되는 지역문화는 정체성을 공유하는 사람들의 무형적 활동과 그 결과물 모두를 말한다. 이러한 이해에 따라 사람들은 문화자원을 발굴하고 향유하고 활용하는 활동을 하며,. 정책에서는 문화 활동을 향유하고, 문화자원으로 가치를 창출하도록 다양한 사업을 발굴하여 진행하고 있다.

문화를 개인이 향유하는 수준을 넘어, 문화의 경제적 가치를 창출하는 데 집중하였다가(대표적인 사례가 창조산업) 최근에는 문화(활동)를 통한 빈곤, 범죄, 사회적 갈등 해소를 비롯하여 치유, 교육, 돌봄 등의 사회적 효과를 창출하는 데 정책적 관심과 현장의 활동이 늘어나고 있다.

폐허 같았던 전주 한옥보존지구가 한옥마을을 재탄생하여 지금의 전통문화도시 전주를 만든 게 지역문화정책의 대표사업인 '문화도시'이다. 이 문화도시 사업에서는 생활 불편함의 '끝판왕'이던 한옥을 새로운 고부가가치로 만드는 조사와 기록, 스토리텔링이 있었고, 한옥 생활의 이미지를 만들어 많은 이들이 한옥마을을 찾게 한 다양한 콘텐츠 개발과 실행이 있었다. 한옥마을을 기점으로 다양한 사업이 발굴되고 일자리와 일거리가 창출되었다. 이러한 성과를 보면 전주한옥마을중심의 전주문화도시 조성사업은 발제자분들이 이야기한 지역혁신의 대표 사례라고 할 수 있다.

지역문화의 정의부터 대표 사례를 장황하게 설명한 이유는 향토지식재산을 통한 지역혁신전략이 기존에 추진하던 분야별 사업체계와 비슷하다는 데 있다. 설명해준 주요 사례도 지역문화 영역뿐 아니라 관광 분야에서 진행하는 전략에 포함된다. 지역문화, 관광자원, 그리고 이를 활용하는 다양한 주민의 기억과 경험 등의 지식이 향토지식재산이므로 혁신전략이 비슷할 수 있다.

발제를 들으며 몰랐던 사실을 알게 된다는 즐거움이 컸으며, 현장에서 이뤄지는 다양한 지역문화 활동이 향토지식재산과 이를 기반한 지역혁신전략의 일환이라는 사실도 깨닫게 되었다. 다만 앞으로 이뤄져야 할 과제를 보며 많은 정책과 사업이 중복될 수 있다는 생각이 들었다.

문체부는 중소기업벤처부와 협력을 강화해 로컬크리에이티브 연계 사업을 역점사업으로 추진하고 있다. 이 사업 역시 오래전부터 지역문화, 콘텐츠

산업 영역에서 진행되어왔다.

하지만 정부가 역점 추진하며 많은 예산을 투입하다 보니 많은 이들의 관심이 쏠리고. 이러한 관심이 좋은 결과로 이어질 수 있으나, 이름만 바꾼 복제 사업이 될 가능성이 없지 않다.

향토지식재산을 활용하여 지역을 혁신하는 전략은 지금까지 다양한 분야에서 이뤄졌던 분야별 자원을 활용한 지역활력, 또는 지역혁신과 연계되어야 할 것이다. 따라서 세부전략을 추진하는 데 있어 새로운 인력을 창출하거나, 새로운 체계를 구축하기보다 기존에 추진되고 지역에 안착된 인력과 체계를 활용하거나, 다양한 분야에서 진행된 인력과 체계를 향토지식재산 혁신체계라는 이름으로 협력체계를 만들어 가는 방향으로 사업이 추진되었으면 한다.

2 제2회 향토지식재산과 지역혁신 포럼

1.행사개요

2. 행사 자료

최근 코로나19가 엔데믹으로 접어들며 해외에서 'K-푸드'에 대한 열풍이 다시 시작되는 가운데 지역 향토지식재산의 융합과 지역자산화를 통한 지역혁신을 촉진하는 방안으로도 'K-푸드'가 주목됐다.

과학기술정책연구원(이하 과기정책연(STEPI), 원장 문미옥)은 지난 6월 8일 (목), 오후 2시부터 전주대학교 지역혁신관에서 "융합을 통한 지역혁신 프로젝트로서 K-푸드 전략과 과제"란 주제로「제2회 향토지식재산과 지역혁신 포럼」을 온·오프라인 병행으로 개최했다.

대통령소속 국가지식재산위원회(공동위원장 한덕수, 백만기)가 주최하고 과기정책연, 전주대학교(총장 박진배), 한국식품연구원(원장 백형희)이 공동주관한 이번 포럼은 지역의 향토지식재산을 융합한 새로운 지역혁신 프로젝트로서 'K-푸드' 전략을 논의했다.

국가지식재산위원회 백만기 위원장은 개회사를 통해 "K-푸드는 단순히 먹거리차원을 넘어 문화적 지식재산으로서 한국의 경제발전과 문화 확산에 중요한 역할을 하고 있다."라면서 "오늘 포럼이 향토 자원을 기반으로 한 K-푸드의 확산을 통해 농업의 미래성장을 촉진하고, 새로운 지역혁신을 이끌어낼 수 있는 동력이 되길 기대한다"라고 밝혔다.

본격적으로 진행된 포럼에서는 먼저, 황종환 이사장(지식공유상생네트워크)이 융합을 통한 지역혁신 프로젝트로서 K-푸드의 전략과 과제'란 주제로 K-푸드'를 통한 융복합 산업생태계 모델 구축 방안을 제시했다.

특히, 대기업중심, 대량생산 제조업, 수출주도의 성장주도정책의 한계를 지적하면서, 'K-푸드' 탄생의 배경이 되는 우리나라 자연생태환경을 기반으로 한 첨단기술·지식문화와 융복합하여 제품 수출이 아닌 국내외 고객을 유입하는 명품융복합 관광산업정책 추진을 강조했다. 이와 함께 'K-푸드'를 통해 지역공동체 중심의 행복한 삶, 비전 있는 일자리,자연·지식·공동체가 상생하는 지역혁신정책이 필요성도 주장했다.

이어서 장대자 책임연구원(한국식품연구원)은 'K-푸드와 지식재산의 활용 및 사업화 사례'란 제목으로 향토지식재산을 활용한 K-푸드의 현황을 점검하고 활성화 전략을 제시했다.

특히 우리나라는 "음식으로 건강을 다스린다"는 식치(食治) 사상과 다양한 식재료의 활용 및 조리법이 고문서 기록과 역사문화유산으로 현존하는 세계 유일의 국가라는 점을 강조하면서, 이를 K-푸드에 접목한다면 건강관리 서비스 고도화와 신산업을 발전시킬 수 있다고 소개했다.

이를 위해 우리 식품전통지식의 발굴과 보존·계승·교육·홍보·연구활동을 지원하는 「지역 향토식품산업 육성법」등의 제도 도입과 「의료-식품-농업-바이오 융합 연구사업」 등의 필요성을 강조했다.

3. 토론문 자료

1) 김기연 농림축산식품부 그린바이오산업팀장

농식품부는 지역에 전승되어 오는 원리에 따라 제조·가공·조리되어 우리 고유의 맛·향 및 색을 내는 식품을 '전통식품'으로 정의하고 식품의 제조·가공 및 조리 등 식품 분야에서 우리 식품의 계승·발전을 위하여 오랜 기간 종사해 온 기능인을 '대한민국식품명인으로 지정하고 활동상황을 보고하도록 하고 있다.

「농수산물가공산업 및 품질관리에 관한 법률」에서 '전통식품명인' 제도 도입·시행('94~'08))후 「식품산업진흥법」에서 '대한민국식품명인' 제도운영 ('08~)하고 있다.

'대한민국식품명인' 제도 활성화를 위해 명인의 기능에 대한 영상 제작·도서 기록을 통한 기록화사업, 전수자 육성 지원사업, 체험·홍보관 등을 통한 홍보사업을 추진 중이다. 현재. 대한민국식품명인은 81명(주류 25명, 장류 13명, 떡·한과 9명 등)이 활동중이다. '대한민국식품명인' 지정절차는 명인 지정을 받으려는 사람이 시·도지사에게 지정 신청이 있는 경우 현지조사·문헌조사 등 신청 내용에 대한 사실 확인 및 식품산업진흥법 시행규칙에 따른 절차에 따라 지정된다.

최근 전통식품과 관련하여 보통명칭의 해외상표 권리화 등 해외에서 권리화하여 대한민국 국민이 사용하는데 문제가 되는 경우가 발생할 수 있는 상황이 발생하여. 특허청 산업재산분쟁대응과에서 조사한 결과('22.11.) 갈비, 김치, 비빔밥 등 전통식품 명칭을 이탈리아, 영국, 인도네시아 등에서 해당국에 상표로 등록하고 독점적 권리를 주장할 우려가 발생하였다.

이에 특허 등 지식재산권 제도를 통해 전통식품의 제조방법 등을 대상으로 출원하고 등록될 경우 대한민국 전통식품에 대한 권리를 가지고 있지 않은 자가 해외에서 주장하는 상황이 발생할 수 있다.

따라서, 국가적인 차원에서 전통식품 등 전통지식과 관련된 분야에서 권리 없는 자가 권리를 발생시키기 위해 출원, 등록, 권리 주장을 할 수 없도록 관련 자료(문서화, 기록화)를 지속적으로 생성하고, 구체화할 필요가 있다.

농식품부는 대한민국식품명인을 적극적으로 발굴하고, 전통식품과 관련된 지식들을 지속적으로 모으고 정리하여 K-푸드의 세계화에 따라 발생할 수 있는 다양한 지식재산권 분야 문제를 선제적으로 해결하고 세계화를 가속화할 수 있도록 관련 지식 구축 추진 예정이다.

2) 김행란 국립농업과학원 농업연구관

K-푸드의 범위를 포괄적으로 확대

한류의 영향으로 K-푸드에 대한 관심이 급증하고 있으며, 식품 대기업을 중심으로 수출이 지속적으로 증가하여 2021년 농수산식품 수출액이 113억 6000만 달러(15조 8000억원)로 최고 실적을 달성하였다. 이를 확대하고자 농림축산식품부에서는 최근(2023년) K-Food+ 수출 확대를 위한 노력을 기울이고 있다.

K-Food+란, 한국농식품을 뜻하는 K-Food에 농기자재, 동물용 의약품 등 전후방산업을 더(+)해서 농식품산업과 연관산업을 수출전략산업으로 육성하겠다는 의미이다.

따라서 지역혁신 프로젝트화를 할 때 K-푸드의 범위를 먹거리와 관련된 종합적인 산업으로 확대하여 신선농산물-가공 및 조리식품- 외식상품-연관상품까지 광범위하게 설정하는 것이 좋을 것으로 판단된다.이러한 대전제를 바탕으로 지역마다의 특성을 반영하여 가능한 영역(신선농산물, 가공 및 조리식품, 외식상품 등)을 집중적으로 육성 발전시키는 방안의 모색이 필요할 것이다.

기존의 정책과 연계하여 지역의 K-푸드 성공사례로 발전

위에서 제안한 것처럼 K-푸드의 범위를 확대한다면, 기존의 다양한 농식품 관련 정책이 K-푸드를 지원하고 있으며, 이를 활용하여 지역마다 다양하게 발전해가고 있음을 알 수 있다.

농촌진흥청에서는 '지역특화작목 연구개발 및 육성에 관한 법률'(법률 제16201호, 2019. 1. 8. 제정)을 제정하였고, 지역수요와 여건을 반영하여 지역특성화작목을 선정(전국 9개도 156시군)하고 융복합상품화를 지원하고 있다.

지역생산원료(농협, 영농조합 등)- 가공기술(대학, 연구소)-유통, 판매(전문 MD)를 연계한 간편식 개발이나 추진 유형별 모델화를 추진하고 있다. 따라서 기존의 지역 농식품정책에 대한 종합적인 점검을 통해 성공적인 K-푸

드 모델을 만들 수 있는 방안을 모색해야 한다.

지역혁신 프로젝트로서 K-푸드 발전을 위한 전략과 과제

❶ 완성도 높은 상품화를 위한 철저한 기획

K-푸드와 관련하여 많은 상품들이 해외에 진출하였고 일시적인 성공을 이루었으나, 장기적인 성공을 하지 못한 사례가 있었다. 사람들의 식습관은 오랜 기간에 걸쳐 습득되므로 단기간에 걸쳐서 바꾸는 것은 쉽지 않다고 한다.

따라서 트렌드를 반영한 품목 선정, 타깃시장 선정과 시장 공략 방법, 이를 뒷받침하기 위한 시스템 구축 등 종합적인 기획에 더 많은 시간, 노력, 예산 지원이 필요하다고 생각된다.

K-팝의 성공비결도, 체계적인 가수육성시스템(작사/작곡/안무/무대기획 등 전문가 집단의 트레이닝), 타깃시장을 겨냥한 그룹 조합, 음악과 안무를 전략적으로 구성, 국내시장 → 동남아, 일본→ 미국시장의 점진적 공략 등 철저한 기획의 중요성이 제시된 바 있다.

더불어 세부적인 계획을 수립하여, 품목 선정과 관련해서는 역사성, 문화적 특성, 차별성, 간편성 등 다양한 검토가 요구된다. 타깃시장 선정을 위해서도 현지국가의 관련법 검토에서부터 현지맞춤형 맛 전략 등의 수립이 필요하다. 최근 각광을 받고 있는 비비고 만두의 경우, 각 나라의 식습관을 반영하여 만두 속재료와 시즈닝을 달리하여 성공한 사례로 알려졌다.

한편, '한식진흥법(2019.08.27., 제정)'에서 '한식'은 '우리나라에서 사용되어 온 식재료 또는 그와 유사한 식재료를 사용하여 우리나라 고유의 조리

방법 또는 그와 유사한 조리방법을 이용하여 만들어진 음식과 그 음식과 관련된 유형·무형의 자원·활동 및 음식문화를 말한다.'라고 규정하고 있다. 즉, 한식의 재료로 부터 시작하여 조리법, 음식 관련 행위(예: 식사 예절 등)와 음식문화 등이 모여 정의되었다.

K-cuisine, K-diet, K-food 모두를 한식으로 포괄했을 때, 한식이 무형유산이 되기 위해서는 다음의 조건이 필요하다. 한식의 맛, 영양, 조리방법 등과 더불어 한식의 생산·유통·소비를 둘러싼 체계를 아우르고 지역 환경, 역사 문화적 가치, 전통적 생활양식 등이 총체적으로 담겨 있어야 한다.

❷ K-푸드의 지역공동자산화를 위한 관점

향토지식재산으로 발굴된 K-푸드는 몇 가지 관점에서 지역공동자산으로 모색될 수 있다. 무형유산으로서의 전통적 생활관습_식생활[음식문화]의 특징을 적용해 보면 다음과 같다.

①공동체의 문화정체성으로 확인된다. ②전통이면서도 현재 살아있는 문화이다. ③사회적 결속과 협동에 이바지한다. ④자연과 조화로운 삶의 가치를 중시하는 생태친화적이어야 한다. ⑤세시의례, 일생의례 등 의례성이 중시된다. ⑥인류 사회에 기여하는 바가 크다.

유네스코 인류무형문화유산 대표목록으로 등재된 조지아의 '크베브리 와인 양조법(2013년)'과 북서아프리카 국가들의 '쿠스쿠스의 생산과 소비와 관련된 지식, 노하우와 관습(2020년)'의 사례를 통해 지역공동자산화를 위한 실천방안을 생각해 본다.

크베브리 와인 양조법'은 조지아에서 행해지는 전통적인 와인 양조법이다. 지역에서만 자라는 포도를 이용하여 전통적인 양조법에 따라 와인을 만들고 전통 항아리인 크베브리에 저장하여 숙성한다. '쿠스쿠스의 생산과 소비와 관련된 지식, 노하우와 관습'은 곡물을 세몰리나로 만들어 요리하고 이를 나눠 먹는 공동체의 사회·문화적 관습이다. 이 두 사례를 음식과 음식 행위의 문화적 구조 틀로 분석해 보면 아래 그림과 같다.

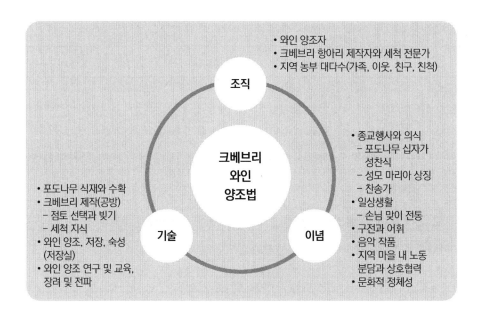

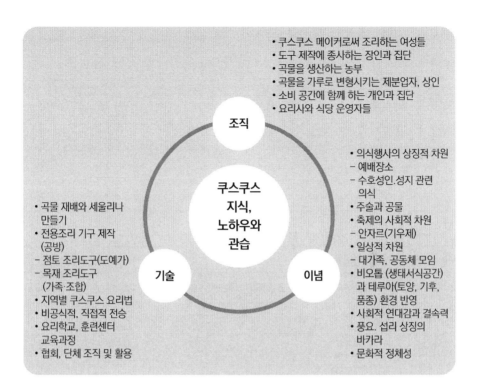

• 쿠스쿠스 메이커로써 조리하는 여성들
• 도구 제작에 종사하는 장인과 집단
• 곡물을 생산하는 농부
• 곡물을 가루로 변형시키는 제분업자, 상인
• 소비 공간에 함께 하는 개인과 집단
• 요리사와 식당 운영자들

조직

쿠스쿠스
지식,
노하우와
관습

• 곡물 재배와 세울리나
  만들기
• 전용조리 기구 제작
  (공방)
 − 점토 조리도구(도예가)
 − 목재 조리도구
  (가족·조합)
• 지역별 쿠스쿠스 요리법
• 비공식적, 직접적 전승
• 요리학교, 훈련센터
  교육과정
• 협회, 단체 조직 및 활용

기술

이념

• 의식행사의 상징적 차원
 − 예배장소
 − 수호성인.성지 관련
  의식
• 주술과 공물
• 축제의 사회적 차원
 − 안자르(기우제)
• 일상적 차원
 − 대가족, 공동체 모임
• 비오톱 (생태서식공간)
  과 테루아(토양, 기후,
  품종) 환경 반영
• 사회적 연대감과 결속력
• 풍요. 섭리 상징의
  바카라
• 문화적 정체성

위의 구조로 볼 때 K-푸드가 지역공동자산이 되기 위해서는 참여 공동체가 공동의 이익을 인식하고 조직화하여 실천하는 방안이 필수적이라고 생각한다.

4) 한동승 전주대학교 지역혁신센터장

전북은 전통적으로 음식문화가 발달해 왔으며, K-Food의 본산지로 전통 문화의 핵심적인 지역으로. 게임, 드라마, 영화, 음악 등 K-콘텐츠의 글로벌 진출과 함께 식품산업을 발전시켜 핵심 산업으로 발전시켜가야 한다.

특히 전주는 맛있는 음식으로 알려져 있지만, 맛에 대한 연구의 과학화가 부족하고, 맛 관련 데이터베이스가 부족하여 부가가치 높은 산업으로 발전하는데 많은 한계를 지니고 있다 이를 위해서는 전북 지역의 읍면동 단위 정도로 세분화하여 음식 특성을 알아낼 수 있는 지역 단위의 농특산물들에 대한 영양성분 데이터베이스, 지역 곳곳에 숨겨져 있는 고유의 레시피, 이를 뒷받침해 줄 수 있는 음식의 기능성에 대한 과학적 연구, 전통 음식과 기능, 문화 등을 연결시킬 수 있는 기반 연구들이 선행되어야 할 것이다.

푸드테크, 인공지능, 실감미디어 기술은 첨단 기술 중에서도 부가가치가 높고, 성장률이 높으며, 주변 산업으로의 확장과 견인 발전에 매우 핵심적인 분야로서, 〈푸드테크 분야〉는 국내 시장 규모만 해도 61조 규모이나, 유통·배달·밀키트 에집중되어 있는 편이나, 전라북도의 장점이 맛있는 음식과 융합하고 과학화해야 신산업 분야 창출 가능 지역 경제 활성화에 견인차로서의 역할 가능성이 높을 것이다.

〈인공지능 분야〉는 최근 생성형 인공지능이 전세계를 강타하면서 IT 분야의 게임체인저로 등장하였고, 2020년 13조원에서 2030년 142조원으로 급성장 전망이며, 〈실감미디어 분야〉는 2023년 CES는 1) 웹 3.0/메타버스 2) 모빌리티 3) 디지털 헬스 기술을 중심으로 한 지속가능성과 인간 안보를 5대 테마로 선정, 그 이유에 대해 웹3.0과 메타버스는 인공지능과 블록체인을 기반으로 맞춤형 정보를 제공하는 3세대 인터넷 '웹 3.0'과 3차원 가상현실 '메타버스'가 향후 미래 ICT산업의 주요 트렌드가 될 것으로 전망하고 있다.

인공지능의 발달로 모든 부분에서 지식산업화가 이루어지고 있고, 푸드테크산업의 발전이 전망되고 있는 시기에 전북은 전통 음식 및 천연의 식재료에 대한 다양한 연구들을 추진하여 K-food를 발전시킬 기반을 조성해야 한다.구체적으로 음식의 맛에 대해 과학적으로 규명하고, 인공지능 기술을 이용하여 맞춤형 음식 추천, 새로운 요리의 개발, 새로운 레시피 추천, 소비자

맞춤형 식단 추천, 건강을 위한 식단 추천, 새로운 장류 개발을 추진하고, 실감미디어 기술을 응용하여 보다 맛있는 음식을 실감나게 표현하여 구매 의욕 제고, 관광객 방문을 확대하고, K-Food에 대한 식욕을 강화하는 섬세한 맛 표현 기술 개발이 필요하다.

그림 권역의 혁신성장 선도 분야와의 부합성 및 지원 필요성

3 제3회 향토지식재산과 지역혁신 포럼 결과

1. 행사 개요

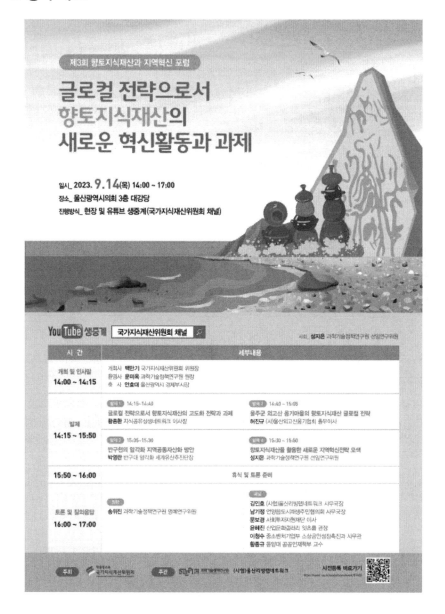

2. 행사 자료

지역이 지닌 로컬자원과 경험을 글로벌을 지향하는 비전과 개념을 바탕으로 재구성하여 새로운 지역혁신 경로를 만들어가는 글로컬화 지향 향토지식재산 혁신방안이 제시됐다.

과학기술정책연구원(이하 과기정책연(STEPI), 원장 문미옥)은 지난 9월 14일 (목), 오후 2시부터 울산광역시의회 1층 시민홀에서 "글로컬 전략으로서 향토지식재산의 새로운 혁신활동과 과제"란 주제로 「제3회 향토지식재산과 지역혁신 포럼」을 온·오프라인 병행으로 개최했다.

국가지식재산위원회가 주최하고 과기정책연, (사협)울산리빙랩네트워크가 주관한 이번 포럼은 글로컬 향토지식재산을 융합과 고도화를 통한 새로운 지역혁신활동 전략을 논의했다.

국가지식재산위원회 백만기 위원장은 개회사를 통해 "산업발전과 더불어 지역민의 문화 및 삶의 수준이 같이 상승하고 찾아오는 외지인이 있어야 진정한 지역발전이 이루어졌다고 할 수 있다."라면서 "오늘 포럼을 통해 지역의 향토지식재산을 활용해 성장을 촉진하고, 새로운 지역혁신을 이끌어 낼 수 있는 초석이 만들어지기를 기대한다"라고 밝혔다.

문미옥 과학기술정책연구원장은 환영사를 통해 "지역의 보유해왔던 향토지식재산을 새로운 혁신자원으로 재구성하여 활용하는 전략이 필요하다"라며 "과학기술·디지털과 향토지식자원을 융합한 고부가가치화 및 글로컬화를 촉진하는 프로그램이 만들어져야 한다"라고 강조했다.

안효대 울산광역시 경제부시장도 축사를 통해 울산이 향토지식자원을 활용해 공동체 중심의 행복한 삶을 영위하는 지역으로 발전하는 방안에 대한 논의가 활성화되기를 바랐다.

첫 번째 발제를 맡은 황종환 이사장(지식공유상생네트워크)은 '글로컬 전략으로서 향토지식재산의 고도화 전략과 과제'란 주제로, "21세기 지방화시대, 지구촌시대를 맞아 〈가장 지역적인 것이 가장 세계적인 것〉임을 지적하며 "이러한 글로컬화 전략 실현을 위한 향토지식재산 재창조" 방향을 제시했다.

황 이사장은 "글로컬화를 지향하는 향토지식재산 재창조사업은 '향토지식재산의 재발견-융복합-현지화' 과정을 통해 이루어지기 때문에, 특정 개인·기업이 아닌 지방자치단체, 지역기업연합, 학교, 각종 단체가 함께하는 공동체기반 지역혁신과 비즈니스 활동임"을 강조했다. 그리고 이를 활성화하기 위해서는 '향토지식 정보시스템, 열린 체험교육시스템, 도농·글로컬 네트워크'와 같은 지방정부 차원에서 관리되는 3대 기본 인프라가 필요함을 주장했다.

두 번째 발제자인 허진규 총무이사((사)울산외고산옹기협회)는 '울주군 외고산 옹기마을의 향토지식재산 글로컬 전략'을 주제로 "옹기문화콘텐츠의 글로컬화"를 강조하고 "옹기문화의 글로벌화를 위한 국제 옹기아카데미 운영" 방안을 제시했다.

허 총무이사는 성공적인 글로벌화를 위해서는 지역의 혁신주체들의 협업하는 지역플랫폼이 필요하다는 점을 지적하면서, "옹기마을의 개방성을 강화하여 지역과 함께하는 옹기마을로 전환하기 위한 옹기문화콘텐츠의 지역공동자원화"를 강조했다.

세 번째 발제자인 박영란 단장(반구대 암각화 세계유산추진단)은 '반구천의 암각화 지역공동자산화 방안'란 주제로 "2025년 유네스코 세계유산 등재를 통해 우리 유산의 소중한 가치의 국내외 홍보·공유 필요성을 강조하고 "반구천의 암각화 보존관리와 활용" 방안을 제시했다. 박 단장은 "세계유산 등재 추진과정에 원주민은 재산권 피해와 주민생활의 불편, 등재 이후 불확실성, 주민 간 갈등"을 지적하면서, "지역 주민의 참여는 유산의 사회적·경제적 지속가능성을 위해 중요함"을 강조했다.이를 위해 "지역주민과 함께 만들어가는 새로운 가치창조를 위한 유산 활용·확산 프로그램 육성을 통해 주인의식 고취와 지역공동자원화를 통한 플랜 B형 지역혁신의 기반 마련"을 강조했다.

마지막 발제자인 성지은 선임연구위원(과기정책연)은 '향토지식재산을 활용한 새로운 지역혁신전략 모색'이란 주제로 그 동안 진행된 포럼의 성과를 종합하고 정책방향을 제시했다.성 선임연구위원은 "지역의 특정 인물·조직이 배타적으로 보유하는 향토지식자원을 넘어 청년이나 사회적경제, 기업 등 다양한 주체들의 글로컬 혁신활동에 활용될 수 있는 지역 공동지식자원화가 필요함"을 지적하고, "자원의 보유·보전·유지와 함께 새로운 사회적·경제적 가치창조를 이끌어내는 향토지식재산 고도화 방안"을 강조했다.

이를 위해 ▲공동지식재산화 촉진 프로그램 개발·보급 ▲향토지식자원과 사회적경제조직 연계를 통한 비즈니스 창출 ▲디지털기술·과학기술지식과 향토지식재산 융합 프로그램 개발·운영 ▲글로컬한 혁신활동을 지향하는 지역혁신 플랫폼과 브랜드 개발을 강조했다.

3. 토론문자료

김인호 (사협)울산리빙랩네트워크 사무국장

향토지식재산의 개념

"향토지식재산과 지역혁신포럼"은 대통령 직속의 국가지식재산위원회가 그동안 국가 지식재산권 확보에서 과학기술분야에서 집중되어 있던 지식재산권 확보와 활용을 지역의 고유한 지식(전통지식분야, 공유지식분야, 경험지식 및 자연생태환경분야)분야로 확대함으로써 전통주력산업의 고도화 전략과 함께 지역경제활성화를 목적으로 전주와 울산 두 개 도시를 시범적으로 선정하여 진행하고 있다.

전주는 모두가 알다시피 전주한옥마을, 전주한지 등의 향토지식재산을 확보, 다양한 콘텐츠를 발전시키고 있는 전통문화도시이며 울산은 대한민국 산업화의 가장 일선에서 산업을 발전시켜온 산업문화도시이다. 두 도시의 공통점은 전통과 산업이라는 지역만의 독창적 자산을 가지고 있다는 점이며 이를 최대한 활용함으로써 지역의 활성화를 도모할 수 있다는 것이다.

향토지식재산은 전통이나 경험, 지식, 유무형 지역 자원을 활용해 만들어진 지적 창작물로 우리 지역에 내재된 지식과 기술, 문화를 의미하며 지방화와 세계화를 연결시키는 고리이자 세계 속에서 우리를 빛낼 수 있는 가장 큰 자산이다. 또한 향토지식재산은 일자리 창출 한계라는 현실 속에서 지역 신성장 동력의 하나로 지역 일자리를 창출하고 지역경제를 활성화 시킬 수 있는 중요한 요소이다.

또한, 지역 소멸에 대응하기 위해 지역에 내재된 기초 자산을 활용한 산업 생태계를 구축하고 지역 주도의 경제 성장 동력을 갖추는 것이 매우 중요한 시기이며 지역 고유 향토자원의 특성에 따른 지식재산 기반의 산업화 전략이 필요한 시점이다.

향토지식재산은 크게 3가지로 분류된다. 첫째, 전통지식분야이다. 전통지식분야는 한국김치, 전주비빔밥, 순창고추장, 제주돌하르방, 나전칠기와 같은 전통기술, 전통명칭, 전통문화이다.

둘째, 공유지식분야이다. 공유지식분야는 전주한옥연구, 함평나비축제, 노고단향수, 새마을운동, 호남제일문과 같은 지자체/공공기관이 보유하고 있거나 지자체의 사실상 지배하에 있는 지식재산을 말한다.

셋째, 경험지식 및 자연생태환경 분야이다. 경험지식은 안동버버리찰떡, 신당동떡볶이, 장충동 족발과 같이 특정개인이나 단체가 소유한 암묵지이며, 자연생태환경은 신안1004섬, 정선곤드레, 춘천소양강댐과 같이 동식물, 산, 바다, 갯벌, 경관, 지하자원을 뜻한다.

울산이 가지고 있는 향토지식재산은 다양하다. 전통지식으로는 병영은장도, 온양외고산옹기마을, 북구달천철장 등이 있고, 공유지식분야는 반구천의 암각화, 천전리각석, 울산태화루, 울주간절곶, 태화강국가정원, 쇠부리 축제, 마두희 축제 등이 있다. 경험지식 분야로는 상북면 복순도가, 삼남읍 머거본, 해월당, 주전미역, 울주서생배, 언양불고기 등이 있고 자연생태환경으로는 동구 대왕암, 주전몽돌해변, 영남알프스 등이 있다.

(공유지식 사례_반구천의 암각화)

(경험지식 사례_상북면 복순도가)

(자연생태환경 사례_주전 몽돌해변)

울산의 향토지식재산 지역공동자산화

울산의 다양한 향토자원의 발굴을 통해 향토지식재산으로 전환이 이루어
지면 향토지식재산은 지역공동자산화 단계를 거쳐 사업화 모델이 된다.

이러한 과정들은 상당히 전문적이며 장기적인 관점이 필요하다. 리빙랩은 이러한 지역공동자산화가 이루어진 향토지식재산의 사업화에 있어서 중요한 역할을 할 수 있다.

먼저 지역혁신공동체와 향토지식재산 소유 주체(개인, 단체, 지자체)와의 연결이 필요하며 전문가조직과의 연계, 행정의 지원들이 이루어져야 한다.

지역의 주민들은 향토지식재산에 기반하여 만들어진 다양한 콘텐츠의 생산자이며 동시에 사용자로 지역공동자산화와 사업화의 모든 과정에서 매우 중요한 역할을 수행한다. 리빙랩은 최종수요자(주민)와 지역공동체, 전문가, 행정이 함께 참여하여 아이디어의 발굴, 시제품 제작, 실험과 피드백이 실현되며 새로운 비즈니스 모델의 창출도 가능해질 것이다.

1962년 정부로부터 특정 공업지구로 지정된 이후, 인구 6만여 명에 불과했던 조용한 농어촌 울산은 국가 주도의 경제개발 정책에 의해 중화학 공업이 자리 잡는 공업도시의 모습으로 탈바꿈했다. 우리나라 경제 성장의 중심 역할을 충실하게 수행하면서 울산은 석유·화학·자동차·조선 등 국가기간산업 발전을 주도하기 시작했으며, 막대한 부가가치를 창출했다.

전국적으로 사람들이 몰려들었고, 1997년 인구 100만을 넘기며 광역시로 승격되는 등 인구·사회학적으로도 극적인 변화를 겪었다. 그 결과 울산은 전국에서 가장 젊은 도시, 일자리가 넘쳐나고 1인당 GRDP가 전국 평균의 2~3배에 이르는 부자 도시, 수출 최전선에 서서 글로벌 기업들과 경쟁하며 '태화강의 기적'을 이루었다.

그러나 산업구조가 제조업 중심에서 점차 ICT 등 지식기반 산업으로 재편

되면서 양상이 크게 달라졌다. 울산의 주력 산업인 석유·화학이 주춤하기 시작했고, 자동차·조선 산업도 2000년대 호황을 끝으로 제자리를 맴돌고 있다. 대한민국 산업수도라는 위상을 흔들리게 할 만큼 전통 주력산업의 둔화는 울산의 새로운 전환을 요구하고 있다.

울산시는 지역 경제활성화를 위해 전통주력산업의 재활성화와 지역 신산업의 창출을 위해 노력하고 있지만 쉽지만은 않다.

신산업 육성정책은 중앙에서 기획하고 지역에서 공모방식으로 진행되어 유사한 산업분야(ICT, 바이오 등)의 지식기반 획일화, 지역 독자성, 차별성 확보의 어려움에 봉착해 있으며 지역 전통주력산업의 재활성화 정책은 구상 기능이 수도권에 있어 역내 기업의 역외 이전대응이 어렵고 지역의 사회·문화, 주거·복지, 돌봄·의료 문제는 심화 되고 있는 실정이다.

새로운 울산으로의 전환을 위해서는 신산업 육성의 측면에서 차별화가 어려운 일반화된 지식(ICT, 바이오기술)의 활용이 아니라 다른 지역과 구분되고 모방이 어려운 지역 자원의 발굴과 활용이 필요하다. 울산만의 독창적이면서 차별화되는 신산업은 어떻게 육성되어야 하는가?

울산의 대표적인 향토지식재산은 무엇인가? 대한민국이 인정하고 전세계가 인정하는 울산만의 독창성, 차별성은 무엇인가? 그것은 아마도 산업문화일 것이다.

지역에 반구천의 암각화나 태화강국가정원과 같은 향토지식재산도 많지만 모두가 인정하는 울산의 산업문화는 다른 지역과 구별되고 모방이 어려운 대표적인 향토지식재산으로 정의할 수 있다.

문화란 '자연 상태에서 벗어나 일정한 목적 또는 생활 이상을 실현하고자 사회 구성원에 의하여 습득, 공유, 전달되는 행동 양식이나 생활 양식의 과정 및 그 과정에서 이룩하여 낸 물질적·정신적 소득'을 통틀어 이르는 말이다. 의식주를 비롯하여 언어, 풍습, 종교, 학문, 예술, 제도 따위를 모두 포함한다.

문화의 정의에서 알 수 있듯이 울산의'산업문화'는 전 세계적으로 유례를 찾아볼 수 없을 만큼 단기간에 산업화를 이루어낸 울산이 가지고 있는 독창적이며 차별화된 콘텐츠이다.

산업문화는 산업현장에서 나라의 미래와 가족을 위해 밤낮으로 열심히 일했던 우리 부모님들의 아침 출근길 모습, 방 하나에 부엌과 다락방이 붙어 있었던 당시의 주거환경, 그러한 시민들의 노력으로 세계적인 기업으로 발전해나간 기업들의 역사 모두가 하나의 산업문화 콘텐츠가 될 수 있으며 전 세계에 어디에 홍보해도되는 자랑스러운 산업문화일 것이다.

자동차, 조선, 석유화학산업의 중심으로 60여 년간 축적된 제조데이터와 기술자들의 암묵적 지식도 어느 도시보다 풍부하게 가지고 있다.

제조기반 빅데이터를 활용한 AI분야, 스마트제조분야, 안전환경분야의 기업들이 지역에서 연구개발 활동을 할 수 있는 여건을 조성한다면 관련 기업들의 유치도 기대할 수 있을 것이다.

세계 어느 나라도 근접할 수 없는 '초일류 산업문화도시 울산'으로의 전환을 위해서는 산업문화를 울산의 향토지식재산으로 정의하고 시민들이 지역 공동자산으로 인식, 발전시켜 나가려는 노력이 필요하다.

산업문화도시로의 전환을 위해서는 도시전환과 관련된 비전에 입각해 다양한 과학·기술·산업·사회·문화 영역의 혁신 활동을 통합하여 지역혁신공동체를 구축할 필요가 있다. 산업문화도시의 개념과 비전을 정립하고 분야별로 주제와 활동계획을 수립해야 할 것이다. 지역혁신공동체는 논의의 초기단계부터 시민들이 적극적으로 참여할 수 있도록 리빙랩방식으로 진행할 필요가 있으며 이 지역혁신공동체를 산업문화도시전환 플랫폼의 역할을 수행하게 해야한다.

2023년 선정된 문화관광체육부의 법정문화도시사업을 적극적으로 활용할 필요가 있다. 울산문화도시 조성사업의 세부사업들에 산업문화도시로의 전환을 다룰 수 있는 내용들을 배치하고 장기적인 관점에서 지역 스스로가 산업문화 도시로의 전환을 실현할 수 있도록 지원해야 한다.

반구천의 암각화에는 선사인들이 고래를 사냥하는 모습이 그려져 있고 북구 달천철장은 오래전부터 지역에서 철을 생산해왔다는 것을 보여 주고 있다.

왜 울산에서 자동차와 조선산업이 발전했는지를 역사적 사실을 통해 스토리텔링을 전개할 수 있을 것이다.

선사·역사문화와 산업문화가 공존하는 세계적 산업문화도시 울산의 미래 모습은 산업 발상의 원류가 된 선사·역사문화를 보기 위해 방문하는 도시, 개발도상국들이 롤모델을 보기 위해 방문하는 도시, 산업문화와 관련된 다양한 세미나와 학회에 참가하기 위해 방문하는 도시, 축적된 제조데이터를 활용하기 위해 관련 국내·외 기업들이 방문하는 도시, 안전·환경기술을 테스트하기 위해 기업과 연구자들이 방문하는 도시가 될 것이다.

울산 향토지식재산 지역공동자산화를 통한 지역활성화 추진방안

지속가능한 추진체계의 구성

울산이 가지고 있는 향토지식재산의 지역공동자산화를 통한 지역활성화를 추진하기 위해서는 가장 먼저 지속 가능한 논의 구조를 만드는 것이다.

지역의 향토지식재산 전문가, 기업 그리고 시민들이 지속적으로 향토지식재산의 지역공동자산화 방안과 이를 통한 사업화 모델의 도출을 논의할 수 있는 상시적인 추진체계의 구성이 절실히 필요하다.

이를 위해 "울산향토지식재산포럼"을 민간 전문가들과 시민들로 구성하고 정기적인 세미나, 포럼 등의 개최를 통해 다양한 지역의 자산과 콘텐츠, 비즈니스 모델 발굴을 해나가야 할 것이다. 추진체계는 울산 전역을 대상으로 포럼을 추진하고 각 구·군별로는 지역의 향토지식재산을 발굴, 지역공동자산화를 통한 사업화 모델을 도출하기 위해 시민들을 조직하여 구·군별 조직으로 세분화할 필요가 있다.

구·군별 실무그룹과 전문가 그룹 조직

구·군별 실무그룹의 조직은 주민자치위원회와 지역의 사회적경제조직(사회적기업, 마을기업, 협동조합 등), 기업 등 다양한 분야의 주체들이 참여할 수 있도록 구성되어야 하며 전문성의 보완을 위해 디자인, 콘텐츠, ICT 등의 민간 전문가 그룹을 조직할 필요가 있으며 지역별 향토지식재산의 발굴과 지역공동 자산화 추진 및 비즈니스 모델 도출을 리빙랩 방법론을 적용하여 진행하는 것이 바람직할 것이다.

향토지식재산 활용 지역혁신 전문가 양성

지역에서의 향토지식재산 활용 지역혁신 전문가를 양성하기 위해 울산대학교 등 지역의 대학과 연계하여 리빙랩 실무과정, 향토지식재산 실무, 디자인씽킹 등 다양한 교육을 통해 지역혁신 전문가의 양성이 필요하다.

교육을 통해 양성된 전문가들이 자신의 구·군에서 혁신 리더로서 활동할 수 있도록 교육과 함께 다양한 동기부여가 필요할 것이다. 실제 지역의 사회적경제조직 등의 임직원을 대상으로 향토지식재산 활용 전문가 양성교육을 진행한다면 실질적인 향토지식재산 지역공동자산화를 통한 지역활성화 사업이 보다 체계적으로 진행될 수 있을 것이다.

예산의 확보

지속가능한 향토지식재산 공동자산화를 통한 지역활성화를 위해서는 필요한 예산의 확보가 매우 중요하다. 이를 위해 해당 구 군의 공모사업을 적극적으로 활용할 필요가 있으며 광역적으로는 국가지식재산위원회와 연계하여 중앙부처의 지원 또는 공모사업을 적극적으로 활용하여 필요예산을 확보할 필요가 있다.

(울산향토지식재산포럼 추진체계)

울산향토지식재산포럼	
5개 구/군별 실무그룹	민간 전문가 그룹
울주군	디자인 전문가
남구	콘텐츠 전문가
중구	문화예술 전문가
동구	ICT 전문가
북구	도시재생 전문가

남기정 언양읍 도시재생주민협의체 사무국장

지역별 향토지식재산 맞춤형 재생사업을 통한 지속가능한 지역경쟁력

도시재생이란 「도시재생 활성화 및 지원에 관한 특별법」에서 인구의 감소, 산업구조의 변화, 도시의 무분별한 확장, 주거환경의 노후화 등으로 쇠퇴하는 도시를 지역 역량 강화, 새로운 기능의 도입, 창출 및 지역자원의 활용을 통하여 경제적·사회적·물리적·환경적 으로 활성화시키는 것으로 정의하고 있다.

우리나라는 2007년 한국토지주택공사 도시재생사업단 출범으로 시작되어 진행되었으 며 2014년 도시재생특별법이 만들어지며 도시재생 선도지역 13곳(근린재생형 11곳, 도시경제기반형2곳)이 지정됨. 2017년 전국적으로 도시재생사업이 확대되어 도시재생뉴딜사업이 진행되며 2017년도 69개소,

2018년 99개소, 2019년 98개소, 2020년 47곳, 2021년 31곳, 2022년 87곳이 선정되었으나 계획 및 추진과정, 기대효과 등 그 실효성에 있어 비판의 목소리도 적지 않은 것이 사실이다. 여전히 도시재생 추진과정에서 주민들의 적극적인 의견 개진이 중요하기 때문에 주민 협의체와 도시재생지원센터 간의 접촉과 유대관계를 기반으로 지속가능한 도새재생 주민 역량강화 사업이 진행되고 있기는 하지만 지역의 역사와 이야기를 가장 잘 알고 있는 주민 주도 사업이 아닌 관주도적 사업형태로 추진되는 경향으로 주민의 의견 청취라기보다 사업의 정당성을 확보하기 위한 참여가 되는 경우가 있다.

반면 주민들의 참여 열의로 인한 갈등이 발생하기도 하는데 이는 소프웨어 사업보다는 거점 공간 등 하드웨어 사업 추진에 있어 갈등 구조가 더욱 심화되기도 함. 또한 사업의 마무리 단계에서 권한이 주어진 주민협의체, 마을관리협동조합 등 단체로 귀결되기에 주민역량강화사업 운영의 프로그램이 질적 요건을 충족하지 못하였거나 수익 창출의 구조가 미흡했다면 도시재생의 지속성은 신뢰로 이어지기 힘들다.

2022년 기존의 도시재생사업이 전면 백지화되고 2022년 12월 지역문화자원을 활용한 경제기반 강화를 목표로 26곳이 선정되며 성과 중심으로 사업이 개편되었다. 기존의 5개 사업유형을 광역 단위의 지역특화 재생과 우리동네 살리기, 그리고 중앙단위의 혁신지구 유형으로 통합되었으며 단체나 거버넌스를 넘어 기존의 산업, 창업지원, 문화 등 지역의 향토지식재산과 콜라보하여 산업화 시키는 것은 도시재생이 지속성을 보장받는 기반이 될 것이다.

문보경 사회투자지원재단 이사

향토지식재산을 활용한 지역혁신전략 모색에 있어 사회적경제의 유용성

향토지식재산을 활용한 지역사회혁신전략을 모색을 실행적 관점에서 본다면 향토지식재산 관련 홍보 및 교육 – 향토자산의 발굴 –주민·전문가 등 다양한 주체의 참여 사업화와 지식재산화 지역사회 이익 창출과 순환구조 등 일련의 과정이 필요하다. 특히 향토(지식)자산의 공유화와 공동이익 창출을 담보할 수 있는 거버넌스와 이윤 배분에 관한 문제를 고민해야 할 것이다. 이런 점에서 1)사회적경제의 유용성에 대해 말하고자 하며 2)공공정책 역할의 중요성이 자칫 시민주도성 보다 정책 의존성을 높일 수 있어 이를 극복할 수 있는 방법을 소개한다.

1. 사회적경제의 유용성

❶ 사회문제 해결을 위한 정책 수단으로써 사회적경제의 정착

사회적경제는 지역사회 문제를 비즈니스를 매개로 해결하는 시민의 협동과 참여로 이루어지는 경제활동이라 정의할 수 있음. 세계적으로 취약계층에 대한 일자리 창출과 사회서비스 제공을 위한 시민들에 의한 공동체경제로 자리 잡고 있다.

한국에서 사회적경제는 2007년 사회적기업육성법 제정을 시작으로 2011년 행정안전부의 마을기업 사업 시행, 2012년 협동조합기본법 제정 등 정책으로 채택이 되었음. 2014년부터 이들 모두를 포괄하는 용어로 사회적경제란 용어를 행정에서 사용하고 있으며, 사회적기업(고용노동

부), 마을기업(행정안전부),(사회적)협동조합(기획재정부), 자활기업(보건복지부), 농어촌공동체회사(농림축산식품부), 소셜벤처(중소벤처기업부) 등을 대표적인 사회적경제 기업 으로 합의하고 있다.

사회적경제기업은 협동조합기본법상의 협동조합, 상법상의 회사, 민법상의 사단·재단 법인, 영농·어업조합법인 등의 법인격을 갖추고 있으며 다양한 이해관계자들이 참여하는 거버넌스, 이익분배 제한 등의 특징을 갖추고 있다.

❷ 마을의 자원을 활용한 주민의 경제활동 촉진 –행정안전부의 마을기업

마을기업 설립 및 운영을 규율하는 법률이 없어 현재 행정안전부의 시행지침에 근거해 마을기업 육성사업이 시행되고 있으며, 마을기업에 대한 용어는 도시재생 활성화 및 지원에 관한 특별법' 제2조에서 정의하고 있다.

사회적경제기업 중 마을기업은 정책 취지를 볼 때 향토자원을 활용한 지역경 제기반 조성과 활성화에 가장 부합한다고 본다. 마을기업의 70%가 협동조합법인격을 취하고 있고 지역 주민들의 출자와 경영 참여 등이 가능한 기업 지배구조를 갖추고 있다.

또한 농어촌지역의 지역경제 활성화, 전통시장 활성화(청년 창업 결합), 마을관리를 목적으로 하는 마을기업 등의 유형 다형화를 시행하고 있으며 지역자산화 사업 실시.하고 있다

❸ 지역 밀착형 정책 전달체계와 지원 인프라 구축

자원 발굴, 사업화, 전문가 풀 구성 등에 있어 안정적인 지원체계에 대해

사회적경제기본법이 제정되지 않은 까닭에 중앙 차원의 사회적경제 전문
기관은 부재하나 한국사회적기업진흥원이 그 역할을 담보하고 있으며, 자
치단체 예산으로 운영되는 광역단위 사회적경제지원센터와 기초자치단체
예산으로 운영되는 기초단위의 사회적경제지원센터들이 운영되고 있다.
4차 사회적기업기본계획에 의하면 재정지원사업과 지원 인프라를 개편
을 예고 있으며 재정지원사업과 광역단위 통합지원기관은 축소될 것으로
보인다.

〈사회적경제기업 창업 및 사업지원을 위한 지원조직 현황〉

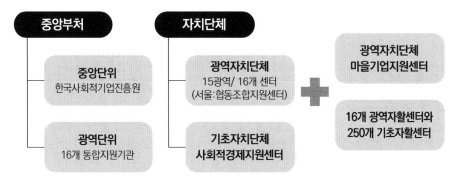

이들 기관의 주요 역할은 정책 및 사업 정보의 제공, 상담, 교육, 비즈니스
컨설팅, 사업 지원 등을 맡고 있다. 특히 중앙 부처에서 시행하고 있는 관련
사업들을 연계해 다양한 정부 자원을 활용할 수 있는 방식을 기획하고 발굴
하고 있으며, 기초단위에 설치된 지원센터들과 협업을 통해 지역 차원의 문
제해결을 위한 정책 협력을 시도하고 있다.

사회적금융 성장으로 시민 자본 조달 활성화

사회적경제 활성화를 목적으로 하는 금융에 대한 관심이 높아지면서 신협, 비영리 사회적금융기관, 임팩트 투자 기관 등이 증가하고 있으며, 사회적 가치가 높은 프로젝트에 투자하는 투자 기관 역시 증가하고 있다. 또한 시민들의 자금을 조성하는 크라우드 펀딩 기관이 증가하고 있어 시민자본 조달 방식의 다양성을 확보하고 있다.

사회적 금융을 전문적으로 취급하는 소매 중개기관 (단위: 억원)	중개기관	비고
비영리 투용자		
한국마이크로크레디트 신나는조합	비영리 대출, 마이크로크레딧	통합지원기관 네트워크 구성
사회연대은행(사)함께만드는세상	비영리 대출, 마이크로크레딧	사회적기업가 육성사업
사단법인 피피엘	비영리 대출	사회적기업가 육성사업
함께일하는재단	비영리 대출	사회적기업가 육성사업
재단법인 나눔과미래	비영리 대출, 사회주택 분야	따뜻한사회주택기금 운용
재단법인 한국사회투자	액셀러레이터, 자자체기금 위탁 운영	서울시 사회투자기금 운용
공제기금 운용		
사회적협동조합 우리함께	지역별 자활 공동체 공제사업	지활공동체 공제기금 운용, 대출지원
재단법인 밴드	사회적경제기업 공제사업	사회적기업가 육성사업
한국사회혁신금융(주)	사회적경제기업 공제사업, 액셀러레이터	재무 컨설팅, 투융자 시스템 공급

신나눔조합 BANG FOUNDATION 한국사회주택협회

* 사회적경제주체 중 (예비)사회적기업 및 소셜벤처가 주요 대상 임팩트 투자를 전문으로 하는 액셀러레이터, 투자운용사 (단위: 억원)	중개기관	비고
임팩트 투자 기관		
C프로그램	벤처기부펀드 (손실감수 투자)	여성창업자에 투자
소풍벤처스	액셀러레이터, 투용자, 벤처펀드 운용	초기 소셜벤처 투자, 강원펀드 운용
MYSC 엠와이소셜컴퍼니	액셀러레이터, 임팩트투자펀드 운용	성동, 경남 지역 펀드 운용, 도시재생 등
임팩트스퀘어	액셀러레이터, 임팩트투자펀드 운용	모태펀드(사회적기업) 출자
크레비스파트너스	임팩트투자펀드 운용	성장사다리펀드 출자
HG이니셔티브	액셀러레이터, 임팩트투자펀드 운용	루트임팩트, MGRV 등 관계사
IFK임팩트금융	액셀러레이터, 임팩트투자펀드 운용	로컬크리에이터, 지역개발 투자
아크임팩트자산운용	임팩트투자펀드 운용	성장사다리펀드 출자
D3쥬빌리파트너스	임팩트투자펀드 운용	모태펀드(소셜임팩트) 출자
옐로우독	임팩트투자펀드 운용	모태펀드(소셜임팩트)출자, SK·KDB 공동 펀드

D3 sopoong ARK Impact mysc IMPACT SQUARE IFK임팩트금융

❹ 공동소유와 공익성 담보를 위한 제도 정착

비영리성 지향 이윤 분배 제한

사회적경제기업 설립 목적이 소유자(주주, 조합원) 이익 극대화가 목적이기 보다 지역사회 문제를 해결하기 위한 사업의 개발과 이해관계자들의 연대와 협력에 의한 경제 활동을 지향하고 있어 기업 이익을 목적사업에 재투자하는 것을 우선으로 하고 있다. 이와 관련해서 사회적협동조합의 경우 이윤배분이 허용되지 않고 있으며, 일반협동조합은 이윤 배분을 제한하고 있다. 또한 주식회사로 설립된 사회적기업이나 마을기업 역시 이윤배분을 제약하고 있다.

공익성의 지향 및 공동 자산화 유도

사회적경제기업이 청산할 경우 잔여 재산 처리에 대해서도 이윤배분 제약 원칙을 적용해 유사 단체에 기부하거나 국고에 귀속시키고 있음. 특히 사회적협동조합의 경우 조합원들이 납입 한 출자금 원금상환후 잔여재산은 모두 기부처리 되는 특징이 있다. 이런 이유로 공적 자원의 투입이나 공공재원을 통해 취득한 자산에 대해 조합원의 이익수취권을 제약하고 공익적 목적으로 사용할 수 있는 장치를 마련하고 있다.

정책 사업의 민간 파트너십의 신뢰성 담보

사회적경제의 목적성과 이를 뒷받침하는 기업의 운영구조로 인해 공공사업의 민간 파트너로 그 역할을 확대하고 있다. 행정 소유의 시설 운영 위탁, 공공 정책 사업으로 이루어지는 사회서비스 제공 기관 선정에 있어 사회적협동조합, 사회적기업을 우대하고 있다.

주목할 만한 '사회적협동조합'

사회적협동조합은 재단법인과 일반 사업체 두 가지 성격을 갖추고 있는 조직으로 회사나 협동조합 법인격으로 만들어 사회적경제기업들 중에서 유일 하게 기부금 모집이 가능하다.

사회적협동조합이 일반협동조합과 다른 점은 '비영리 조직'이라는 점을 명시하고 있어, 1)기부금 모집 가능 2)다양한 이해관계자 그룹의 참여 3)이윤분배 금지 4)처분에 따른 조합원의 이익 수취 제한 5)경영공시 의무화 등과 같은 제도에 근거한 운영을 하고 있어 향토지식자산을 활용한 지역사회혁신 활동에 있어서 유용한 조직 형태가 될 수 있다.

2. 정책 의존성을 극복할 수 있는 시민주도 활동 방식

❶ 다자간 협력을 통한 콜렉티브 임팩트(Collective Impact)

콜렉티브 임팩트'란 특정한 사회문제를 해결하기 위하여 정부·기업·시민사회 등 다양한 구성원이 모여 공통의제를 설정하고 문제해결을 위해 노

력하는 것'을 의미한다.따라서 기존의 민관협력 모델이 성과측정에는 큰 관심을 보이지 않았던 것과 달리 콜렉티브 임팩트는 민간부문이 적극 참여하고 문제해결에 성과측정체계를 강조한다는 점에서 새로운 지역문제 해결 방식으로 주목받고 있다.

콜렉티브 임팩트 성공요건

공동의 목표	• 비전 공유, 문제에 대해 동일하게 인식, 합의된 행동 접근 등
공동의 성과측정체계	• 측정 사항에 대한 합의, 환류를 통한 학습, 공통지표 인지 등
상호활동 촉진	• 각자의 계획은 서로에게 도움이 될 수 있는 계획 수립, 이를 바탕으로 다양한 이해관계자 결합
지속적인 의사소통	• 신뢰 증진, 상호의 계획 이해 확장하는 의사소통체계 마련
중추지원조직	• 전체 계획의 수립과 추진, 평가, 자원 연계 등을 이끄는 핵심 운영조직

❶ 사회성과보상 사업으로 향토지식재산을 활용한 사업에 대한 민간투자 활성화 사회영향채권(Social Impact Bond : SIB)으로 직역할 수 있는 SIB는 사회문제 해결을 위한 공공사업을 민간 자본으로 추진하고 성과목표 달성 시 정부가 약정된 기준에 따라 사후적으로 예산을 집행해 민간에 상환하는 방식.이다. 실재 운영 과정에서 채권이 발행되는 것이 아니라 공공기관-운영기관-민간투자자간의 투자 계약 형태로 계약을 체결해 진행하고 있어 사회성과보상계약이라고 명명할 수 있다. 2010년 영국에서 첫 SIB

가 시작된 이후 전 세계에 빠른 속도로 확산되고 있 는 새로운 사회문제해결 자금조달 방식으로 필요하나 불확실성이 높은 사업에 대해 시행해 정부의 불필요한 행정 비용 집행을 방지할 수 있다.

① 정부는 운영기관과 계약 체결, 성과에 따른 예산집행을 약속

② 운영기관은 민간 투자자와 계약 후 사업자금 조달

③ 운영기관은 사업 수행기관 선정 후 관리

④ 수행기관은 사회문제 개선을 위한 서비스 제공

⑤ 사업 종료 후 독립된 평가기관이 성과 지표 측정/확인

⑥ 평가기관이 성과 측정결과를 성과보상자(정부)와 운영기관에 전달

⑦ 성과보상자(정부)는 결과를 바탕으로 운영기관에게 예산 집행

⑧ 운영기관은 투자자에게 투자원금 및 이자 상환

〈출처 : 사회투자지원재단(2023) '화성시 2차 사회적경제기금운용 계획'〉

윤혜진 산업문화갤러리 잇츠룸 관장

울산산업'이야말로, 우리의 향토지식재산

61년 전, 대한민국특정공업지구 지정. 대한민국을 혁신시킨 울산人, 도시(국가)의 혁신은 결국 '사람'에서 비롯된다는 것을 증명.

지난 6월, 직원들과 함께 연구소 인근에서 울산공업축제 행렬을 관람했다. 이 축제는 61년 전, 울산이 '대한민국특정공업지구' 지정을 기념하기 위해 시작되었다. 당시 너무나 배고팠던 시절, 지역기업들이 설탕과 비료 등을 시민들에게 무상으로 나눠주며 그 분위기를 돋웠다.

지금은 상상도 못 할 정도로 지독하게 굶주렸던 그때, 그 축제가 일반 시민들에게 얼마나 귀하고 감사한 축제였을지, 직접 겪지 않았어도 그 흥분과 설렘이 눈에 선하게 그려진다. 함께 행렬을 지켜본 20대 외국인 연구원들은, 한국이 그 정도로 가난한 나라였다는 것이, 도저히 상상이 가지 않는다고 했다.

그렇게 울산은 '대한민국을 혁신시킨 제1주자'다. '혁신'은 기술적 우월성이 아니라, 시간여정에 따라 '특정 채널을 통해 소통되는 과정'이라고, 에버렛 M.로저스가《혁신의 확산》말했다.

그렇다면 우리의 혁신은 과연 뭘까?

미디어의 혁신이 된 중국의 종이. 사마르칸트에서 이집트 북아프리카, 그리고 이탈리아를 거치면서 전 유럽으로 확산되었고, 우리의 종이길은 고구려를 통해 일본으로 이어졌다. 종이길이 번지는 공간과 시간의 모든 지식은 데이터화되었고, 전파되는 곳마다 혁신적인 문화와 상업을 불러일으켰다. 지금의 종이, 지금의 혁신은 '소프트파워'다. ICT(정보통신), BT(생명공학), NT(나노), ST(우주항공), ET(환경에너지), CT(문화), DT(디자인융합) 등의 유망기술을 의미한다.

당면한 현실을 타개하기 위한 소프트파워는 아주 자연스럽게 시민들의 사회적 요구와 각 분야의 목적을 이해하기 위해 자연발생적으로 탄생한다. 그래서 기존의 하드웨어 환경과 기술에 생명력을 불어넣을 수 있는, 그 공간과 장소가 품은 소프트웨어(수학/물리/인문학 등)를 파악해야만 한다. 이미 전 세계적으로 하드웨어 물리적 일자리는 퇴화되고, 정신적 소프트웨어의 일자리가 수도 없이 창조되고 있다. 이것은, 도시가 '진화하는 유기체'라는 증거로, 특히 도시의 생존력을 만들어내는 힘(소프트웨어)은 결국, '사람'에서 시작된다는 것을 말해준다.

이 사람의 힘, 내가 보고 경험했던 울산사람의 힘을, 울산에 오시는 분들에게 반드시 보여드리고 싶었다. 나날이 고도화되어 가는 사회에서 울산만의 인문학적 배경과 그 가치를 다시금 상기시키고 싶어, 울산 산업인들을 인터뷰해가기 시작했다. 그 결과, 뜻을 함께하는 160명 이상의 울산사람들의 이야기와 영상이 차근차근 쌓여갔고, 자연스럽게 '산업문화갤러리'라는 공간도 생겨나면서, 드디어 한 권의 책으로도 출판되었다.

그 책의 출판 덕분인지, 얼마 전 출장을 마치고 한국으로 돌아가는 길에 유니스트에서 연락이 왔다. 우리 울산 기술자들이 주장해오던 '산업 인공지능 도시로서의 울산'을 과기부에 제출할 기회가 왔다고. 울산 산업빅데이터 센터를 위한 기획서는, 몇 해 전부터 공공 또는 민간의 대내외적 전문가들과 그리고 울산의 크고 작은 IT, IoT, ICT 관련 기업들이 지속적으로 주장해 왔던 숙원사업 이였다.

○ 울산에 잠재된 준비된 밑천, 대기업에서 독립한 고급 산업엔지니어들.
  몇 번이나 몰아닥친 불경기에도 울산이 절대 쓰러지지 않았던 이유.

산업도시 울산의 외형은, 높은 굴뚝과 쉴 새 없이 생산되는 자동차. 거대규모로 제작 중인 선박 등을 보면 울산은 분명, 굴지의 대한민국 최고 산업수출 강대국이다. 국내총생산 30% 이상을 차지하는 제조업은, 그야말로 최근 4차 산업혁명시대에 더욱 중요한 산업이다.

하지만 대기업 위주 독점 성장에다, 저출산/고령화와 인구/소비 절벽 앞에, 중소기업 절반은 거의 연명 수준에 가까운 국제 정세에 몰리면서, 울산역시 그 영광의 불길이 점점 식어가고 있다. 울산은 '대기업의 도시'라고 불려지고 있지만, 사실 그 대기업들의 본사는 서울 또는 타도시에 있다. 즉, 울산이라는 도시는 '브레인'이 아닌, '손발' 기능에 국한된 한계를 안고 있다는 증거다.

거기다, 글로벌 시장에서 활약하고 있는 우리나라 대기업 대부분은 제품판매에 의한 매출만 지향할 뿐, 공급자와 수요자를 직접 연결하는 플랫폼 기능은 거의 없다. 생산자와 소비자가 함께 진보해가는 공생관계는 존재하지 않은 채, 파이프라인 대기업들의 우월적 지위에 많은 희생을 요구받아 왔다.

대기업에 의존치 않고 생존에 몸부림치는 대한민국 중소기업들이, 건강한 자생을 이어가기 위해선, 우선 그 기업들의 생존체계를 면밀히 파악해야만 한다.

기업은 제도 하에 움직이는 학교도, 조직적 체계도 아니니 말이다. 그야말로 생존에 목숨을 건 정글과 같은 약육강식의 생태계에서 '언젠가는 생쥐가 사자도 될 수 있다는 희망'으로, 그 힘을 눈물겹게 길러야만 하는 생존경쟁의 터전이 바로, 산업생태계인 것이다.

하드웨어만을 잘 만들어내는 도시로는 경쟁의 우위를 지키기 힘들다. 산업간의 경험적 기술의 통합과 인적 교류의 장을 활성화시킬 핵심자원, '밑천'이 있어야 한다. 여기서 밑천은 단순 '물질'이였던 이전과 달리, 사람의 정보/기술/지식/노하우 등을 기반 한 아카이브적 자원이다.

클라우스 슈밥(다보스포럼 창시자)은 '정신(상황맥락지능)/마음(정서지능)/영혼(영감지능)/몸(신체지능)'을, NEW시대의 필요 능력/지능이라고 했다. 이 네가지 모두, 가장 인간본질적 특성으로, '미래는 우리 안에서 변화하기 위해, 훨씬 전부터 우리 내부에 존재해 있다.'라고 했다. 그러한 측면에서, 환경/기술적 자원과 함께 우리 울산에 잠재된 미래의 '밑천'은 무엇일까?

보통 울산은 대기업 우선/위주/중심 도시, 또는 몇몇의 대기업에 의해 도시생명이 좌우지된다고 한다. 하지만 이는 큰 오해며, 착각이다. 울산이 '대한민국특정공업지구' 지정된 61년 전을 시발점으로, 울산은 30여 년 전부터 대기업에서 독립한 고급 산업엔지니어들이, 자력으로 1인 창업기업을 활발하게 시작한 도시다.

대기업이 절대적으로 군림하는 우리나라 대한민국 경제구조의 고질적 먹이사슬에도 불구하고, 현재 100여 개 이상의 강소기업들이 울산에 당당히 존재하고 있다. 더욱 놀라운 것은, 이러한 자수성가형 기업 대부분은 이미 대기업 의존도가 30% 미만으로, 우리나라뿐만 아니라 세계 각지에서 성장하고 있다.

대량생산체제에서 자본을 출자하는 대형 사업가들이 돈을 벌었던 기존의 레드오션(Red Ocean) 시장에도 불구하고, 울산강소기업들은 현장에서 쌓아온 저력의 네트워크를 토대로 블루오션(Blue Ocean)을 창조해 냈다.

그렇게 울산은 계획부터 생산까지 유기적으로 가능한, 4차 산업혁명과 스마트팩토리의 세계적 제조업 혁명을 등에 업고 지금까지 왔다. 이와 같은 현장에서 검증된 기술자들의 창업, 그리고 주력산업의 다양성이라는 장점으로, 울산은 세계와 대한민국에 몇 번이나 몰아닥친 불경기에도 절대 쓰러지지 않고 건재(健在)해 오고 있다.

○ 울산, 세계적으로 진귀/희귀한 최대규모 산업데이터 축적,

　세계 유일 IDT(Intellectual Data Technology) 태화강에코라인을 기대.

현재, 과학기술정보통신부는 데이터거래 플랫폼구축을 위한, 데이터 공

급/가공/구매 자(者)의 연결사업을 아주 빠르게 진행하고 있다. 하지만 미국은 이미 산업데이터 거래 규모가 400조 원 인데 반해, 한국은 겨우 미국의 1/200에 상당한 5000억 원 규모에 불구하다. 대한민국의 이런 뒤처짐을 가장 빨리 따라잡기 위해서는 다시 울산이 앞장서야 한다.

데이터거래 플랫폼의 메인사업인, 글로벌 예지보전 시장은, 2021년 42억 달러에 머물렀지만 갑자기 연평균 30.6% 이상 가파르게 증가하면서, 2026년에는 159억 달러 그 이상까지 예상하고 있다. 이런 시점에서, 지금 울산이야말로 산업데이터 발굴과 가공, 그리고 거래를 위한 세계 시장을 선점할 수 있는 절호의 기회다. 이미 울산의 다수 기업들은 산업엔지니어링 설비들의 실시간 빅데이터로, 국내외에서 사고/화재/고장을 예지한 상당한 실적으로 이미 해외에서 활약 중인 업체들도 많다. 전류 설비예지보전 기술에 의한 산업데이터 사업들은 클라우드에 기반한 ESG 경영기반 구축과 EMS 실현 기술을, 울산은 독보적으로 보유해 나가고 있다.

이렇게 세계적으로 진귀/희귀한 산업구조를 창출/보전해 온 울산은, 최대 규모의 산업데이터들을 폭발적으로 축적하면서, 울산만의 독창적 부가가치로 성장하고 있고, 그 증거는 다음과 같다. 울산 산업현장에서 발생하는 양질의 매시브 데이터 축적의 결과로, 작년 과학기술정보통신부의 '국가산업단지 5세대(5G) 이동통신 융합서비스 프로젝트' 실증사업(총 사업비 480억) 공공안전분야의 주관기관으로 선정되며 가장 많은 사업비를 확보했다(KT는 공공의료/국방, SKT는 물류 분야).

이에, AI빅데이터 전류예지보전 기술을 주목해, 세계 3대 엔지니어링 회사인 ABB와의 기술적 협력을 성사시켰고, 핀란드에 본사를 둔 다국적기업 노키아(Nokia)와도 Use Case(유스케이스:사용사례) 개발공급 협력사업을 진행했다.

그리고 Softbank(대표 손정의)에서 1500억원의 투자를 받은 미국기업 벤틱(Vantiq)의 CEO가 직접 울산을 방문해, AI빅데이터 전류예지보전에 의한 글로벌적 전기에너지 절감을 위한 해결책을 협의했다.

그러면서 중소벤처기업부의 대한민국 제조업과 서비스업의 융합을 위한 'K-인공지능 제조데이터 서비타이제이션 대전'에서 당당히 대상을 받았고, 지금은 대통령상을 수여하는 '범정부 공공데이터활용 대회'에 IoT 기반 산업안전관리시스템을 위한 미래예측 AI예지보전으로, 울산을 대표해 준비 중에 있다.

이러한 성과를 기반으로, 우리 눈에는 보이지 않았던 산업지식정보의 자산들을 '혁명(플랫폼 레볼루션)'시키기 위해서는, 세계 유일의 IDT(Intellectual Data Technology)센터 건립도 기대해 볼 수 있다. 울산 전체의 데이터자원을 발굴/개발해 '세계적 산업데이터 공유 플랫폼 성지'를 구축하게 된다면, 데이터를 연구하기 위한 전 세계의 인재들이 울산으로 모여들게 될 것이다.

그러면서, 향후 현장기술자들로 주축이 된 친환경 산업에너지를 강조한 'AI산업데이터 연구단지'가 조성되면서, 그 인근에 연구를 집대성할 굴지의 글로벌 데이터 기업들(구글, 마이크로소프트, 소프트뱅크 등)이 태화강의 수변라인을 휘감게 된다면, 태화강은 그야말로 세계 최고/최대의 제조산업 데이터군(群)의 미래형 에코생태 산업라인이 조성되면서, 이 시대가 정말 원하는 의미있는 국가정원으로도 발돋움 할 수 있다.

헤밍웨이《태양은 다시 떠오른다》에서 '당신이 어떻게 바닥이 되었냐'고 묻자, 주인공은 이렇게 말한다. '서서히, 그러다가 갑자기…' 울산이 이와 같은 운명에 처하지 않길 바라며, 최고의 기술 장인들이 현장에서 차곡차곡 쌓은 제조산업 인공지능의 씨앗이 싹터, 울산이 또 한 번 한국의 경제 기적에서 나아가 글로벌 산업생태계를 전복(顚覆)시켜버리게 될 것을 기대한다.

이청수 중기부 소상공인성장촉진과 사무관

향토지식재산를 활용한 창의기반 소상공인 육성의 중요성

① 라이프스타일 브랜드 육성

지난 2년 동안 사회적 거리 두기와 시혜적 소상공인 정책으로 인해 소상공인은 어느덧 복지의 대상이 되었다. 우리사회는 재난지원금, 정책자금 등 소상공인에 대한 보조금을 지급하면서 왜 우리사회가 소상공인을 살리려고 하는지, 어떻게 살려야하는지에 대한 고민이나 사회적 합의는 없었다.

소상공인이 중요한 이유는 소상공인이 창의적 기업이 탄생하는 원천이자 씨드라는 점, 각종 소비재를 합리적인 가격으로 공급한다는 점, 지역내에서 생산과 소비활동를 일으켜 지역경제 활성화에 기여한다는 점 등 수없이 많다.

최근 수출부진으로 인한 무역수지 적자에 이어 경상수지 적자까지 산업재와 수출중심의 경제구조에는 취약성이 노출되고, 노동집약적 제조업과 경기민감

주로는 주기적으로 호황과 불황을 반복하고 있다. 특히 미국의 〈프렌드 쇼어링 정책〉에 따른 글로벌 밸류체인의 붕괴는 우리가 가지지 못한 향토지식재산 등을 활용한 고부가가치 서비스산업과 창조적 소규모 제조업이 아쉽다.

우리나라 경제는 새로운 성장을 동력을 찾아야 하고, 그 답은 생각지 못한 곳에 있다. 전체 사업체 중 93.8%가 소상공인이고 사업체 수로는 무려 684만개에 이르고, 만약 이들을 고부가치 서비스기업과 창조적 소규모 제조업으로 변화시킬수 있다면 우리나라는 또다른 성장엔진을 갖게 될 것이다.

최근 루이비통으로 유명한 LVMH가 유럽 최초로 시총 4,000억 유로를 넘어섰고, 프랑스의 경우 시가총액 1위부터 4위까지가 모두 전통적 소상공인 영역에서 시작한 소비재 기업들이란 점을 주목할 필요가 있다.

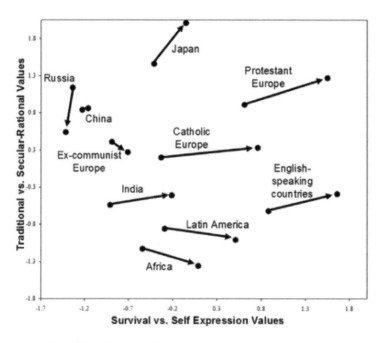

Source: Edouard Ponarin's presentation

우리나라도 서유럽 국가나 스타벅스와 코카콜라, 나이키로 대변되는 미국처럼 서비스산업과 라이프스타일 산업이 발전하였다면 어땠을까? 소상공인 중심의 경제로 탄탄한 내수경기가 받쳐주는 경제구조였다면 어땠을까? 산업재 수출이 어려울 때 이를 뒷받침 해주고, 세계인이 우리나라의 골목상권을 찾아 내수경기를 뒷받침 해주었을 것이라 생각한다.

최근 라이프스타일 산업이 뜨고 있고, 보통 국민소득 2만달러 이상의 나라에서는 그 이하의 나라와는 다른 사회적 현상이 나타나는데 바로 '라이프스타일의 다양화'를 의미한다. 획일적이고 표준화된 삶을 거부하고 좋아하는 일을 하고 행복하게 사는 자신만의 방식을 추구한다는 점에서 차별화가 이루어지고 있다.

해외의 스타벅스는 이태리 커피 문화를 미국에 전파하겠다며 창업하여 세계적 기업이 되었고, 북유럽의 합리적인 가구문화를 제공하는 이케아나 건강하고 포틀랜드의 아웃도어 도시문화를 전파하는 나이키 등도 모두 어찌보면 향토지식재산을 활용하여 라이프 스타일 기업으로 성장한 사례라 볼 수 있다.

최근 우리나라에서도 이러한 현상이 벌어지고 있고. MZ세대들이 혹은 대학생들이 취업보다는 '나다움'을 추구하며 창업하여 성공하거나 혹은 일정한 수준의 수입을 통해 자기만의 라이프스타일을 다른사람에게 전파하고 있다.

소위 '리단길'이라 불리우는 골목상권에는 MZ소상공인이 창업한 수많은 퍼스널 브랜드가 자리 잡고 있고, 골목상권이 아니더라도 오래된 부품공장이나 우체국 등을 빈티지 감성의 베이커리 카페로 변화시키는 어니언, 서핑 문화를 확산시키며 성장하고 있는 서피비치, 수제초콜릿과 무알콜 와인 뱅

쇼를 만드는 로렌츄컴퍼니 등 너무나 많은 라이프스타일 기업이 향토지식재산을 활용하여 탄생하고 있고 성장하고 있다.

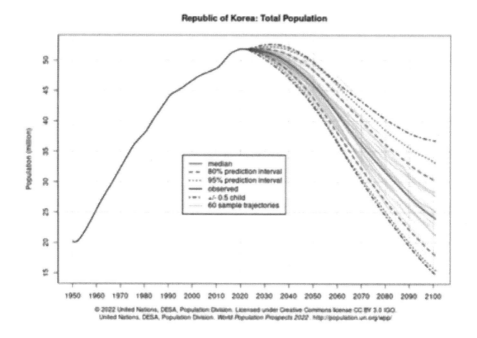

② 로컬 브랜드 육성을 통한 지역소멸 방지

'21년 기준으로 절반이 넘는 인구가 수도권에 거주하고 있고. '20년을 정점으로 인구는 감소하기 시작하여, UN에 따르면 2100년 우리나라 인구는 3,766만명, 2100년에는 절반까지 줄어든다고 발표하고 있다.

정부의 지역발전 정책은 도시 재개발, 대규모 제조업 이전 등을 중심으로 추진되었으나, 콘텐츠 부족과 인건비 상승 등으로 역부족상태를 보이고 있다.
이와 함께 지방소멸 심화와 지역대학(전문대학) 역할 축소로 지역인재의 수도권 유출이 심화되고 있다.

'2010년 이후 새롭게 등장한 비기술 기반의 창의적 소상공인은 향토지식재산을 활용하여 원도심 골목상권을 중심으로 새로운 로컬브랜드를 개척 중. 강릉의 커피산업이나 양양의 서핑산업과 같이 그동안 없던 골목산업을 만들어 내고 있고, 성심당, 이성당, 삼진어묵 같은 오래된 로컬브랜드는 지역성과 혁신성을 접목하며 일자리를 창출하며 성장하고 있다. 또한. 테라로사와 제주맥주와 같은 새로운 로컬브랜드도 나오기 시작하였다.

지역기반의 창의적인 소상공인인 로컬크리에이터를 본격 육성하여, 지역청년의 체류형 창업을 지원하고 수도권의 인재의 지방 유입을 유도하여 지역의 일자리와 경제를 활성화 시키는 것이 무엇보다도 중요하다.

중소벤처기업부의 창의기반 소상공인 육성 정책 발향

중소벤처기업부에서는 향토지식재산 등을 활용하여 지역기반으로 성장하는 창의적인 소상공인을 기업가형 소상공인이라 칭하고 이에 대한 본격적인 육성정책을 발표하였다('23.5.16)

첫번째 소상공인을 소상공인이라 부르지 않고, 라이프스타일과 로컬기반의 혁신 유니콘 기업을 만들겠다는 의미의 '라이콘'기업으로 브랜드화하고 있다.

두번째 창업 전 단계에서부터 인재를 육성하는 스타트업이나 문화산업과 달리, 이미 창업한 소상공인 지원에 집중해 있어, 잠재력 있는 소상공인의 양성과 재교육에는 미흡하였다는 지적이 있다.

도시에 숨겨져 있는 공간, 역사, 문화, 공동체 등의 스토리 자원으로 새로운 콘텐츠를 개발하고 이를 통해 로컬브랜드 기업가를 육성해야 할 것이다. 이번 대책에서는 인구감소와 함께 역할이 축소되고 있는 지역(전문)대학에 생활산업과 로컬이 연계된 융합 부전공 제도를 만들고, 기업가·장인정신을 교육하고 훈련하는 프로그램을 도입한다는 내용이 포함되었으며, 민간의 교육기관을 양성하여 소상공인을 콘텐츠 산업화하겠다는 내용도 담겨졌다.

세 번째 MZ세대를 중심으로 생겨난 창의적 소상공인을 육성할 계획으로. 성장단계별 육성 전략을 통해 로컬크리에이터를 지역상권을 견인하고 대표하는 로컬브랜드로 키우는 것이 중요하다.

네 번째 소상공인이 로컬브랜드가 되고, 이들이 집적화하여 독립기업 중심의 상권을 육성할 계획이다. 특히 상권의 지속가능성을 생각한다면 로컬브랜드가 중요한데, 이번 대책에서는 기업가형 소상공인 육성 방안을 통해 로컬브랜드를 키워내고, 이들을 중심으로 로컬브랜드 상권으로 발전시킬 계획이다.

청년을 지역에 머물면서 체류형 창업을 할 수 있도록 직주락 창업공간을 만들고, BTS를 만든 하이브와 같은 골목상권기획자(상권기획자)를 만들고, 마중물 자금역할을 할 상권기금 조성, 상권의 다양한 이해관계자가 참여하는 상권투자모델까지 원스톱으로 이어지는 정책 마련이 중요하다.

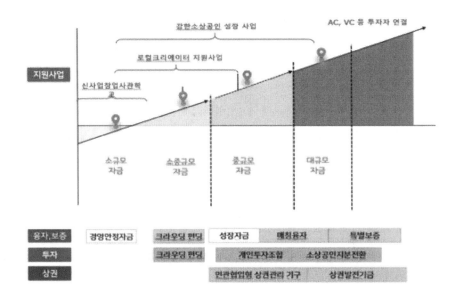

이러한 정책적 노력을 통해 지역은 소멸의 도시가 아니라 세계인이 찾는 글로컬의 도시가 될 것이라 기대한다. 인구소멸의 문제를 출산율이 아닌 기업가형 소상공인이 만드는 행복한 로컬상권과 일자리에서 찾는 새로운 해법

으로 지역소멸을 방지하고 지역을 혁신할 필요가 있다.

황종규 동양대학교 교수

로컬(지향)의 시대

지역이 보유한 무형의 자산을 '공동지식자산'으로 발굴하여 지역위기 극복을 위한 새로운 '성장동력'으로 만드는 지역혁신 전략은 일상의 생활양식뿐 아니라 지역경제의 뿌리를 이루는 삶의 원형질을 미래 자산으로 재생한다는 측면에서 긍정적이다. 그러나 그것은 지역에 마지막 남은 자원을 수탈하는 방식이 아니라 '지역적 삶'을 재구성함으로서 지속성과 회복 탄력성을 높이는 방식이 될 때 지역위기 극복에 도움이 될 것이다.

최근 MZ세대를 중심으로 새로운 '로컬적 삶'을 꿈꾸는 '탈서울'이 하나의 '현상'으로 나타나고 있으며, 이와 관련하여 마쓰나 게이코 교수는 포스트 자본주의 사회를 맞아 '다르게 살기'를 꿈꾸는 젊은 세대의 남다른 세대 감성이 2011년 동일본대지진 이후 하나의 사회 흐름으로 자리 잡고 있다고 분석하면서 이를 '로컬지향의 시대'로 부르고 있다.

여기서 '로컬 Local'은 '지방'이나 '지역'이라는 공간 지향적 개념이 아니라 '탈중앙', '탈성장', '다르게 살기'를 '자발적'으로 선택하는 가치 지향적 개념으로 사용되고 있다. '끊임없는 팽창'을 추구하는 자본주의 문명에 대한 MZ세대의 성찰적 반응이라는 측면이 기저에 존재하는 것이다.

동시에 '고용없는 기술혁신'과 '성장 신화'가 표준화된 삶과 소비 양식을 강제하면서도 한편으로 청년세대를 경제·사회적으로 배제하는 것에 대한 저항이라는 측면이 존재한다. 최근 유례없는 '출산파업'도 이런 측면에서 설명하는 관점도 존재한다.

로컬의 가치

노동 : 일에 대한 가치관이 조직의 성공보다 자신의 보람과 만족, 승진과 성공보다 작은 인정과 가치 부여를 우선하게 되며, 단순 작업보다 창조적 작업을 선호하는 경향이 나타나고 있다. 이러한 경향은 재택, 원격, 온라인 등과 같은 노동환경의 변화와 맞물려 '워라밸' 지향의 새로운 라이프스타일을 추구하게 된다.

소비성향 : 환경 감수성, 연대와 같은 사회적 지향을 강하게 나타내며 최초(First) 및 진품 지향을 가지게 되어 대량 생산 상품보다 장인들의 수공예품이나 DIY와 같은 직접 만든 것을 선호하는 경향을 나타낸다. 최근 청년 창업이 카페, 공방, 빵집, 수제음식점, 독립책방, 업사이클 매장 등이 주류를 이루는 것도 이러한 경향을 반영하는 것이다.

로컬크리에이터 : 모종린 교수는 로컬크리에이터를 "자신이 하고 싶은 일을 지역자원을 활용하여 실현하는 창의적 소상인"으로 정의하며, 이들이 만들어 내는 '로컬브랜드'가 지역의 상권을 재생하거나 새로이 형성하는 역할을 하고 있다고 분석하고 있다. 그의 조사에 의하면 그들의 50% 가까이가 지역문화(30.7%)나 이야기 자원(17.9%)을 창업의 핵심 아이템으로 삼고 있다고 한다.

로컬 브랜드 : 전통적 골목 산업인 식음료, 스테이, 카페에서 출발하여 디

자인, 미디어, 엔터테인먼트, 소셜벤처, 문화기획, 도시재생 스타트업 등 다양한 로컬기업으로 발전하여 지역만의 가치를 창의적 비즈니스로 만드는 로컬 브랜드로 성장하고 있다. '재주상회'와 '연남방앗간' 같은 로컬편집숍, 공주 '제민천', 제주 '플레이스 캠프'와 같은 앵커스토어 및 대전 '월간 토마토', 광주 '전라도닷컴', 옥천 '옥이네' 등의 로컬미디어로 연결되는 하나의 생태계를 구축하고 있다.

독립기업 : 가격, 서비스, 생산방식에서 대기업과 차별화되고 지역특화를 이룬 기업으로 대전 성심당의 경우 프랜차이즈 없이 대전에 4개의 매장을 열어 '성심당 거리'를 대전의 핫 플레이스로 만들었고 "성심당은 대전의 문화입니다"는 슬로건은 독립기업의 가치지향을 명확히 보여준다.

로컬과 지역혁신

로컬시대는 향토지식재산의 (사회적) 비즈니스화를 촉진하게 될 것이고, 그것이 '로컬적 삶'에 필요한 일상의 수요를 지역 내에서 해결하고 유통시키는 '로컬 생태계'를 구축하는 방향으로 진행될 것임이다. 그것은 자원투입형, 전략 계획 우선형의 중앙중심의 접근방법보다는 활동과 관계 중심의 발생론적 접근방법이 필요함을 말해준다.

EU의 지역혁신론이 기술중심의 경제적 접근에서 사회문제해결과 공동체지향의 사회적 접근으로 그 중심방향을 전환한 것은 '일상의' 문제를 해결하지 못하는 '혁신'에 대한 반성에 근거한 것으로 보이며 '사회혁신'을 지역혁신의 중심에 자리잡게 한 요인이다.

중앙정부와 지방정부 모두가 청년들의 로컬 창업을 일자리 문제뿐 아니라 지역위기 해결의 전략지점으로 보지만, 로컬 지향성을 확장하고 그들의 라이프스타일을 응원·지지하는 방식보다는 창업에 대한 직접 지원을 통해 실적 보고와 '성공사례'발굴에 매달리는 방식으로는 목표와 수단이 어긋나는 악순환을 반복할 가능성이 높다. 즉 미래를 과거로 만들려고 하는 우를 범하는 것이다.

기존의 지역혁신이 R&D 기구와 기업을 중심으로 체계를 구축하였다면, 향토지식재산이 지역혁신의 자산으로 기능하게 하기 위해서는 '과거'의 지역적 삶을 산업화시키는 방식보다는 '미래'의 로컬적 삶이 지역 내에서 일상의 수요를 충족할 수 있도록 '지역화를 위한 생태계 구축을 정책목표로 고민할 필요가 있다.

향토지식재산이 지역혁신의 요소로 작동하기 위해서는 정책적 설계도 중요하지만 이미 로컬에서 발생하고 있는 맹아들과 그들의 생태계가 작동하는 방식을 기존 혁신체계가 어떻게 이해하고 소통해 나갈 것인지가 관건일 수 있다. 로컬크리에이터들은 향토지식재산을 스스로 발견하고 자신의 삶에 녹여내는 것을 비즈니스모델로 만들어가고 있는 '일상이 실험인 삶'을 살아내고 있기 때문이다.

마지막으로 지역적 삶이 가치있는 것으로 사회에서 인정되지 않는다면 향토지식재산의 가치는 혁신적 기업이나 외부의 전문가들에게만 의미있는 무엇이 될 가능성도 있다. 그런 측면에서 "로컬은 새로운 기회가 아니라 (다른) 삶의 태도이다"라고 한 우치다 타츠루의 이야기는 음미할 가치가 있다.

4 전북향토지식재산세계화사업(안)

1. 사업 배경 및 필요성

국가지식재산위원회는 제2회 향토지식재산포럼을 전주에서 개최한 후 전북특별자치도를 향토지식재산시범사업지로 지정하고, 전주대학교와 동사업과 관련하여 MOU를 체결하고, 필자를 2024년 5월1일자로 전주대 특임교수로 임명하였다. 이에 따라 7개월간의 사업준비를 거쳐 2025년 3월4일 전북도청 백년세대에서 사업제안발표를 하였다

가. 전북은 한류 문화의 기본이 되는 독자적인 문화적 유산과 다양한 지식재산을 보유하고 있으 며, 이를 글로컬 브랜드로 육성하기 위해서는 통합적이고 전략적 접근이 필요함.

나. 본 사업은 전북 지역의 주요 향토지식재산을 통합적 관점에서 보호하고, 이를 기반으로 한 글로컬 융복합 산업문화 생태계를 구축하여, 전북을 K문화수도 브랜드구축을 목표로 함.

다. 특히, K푸드의 상징인 전주비빔밥, 한류의 시발인 무주 태권도, 순창·고창·익산의 발효 그린 바이오산업, 남원 글로컬 청년문화, 군산-김제 글로벌 항공클러스터 조성사업을 중점적으로 다루어, 이들 향토지식재산의 세계화를 추진하고 지속 가능한 글로컬 융복합 산업문화 생태계 를 조성하고자 함.

2. 사업 목표

가. 전북 향토지식재산의 재발견과 통합적 보호를 통한 지역 중심의 강한 지역공동체 산업문화 기반구축.

나. 전북의 대표적인 향토지식재산을 글로컬 시장에서 경쟁력 있는 브랜드로 육성, 자립적 열린 지역사회, 문화, 경제 동반성장 유도.

다. 전북 주도의 지속 가능한 글로컬 융복합 산업문화 생태계 구축을 통한 전북의 K문화도시 브 랜드 확보 및 선도.

3. 사업 구성

[분야 1]: 전주비빔밥 세계화

○ 배경:

- 전주비빔밥은 K-FOOD의 대표적 아이콘, 글로벌 인식 제고 필요

- 전북 무형문화재 39호 등록(전통음식/전주비빔밥, 김년임, 2008)

- 전주시 UNESCO 인류무형문화유산 등재(전통한국음식문화, 2010)

- 전주시 UNESCO 음식창의도시 선정(비빔밥,한정식,콩나물국밥, 2012)

- 전주콩나물국밥(내셔널그래픽, 숙취에 좋은 세계 9가지음식, 2021)

-전주 미식관광을 위한 기본연구(2024)

○ 전개 방향:

1) 전주비빔밥의 글로벌 스탠다드 확립:

오방색 등 전주비빔밥의 전통적 요소 기준 및 표준화된 등급 제도(특

급, 상급, 보통) 구축.

2) 문화적 요소 표준화:

식자재, 인테리어, 공예품, 종업원 유니폼, 한지 조명, 스토리 디자인 등

비빔밥 관련 문화 적 요소 통합 표준화된 브랜드 이미지 구축.

3) 지역 소재 스마트 산업화:

전주비빔밥에 사용되는 지역 소재(8미, 10미)의 스마트 시스템 구축 및

파생 상품 개발.

4) 관련 파생 상품 발굴

전주비빔밥 관련 다양한 파생 상품(비빔밥고로케, 제과, 모주 등) 발굴

과 상생 융복합 시스템(Shop in Shop, 골목상권, 도농/글로컬 상생네

트워크) 구축

5) 공유브랜드 및 인증 전략:

기존 도농 외식업자 및 신규 사업자들을 대상으로 전주비빔밥 브랜드

의 차별화된 공유브랜 드/인증체계 구축(특허청, 국가유산청, 중소벤처

부 등 정부 지원 연계)

[분야 2]: 무주 태권도 세계화

○ 배경:

- 태권도는 대한민국 대표적 무형유산이자 한류 문화의 시작점

- 무주군 태권도 공원 조성 부지 확정 (2004)

- 전북 무형문화재 55호 등록 (전북 겨루기 태권도, 2016)

- 태권도 진흥 및 태권도공원 조성 등에 관한 법률 (2018)

- 태권도원 디지털 마이스 공간조성사업 선정 (2023)

- 태권도 유네스코 등재와 전북의 역할 콘퍼런스 개최(2024)

○ 전개 방향:

1) 태권도 성지화 프로그램

세계태권도연맹(WTO) 214개국과 태권도 수련인 2억 명 대상 〈태권도 성지화 프로그램〉 및 〈해외 거주 선도 태권도인과의 사회문화 네트워크〉로 전북 및 무주 태권도원을 글로벌 명소 로 자리매김.

2) K-BLUE ZONE(건강장수촌) 사업연계:

무주, 진안, 장수(무-진-장)지역을 연계하여 스포츠문화를 넘어 건강장수문화와 치유관광을 포함한 세계 6대 〈 건강장수문화사업 생태계〉 구축.

3) 글로컬 인재 양성: 전북 소재 대학과 연계하여 〈e스포츠, 아트공연스포츠, 생활스포츠 등 태 권도 관 련 융복합생태계〉를 선도할 글로벌 인재 양성 프로그램 마련.

4) 태권도 세계화에 따른 다양한 융복합 산업문화 생태계를 수행할 글로컬 민간 전문기관육성

[분야 3]: 순창, 고창, 익산 발효 그린바이오 세계화

○ 배경

- 고추장, 식초, 김치 등 전북 지역의 발효식품은 이미 세계적 브랜드 인지도 확보, 이를 더욱 체계적으 로 발전시키기 위한 지역별 특성을 활용한 그린바이오산업 세계화 절실.

- (순창군) 고추장 지리적표시 제8호 등록, 대상 등 국내 대기업과 협업환

경 보유

- (고창군) 복분자주 지리적표시 제3호 등록, 국내 유일한 식초 문화 도시

- (익산시) 국가식품클러스터 소재지이자, 그린바이오 거점도시

- 순창군/고창군/익산시 발효 그린바이오 산업은 전북내 무주 〈태권도 성지화 사업〉이나 무진장 〈K-BLUE ZONE 사업〉, 전주 〈K-FOOD 사업〉과 연계

○ 전개 방향:

1) 건강한 K-FOOD 체험 산업화:

전북특별자치도의 신한류 중심도시 정책과 연계하여 K-FOOD 체험, 교육, 음식관광, 치유 상품 등의 산업화 추진.

2) 발효기술 및 생활문화 발굴

AI, IOT, NANO 기술을 활용한 맞춤형 고부가 건강 가치 상품화.

3) 지속가능한 협업 시스템 구축:

도농의 관련 전문기업, 지자체, 대학 등과의 협업을 통해 자립적이며 지속 가능한 민간협업 추진 인프라 구축.

4) 상생 공동비즈니스 생태계 구축

전통시장, 소상공인 연합회 등과 협력하여 소비자, 투자자, 일자리 창출을 도모하는 상생 공 동비즈니스 생태계 구축.

[분야 4]: 전주 한옥, 소목(공예), 한지 세계화

○ 배경

- 전북대 미국 조지아주 한옥 기술 이전 (2021.7)

- 천년 전주 전통 기술의 지적자산을 통한 산업연구

  (2008-2010, 문화체육관광부)

- 전주시의 기존 한지 산업의 문제점 보완 필요성

- 서울시 한옥 지원사업(서울 한옥 4.0 재창조 추진계획, 2023.2)

○ 전개 방향

1) 한옥-내부 가구나 인테리어(소목), 조명- 한식 등 생활문화가 중첩적이고 다양한 포괄적인 생태계적 접근방법

2) 한옥에 적용되는 전통 기술인 짜맞춤 원리를 활용한 국내외 다양한 체험교육 프로그램개발 및 전문 짜맞춤 공예산업 확대

3) 한옥-소목공예-한식 문화 등 융복합 산업생태계를 위한 글로컬 전문기관 및 전문인력양성

4) 한옥(전주한옥마을), 짜맞춤(공예 인테리어), 한지(조명, 인테리어 디자인), 전주 음식(전주비 빔밥, 전주 모주), 전문 인재 양성(전북대, 전주대) 등 종합연계 세계화

[분야 5]: 남원 글로컬 청년문화 세계화

○ 배경

- 남원시는 춘향전(단오절)과 동남아에 널리 퍼져있는 견우직녀(칠월칠석)/선녀와 나무꾼을 상 징하는 광한루와 오작교를 보유한 국내유일한 전통문화 중심지

- 춘향전이 품고 있는 신분제 초월 스토리와 견우직녀라는 도시농촌근로자, 다문화가정 및 해 외 근로자간의 교류 모티브

- 특히 국내 유학생 20만 명, 해외근로자 93 만 명, 다문화가족 120-250 만 명 환경 속에서 〈동남아에 널리 퍼져있는 설화 견우직녀와 칠월칠석을 모티브〉로 한 동남아시아 및 전 세계 청춘남녀들의 공식적인 만남의 장으로 세계화

○ 전개 방향

1) 남원시 차원 국내외 기본 연구

2) 초기 시범 행사로서 주요 도시(서울, 안산)와 주요 관련 단체와 공동수행

3) 남원시-전북특별자치도-국가의 국제 청년교류 행사로 발전

4) 문화체육관광부 공모의 중장기적 전략연구

5) 해외유학생, 해외근로자, 해외관광객, 다문화가정의 현실적인 고향이자 체험기술, 문화, 직업정보 등 사회, 문화적 네트워크 구축

[분야 6]: 군산-김제 글로벌 항공(물류·제조·관광·교육)클러스터 조성

○ 배경

- 지리적·지역적 특성을 반영한 항공(물류·제조·관광·교육)클러스터 조성으로 양질의 일자리 창출과 내방객 지속 유도로 지역경제에 기여

- 임진왜란때 비차(飛車)를 만든 김제 출신 정평구를 항공 역사에 편입

- 통과형을 체류형 관광지로 바꿀 수 있는 항공관광상품의 개발

- 항공관련 글로벌 기술지식을 도입하여 한국형 지식재산으로 발전시킴

○ 전개 방향

1) 물류 : 새만금국제공항(군산) 추진 동력 확보를 위한 활용 방안 설정

① 국제 항공화물운송의 동북아시아 거점화 유도(미국 UPS사 유치)

② 화물 환적, 급유, 경정비, 중정비(MRO), 도색 등 점진적 사업화 추진

2) 제조 : 김제 공항 부지 내에 소형(1.2km) 활주로 등 건설과 활용

　　① 소형(수상)비행기를 국내 도입·운항함으로써 조종·정비 기술 습득

　　② 전북 소재 한국탄소산업진흥원, 전북자동차융합기술원 등과 연계한
　　　한국형 소형(수상)비행 기 설계,제조(수출) 추진

　　③ 김제 비행장 주변에 제조 단지 조성, 시험 비행장으로 활용
　　　(※2012년 국토교통부 경비행장 후보지 선정)

　　④ 김제 출신 정평구(鄭平九)를 기념하는 항공기 역사 박물관 건립

3) 관광 : 김제비행장과 연계한 호수(저수지, 바다 등)를 활용

　　① 수상비행기(7인승)로 고군산군도 등 서해 도서(무인도) 관광 활성화

　　② 소형비행기(19인승) 활용한 울릉도, 흑산도 등 관광 비행 운항

　　③ 열기구와 수상비행기 운항을 병행하여 새만금 체류형 관광 활성화
　　　(※2023년 전북문화재단 열기구 관광사업 타당성 용역 실시)

4) 교육 : 드론, UAM(에어택시), 항공기 등의 조종사·정비사 양성

　　① 항공 물류·제조·관광 전문인력양성을 위한 글로벌 교육기관 운영

　　② 새만금 잼버리 건물 등을 활용한 항공레저스포츠 단지 조성과 활용

　　③ 은퇴한 항공기술자들을 영입한 철저한 도제교육 실시

4. 사업 기대효과

가. 전북 향토지식재산의 통합적 보호와 융복합 활용을 통한 강한 지역 중심
　　의 일자리창출과 지 역 경제 활성화.

나. 글로컬 시장에서의 경쟁력 강화로 전북 지역의 브랜드 가치 상승.

다. 지속 가능한 지식문화융복합생태계 구축으로 장기적 지역 발전과 경제적 자립, 나아가 전북 의 K문화수도 브랜드선점

5. 사업 추진 전략 및 실행 계획

가. 조사 및 재발견: 전북 향토지식재산의 현황 분석 및 세계화 가능성 평가.

나. 통합 보호 체계 구축: 향토지식재산의 통합적 보호과 관련 기술 표준화 및 인증체계 작업.

다. 글로컬 네트워크 구축: 지역, 국가, 국제 수준에서 글로컬 협력 네트워크를 형성하여 지속적 인 정보 교류와 상생 모델 개발.

라. 지속가능성 확보: 관련 기업, 학계, 정부 기관 등과의 협력을 통해 장기적 인 사업 지속가능성 확보.

6. 결론

본 제안서는 전북 지역의 향토지식재산을 보호하고 세계화하는 데 필요한 체계적인 접근과 지구촌속 전북의 신한류 중심도시 브랜드구축을 목적으로 하였다.

우선 전북의 대표적 향토지식재산인 전주비빔밥, 무주 태권도, 순창·고창·익산의 발효 그린바이오 산업, 남원 글로컬 청년문화산업, 군산-김 제 글로벌 항공클러스터사업을 중심으로, 전북의 독특 한 지식재산을 글로컬 시장에서 경쟁력 있는 브랜드로 육성하여 지속 가능한 글로컬 지역 발전을 끌어낼 것이다.

제10장

아름다운 글로컬 지식문화 강국 만들기 플랜

1. 백범 김 구의 문화강국론

독립운동가이자 민족지도자인 백범 김 구는 1947년 자서전 〈백범일지〉의 '나의 소원'에서 신생한국의 비전으로 '문화강국'을 제시하였다. 당시 이상은 높고 현실이 못 따라 준 극도의 빈곤시대(1948-61)속에서 나온 그의 비전은 초고속 성장정책으로 선진국이 된 오늘 대한민국의 나아갈 비전과 방향에 커다란 울림을 주고 있다.

백범 김 구선생의 문화강국비전은 4가지 명제로 요약된다.

첫째 명제, 창의성과 융합력이다.

"나는 우리나라가 남의 것을 모방하는 나라가 되지 말고, 이러한 높고 새로운 문화의 근원이 되고 목표가 되고 모범이 되기 원한다. 남의 나라의 좋은 것을 취하고 내 나라의 좋은 것을 골라서 우리나라의 독특한 좋은 제도를 만들어, 이를 통해 세계의 문운(文運)에 보태는 일이다'. 김 구선생은 우리나라가 지향해야 할 국가의 방향은 우리의 주체적 창의성육성과, 타국의 본받을 만한 것도 받아들이는 열린 자세와, 그를 넘어 우리의 좋은 것과 융합하고, 차별화된 지속가능한 제도시스템구축과 그를 통한 세계에 모범국가로서 이바지를 주장하였다.

둘째 명제, 문화의 힘이 문화강국의 동력이다.

"오직 한없이 가지고 싶은 것은 높은 문화의 힘이다. 문화의 힘은 우리 자신을 행복하게 하고 나아가 남에게도 행복을 줄 것이기 때문이다. 그래서 진정한 세계의 평화가 우리나라에서, 우리나라에 말미암아서 세계에 실현되기를 원한다. 오직 사랑의 문화, 평화의 문화로 우리 스스로 잘 살고, 인류 전체가 의좋게 즐겁게 살도록 하자.

셋째 명제, 문화강국의 정당성이다.

"내가 원하는 우리 민족 사업은 결코 세계를 무력으로 정복하거나 경제력으로 지배하려는 것이 아니다. 나는 우리나라가 세계에서 가장 아름다운 나라가 되기를 원한다. 가장 부강한 나라가 되기를 원하는 것이 아니다. 내가 남의 침략에 가슴이 아팠으니 내 나라가 남을 침략하는 것을 원치 않는다. 우리의 부력(富力)은 우리의 생활을 풍족히 할 만하고 우리의 강력(強力)은 남의 침략을 막을 만하면 족하다.' 김 구선생은 기존 선진국들이 개발도상국들에게 행해온 일방적인 제국주의적 정책에 대해 분명한 반대입장을 밝히고 있다. 다시말해 대한민국은 아름다운 글로컬 지식문화강국정책을 선언한 것이다.

넷째 명제, 문화강국건설에 있어 청년들의 적극적인 역할이다.

"어느 민족도 일찍이 그러한 일을 한 이가 없었다는 예를 들어 그것을 공상이라고 하지 말라. 일찍이 아무도 한 사람이 없기 때문에 우리가 하자는 것이다. 나는 우리나라의 청년 남녀가 모두 과거의 조그맣고 좁다란 생각을 버리고, 우리 민족의 큰 사명에 눈을 떠서 제 마음을 닦고 제 힘을 기르기로 낙을 삼기를 바란다. 젊은이들이 모두 이 정신을 가지고 이 방향으로 힘을 쏟으면, 앞으로 30년이 지나지 않아 우리 민족은 괄목상대하게 될 것을 확신하는 바이다. 우리 민족이 주연배우로 세계의 무대에 등장할 날이 눈앞에 보이지 않는가. 옛날에도 그러하였거니와 앞으로는 세계 인류가 우리 민족의 문화를 이렇게 사모하도록 하지 않으려는가?'

김 구선생은 자칫 3포세대, 7포세대로 침체해 있는 대한민국의 젊은 청년세대에게 21세기 지금 크나큰 시대적 사명에 눈을 뜨고 대한민국이 세계속에 아름다운 지식문화강국만들기 주역이 되주기를 선포하고 있다.

2. 정년없는 행복한 지식문화 만들기

하늘아래 새로운 창조는 없다. 우리가 살아가야 할 미래는 우리가 살고있는 공간 과 시간과 경험에서 지식자원을 가져오는 시대가 될 것이다. 그러한 차별화된 공간과 역사라는 시간과 경험이라는 시간속에서 발굴해내는 지식자원이 바로 향토지식재산이다. 우리만이 가지고 있는 고유한 매력과 가치를 지닌 김치(Kim), 인삼(Gin), 태권도(Tae) 그리고 한글(Han)등은 우리 조상과 선배세대들이 우리를 위해 이미 전세계에 토대를 다져 놓은 거인의 어깨같은 이 시대의 지식유산이다.

조선시대말 일시적인 잘못으로 일제치하에서 우리의 지식문화가 단절과 왜곡의 수난을 거치고, 해방과 6,25전쟁이후 보릿고개속에서 살기위해 초압축산업성장속에서 우리의 귀중한 향토지식재산에 대해 무관심을 넘어 열등감과 심지어 반감으로 달려온 시기도 있었다. 그러나 대한민국의 지금은 〈낯익지만 DNA속 고향의 정서를 가진 베이비부머세대〉와 〈낯설지만 DNA속

본능적 정서를 가진 청년미래세대〉에게 그동안 묻혀있거나 제대로 꽃피우지 못했던 5천년 수많은 향토지식재산이 하늘이 주신 기회라며 얼마나 우리의 손길이 닿기를 고대하고 있는지 아는가. 그 가치를 아는 사람에게는 5천년 향토지식재산은 아무런 조건없이 아무리 가져다 사용하더라도 고갈되지 않고 기꺼이 함께 할 것을 선언하고 있다.

이제부터 대한민국 국민이라면 세대와 성별과 빈부와 출신에 관계없이 열린 마음과 열정만 가지고 있다면 누구든지 열려있는 새로운 오래된 미래의 세상을 보자. 산을 오를 때는 볼 수 없었던 새로운 세상이 보일 것이다. 참으로 우리만의 아름다운 글로컬 지식문화강국에서는 세상은 넓고 할 일은 많음을 보게 될 것이다. 어느 시인의 글처럼 '나비를 쫓아가지 마세요. 힘이 들어도 인내하며 나비가 스스로 달려오는 정원을 가꾸세요' 라는 글귀처럼 찾아오게 하는 새로운 방향과 목표와 전략을 구상하자. 향토지식재산은 그 특성상 한국인이라면 가장 적은 비용과 최단 시간에 함께 정년없이 행복하게 만들어 낼 수 있는 엄청난 성공과 성장가능성을 지닌 지식문화사업 아이템이자 최선의 글로컬 지식문화전략이기 때문이다.

3. KIM GIN TAE HAN 글로컬 지원법

1. 제안배경 및 필요성

21세기 대한민국은 선진일류국가로 도약하고 한민족에게 큰 희망과 비전 제시하기 위한 글로컬 지식문화전략이 시급하다. 이를 위해 '가장 한국적인 것이 가장 세계적인 것' 즉 김치, 인삼 , 태권도, 한글을 상징하는 KIM GIN TAE, HAN 글로컬 발전전략과 이를 위한 지원법을 제안한다.

* 김치(KIMCHI)

　김치의 종주국 대한민국.

　한국이 세계 10대 교역국으로 국위가 급격한 시장 및 K-pop 등 문화수출이 활발해지면서 한국에 대한 이해도가 높아져 K-Food도 세계인의 이목을 끌고 있다. 발효식품의 대명사인 김치가 지금 세계적으로 면역력 향상 등에 영향을 준다.

　세계적으로 김치의 인기가 치솟고 있다. 미국 캘리포니아, 버지니아에 이어 뉴욕 및 아르헨티나도 '김치의 날' 11월 22일을 제정했다.

　이에 중국의 김치공정이 진행 중이다. 파오차이로 위장된 불량김치로 세계인의 구설수에 오르고, 국내 김치산업계에서는 개별 식품명인 한성식품의 관리부실로 김치의 명예에 치명적 먹칠의 늪에서 어찌할 바를 모르고 있다.

　현재 국내 약 550개 김치공장이 각자의 브랜드와 레시피로 국내 및 해외시장 각축전 중에 있다. 대한민국의 대표브랜드 김치가 K-FOOD문화의 첨병으로 일본의 스시를 능가하는 진정한 세계 식문화로 자리매김해야 함에 국가적 차원에서 김치 세계화를 위한 정책수립이 필수적이다

* 인삼 (GINSENG)

　인삼의 종주국 대한민국.

　세계 인삼시장은 매년 12~13% 성장중에 있으며, 인삼을 통해 정작 알짜

수익을 내는 곳은 스위스 유명 제약회사 PHAMATON (GINSANA 브랜드)이다. 세계 유수 제약사들의 제약의 큰 트렌드가 화학베이스 제약에서 '천연물' 제약 베이스로 제약 트렌드가 이동 중이다.

다만 대한민국은 천연 제약의 원료로써 가장 많이 알려지고, 세계적으로 연구가 진행 중인 인삼의 브랜드와 가치를 제대로 세워주지 못하고 있다. 현재 세계적으로 인삼을 재배하는 주요 나라는 한국, 중국, 캐나다, 미국 등이다. 중국은 국가 산업으로 인삼 산업을 육성중이며 과거 조선을 통해 구매하던 귀한 영약으로서의 인삼에 대해 인상 종주국의 위치를 넘보고 있다.

인삼 종주국인 대한민국은 뿌리가공제품 위주로 주로 국내시장 및 수출의 경우는 교민 시 장을 위주로 25년째 수출실적은 거의 제자리 걸음중이다

국내 인삼산업 종사자들은 인삼의 세계화를 외치고는 있으나 일제하의 인삼에 대한 국유관리체제는 1997년 IMF시 민영화되었고, 결국 현실은 KT&G 세계 1위 인삼 브랜드인 6년근 홍삼만을 외치는 우물 안 개구리 시장을 벗어나지 못하고 있다

* 태권도 (TAEKWONDO)

태권도의 종주국 대한민국.

지난 2000년 시드니올림픽 정식종목으로 채택된 이후 태권도는 글로벌 스포츠로 급부상되었다. 태권도는 전세계인들에게 가장 친숙하고 호감을 가지고 있는 무도로써, 무도 이외에 담아내는 예법 및 정신문화 보급의 첨병이다.

세계태권도연맹 (WTF) 에 가입한 국가는 214개국에 달한다. 유엔 회원국 (193개국) 보다, 대한민국 교류체결국(191개국)보다 많고, 국제축구연

맹 (FIFA) 회원국 (211개국) 수와 비슷하다. 또한 한류의 대표 주자로 자리매김한 태권도 수련인은 세계 2억명에 달한다.

그러나 대한민국은 이미 전세계 214개국에 거점을 확고히 가지고 있는 태권도 네트워크를 너무 단순히 바라보며 모두들 각자도생의 길을 걷고 있다

태권도 214개 국가 네트워크는 '대한민국 선진 일류 국가 도약'을 위한 고속도로이다.

* 한글 (HANGEUL)

한글은 세계에서 창조자와 창조배경이 분명한 유일한 문자

한글은 전세계적 문자학자들이 주최로 열린 세계문자올림픽 제1회 서울개최 (2009)와 제2회 태국방콕(2012)에서 연이어 1등으로 선정된 바 있다.

특히 한글은 21세기 디지털시대에서 국제적 공용어가 될 수 있는 과학적이고 효율성이 객관적으로 인정되고 있다.

이와 함께 문화관광체육부 산하기관으로서 해외 한국어 교육기관인 세종학당은 2013년 48개이었지만 2024년 268개로 전세계에 확대되었다.

최근 K-POP.K-FOOD등 한류의 영향과 함께 전세계의 세종학당과 해외 문화원등과 연계된 김치-인삼-태권도 등 한국의 대표적 지식문화의 연계를 통한 지속적인 사회문화적 네트워크구축이 절실히 요구되고 있다.

4. KIM GIN TAE HAN 발전전략

김치, 인삼, 태권도, 한글 세계화를 위한 각 국가별 교두보 필요

-김치의 경우,

대한민국 국가 브랜드전략을 통한 정부 보증된 각종 김치제품의 표준화, 세계화 작업을 태권도 214개국을 위주로 전개할 필요가 있다.

이 경우 김치 단독이 아닌 인삼, 태권도, 한글의 세계화 네트워크속에 KIM GIN TAE, HAN과 같은 대한민국 통합 브랜드화전략이 바람직 할 것이다.

그것이 세계 김치연구소 (광주) 와 난립한 김치공장의 컨트롤 타워의 역할수행에도 바람직 할 것이다.

-인삼의 경우,

인삼의 날을 종주국의 자부심으로 특정일로 제정하고 그날을 세계 인삼의 날로 제정한다. 그 경우 국가별로 김치의 날(11월22일), 태권도의 날(9월4일), 한글날(10월9일)과 더불어 보급 진행한다.

나아가 인삼대표도시 금산에 "국제인삼대학교", "세계 인삼 연구소" 설립과 함께 세계적인 바이오 , 헬스, 관광, 한방의료, 종합 건강 , 천연제약 , 헬스 휴양 등으로 "건강의 메카" "인삼의 메카"로 종합적인 발전전략을 수립할 필요가 있다.

이와 함께 금산에 세계 인삼 학술포럼, 국제 세미나를 정기적 실시를 통해 국가별 인삼 연구학자, 병원 , 한방의료계의 거대한 국제 인삼 네트워크 조성하여 명실상부하게 국제적으로 "인삼"의 종주국 위치를 확보하는 것이 절실하다.

 -태권도의 경우,

 국기원, WT 등 태권도 관련 기관, 문체부 등 정부기관을 포함한 태권도 세계화를 위한 "세계태권도공사" 설립하고, 올림픽 등 국제경기에 전자호구 개선 등 태권도용품 R&D 및 생산 보급 체계화도 함께 수행할 필요가 있다.

 .또한 각 국가별 공적 외교업무 담당인 재외공관 업무와 별도로, 태권도를 바탕으로 민간외교를 펼칠 국가별 '태권도 대사' 제도를 도입하여, 태권도 대사를 통해 현지 초중고 태권도 정규과목 설치를 위한 컨트롤타워 역할 (대사관 , KOTRA 등과 긴밀협조 , 외교부, 문체부 협력 진행)이 필요하다.

 -한글의 경우,

 한글의 경우도 이미 전세계에 활동중에 있는 268개 세종학당과 214개국의 태권도진출국간의

 자연스런 한국의 지식문화의 연결고리로서 작동하는 것은 시대적으로 가장 효율적이고 자연스러운 방향이라고 생각한다

KIM GIN TAE, HAN 글로컬 컨트롤 타워

 태권도 214개 국가나 세종학당 268개 개설을 기반으로 김치, 인삼, 태권도, 한글을 중복되지 않고 효과적으로 시너지를 창출하는 R&D 씽크탱크크 기능과 " K-문화 브랜딩" (모든 카테고리 제품. 대한민국 브랜드. 국가별 김

치대사, 인삼대사, 태권도대사, 한글대사 네트워크를 통한 대한민국 글로벌 KIM GIN TAE HAN 브랜드) 통합전략을 수행할 효과적인 컨트롤 타워가 필요하다.

또한 중국의 '일대일로' 세계화 정책과 비교할 수 없는 대한민국 KIM GIN TAE HAN 종주국의 글로컬 지식문화 선도 프로젝트는 일대일로의 얇고도 상업적인 정책과 대비하여 문화를 통한 건강한 먹거리, 예법과 무도, 디지털 소통매체로써 인류 본연의 IDEA를 실현하는 세계적 "한류"의 궁극적인 최고점에 서 있다.

KIM GIN TAE, HAN의 거대한 IDEA적 도약은 대한민국의 프로젝트만이 아닌 북한을 함께 가는 한민족으로 품어야 한다.

이를 위한 상징적인 첫걸음이 현재 추진중에 있는 태권도 유네스코 남북 공동등재작업이다

남북한이 하나의 겨레로 세계를 향한 새로운 IDEA를 창출하며 아시아 및 세계사의 주역으로 겨레의 이름으로 함께 웅비해야 한다.

이를 통해 새로운 한민족의 KOREA브랜드로 세계사에 새역사를 창조해야 한다.

종주국 김치, 인삼, 태권도, 한글의 세계화 지원에 관한 법률안

(이명수 전의원 대표발의를 기초로 하여)

의안 번호	

발의연월일 : 2022. 4. .

발 의 자 : 이명수 전의원외

찬 성 자 :

제안이유

2000년대 초반 발생한 'SARS'와 최근 코로나19 바이러스의 유행 속에 우리 고유의 발효음식인 김치는 K-푸드의 첨병일 뿐만 아니라 건강 면역 자원으로 발돋움하고 있어, 한민족의 문화를 세계로 알리는 건강문화자원으로 기능하고 있음.

한편, 세계 제약산업의 트렌드가 화학 기초의 제약을 넘어서 천연제약으로 이동하면서, 세계 주요국에서 '인삼'에 주목하고 있음. 인삼은 고려, 조선부터 이어져오는 우리 민족 고유의 천연건강 자원이라 할 수 있음.

이미 세계 214개 국가에 진출해 있는 태권도는 대한민국의 국기(國技)로서 세계인의 심신단련과 건강을 위한 체육으로 자리잡고 있음. 김치, 인삼, 태권도는 모두 우리 대한민국을 종주국으로 하고, 건강문화자원으로서 가치가 높다는 공통점이 있음.

또한 한글은 세계에서 유일한 창조자와 창조배경이 확인된 발명품으로서, 21세기 디지털시대에 그 과학성과 효율성이 인정된 인류의 보물로서, 이러한 대한민국의 귀중한 국보라 할 수 있는 김치, 인삼, 태권도, 한글의 세계화를 통해 대한민국이 문화자원부국으로서 세계 초일류 국가로 도약하는 계기를 만들고자 이 법을 제정하려는 것임.

주요내용

가. 이 법은 김치, 인삼, 태권도, 한글문화의 세계화 촉진에 필요한 사항을 정하여 김치, 인삼, 태권도, 한글에 대한 체계적인 지원과 종합적인 발전을 토대로 국가경쟁력 증대와 민족문화 발전에 이바지함을 목적으로 함(안 제1조).

나. 국가 및 지방자치단체는 김치·인삼·태권도·한글 세계화를 위하여 필요한 시책을 강구하여야 함(안 제4조).

다. 문화체육관광부장관은 김치·인삼·태권도·한글 세계화기본계획을 5년마다 수립하고, 이에 따른 시행계획을 매년 수립하여 시행하여야 함(안 제5조).

라. 김치·인삼·태권도 한글 세계화에 필요한 정책을 효율적으로 수립하기 위하여 김치·인삼·태권도·한글의 해외 보급 여건, 현황 등에 관하여 실태조사를 실시할 수 있도록 함(안 제6조).

마. 김치·인삼·태권도 한글 세계화와 김치·인삼·태권도·한글문화의 발전을 위하여 문화체육관광부 산하에 김치·인삼·태권도·한글세계화진흥재단을 설치함(안 제7조).

바. 국가가 김치·인삼·태권도·한글 세계화 사업을 수행하는 관련 기관 또는 단체에 대하여 예산의 범위에서 사업 수행·운영에 필요한 행정적·재정적 지원을 할 수 있도록 함(안 제8조).

법률 제   호

종주국 김치, 인삼, 태권도, 한글의 세계화 지원에 관한 법률안

제1조(목적) 이 법은 대한민국을 종주국으로 하는 김치, 인삼, 태권도, 한글
문화의 세계화 촉진에 필요한 사항을 정하여 김치, 인삼, 태권도, 한글에 대
한 체계적인 지원과 종합적인 발전을 토대로 국가경쟁력 증대와 민족문화
발전에 이바지함을 목적으로 한다.

제2조(정의) 이 법에서 사용하는 용어의 정의는 다음과 같다.

1. "김치"란 「김치산업 진흥법」 제2조제1호에 따른 김치를 말한다.

2. "인삼"이란 「인삼산업법」 제2조제1호에 따른 인삼을 말한다.

3. "태권도"란 우리 민족 고유 무도(武道)로서 「태권도 진흥 및 태권도공원
   조성 등에 관한 법률」 제3조의2에 따른 대한민국의 국기(國技)를 말한다.

4. '한글"이란 세종대왕이 훈민정음이라는 이름으로 창제하여 반포한 우리
   의 고유문자를 말한다.

5. "김치·인삼·태권도·한글 세계화"란 김치, 인삼, 태권도, 한글을 세계에
   보급·홍보함으로써 국제경쟁력을 제고하고 해외시장 진출을 활성화하
   는 활동을 말한다.

제3조(다른 법률과의 관계) 김치·인삼·태권도·한글 세계화에 관하여는 다른 법
률에 특별한 규정이 있는 경우를 제외하고는 이 법으로 정하는 바에 따른다.

제4조(국가 및 지방자치단체의 책무) 국가 및 지방자치단체는 김치·인삼·태권도 한글 세계화를 위하여 필요한 시책을 강구하여야 한다.

제5조(김치·인삼·태권도·한글 세계화기본계획의 수립·시행 등)
① 문화체육관광부장관은 김치·인삼·태권도·한글 세계화를 위하여 김치·인삼·태권도·한글 세계화기본계획(이하 "세계화기본계획"이라 한다)을 5년마다 수립·시행하여야 한다.
② 세계화기본계획에는 다음 각 호의 사항이 포함되어야 한다.
 1. 김치·인삼·태권도·한글 세계화의 기본방향과 추진목표
 2. 김치·인삼·태권도·한글 세계화 관련 연구·개발 및 보급에 관한 사항
 3. 김치·인삼·태권도·한글 세계화 활동의 지원에 관한 사항
 4. 김치·인삼·태권도·한글 세계화 관련 전문인력 양성 및 활용에 관한 사항
 5. 그 밖에 김치·인삼·태권도·한글 세계화에 필요한 사항으로서 대통령령으로 정하는 사항
③ 문화체육관광부장관은 세계화기본계획에 따라 매년 시행계획(이하 "시행계획"이라 한다)을 수립·시행하여야 한다.
④ 문화체육관광부장관은 세계화기본계획 및 시행계획의 수립·시행에 관하여 필요한 경우 관계 중앙행정기관의 장, 지방자치단체의 장, 관계 기관·법인 또는 단체의 장에게 협조를 요청할 수 있다. 이 경우 요청을 받은 기관의 장은 특별한 사유가 없으면 이에 협조하여야 한다.
⑤ 세계화기본계획 및 시행계획의 수립·시행에 관하여 필요한 사항은 대통령령으로 정한다.

제6조(실태조사)

① 문화체육관광부장관은 김치·인삼·태권도·한글세계화에 필요한 정책을 효율적으로 수립하기 위하여 김치·인삼·태권도·한글의 해외 보급 여건, 현황 등에 관하여 실태조사를 실시할 수 있다.

② 문화체육관광부장관이 실태조사에 필요하다고 인정하는 경우 관계 중앙행정기관의 장, 지방자치단체의 장, 관계 기관·법인 또는 단체의 장에게 필요한 자료 및 정보의 제공을 요청할 수 있다. 이 경우 자료 및 정보의 제공을 요청받은 기관의 장은 특별한 사유가 없으면 자료 및 정보를 제공하여야 한다.

③ 제1항에 따른 실태조사의 실시 등에 필요한 사항은 대통령령으로 정한다.

제7조(김치·인삼·태권도·한글세계화진흥재단의 설치)

① 김치·인삼·태권도 세계화와 김치·인삼·태권도·한글문화의 발전을 위하여 문화체육관광부 산하에 김치·인삼·태권도·한글세계화진흥재단(이하 "재단"이라 한다)을 설립한다.

② 재단은 법인으로 한다.

③ 재단은 설립목적을 달성하기 위하여 다음 각 호의 사업을 수행한다.

　1. 김치·인삼·태권도·한글 세계화를 위한 정책 및 제도의 연구·조사·기획

　2. 김치·인삼·태권도·한글 세계화 관련 통계작성 및 실태조사

　3. 김치·인삼·태권도·한글 세계화 관련 전문인력 양성 및 재교육 지원

　4. 김치·인삼·태권도·한글 관련 해외진출 지원

　5. 그 밖에 재단의 설립목적을 달성하는 데 필요한 사업

④ 재단에는 정관으로 정하는 바에 따라 임원과 필요한 직원을 둔다.

⑤ 재단에 관하여 이 법에 규정한 것 외에는 「민법」 중 재단법인에 관한 규정을 준용한다.

⑥ 재단 운영에 필요한 경비는 국고에서 지원할 수 있다.

제8조(김치·인삼·태권도·한글 세계화 사업 지원) 국가는 김치·인삼·태권도 한글 세계화 사업을 수행하는 관련 기관 또는 단체에 대하여 대통령령으로 정하는 바에 따라 예산의 범위에서 사업 수행·운영에 필요한 행정적·재정적 지원을 할 수 있다.

제9조(권한의 위임·위탁)

① 문화체육관광부장관은 이 법에 따른 권한의 일부를 대통령령으로 정하는 바에 따라 특별시장·광역시장·특별자치시장·도지사 또는 특별자치도지사에게 위임할 수 있다.

② 문화체육관광부장관은 이 법에 따른 업무의 일부를 대통령령으로 정하는 바에 따라 관련 기관이나 법인 또는 단체 등에 위탁할 수 있다.

부 칙

제1조(시행일) 이 법은 공포 후 6개월이 경과한 날부터 시행한다.

다만, 부칙 제2조는 공포한 날부터 시행한다.

제2조(설립준비)

① 문화체육관광부장관은 김치·인삼·태권도·한글세계화진흥재단의 설립에 관한 사무를 처리하기 위하여 이 법 공포일부터 30일 이내에 김치·인삼·태권도 한글 세계화진흥재단설립위원회(이하 "설립위원회"라 한다)를 설치한다.

② 설립위원회는 문화체육관광부장관이 위촉하는 7명 이내의 설립위원으로 구성하며, 위원장은 문화체육관광부장관이 지명하는 문화체육관광부차관이 된다.

③ 설립위원회는 김치·인삼·태권도·한글 세계화진흥재단의 정관을 작성하여 기명날인하거나 서명한 후 문화체육관광부장관의 인가를 받아야 한다.

④ 설립위원회는 이 법 시행일까지 김치·인삼·태권도·한글 세계화진흥재단의 설립등기를 완료하여야 한다.

⑤ 설립위원회는 김치·인삼·태권도·한글 세계화진흥재단의 이사장이 임명되면 지체 없이 그 사무를 이사장에게 인계하여야 한다.

⑥ 설립위원회는 제5항에 따른 사무인계가 끝난 때에는 해산된 것으로 보며, 설립위원은 해촉된 것으로 본다.

향토지식재산 교본

글로컬 지식문화 만들기 플랜

Global + Local
GLOCAL

Knowledge

Culture

Plan

초판   1쇄 발행   2025년 3월 3일

저자 황종환
편집 · 디자인 홍성주
펴낸곳 도서출판 위
주소 경기도 파주시 광인사길 115
전화 031-955-5117~8

ISBN 979-11-86861-41-7 03090